Walter Simon (Hrsg.)
Persönlichkeitsmodelle und Persönlichkeitstests

Walter Simon (Hrsg.)

Persönlichkeitsmodelle und Persönlichkeitstests

15 Persönlichkeitsmodelle für Personalauswahl, Persönlichkeitsentwicklung, Training und Coaching

GABAL
Professional Training

Bibliografische Information der Deutschen Nationalbibliothek

Die Deutsche Nationalbibliothek verzeichnet diese Publikation in der Deutschen Nationalbibliografie; detaillierte bibliografische Daten sind im Internet über http://dnb.d-nb.de abrufbar.

ISBN-10: 3-89749-636-4
ISBN-13: 978-3-89749-636-1

Lektorat: Dr. Sonja Klug, www.buchbetreuung-klug.com
Umschlaggestaltung: +malsy Kommunikation und Gestaltung, Willich
Umschlagfoto: Corbis
Satz und Layout: Das Herstellungsbüro, Hamburg | www.buch-herstellungsbuero.de
Druck und Bindung: Salzland Druck, Staßfurt

www.gabal-verlag.de
www.gabal-shop.de
www.gabal-ist-ueberall.de

Inhalt

Teil A

Einführung

1. Wer oder was ist eine Persönlichkeit?

Wir fragen uns, warum Menschen so unterschiedlich sind. Warum sind wir so? Warum können einige auf andere Menschen zugehen, während andere nur Ablehnung und Feindseligkeit ausstrahlen? Wir wollen Antworten auf diese grundlegenden Fragen:

- »Wie wurde ich zu dem, was ich bin?« und
- »Warum verhalte ich mich gerade so, wie ich mich verhalte, und nicht anders?«

Das Problem der Definition

Diejenigen, die die Frage nach dem Wesen der Persönlichkeit von Berufs wegen beantworten sollten, die Psychologen, sind sich uneinig. Sie wollen zwar die grundlegenden Dimensionen und Eigenschaften bestimmen, in denen sich die Menschen voneinander unterscheiden, aber schon hier beginnt der Meinungsstreit. Hinzu kommt, dass ihre Wissenschaft, die Psychologie, keine exakte Fachdisziplin ist. Betriebswirte stimmen darin überein, was eine Bilanz ist. Unter Mathematikern der ganzen Welt gibt es Konsens über das Einmaleins. Mediziner arbeiten mit einer einheitlichen Fachsprache. Aber:

> In der Persönlichkeitspsychologie gibt es keine allgemein akzeptierten Grundbegriffe. Zahllose Theorien, die sich widersprechen und deren Vertreter sich bekämpfen, schaffen mehr Verwirrung als Klarheit.

Panoramasicht

Die Aufgabe dieses Buches ist es nicht, sich an diesem Streit zu beteiligen oder den vielen Definitionen von Persönlichkeit eine weitere hinzuzufügen. Aber ein kurzer Überblick über die vorhandenen theoretischen Modelle erscheint genauso sinnvoll wie der Blick von der Kirchturmspitze auf eine Stadt, die man anschließend besichtigen will. Eine solche Panoramaübersicht von oben erleichtert die Orientierung.

Es gibt unendlich viele Definitionen des Begriffs »Persönlichkeit«, je nach theoretischer Zuordnung oder Forschungstradition desjenigen, der definiert. Aber eine solche Definition macht nur Sinn, wenn zugleich die elementaren Begriffe »Mensch« und »Individuum« geklärt werden.

Der Begriff »Mensch« kennzeichnet sowohl die biologische Art Homo sapiens als auch dessen Dasein als gesellschaftliches Wesen. »Individuum« bedeutet so viel wie Einzelwesen. Jeder Mensch ist ein solches Unikat, manche gar ein Unikum.

Das Individuum wird zur Persönlichkeit in dem Maße, in dem es sich die Errungenschaften der Kultur aneignet, bewusstes Subjekt wird, das seine Handlungen verantwortet und seine Individualität entwickelt. Das impliziert, dass nicht jeder Mensch eine Persönlichkeit ist, am wenigsten ein Neugeborenes.

Definitionsvorschläge

Im Duden wird Persönlichkeit definiert als die *»umfassende Bezeichnung für die Beschreibung und Erklärung des einzigartigen und individuellen Musters von Eigenschaften eines Menschen, die relativ überdauernd dessen Verhalten bestimmen«*.

Der renommierte Psychologe *Gordon W. Allport* (1897 – 1967) sprach schon in den 1930er-Jahren von der Persönlichkeit als *»der dynamischen Organisation derjenigen Systeme im Individuum, die sein charakteristisches Verhalten und Denken determinieren«*. Der bekannte Psychoanalytiker *Erich Fromm* sieht in der Persönlichkeit die *»Totalität ererbter und erworbener psychischer Eigenschaften, die den Einzelnen charakterisieren und das Einmalige dieses Einzelnen ausmachen«*. Andere sprechen von einem *»einzigartigen, relativ stabilen und den Zeitablauf überdauernden Verhaltenskorrelat«*.

Persönlichkeit als Produkt der Gesellschaft

Man muss sich aber vor einer zu sehr psychologisch ausgerichteten Definition hüten, denn die Persönlichkeit ist nicht nur Gegenstand der Psychologie, sondern auch der Anthropologie, der Somatologie (Lehre von den Eigenschaften des menschlichen Körpers), der Biologie, der Soziologie und der Genetik. Der Mensch ist sowohl ein natürliches, ein individuelles als auch soziales Wesen. Persönlichkeit entsteht in der Gesellschaft. Denn *»der Mensch tritt nur als ein mit bestimmten natürlichen Eigenschaften und Fähigkeiten begabtes Individuum in die Geschichte ein … und nur als Subjekt* *der gesellschaftlichen Beziehungen wird er zur Persönlichkeit«*, so der berühmte russische Psychologe *A. Leontjew* in seinem Hauptwerk *Tätigkeit, Bewusstsein, Persönlichkeit.* Anders ausgedrückt: Die Persönlichkeit ist nicht präexistent, sondern wird durch den Austausch mit der Umwelt erzeugt.

Die Fähigkeit zum Denken, Handeln und Fühlen entwickelt sich immer unter den Bedingungen der konkreten Gesellschaft mit den ihr eigenen Wesenszügen. Die Geburt an einem bestimmten Ort in einer bestimmten Epoche verbindet den Menschen mit einem spezifischen sozialen, wirtschaftlichen, politischen, kulturellen Milieu, das auf ihn und seinen Lebenslauf einwirkt. Im Laufe seines Lebens bekommt der Mensch alles, was er benötigt, im Austausch mit anderen Menschen. Auch in geistiger Hinsicht hängt er von diesen ab, da er von ihnen ebenso Sprache, Wissen und Verhaltensnormen übernimmt.

Die Umwelt berücksichtigen

Das erklärt, warum auch der Versuch vieler Psychologen zum Scheitern verurteilt ist, die psychologische Probleme kurieren wollen, ohne Einfluss auf die Lebensumstände zu nehmen, aus denen die Probleme überhaupt erst entstanden sind und verständlich werden. Auch Persönlichkeitstests, die in der Auswertung Verhaltensempfehlungen abgeben, müssten die Mikroumwelt berücksichtigen, in der diese Empfehlungen überhaupt erst wirksam werden können.

> Da kein allgemeingültiges Kriterium zur Verfügung steht, das es uns gestatten würde zu entscheiden, welche der vielen Definitionen von Persönlichkeit den anderen vorzuziehen sei, müssen wir akzeptieren, dass die Begriffsinhalte von »Person« und »Persönlichkeit« im alltäglichen und im wissenschaftlichen Sprachgebrauch mehrdeutig sind.

Es scheint so, dass eine exakte Definition als Folge des Fehlens einer umfassenden Persönlichkeitstheorie zum momentanen Zeitpunkt nicht möglich ist. Sie ist auch für die weiteren Ausführungen unerheblich. Immerhin herrscht Einigkeit darüber, dass der Mensch als Ganzes betrachtet werden muss, mit Individualität ausgestattet und einzigartig ist. Sein Verhalten weist konstante Züge auf, ist aber auch ständigem Wandel unterworfen.

2. Wie entsteht Persönlichkeit?

Container-begriff

Auf dem Markt tummeln sich viele Anbieter von Seminaren, die das Thema Persönlichkeitsentwicklung zum Inhalt haben. »Man trägt wieder Persönlichkeit«, lautet eine Redensart. Aber Persönlichkeitsentwicklung ist ein Containerbegriff, in dem man vieles unterbringen kann: Rhetorikseminare, Yoga-Kurse, Tanztherapie, Urschreitraining, esoterische Quacksalberei und vieles mehr.

Wenn man den Menschen im Sinne der humanistischen Psychologie als ein bewusst lebendes, selbstbestimmtes Wesen definiert, wenn man, von der behavioristischen Lerntheorie ausgehend, die Umwelt als bestimmende Determinante des individuellen Reifungsprozesses betrachtet oder wenn man gar marxistisch vom Primat des Seins über das Bewusstsein ausgeht, dann ist die Persönlichkeit natürlich entwickelbar. Der Mensch befindet sich eigentlich immer in einem persönlichen Entwicklungsprozess. Persönlichkeitsentwicklung ist, so gesehen, die ständige Anpassung individueller Eigenschaften an die Bedingungen der Umwelt. Die vielfältigen Herausforderungen des Lebens führen dazu, dass wir jeden Tag weiter reifen. Man kann sich im Grunde genommen kaum dagegen wehren. Es ist unmöglich, sich nicht zu entwickeln. Wir sind Darsteller und Regisseure unseres eigenen Films, an dem wir ständig weiter drehen. Darum kann sich auch niemand aus der Verantwortung für sein Tun stehlen, indem er allein dem Schicksal die Schuld für seine Misere gibt.

> Persönlichkeitsentwicklung ist also ein lebenslanger dynamischer Prozess, an dem die innere (körperliche und geistige) Konstitution, die genetische Struktur und die äußere Realität (Umwelt) aktiv beteiligt sind. Je besser die Passung zwischen innerer und äußerer Realität, umso besser gelingt die Persönlichkeitsentwicklung.

Eine der größten Herausforderungen, die sich den Persönlichkeitspsychologen stellt, ist die Erklärung individueller Unterschiede in der Entwicklung der Gesamtpersönlichkeit. In diesem Zusammenhang wurde die Reifung der Persönlichkeit in zwei Ursachenbereiche aufgeteilt: die genetischen Determinanten, also die elementaren Merkmale und Veranlagungen, und die Umweltdeterminanten. Müssen wir zwischen beiden eine Wahl treffen oder wirken beide aufeinander ein, weil sie in wechselseitiger Beziehung zueinander stehen?

2.1 Die Bedeutung elementarer Merkmale und Veranlagungen des Menschen

Der Mensch ist ein Kind der Natur. Die Verbindung zur natürlichen Umwelt Natur besteht bis ins hohe Alter. Unsere soziale Entwicklung hat stets biologische Grundlagen und Voraussetzungen, die sozialen, technologischen und gesellschaftlichen Einflüssen ausgesetzt sind.

Erblich bedingte Unterschiede

Zu den biologischen Voraussetzungen gehören auch unsere Anlagen, also jene Faktoren, die durch unsere Gene und unser Erbgut beeinflusst wurden, z. B. physische Merkmale, wie Erscheinungsbild und Gesundheitszustand, Geistesgaben wie Intelligenz und Kreativität, Charaktereigenschaften wie Emotionalität und Soziabilität. So spielen genetische Faktoren eine Hauptrolle bei der Bestimmung unserer Persönlichkeit, besonders hinsichtlich der Einzigartigkeit eines jeden Individuums. Die genetischen Faktoren wiederum werden bestimmt durch ihre erblich bedingte Existenz, die jeweils in den Familien verschieden ist und latent oder auch offen in Erscheinung tritt. Genetische Faktoren bestimmen z. B. die Augenfarbe und die Größe der Person. Auch Persönlichkeitsmerkmale wie Intelligenz oder Temperament beruhen in der Regel auf genetischen Faktoren. Als Beispiel für die unterschiedliche Ausprägung von Temperament lassen sich Aktivität und Ängstlichkeit anführen. Einige Menschen sind aktiver als andere, sie müssen immer in Aktion sein. Im Vergleich zu anderen, die sich eher ängstlich und vorsichtig verhalten, sind sie zumeist auch furchtloser.

Die Tatsache, dass diese Unterschiede schon früh in der Kindheit auftauchen und bis ins hohe Erwachsenenalter anhalten, sie also unabhängig von den individuellen Erfahrungen sind, legt nahe, dass die Unterschiede erblich bedingt sind. Es lassen sich somit viele Verhaltensmuster auf unser Erbgut zurückführen, das wir mit den Mitgliedern unserer Familie gemein haben. So bestimmen Gene sowohl unser Menschsein als solches wie auch unsere Einzigartigkeit als Individuum.

2.2 Die Bedeutung des Eigen- und Umfelderlebens

Im Alltag ergeben sich Einsichten, entstehen Gewohnheiten und bilden sich Fähigkeiten heraus. Emotionen sind zu kontrollieren, Informationen zu verarbeiten, Planungen und Handlungen zu initiieren und Konflikte zu lösen, um nur einige Einflüsse des die Persönlichkeit prägenden Entwicklungsprozesses zu nennen.

Zu den inneren Einflussfaktoren der Persönlichkeitsentwicklung kommen die äußeren. In der Kind- und Jugendzeit sind es Familie, Freunde, Schule und Medien, die Markierungsmarken am Menschen setzen. Beim Erwachsenen wirken der Beruf, der soziale Status und die sozialen Netzwerke auf die Persönlichkeit. Traumatische Erlebnisse, wie Krieg oder Tod, Verbrechen oder Katastrophen, können tiefe Narben in der Psyche eines Menschen hinterlassen.

Kultur

Jede Kultur verfügt über einen eigenen Apparat aus erlernten Verhaltensmustern, gesellschaftlichen Ritualen, Formen der Körpersprache und allgemein anerkannten Überzeugungen. Menschen, die dieser Kultur angehören, haben gewisse Persönlichkeitsmerkmale mit den anderen Mitgliedern dieser Kultur gemeinsam. So verleihen wir unseren Gefühlen einen ganz bestimmten Ausdruck, unsere Bedürfnisse definieren wir in einer uns eigenen Art und Weise und auch unser Verhältnis zu Leben und Tod wird durch unsere Kultur bestimmt. Wir nehmen diese Merkmale oft nur unbewusst wahr, bis wir mit Mitgliedern einer anderen Kultur in Berührung kommen, die unsere Sicht der Dinge infrage stellen.

Soziale Schicht

Neben der Kulturdeterminante spielt die soziale Schicht, der wir entstammen, eine große Rolle im Persönlichkeitsbildungsprozess. Die soziale Gruppe ist von Bedeutung, denn sie hilft uns bei der Bestimmung des Status, den wir einnehmen, bei den Pflichten, die wir zu erfüllen haben, und bei den Vorrechten, die wir genießen. So entwickeln sich gewisse Verhaltensmuster aufgrund der Zugehörigkeit zu einer bestimmten sozialen Schicht. Diese Verhaltensmuster wirken sich auf das Bild aus, das jemand von sich selbst hat und das andere von dieser Person haben.

Elternhaus

Auch der Einfluss des Elternhauses ist für unseren Lebensweg sehr wichtig. Ein Viertel bis zu einem Drittel seines Lebens, als Kind und Jugendlicher, ist der Mensch von seinen Eltern abhängig. Diese können liebevoll oder abweisend sein, behüten wollen oder viele Freiheiten gestatten. Die Eltern dienen als Identifikationsmodelle. Sie dirigieren die Kinder auch in eine bestimmte Richtung, indem sie Verhalten belohnen oder bestrafen. Allerdings hat das Elternhaus nur einen begrenzten Einfluss auf die Persönlichkeitsentwicklung, da das Kind unterschiedliche Erfahrungen auch außerhalb der Familie sammelt. Die aktive Aneignung des Umfeldes spielt im Persönlichkeitsentwicklungsprozess die entscheidende Rolle.

Arbeit

Ein wichtiger Einflussfaktor auf unsere Persönlichkeitsentwicklung ist der ausgeübte Beruf und das dazugehörige Umfeld, die den größten Teil des Tages bestimmen. Neben der bloßen Existenzsicherung ist die Erwerbsarbeit die wichtigste Quelle der Lebenserfahrungen und Mitgestalter der eigenen Identität. Diese bildet sich in der wechselseitigen Beziehung zwischen dem Inneren einer Person und den beruflichen Gegebenheiten heraus. Der Arbeitsplatz bestimmt die soziale Identität. Er formuliert implizite Erwartungen an das Individuum, die eng an die Berufsrolle des Menschen gebunden sind. Insofern ist die Erwerbsarbeit eine wichtige Voraussetzung zur Bildung der Identität.

Im Allgemeinen bedeutet der Begriff »Arbeit« eine »*... geordnete Tätigkeit, die der Erzeugung, Beschaffung, Umwandlung, Verteilung oder Benutzung von materiellen oder ideellen Daseinsgütern dient*« (*Dorsch* 1994, S. 94). Diese Definition reicht aber nicht aus, um die ganze Reichweite des Begriffs aufzuzeigen. Die Erwerbsarbeit nimmt im Leben des modernen Menschen einen zentralen Platz ein, da sie nicht nur der Sicherung des Lebensunterhalts dient, sondern auch Einfluss auf die Entwicklung und Entfaltung der Persönlichkeit hat. Arbeit bedeutet also auch Persönlichkeitsentfaltung, sie beeinflusst und prägt den Menschen. Die Arbeit *»ist die erste Grundbedingung alles menschlichen Lebens, und zwar in einem solchen Grade, dass wir in gewissem Sinne sagen müssen: Sie hat den Menschen selbst geschaffen« (Karl Marx).*

Arbeit verhilft uns zu einem Platz im gesellschaftlichen Kontakt- und Wirkungsgefüge und bestätigt die eigene Wertschätzung. Der Mensch macht die Erfahrung, nützlich für die Gesellschaft zu sein. Das wiederum stabilisiert sein Verhalten und ist auch Voraussetzung für ein Arbeitseinkommen und damit u. a. für die Möglichkeiten der Freizeitnutzung. Die Bedeutung der Arbeit hat sich im Laufe der Menschheitsgeschichte zwar verändert, für die Psyche des Menschen hat sie aber nie an Wichtigkeit verloren, zumal wenn man den Begriff »Arbeit« nicht auf die Erwerbsarbeit beschränkt.

> Neben der Funktion der bloßen Existenzsicherung, welche oberflächlich gesehen sicher am bedeutsamsten ist, bleibt die Erwerbsarbeit die wichtigste Quelle vielfältiger Lebenserfahrungen und ist Mitgestalter der eigenen Identität.

Wechselspiel von Person und Umwelt

Alles in allem kann man den Menschen als ein sich dialektisch bedingendes, dynamisches Person-Umwelt-System betrachten, in dem sich Person und Umwelt wechselseitig bzw. koevolutionär entwickeln: Die Umwelt prägt den Menschen und dieser prägt die Umwelt. Beide komplettieren sich zu einer Einheit. Es findet ein ständiges Zusammenspiel zwischen Anlage und Umwelt statt. Die Vererbung gibt eine Anzahl von Verhaltensweisen vor, die Umwelteinflüsse bestimmen aber letztlich das Ergebnis. Ein lebhafter Mensch ruft andere Verhaltensweisen bei seiner Umwelt hervor als ein ruhiger, eine hübsche Frau andere Reaktionen bei Männern als eine hässliche. So ist auch die künstlerische Begabung bereits in den Genen veranlagt, aber die Umwelt bestimmt die Ausprägung der Begabung. Die Persönlichkeit entwickelt sich zu dem, was sie ist, durch ein ständiges Ineinandergreifen zwischen Genen und Umweltdeterminanten.

Der Mensch erlebt sich in diesem Austausch mit seiner Umwelt selbst, setzt sich mit sich selbst auseinander, denkt über seinen Wert nach, überwacht sich, konstruiert sein eigenes Weltbild, vergleicht sich mit anderen Menschen, arbeitet an seiner Identität oder definiert seinen Standort im Umfeld.

Grundformen des Austauschs von Umwelt und Person

Die Interaktion zwischen Person und Umwelt kann man auch in diese zwei Grundformen untergliedern:

- Reaktive Person-Umwelt-Transaktionen
- Proaktive Person-Umwelt-Transaktionen

Reaktive Person-Umwelt-Transaktionen liegen vor, wenn sich das Individuum einer Situation passiv anpasst oder infolge des Mangels an konsistenten Reaktionsmustern auf gleiche Situationen unterschiedlich reagiert.

Proaktive Person-Umwelt-Transaktionen zeichnen sich dadurch aus, dass Menschen ihre Umwelten selbst auswählen bzw. gestalten. Sie bestimmen über sich selbst, z. B. bei der Auswahl der Freundschaften oder des Berufs, bei Freizeitaktivitäten, Mitgliedschaften, Rollenannahmen usw. Das Individuum stimmt seine eigenen Bedürfnisse und Interessen mit der Umwelt ab. Es nimmt auf diese Weise Einfluss auf seine Persönlichkeitsentwicklung und baut ein reflektierendes Selbstbild auf, das ein flexibles, der Situation angemessenes Sozialhandeln ermöglicht. Mit dem Älterwerden nehmen proaktive Person-Umwelt-Transaktionen zu und reaktive ab. Das Wort »Persönlichkeit« wird darum auch nur von einer bestimmten Altersstufe an verwendet. Als Persönlichkeit wird man nicht geboren, zur Persönlichkeit wird man. Paradox ist hierbei, dass viele der Faktoren zur Persönlichkeitsbildung ihrem Wesen nach unpersönlich sind, denn die äußeren (sozialen) Bedingungen wirken stark auf die inneren (psychologischen).

In diesem Austauschprozess gewinnt der Mensch an emotionaler Stabilität und lernt, in sich zu ruhen. Zugleich entsteht Weisheit, sozusagen als die höchste Erkenntnisstufe menschlicher Wahrnehmung.

> Letztendlich zielt die Persönlichkeitsentwicklung auf die Bildung von Handlungskompetenz für die Auseinandersetzung mit der äußeren und inneren Realität. Mit Handlungskompetenz sind die Fähigkeit und die Bereitschaft gemeint, Probleme der Berufs- und Lebenssituation zielorientiert auf der Basis methodisch geeigneter Handlungsschemata selbstständig zu lösen, die gefundenen Lösungen zu bewerten und das Repertoire der Handlungsfähigkeiten zu erweitern.

3. Persönlichkeitstheoretische Grundmodelle

Unter »persönlichkeitstheoretischen Grundmodellen« sind jene übergeordneten Persönlichkeitstheorien zu verstehen, die menschliche Verhaltensweisen und den Aufbau der Persönlichkeit modellhaft zu erklären versuchen. Diese theoretischen »Inhaltskonzepte« liefern den Rahmen, an dem sich gängige – d. h. im Persönlichkeits- und Führungstraining oder in der Eignungsdiagnostik (Assessmentcenter) eingesetzte – Persönlichkeitstests orientieren. Das betrifft insbesondere die Persönlichkeitstheorie des Schweizer Psychiaters *C. G. Jung*.

Die meisten dieser Tests beruhen auf psychologischen Grundannahmen über das Wesen des Menschen oder auf Teilaspekten, mit denen die Persönlichkeit erfasst und beschreibbar gemacht werden soll, z. B.:

- Verhalten
- Werte
- Motive
- Gewohnheiten
- Denk- und Lernstile

Theorie und Empirie

Umgekehrt wirken aber die Erkenntnisse aus diesen Tests beziehungsweise aus der Forschung auf diese Theorien wieder zurück. Theorie und Empirie bedingen sich also gegenseitig, sind zwei Seiten derselben Medaille Persönlichkeit. Zu beobachten ist, dass die Persönlichkeitsforschung seit Jahrzehnten eindeutig in Richtung eines statistisch-empirischen Vorgehens verläuft: Man will wissen, wie man die Persönlichkeit im konkreten Einzelfall erfassen und beschreiben kann.

Um den Wildwuchs an Persönlichkeitsmodellen überschaubar zu machen, braucht man ein Ordnungsraster. Den nachfolgenden Ausführungen liegt eine solche Gliederungshilfe zugrunde. Unterschieden werden:

- Typenlehre
- Eigenschaftentheorie
- Dynamische Theorie
- Lerntheorie
- Statistische Theorien und
- Humanistische Theorien

3.1 Typenlehre

Schon immer bestand das Bedürfnis, die individuelle Vielfalt zu ordnen. Das erklärt die Beliebtheit von Typologien, weil sie eine schnelle Zuordnung ermöglichen. Man geht hier von einer vorherrschenden Disposition aus, die den einzelnen Menschen vom anderen unterscheidet.

Die Astrologie

Die Astrologie war der erste Schritt hin zur Persönlichkeitsdiagnostik, beginnend etwa 640 v. Chr. in Babylonien. Sie diente zunächst der Vorhersage der Zukunft. Nicht das Individuum selbst wurde analysiert, sondern die Sternenkonstellation zum Geburtszeitpunkt eines Menschen.

Die Lehre der vier Temperamente

Das wohl bekannteste Modell dieser Gruppe ist die Typentheorie der Ärzte *Galen* (129–199), aus dessen Namen sich das Wort »Galle« ableitet, und *Hippokrates* (460–377 v. Chr.). Sie definierten vier Grundpersönlichkeiten, je nach Temperament:

- Sanguiniker,
- Phlegmatiker,
- Choleriker und
- Melancholiker.

In den Bezeichnungen der vier Temperamente sind die Namen der Körpersäfte noch enthalten: Der Jähzorn des Cholerikers (von griech. *chole* = »Galle«, siehe auch »Gift und Galle spucken«) kommt vom Überschuss an gelber Galle. Der Trübsinn des Melancholikers von zu viel schwarzer Galle (griech. *melas* = »schwarz«). Der Phlegmatiker (griech. *phlegma* = »Schleim«) kämpft mit zu viel Schleim, der Sanguiniker schließlich (lat. *sanguis* = »Blut«) steht wegen seines überkochenden Blutes im Guten wie im Bösen ständig unter Strom.

Persönlichkeit nach Eysenck

Der bekannte deutsch-britische Psychologe Prof. *Hans Eysenck* (1916 bis 1997) hat diese temperamentbasierte Typologisierung mit der Persönlichkeitsdimension »Introversion – Extraversion« von *C. G. Jung* zu seinem Persönlichkeitszirkel verknüpft. Auf der Basis dieses Zirkels hat er ein Persönlichkeitsmodell entwickelt, in dem er die Persönlichkeit hierarchisch strukturiert.

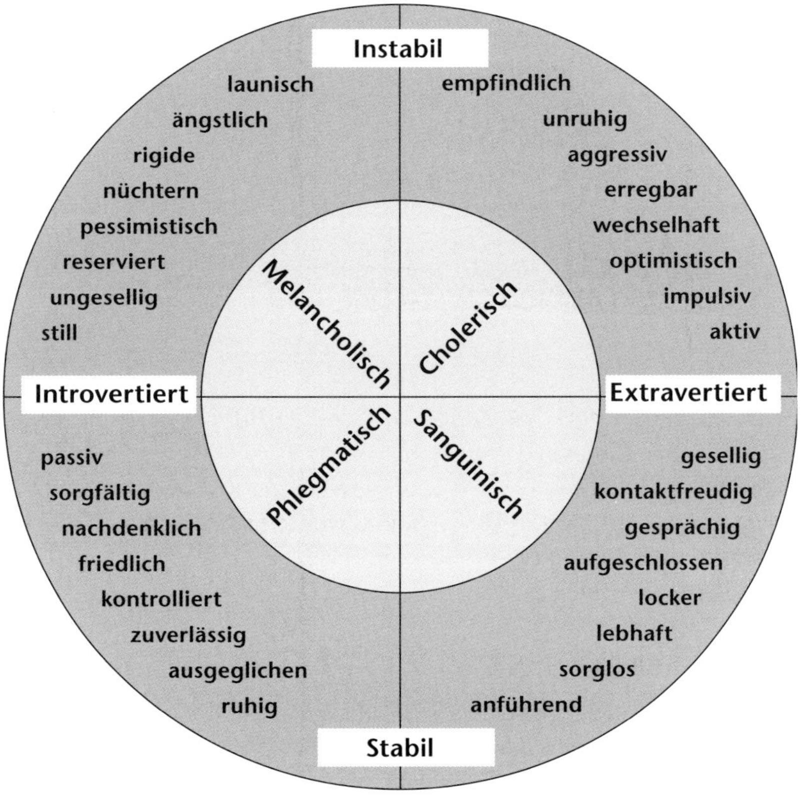

Eysencks Persönlichkeitszirkel

Der *Typus* steht für die Vereinigung mehrerer Eigenschaften und Grundeinstellungen. Neben der Extraversion und ihrem Gegenstück, der Introversion, unterscheidet *Eysenck* auch die emotionale Stabilität und Labilität. Stabilität steht dabei für konstantes, relativ gleichartiges Verhalten auch bei Änderung der Umweltreize. Bei der Labilität tritt eine erhöhte Störbarkeit des seelischen Gleichgewichts auf.

Unter *Eigenschaften* versteht er Persönlichkeitszüge, wie z. B. Reinlichkeit oder Ordnungssinn. Daraus lassen sich allgemeine Eigenschaften wie Impulsivität, Kontaktfreudigkeit und Bewegungsdrang ableiten. *Habituelle Reaktionen* sind oft wiederholte Handlungen, wie z. B. Hobbys. Die unterste Stufe bilden *spezielle Reaktionen*. Darunter versteht er spontane, wechselnde Reaktionen, die keinen Hinweis auf allgemeine Tendenzen geben.

Theorie von Eysenck

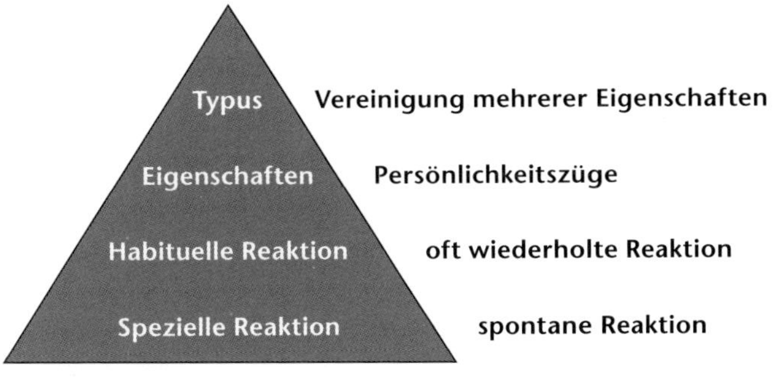

Theorie von Eysenck

Typologie der Lebensformen nach Spranger

Eduard Spranger (1882–1963) geht von einer sechsfachen Gliederung der menschlichen Kultur aus, woraus sich sechs elementare geistige Akte ergeben. Jeder Mensch favorisiert einen dieser Akte, so dass dieser sein Grundverhalten prägt. Diese sechs Bereiche sind: Wissenschaft, Wirtschaft, Kunst, Politik, Gemeinschaftsleben und Religion. Ihnen entsprechen die folgenden Grundtypen:

- Theoretischer Mensch
- Ökonomischer Mensch
- Ästhetischer Mensch
- Politischer Mensch
- Sozialer Mensch
- Religiöser Mensch

Hierbei handelt es sich um so genannte *Idealtypen*. In der Realität treten häufig Komplextypen auf, die verschiedene Wesensarten in sich vereinigen, so z. B. der Techniker, der Teile des ökonomischen und des theoretischen Menschen in sich vereinigt.

Konstitutionspsychologie nach Ernst Kretschmer

Die Konstitutionspsychologie des Psychiaters *Ernst Kretschmer* (1888 bis 1964) kann man der Typenlehre zuordnen. Er schlussfolgerte aus dem Körperbau auf das Vorhandensein von bestimmten Persönlichkeitsmerkmalen. Demnach sollte der *Pykniker*, mit seinem gedrungenen Körperbau und seiner Neigung zu Fettansatz, eher ein behäbiger, gemütlicher, gutherziger, geselliger, lebhafter bis hitziger oder auch stiller und weicher Mensch sein.

Der *Athletiker* mit seinem kräftigen Körper wird als heiter, forsch und aktiv eingestuft. Der magere, zarte, eng- und flachbrüstige *Leptosom* mit seinen dünnen Armen und Beinen soll körperlich und geistig empfindlich, kompliziert, sprunghaft sein.

Extraversion und Introversion nach C. J. Jung

C. G. Jung (1875–1961), ein Schüler *Freuds,* entwickelte eine Typologie, bei der das Grundverhältnis des Menschen zu sich selbst und seiner Umwelt im Mittelpunkt steht. Dieses Grundverhältnis ist bipolar mit den Idealtypen

- Introversion und
- Extraversion

an beiden Enden eines Kontinuums.

Eine extravertierte Persönlichkeit orientiert sich stark an ihrer Umwelt und den Mitmenschen. Der / die Extravertierte ist im Denken und Handeln nach außen orientiert. Analog dazu ist beim introvertierten Menschen die eigene Person der Ausgangs- und Bezugspunkt der Orientierung. Der Introvertierte verhält sich zögernd, misstrauisch und abweisend.

Neben diesen beiden Grundtypen unterscheidet *C. G. Jung* noch vier *Grundfunktionen* der Psyche, die unabhängig von Extraversion und Introversion auftreten. Es handelt sich dabei um die

- rationalen Funktionen des Denkens und Fühlens (rational, weil wertend) und die
- irrationalen des Empfindens und Intuierens (irrational, weil nur wahrnehmend).

Als Folge möglicher Kombinationen von Einstellungstyp einerseits und Funktionstyp andererseits ergeben sich acht Variationsmöglichkeiten der Persönlichkeit.

FUNKTIONSTYP	**EINSTELLUNGSTYP**	
Denken **Fühlen** **Empfinden** **Intuieren**	**Extraversion**	**Introversion**
	Gekennzeichnet durch Hinwendung zum äußeren Objekt, durch Aufgeschlossenheit und Bereitwilligkeit gegenüber den äußeren Vorgängen.	Gekennzeichnet durch Zuwendung zum Subjekt und die Verschlossenheit gegenüber dem äußeren Objekt.

Denken		
»Das Denken ist diejenige psychologische Funktion, welche, ihren eigenen Gesetzen gemäß, gegebene Vorstellungsinhalte in (begrifflichen) Zusammenhang bringt. (...) unter Denken verstehe ich die Funktion des intellektuellen Erkennens und der logischen Schlussbildung ...« (*Jung* 2003, S. 43).	**Extraversion**	**Introversion**
	Der extravertierte Denktyp setzt sich mit der Welt analytisch auseinander, bewertet und beurteilt die Dinge auf eine sachliche Art. Er versucht, seine Umwelt zu lenken und zu organisieren, hat eine klare Vorstellung, was zu tun und zu lassen ist, trifft Entscheidungen und gibt Anweisungen. Ziele verfolgt er systematisch mit hohem Einsatz.	Der introvertierte Denktyp ist logisch, objektiv, unpersönlich, kritisch und lässt sich nur mit Tatsachen überzeugen. Er versucht nicht, die Außenwelt zu verändern, und drängt seine Ideen anderen nicht auf. Seine Gedankengänge sind für Außenstehende kompliziert und schwer verständlich. Er läuft Gefahr, missverstanden zu werden und Probleme mit anderen Menschen zu bekommen.

Fühlen		
	Extraversion	**Introversion**
Fühlen ist ein Vorgang, der dem Inhalt eine bestimmte Qualität im Sinne des Annehmens oder des Abweisens (Lust oder Unlust) erteilt. *»Das Fühlen ist daher auch eine Art des Urteilens, das aber insofern vom intellektuellen Urteil verschieden ist, als es nicht in Absicht der Herstellung eines begrifflichen Zusammenhangs, sondern in Absicht eines zunächst subjektiven Annehmens oder Zurückweisens erfolgt«* (*Jung*, 2003, S. 43).	Der extravertierte Fühltyp sucht Harmonie und Geselligkeit. Er vermeidet Konflikte und ist bereit, Menschen mit ihren positiven und negativen Eigenschaften anzunehmen. Auch ist er offen für andere Meinungen, ist tolerant und arbeitet gerne mit anderen zusammen. Hinzu kommt, dass er häufig konventionell und konservativ ist, treu und loyal sowie hingabefähig.	Dieser Typ zeigt seine innere Wärme und seinen Enthusiasmus nur den Menschen, denen er vertraut. Seine Gefühle sind auf seine Innenwelt beschränkt. Er verlässt sich auf seine Gefühle und urteilt nach seinen persönlichen Werten. Für ihn muss die Außenwelt mit seinem inneren Gefühl übereinstimmen. Im Berufsleben bringt er dann gute Leistungen, wenn er vom Wert und Nutzen seiner Arbeit überzeugt ist. Er ist nur dann zufrieden, wenn er einen Sinn hinter seiner Tätigkeit erkennt. Menschliches Wohlbefinden und Wohlergehen spielen, wie bei der Extraversion, die Hauptrolle.
Empfinden		
	Extraversion	**Introversion**
Empfindungen werden durch äußere und innere Sinnesreize erzeugt. Diese erfolgen ausschließlich mit unseren Sinnesorganen: Geruch, Geschmack, Gehör, verschiedenen Hautempfindungsgefühlen sowie Bewegungssinn und Gleichgewicht.	Seine Stärke liegt in dem Erkennen der äußeren Realität und der tatsächlichen Gegebenheiten. Er stützt sich auf seine Sinne, wobei er Einzelheiten und Tatsachen stark beachtet. Gegenüber seiner Umwelt ist er sachlich, realistisch, tatsachenorientiert und ggf. materialistisch eingestellt. Er ist anpassungsfähig, weil er Tatsachen	Dieser Typ ist abhängig von Dingen subjektiver Natur, die nicht nach außen gespiegelt werden. Er fällt durch Neutralität auf, die aber häufig nur rein äußerlich vorhanden ist. In seinem Innenleben beschäftigt er sich mit den auf ihn einwirkenden Eindrücken mit großer Sensitivität. Auf äußerliche Wahrnehmung reagiert er

	akzeptiert. Neue Ideen und Veränderungen, die noch nicht Eingang in die Gegenwart gefunden haben, lehnt er ab, weil er sie mit seinen Sinnen nicht erfassen kann. Auch abstrakte Konzepte und Theorien sind für ihn nicht wirklich und werden daher meist abgelehnt.	nicht direkt, vielmehr nimmt er sich Zeit für innerliches Überdenken. Er gerät deshalb selten aus der Fassung und reagiert nicht impulsiv oder spontan, ist sorgfältig, erstrebt genaue Ergebnisse, hat aber Geduld und hält beharrlich an seinem Vorhaben fest.
Intuieren		
Die Intuition ist eine Art Ahnung oder Wahrnehmung verborgener Möglichkeiten. Es ist die »*Wahrnehmung auf unbewusstem Wege*« (*Jung* 2003, S. 60). Das Ahnungsvermögen verleiht die Fähigkeit, die Möglichkeiten, die in den Dingen liegen, zu erkennen sowie die Hintergründe bei bestimmten Situationen zu erspüren. Es ist eine Art Erfassen der Zusammenhänge.	**Extraversion** Die Stärke des extravertierten Intuitionstypen liegt im Erkennen von Möglichkeiten. Er ist eine reiche Ideenquelle. Eingebungen verfolgt er mit großem Interesse und Begeisterung. Seine Leistungskraft scheint insoweit nicht zu erschöpfen. Er verfolgt seine Ideen konsequent, um zu wissen, ob sie durchsetzbar sind oder nicht. Seine Impulse kommen in einer derart konzentrierten, überwältigenden Form, dass andere mitgerissen werden und sich seinen Ideen anschließen. Sein Interesse erlischt aber, wenn sein Ziel erreicht ist und andere an der Verwirklichung arbeiten. Die Umsetzung seiner Idee liegt ihm nicht.	**Introversion** Seine Fähigkeiten gleichen denen des extravertierten Intuitiven. Auch er hat einen Schwerpunkt im Erkennen zukünftiger Möglichkeiten und ahnt noch nicht sichtbare Entwicklungen voraus. Aber die Intuition richtet sich in der Introversion auf das Erkennen von Möglichkeiten, die sich aus unbewussten Inhalten ableiten. Er mag Herausforderungen, die Freiräume für seine Visionen und Inspirationen bieten. Je komplexer, unfassbarer und offener sich die Probleme gestalten, desto besser. Auch er verliert das Interesse an einem Projekt, wenn es konkrete Formen angenommen hat und eine Lösung bevorsteht.

Dieses Modell ist die Grundlage einer Reihe von Persönlichkeitstests. Aus der Verknüpfung von Funktions- und Einstellungstyp werden in der beruflichen Eignungsdiagnostik Schlussfolgerungen auf die Passgenauigkeit von Bewerbern und Arbeitsplatz gezogen.

3.2 Eigenschaftentheorie

Im Zusammenhang mit der Verbreitung der Massenpsychologie entstand die Eigenschaftentheorie. Nach ihr kann die Persönlichkeit durch eine begrenzte Anzahl von Grundmerkmalen mit individuell unterschiedlicher Ausprägung beschrieben werden, z. B. Extraversion und Introversion oder emotionale Stabilität.

Persönliche Eigenschaften zeichnen sich dadurch aus, dass sie

- zeitlich stabil sind und
- sich in unterschiedlichen Situationen als konsistent erweisen.

Häufig werden Eigenschaften hierarchisiert, indem man sie so oder ähnlich differenziert:

- Kardinaleigenschaften (fundamentale Charakterzüge),
- zentrale Eigenschaften (Merkmale einer Person, z. B. Ehrlichkeit, Kollegialität),
- sekundäre Eigenschaften (Geschmack, gewisse Vorlieben).

Das Thema Eigenschaftentheorie wurde im Zusammenhang mit der Frage nach den wirksamen Führungseigenschaften bzw. der »Great Man Theory«, der Theorie vom »großen Mann«, behandelt. Sie untersucht, was Führer von Geführten unterscheidet bzw. wodurch sich gute Führer von schlechten unterscheiden.

Führungseigenschaften

Bis zu 500 verschiedene Führungseigenschaften wurden in der einschlägigen Literatur bis etwa in die 50er-Jahre des letzten Jahrhunderts hinein identifiziert. Aber nur bei den folgenden 15 Eigenschaften stimmen, nach Studien des amerikanischen Managementwissenschaftlers *Stogdill,* die vielen Untersuchungen überein:

- Intelligenz
- Schulische Leistungen
- Zuverlässigkeit
- Aktivität und soziale Teilnahme
- Sozioökonomischer Status
- Soziabilität
- Initiative
- Ausdauer

- Sachkenntnis
- Selbstvertrauen
- Begreifen der Situation
- Kooperationsbereitschaft
- Beliebtheit
- Anpassungsfähigkeit
- Wortgewandtheit

Die große Verbreitung von Persönlichkeitstests im Rahmen der Bewerberauswahl für Vertriebs- oder Führungspositionen zeigt, dass sich eigenschaftstheoretische Erklärungsversuche immer noch großer Beliebtheit erfreuen. Sie geben eine erste, wenn auch vage, Sicherheit, dass das Eignungsprofil des Bewerbers zum Anforderungsprofil der Stelle passt.

3.3 Dynamische (Freudsche) Theorie

Dynamische Theorien beruhen größtenteils auf dem Persönlichkeitsmodell *Sigmund Freuds* (1856–1939), der die menschliche Psyche in drei Instanzen aufteilte: das Es, das Ich und das Über-Ich. Diese grenzen sich nicht streng voneinander ab, sondern stehen in dynamischer Verbindung zueinander. Die drei Schichten können sich gegenseitig durchbrechen und miteinander in Konflikt geraten.

Es

Das Es beinhaltet alles, was ererbt und von Geburt an mitgebracht wurde. Man spricht deshalb auch vom System der primären Motive und Triebe. Der Inhalt wird bestimmt durch die überwiegend sexuelle und aggressive Natur des Menschen, die sofortige Befriedigung fordert. Das Es ignoriert die Konsequenzen der sofortigen Befriedigung, es ist unbelehrbar und handelt allein nach dem Lustprinzip. Die Motive der Es-Schicht sind unbewusst. Moralische Wertvorstellungen, Fürsorge oder Angst sind im Es nicht enthalten. Der Drang nach sofortiger Befriedigung des Grundbedürfnisses kann nur durch Abwehrmechanismen des Ich gestoppt werden.

Über-Ich

Das Über-Ich beinhaltet die Normen der Eltern und die gesellschaftlich geprägten Ge- und Verbote. Diese psychische Instanz beinhaltet lobende und strafende Impulse gegenüber dem Ich. Es gibt ihm Befehle und droht mit Strafen. Das Verhalten des Ich wird an den verinnerlichten Normen geprüft, weswegen wir das Über-Ich als unser Gewissen empfinden.

Ich Das Ich folgt dem Realitätsprinzip. Es versteht sich als vermittelnde Instanz zwischen den Forderungen des Es, den Geboten des Über-Ich und den Möglichkeiten der Motivbefriedigung in der Realität. Ist die Befriedigung in der Realität nicht möglich, so ist es die Aufgabe des Ich, die Befriedigung sicher abzuwehren. Das Ich gewährleistet die Triebregulierung, indem es einen Kompromiss durch Abblocken der bedrohlichen Impulse aus dem Es und Über-Ich findet. Der Lustgewinn und die Unlustvermeidung werden ausgeglichen.

Psychodynamisches Modell

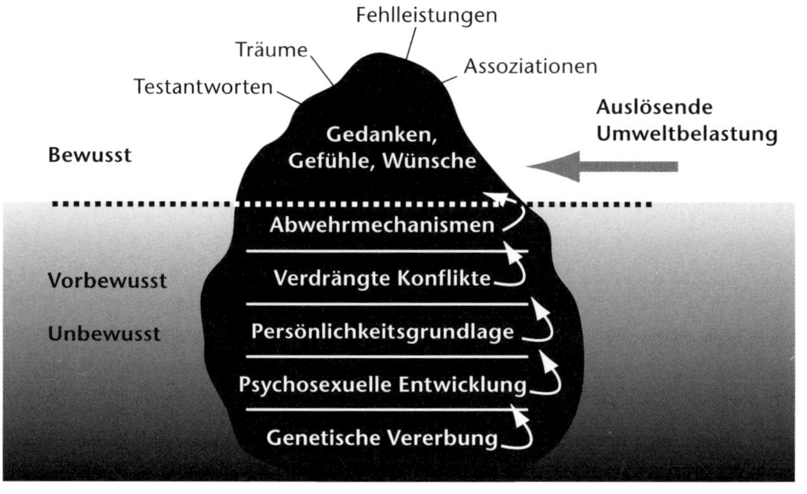

Psychodynamisches Modell

Verdrängung Obwohl es sich bei der freudschen Theorie eher um ein Strukturmodell handelt, wird es der Gruppe der psychodynamischen Persönlichkeitsmodelle zugeordnet. Das spezifisch Dynamische ergibt sich als Folge des ständigen Konflikts zwischen dem Es und dem Über-Ich, aus dem eine Einschränkung des Es resultiert. Diesen Vorgang nennt Freud »Verdrängung«. Sie ist der grundlegende psychische Abwehrmechanismus des Ich, um die Triebe des Es zu zügeln. Ihr übertriebener Einsatz führt zur »Neurose«.

Die zentrale Aufgabe dieses Abwehrmechanismus ist die Minderung des Angstzustandes. Solche Angstsituationen entstehen, wenn bisher befriedigte Motive nicht mehr befriedigt werden können, weil entweder das

Objekt zur Befriedigung nicht mehr vorhanden ist oder weil auf die Befriedigung Strafe folgt. In dieser Situation steigt der Motivdruck immer stärker an und ein Gefühl der Angst entsteht. Das Ich kann jetzt leicht die Kontrolle über die fordernden Impulse verlieren.

Abwehrmechanismen

Abwehrmechanismen sind Techniken, mit denen das Ich versucht, bedrohliche Situationen zu bewältigen. Sie führen nicht zu einer Vernichtung des Triebwunsches, sondern nur zu dessen Blockierung. Hier drei Beispiele:

Verschiebung: In der Verschiebung blockiert das Ich den Triebwunsch und macht ihn damit unbewusst. Der blockierte Trieb sucht sich ein Ersatzobjekt, mit dem er zufriedengestellt werden kann. Der Triebbefriedigung ist es egal, gegen wen sich seine Liebe, sein Unmut oder seine Aggressionen richten. Wichtig ist nur, dass geliebt, gehasst oder bestraft werden kann. Anstatt an dem verhassten Objekt seine Aggressionen auszuleben, verschieben sich diese zu einem anderen, leichter zu bestrafenden Objekt.

Projektion: Wenn Triebimpulse aus dem Es oder Über-Ich nicht vollständig verdrängt werden können, bedrohen sie das Ich. Dieses hat aber keine Energien zur Abwehr mehr übrig und kann sich nur durch Projektion retten: Das bedrohliche Motiv wird einer oder mehreren Personen der Außenwelt zugeschrieben und dort bekämpft. Die Wahrnehmungsfähigkeit des Ich ist nun gestört. In besonders schwierigen Situationen projizieren wir unsere Probleme auf andere und hoffen, dass sie sich dadurch lösen. Denn aufgrund unserer bereits gesammelten Erfahrung wissen wir, dass wir zur Problemlösung ungeeignet sind. Der »Held unserer Träume« besitzt allerdings die Fähigkeit zur Bewältigung der bedrohlichen Situation.

Reaktionsbildung: Sie ergibt sich aus einem besonders strengen Über-Ich-Gebot. Ein Triebimpuls aus dem Es wird abgeblockt, indem das Ich den entgegengesetzten Antrieb aktiviert. Es entwickeln sich konträre Verhaltensweisen. Zum Beispiel werden aggressive Impulse gegenüber einem nicht gewollten und ungeliebten Kind dadurch im Keim erstickt, dass man mit diesem Kind besonders liebevoll umgeht, es sozusagen überbehütet. Oder die verbotene Lust an Schmutz wird mit übertriebener Reinlichkeit abgewehrt.

3.4 Lerntheorie (Behaviorismus)

Das lerntheoretische Denkgebäude entstand im frühen 20. Jahrhundert unter der Bezeichnung *Behaviorismus* in den USA, und zwar als Reaktion auf die vorwiegend phänomenologisch orientierte Psychologie Europas. Seine größte Popularität erlangte es in den 50er-Jahren des letzten Jahrhunderts durch die Forschungsarbeiten von *Burrhus Frederic Skinner* (1904–1990).

Während andere Persönlichkeitstheorien den strukturellen Aspekt der Persönlichkeit betonen, interessiert sich die Lerntheorie, oft auch »kognitive« oder »mechanistische Theorie« genannt, eher für den Einfluss von Umweltreizen auf die Persönlichkeitsentwicklung. Die Umwelt wird also als die entscheidende Determinante für das Verhalten eines Individuums angesehen, das sich aufgrund der von seiner Umgebung ausgehenden Reize entwickelt und verändert. Die angeborenen Triebe oder Motive bestimmen nur teilweise das Verhalten; vielmehr sind die auf Reiz und Reaktion beruhenden Lernvorgänge entscheidend. Die radikalsten Vertreter des Behaviorismus definieren das Gehirn als eine große Blackbox, die, wenn ein Reiz auf sie einwirkt, mit einer Reaktion antwortet. Sie sehen in den von ihnen beobachteten Menschen mechanische Apparate, an denen bestimmte Zustände lediglich physikalisch so zu beobachten sind wie Zeigerausschläge an einem Voltmeter.

Die pawlowschen Experimente

Das klassische Beispiel hierfür sind die konditionierten (bedingten) Reflexe des pawlowschen Hundes. Zu Beginn des 20. Jahrhunderts führte der russische Psychologe *Iwan Pawlow* (1849–1936) das folgende berühmt gewordene Experiment durch:

Ein Hund wird in einen besonderen Apparat gestellt, in dem die Intensität des Speichelflusses als Reaktion auf bestimmte Reize gemessen werden kann. Dem Tier wird ein unbedingter Reiz (Futter) präsentiert, woraufhin es den angeborenen Reflex (Speichelfluss) zeigt. Auf das Läuten einer Glocke zeigt der Hund keinerlei Reaktion, außer einer gewissen Neugier.

Wenn die beiden Reize Futter und Glocke kombiniert werden, reagiert der Hund daraufhin mit Speichelfluss. Nach mehrmaligem Wiederholen dieser Reizpräsentation reagiert der Hund schon auf das bloße Glockenläuten allein mit Speichelfluss. Diese Reaktion nennt man nach Pawlow einen »konditionierten Reflex«.

Auf die Erkenntnisse der behavioristischen Forschung stützen sich diverse verhaltenstherapeutische Vorgehensweisen, u.a. die Behandlung von Phobien und Autismus, aber auch die moderne Abrichtung von Hunden und Zirkustieren. Selbst das programmierte Lernen, Sprachlabors und die heute gängigen PC-Programme zum Selbststudium von Fremdsprachen sind eine Nutzanwendung der behavioristischen Theorie.

3.5 Statistische Theorien

Die theoretisch orientierten Psychologen gehen davon aus, dass die menschliche Psyche nicht quantifizierbar ist, da es sich um ein qualitatives Phänomen handelt. Sie bevorzugen qualitative Methoden, so z.B. die Wesenserfassung oder die einfühlende Personenbeschreibung. Im Gegensatz dazu orientiert sich die empirische Psychologie an den Methoden der exakten Wissenschaften und zieht eher das Messen dem Beschreiben vor. Dem liegt die Auffassung zugrunde, dass alles, was in einer ganz bestimmten Menge existiert, damit messbar ist. Man kann allen Phänomenen und Ereignissen bestimmte Zahlen zuordnen und damit quantifizieren.

Es handelt sich insgesamt weniger um Theorien als um Werkzeuge, wie Fragebogen, Tests, Ratings und Korrelationsanalysen. Die in diesem Buch vorgestellten Persönlichkeitstests gehören zur Gruppe statistischer Verfahren.

Faktorenanalyse

Die Faktorenanalyse ist die grundlegende Methode statistischer Verfahren. Hier wird unter Zuhilfenahme statistischer Methoden bestimmt, ob z.B. die Ergebnisse eines Persönlichkeitstests auf einen oder aber mehrere gemeinsame Faktoren (Eigenschaften) zurückzuführen sind. Es werden Fragen gestellt, aus denen man dann eine Persönlichkeitseigenschaft, z.B. Willensstärke oder Stressstabilität, schlussfolgert. Man spricht daher auch von einem Daten reduzierenden Verfahren. Die unüberschaubare Vielfalt der Zusammenhänge wird geordnet und auf die zugrunde liegenden Ursachen zurückgeführt.

Unterschiedliche Testaufgaben weisen unterschiedlich hohe positive Korrelationen auf. Eine Korrelation ist eine Beziehung zwischen zwei oder mehr quantitativen statistischen Variablen. Hierzu das Beispiel »je mehr, desto mehr«: Je mehr ich trinke, umso mehr werde ich betrunken. Der umgekehrte Fall »je mehr, desto weniger« ist auch denkbar.

Man kann davon ausgehen, dass an einem Testergebnis immer mehrere Faktoren beteiligt sind. Aus den Korrelationen der Leistungen untereinander lässt sich errechnen, wie viele Faktoren an der Gesamtheit der Leistungen beteiligt sind, welche Faktoren auf die einzelnen Aufgaben einwirken und in welchem Ausmaß jede Aufgabe mit ihren Faktoren beteiligt ist. Diese Berechnung geschieht mithilfe der Faktorenanalyse.

Grunddimensionen des Verhaltens

Ein weiterer Anwendungsbereich der Faktorenanalyse ist die Suche nach Grunddimensionen des Verhaltens. Hierfür werden meist Fragebogen-Items korreliert und die Faktoren analysiert. Ein Item ist eine als Frage oder Urteil formulierte Aussage, zu der die befragte Person ihre Zustimmung oder Ablehnung äußern kann. Hier je ein Beispiel für ein dichotomisches Item und eine Multiple-Choice-Aussage:

	Stimmt	Stimmt nicht
Ich arbeite oft unter Zeitdruck.	○	○

Wähle das richtige Land aus:		
	○	Belgien
	○	Deutschland
	○	Spanien

Ziel der Faktorenanalyse ist es, aus dem Beobachtungsmaterial allgemeine Grundkonzepte ableiten zu können, ohne dass diese von einer vorgeprägten Lehrmeinung beeinflusst werden.

Aufgrund der beschriebenen Vorgehensweise kann man die in diesem Buch vorgestellten statistischen Persönlichkeitsmodelle beziehungsweise Tests auch als »faktorenanalytische« Modelle bezeichnen.

3.6 Humanistische Theorien

Die humanistische Psychologie ist die dritte Kraft neben der Tiefenpsychologie und dem Behaviorismus. Ihre Ziele sind die Entwicklung der Persönlichkeit in Richtung auf Selbstwahrnehmung, Selbstverwirklichung, Selbsterfüllung, Erfahrung von Verantwortlichkeit und Sinnhaftigkeit. Im Gegensatz zur Tiefenpsychologie (Psychoanalyse, Verhaltenstherapie), die nach dem Warum fragt, konzentriert sich die humanistische Psychologie auf das Wie. Man bezeichnet diese Richtung auch als »phänomenologisch«.

> Die humanistische bzw. phänomenologische Psychologie entstand in den USA als Gegenbewegung zum Behaviorismus und zur Psychoanalyse. Ihre Begründer und Pioniere sind u. a. *Carl Rogers*, *Erich Fromm* und *Abraham Maslow*. Das wissenschaftstheoretische Gerüst lieferte der Philosoph *Edmund Husserl* (1859–1938).

Ganzheitlichkeit als methodisches Prinzip

Im Gegensatz zur statistisch-analytischen Methode, die ihr Untersuchungsobjekt in einzelne Bestandteile auflöst, um es besser analysieren zu können, erfasst die phänomenologische Methode ihren Gegenstand ganzheitlich. Sie fordert, das unmittelbar Erlebte zum Ausgangspunkt der wissenschaftlichen Erkenntnis zu machen. Ein Psychologe, der über das Phänomen der Liebe forscht, darf und soll z. B. die Erfahrungen seines eigenen Verliebtseins in der Vergangenheit oder Gegenwart in die Forschungsarbeit einbeziehen, so wie *Sigmund Freud* es bei seinen Arbeiten zur Traumdeutung tat.

Wenn die persönliche Erfahrung dazu beiträgt, ein wissenschaftliches Problem zu lösen, muss sie genutzt werden. Im Dienste wissenschaftlicher Erkenntnisse sollen nach Meinung der Phänomenologie alle Erkenntnisquellen herangezogen werden, denn außer dem Zählen und Messen gibt es noch andere Zugänge zum Menschen, z. B. die eidetische, innerlich geistige bzw. intuitive Anschauung. Dabei ist es nach Meinung *Husserls* wichtig, dass sich das Bewusstsein sich selbst zuwendet, um festzustellen, *was* es im Bewusstsein hat und *wie*. Der Wissenschaftler bezieht sich in die Reflexion ein, um eine entkörperte, rein abstrakte, logisch-analytische, statistische Analyse zu vermeiden.

Der Begriff »Humanismus« im Kontext der Persönlichkeitstheorie hat einen anderen Sinn als die übliche Deutung im Sinne von »Menschenliebe«. Humanistisch meint hier eher »Hinwendung zum Menschen selbst«, ohne einen Bezug zum idealen Menschen oder zur idealen Gesellschaft herzustellen.

Theoretische Grundannahmen

Die humanistisch-psychologisch orientierten Therapieansätze basieren auf folgenden grundsätzlichen Annahmen:

- Der Mensch ist mehr als die Summe seiner Teile (ganzheitliches Wesen).
- Der Mensch lebt in zwischenmenschlichen Beziehungen.
- Der Mensch lebt bewusst und kann seine Wahrnehmungen schärfen (Selbstaktualisierung).
- Der Mensch kann entscheiden (Selbstbestimmung).
- Die Natur des Menschen kann niemals völlig bestimmt werden.

Aus der humanistischen Psychologie haben sich eine Reihe neuerer Psychotherapien entwickelt, so z. B. die Gesprächspsychotherapie mit *Carl Rogers* als Hauptvertreter, die Gestalttherapie, deren Initiator *Fritz Perls* war, und die von *Eric Berne* entwickelte Transaktionsanalyse.

4. Persönlichkeitstests

4.1 Die Bedeutung von Persönlichkeitstests

Welches Potenzial steckt in mir? Was ist der Bewerber für ein Typ? Passt er zum Unternehmen? Diese Fragen interessieren Individuen, Personalverantwortliche und Vorgesetzte. Antworten erhofft man sich aus Persönlichkeitstests oder so genannten Potenzialanalysen. »Personaler« möchten angesichts hoher Personalkosten das Risiko einer Fehlbesetzung reduzieren. Auf der anderen Seite wollen Bewerber wissen, welches Karrierepotenzial in ihnen schlummert, dies aber möglichst diskret. Ihre Akzeptanz gegenüber dem Test hängt von dessen Ergebnis oder vom Erfolg bzw. Misserfolg der Bewerbung ab.

> Nach Meinung der Befürworter von Persönlichkeitstests liegt die Ursache gescheiterter Beschäftigungsverhältnisse in den meisten Fällen an der Nichtübereinstimmung von Persönlichkeitsmerkmalen und Anforderungen der Stelle. Nicht das Wissen und Können geben demnach den Ausschlag, sondern die Persönlichkeit.

Personalauswahl

Das gilt im besonderen Maße für Führungskräfte mit großem Multiplikatoreneffekt gegenüber Mitarbeitern, Kollegen, Kunden, Kreditinstituten und Mitbewerbern. Hier potenziert sich der mögliche Schaden. Darum ist die sach- und fachgerechte Personalauswahl, ggf. unter Einbeziehung eines Tests, wichtig. Die Befürworter der Persönlichkeitstests gehen davon aus, dass das Unterlassen der Durchführung solcher Tests allein in der Bundesrepublik Deutschland jährlich zu volkswirtschaftlichen Schäden in Höhe eines zweistelligen Milliardenbetrags führe.

Trotz dieses Sachverhaltes und des Bedürfnisses nach Informationen über die Persönlichkeit führen Persönlichkeitstests im deutschsprachigen Raum noch immer ein Aschenputteldasein, während sie in den USA zum Standardrepertoire jedes Einstellungsverfahrens gehören. Wie groß der Anteil an Persönlichkeitstests in Deutschland, Österreich und der Schweiz ist, kann mangels empirisch fundierter Aussagen nicht belegt werden.

Es gibt Hunderte von Tests. Sie messen zumeist einen Teilaspekt der Persönlichkeit: die Intelligenz, das Konzentrationsvermögen, handwerkliches Geschick, kreatives Denken, Wissen und vieles andere mehr. Unter Tests versteht man Instrumente, mit deren Hilfe man *»psychometrisch vergleichbare und gültige Informationen über Verhalten und Erleben einzelner Personen erhält«* (*Hossiep/Mühlhaus* 2000).

Definition Von persönlichkeitsbezogenen Tests im Allgemeinen kann man Persönlichkeitstests im Besonderen definitorisch so abgrenzen: Ein Persönlichkeitstest dient der Messung von Persönlichkeitseigenschaften. Es geht hier um die Vorhersage emotionaler und motivationaler Aspekte des Verhaltens in Alltags- und Arbeitssituationen, also um

- Verhaltensweisen
- Einstellungen, Überzeugungen und Wertvorstellungen
- Vorlieben
- Stärken und Schwächen sowie
- Charaktereigenschaften

4.2 Kurze Geschichte der Psychometrie

Seit der Antike interessieren sich Wissenschaftler für die Frage, ob und inwieweit man vom mimischem Ausdruck auf die Persönlichkeit, beziehungsweise den Charakter, schließen kann. *Aristoteles* (384–322 v. Chr.) brachte das menschliche Gesicht mit der Gesichtsform von Tieren in Beziehung. So entstand die Idee vom schlauen Fuchs und vom dummen Schaf, die sich bis in die Neuzeit gehalten hat.

Im 18. Jahrhundert erkannte *J. J. Engels* (1741–1802), dass es zwischen Gebärden und inneren psychischen Vorgängen einen Zusammenhang gibt. So drückt sich das Denken einer erhabenen Idee im erhobenen Kopf aus. *Charles Darwin* (1809–1882) ergänzte dies durch die Erkenntnis, dass das Ausdrucksverhalten entwicklungsgeschichtlich (s)einen biologischen Zweck erfüllt. So dienen erhobene Hände mit der Handfläche nach außen der Gefahrenabwehr. Ähnlich erkannte *Piderit* (1826–1912), dass bestimmte Erlebnisse Muskelbewegungen auslösen. *Hermann Strehle* erforschte in den 1930er-Jahren, dass Empfindungen wie Wut, Scham oder Verlegenheit auf die Blutgefäßkontraktion wirken (Erröten, Erbleichen). Andere Forscher schlussfolgerten aus der Schädelform auf die Persönlichkeit.

Diese Untersuchungen zeigen, dass es objektiv registrierbare physiognomische und mimische Ausdrucksweisen gibt, die mit ganz bestimmten Persönlichkeitszügen in Verbindung gebracht werden, aber nicht immer mit den realen psychischen Vorgängen des Ausdrucksträgers übereinstimmen.

Psychodiagnostische Verfahren

Gegen Ende des 19. Jahrhunderts wurden erste psychodiagnostische Verfahren entwickelt, zunächst zur Messung der Intelligenz von Schülern. Die französische Regierung ordnete nach 1910 an, dass sich die Einweisung von Kindern in eine Sonderschule auf solche Tests stützen muss.

Mit dem *Personal Data Sheet* von *Robert S. Woodworth* wurden lang dauernde Psychaterinterviews ersetzt. Der Test wurde eingesetzt, um zu verhindern, dass psychisch instabile Soldaten in US-Elitekorps des Ersten Weltkriegs gelangten.

Große Berühmtheit erlangte der Formdeutungsversuch von *Rorschach* (1921), der für die Diagnostik von Schizophrenie entwickelt wurde.

> Die heute aktuellen Persönlichkeitsfragebogen beruhen zu einem großen Teil auf *Raymond Bernard Cattell* (1905–1998). Er entwickelte mit Hilfe der Faktorenanalyse ein Modell von 16 Persönlichkeitsfaktoren, die sich bipolar gegenüberstehen. Diese wurden von ihm als situationsunabhängige Grundeigenschaften der Persönlichkeit angesehen, mit denen sich jede Person beschreiben ließe und die dem offen gezeigten Verhalten zugrunde lägen.

Der Fragebogen erfasst mit 184 aktualisierten Items folgende 16 Primärdimensionen der Erwachsenenpersönlichkeit:

Cattell-Fragebogen

1.	Sachorientierung vs. Kontaktorientierung
2.	Konkretes Denken vs. abstraktes Denken
3.	Emotionale Störbarkeit vs. emotionale Widerstandsfähigkeit
4.	Soziale Anpassung vs. Selbstbehauptung
5.	Besonnenheit vs. Begeisterungsfähigkeit
6.	Flexibilität vs. Pflichtbewusstsein
7.	Zurückhaltung vs. Selbstsicherheit
8.	Robustheit vs. Sensibilität
9.	Vertrauensbereitschaft vs. skeptische Haltung
10.	Pragmatismus vs. Unkonventionalität
11.	Unbefangenheit vs. Überlegenheit
12.	Selbstvertrauen vs. Besorgtheit
13.	Sicherheitsinteresse vs. Veränderungsbereitschaft
14.	Gruppenverbundenheit vs. Eigenständigkeit
15.	Spontaneität vs. Selbstkontrolle
16.	Innere Ruhe vs. innere Gespanntheit

Daraus abgeleitet werden die folgenden fünf zusätzlichen Globalfaktoren:

1. Extraversion
2. Unabhängigkeit
3. Ängstlichkeit
4. Selbstkontrolle
5. Unnachgiebigkeit

Eysenck-Persönlichkeits-Inventar

Zu den Pionieren der Psychometrie gehört der schon erwähnte *Hans Eysenck* mit seinem *Eysenck-Persönlichkeits-Inventar (E-P-I)*. Die theoretische Grundlage des Verfahrens bildet seine Persönlichkeitstheorie. Für ihn besteht die Persönlichkeit aus den zwei Hauptfaktoren Extraversion und Neurotizismus. Dies sind jeweils bipolare Dimensionen: Extraversion = Introversion bis Extraversion und Neurotizismus oder Emotionalität = Stabilität bis Instabilität.

Dementsprechend misst sein Fragebogen diese vier Dimensionen:

1. Extraversion
2. Neurotizismus
3. Psychotizismus
4. »Lügenskala« (soll Verfälschungstendenzen erfassen)

Persönlichkeitsmerkmale

• **Extraversion***:* Gesellig, lebendig, aktiv, selbstsicher, sensationssuchend, sorglos, dominant, »aufwallend«, abenteuerlustig
• **Neurotizismus vs. emotionale Stabilität:** Ängstlich, depressiv, Schuldgefühle, niedriges Selbstwertgefühl, angespannt, irrational, schüchtern, verstimmt *(moody)*, emotional
• **Psychotizismus***:* Aggressiv, kalt, egozentrisch, unpersönlich, impulsiv, antisozial, unempfindsam, kreativ, hartherzig, tough-minded

4.3 Grundtypen und Arten von Persönlichkeitstests

Die unterschiedlichen Tests bieten entsprechend viele Möglichkeiten, sie zu klassifizieren. Durchgesetzt hat sich die Grobklassifikation in Leistungstests und Persönlichkeitstests.

Natürlich gehört auch die Leistung zur Persönlichkeit, aber Leistung erfordert spezifische Reaktionsweisen. Während Leistungstests situativ maximales Verhalten messen, geht es bei Persönlichkeitstests um typisches Verhalten.

Leistungstests

Zur Gruppe der *Leistungstests* zählen Intelligenztests, Aufmerksamkeits- und Belastungstests, kognitive Tests zu Wissen und Sprachen oder auch spezielle Funktionsprüfungen im sensorischen oder motorischen Bereich. Die Antworten der Fragen werden im Gegensatz zu Persönlichkeitstests als richtig oder falsch eingestuft.

Persönlichkeitstests

Zu den *Persönlichkeitstests*, also jenen Tests, die nicht-leistungsmäßige Eigenschaften, sondern persönliche Eigenschaften messen, zählt man

- allgemeine Persönlichkeitsstrukturtests, mit denen das »typische« Verhalten einer Person erfasst wird;
- spezifische Persönlichkeitstests (z. B. Kontrollüberzeugungen, Empathie) und
- im weiteren Sinne auch Einstellungs-, Interessen- und Motivationstests.

Innerhalb der Gruppe reiner Persönlichkeitstests unterscheidet man weiter zwischen

- objektiven Tests (direkte Verfahren) und
- projektiven Tests (indirekte Verfahren).

Objektive Tests

Objektive Tests werden nach festen Regeln durchgeführt und ausgewertet, heute zumeist online am Personalcomputer, so dass keine Interpretationen der auswertenden Personen einfließen können. Es wird also versucht, das Persönlichkeitsmerkmal mit einem Höchstmaß an Objektivität zu erheben. Der Sinn des Verfahrens ist für den Probanden durchschaubar.

Objektive Tests sind der Gruppe der statistischen Verfahren beziehungsweise der Faktorenanalyse zuzuordnen. Normalerweise wird ein Fragebogen ausgefüllt, zumeist indem das am meisten und das am wenigsten Zutreffende markiert wird. Oft muss gewichtet werden, z. B. auf einer Notenskala von 1 bis 6. Bei den in diesem Buch vorgestellten Tests sowie bei fast allen relevanten Persönlichkeitstests, wie auch Intelligenztests, handelt es sich um objektive Verfahren.

Projektive Tests

Bei projektiven Tests werden Probanden mit abstrakten Mustern, angefangenen Geschichten, Zeichnungen oder Bildern stimuliert. Diese Vorlagen sind so vage, dass sie verschiedene Interpretationsmöglichkeiten zulassen. Der Betrachter bringt bei der Deutung oder Ergänzung dieser Stimuli sich selbst, seine inneren Gefühlszustände, Wünsche, Vorerfahrungen und Ähnliches ein.

Die Antworten und Assoziationen werden dann vom Experten interpretiert und analysiert. Damit sind die Testergebnisse unter Umständen von der Person des Testenden abhängig: Es kann keine volle Objektivität bei der Auswertung geben, denn der Auswertende ist, wie man es umgangssprachlich ausdrückt, auch nur ein Mensch. Der bekannteste Test dieses Typs ist der 1921 erstmals veröffentlichte Rorschachtest, benannt nach dem schweizer Psychiater *Hermann Rorschach* (1884–1922).

Dieses und ähnliche Verfahren beruhen auf tiefenpsychologischen Mechanismen. Sie entsprechen kaum den nachstehenden Qualitätskriterien. Die Ergebnisse haben allenfalls den Wert eines kontrastarmen Röntgenbildes. Ihr Nutzen liegt in der Bildung von Arbeitshypothesen.

4.4 Was leisten Persönlichkeitstests?

Über den Wert von Persönlichkeitstests wird gestritten, was in der Natur der Sache liegt. Sie tragen dazu bei, den Menschen noch »gläserner« zu machen. Hierin liegt das ethische Problem. Fachlich ist zu hinterfragen, ob sie das leisten, was sie versprechen, vor allem, ob sie dazu beitragen, Entscheidungen zur Personaleinstellung zu objektivieren.

Was den Erkenntnisnutzen angeht, so soll mit Hilfe von Persönlichkeitstests ein möglichst fundiertes Bild über das Verhalten und die Persönlichkeit einer Person gewonnen werden. Dennoch ist kein Persönlichkeitstest in der Lage, die Ganzheit eines Menschen erschöpfend abzubilden. Darum konzentrieren sich diese Tests, bzw. Analysen, auf einige wenige Merkmale.

Welche Landkarte für welchen Zweck?

Bei einem seriösen Test sollte von vornherein eindeutig festgelegt werden, was genau betrachtet bzw. welcher Ausschnitt eines Menschen »vermessen« werden soll. Eine Landkarte eignet sich für den Vergleich. Sie stellt ein Gebiet nur aus einer speziellen Perspektive dar. Jedoch ist ein umfassendes Bild über dieses Gebiet nur über die Gesamtheit aller Landkarten, Straßen- und Bahnkarten, geologische Karten und Gewässerkarten zu bekommen. Jede einzelne Landkarte vermittelt nur eine von vielen Möglichkeiten, ein Gebiet darzustellen. In ähnlicher Art und Weise ergänzen sich unterschiedliche Testergebnisse und bieten so ein vielfältigeres Bild der Persönlichkeit.

Da es nicht möglich ist, den ganzen Menschen in seiner Komplexität mit einem Persönlichkeitstest zu »vermessen«, muss man sich auf Teilaspekte beschränken. Die verschiedenen Tests bzw. Persönlichkeitsanalysen haben unterschiedliche Schwerpunkte. Sie zeigen immer nur einen Ausschnitt der Gesamtpersönlichkeit. So geht es z. B. um die Verhaltensweisen im Beruf oder um das Kommunikationsverhalten in Konflikten.

Der Anspruch einer Gesamtbeschreibung des Menschen wäre genauso schwer einzulösen wie die präzise Abbildung der ganzen Welt in einem Stadtplan. Jeder Stadtplan hat eine andere Stadt als Inhalt; nur so ermöglicht er die Orientierung.

Messen meint eigentlich vergleichen

Der Begriff »messen« meint eigentlich »vergleichen«, denn die von einer Person im Test erreichten Werte werden im Grunde mit denen anderer Menschen verglichen. Deren Werte dienen als Vergleichsmaßstab. Sie bilden in ihrer Summe die Normwerte (also Durchschnittswerte) in den jeweiligen Messbereichen ab. Mittels dieser Normwerte kann sich nun der zu Beurteilende mit den Personen vergleichen, deren Werte die Stichprobe der Normwerte bilden. Er sieht, ob er in einem bestimmten Messbereich unter oder über dem Durchschnitt liegt.

Objektivierung des Subjektiven

Die Protagonisten von Persönlichkeitstests meinen, Theorie und Methodik von psychologischen Testverfahren seien so hoch entwickelt, dass sie auch für andere Verfahren Maßstäbe setzen könnten. Insbesondere die Trennung von Durchführung und Urteilsbildung objektivieren die subjektiven Eindrücke der auswählenden Personalmitarbeiter. Genau hier liegt die Crux des reinen Bewerberinterviews.

Eignungsdiagnostiker vertreten die Ansicht, dass Tests, die von ihnen nach psychometrischen Kriterien sorgfältig konstruiert wurden, die messtechnisch anspruchsvollste Eignungsdiagnostik bieten. Prof. *Jürgen Deller* meint: »*Die aktuelle Forschung zeigt, dass vor allem … Aspekte der Persönlichkeit, wie Gewissenhaftigkeit, Leistungsbereitschaft und Extraversion … in einem sehr engen Zusammenhang mit dem späteren beruflichen Erfolg stehen*« (*FAZ-Hochschulanzeiger*, 13.05.2002). Die Autoren der in diesem Buch aufgeführten Tests meinen, objektive, zuverlässige und vergleichbare Ergebnisse zu bieten. Ihre Ergebnisinterpretation ist genormt. Der Vorhersagewert für Kriterien des Berufserfolgs ist vielfach bekannt oder zumindest exakt prüfbar.

Pro und Contra

Auch mit der Zeitersparnis wird der Einsatz von Persönlichkeitstests begründet. Die Auswertung eines Testbogens benötigt weniger Zeit als ein langes Interview. Mit Hilfe eines Persönlichkeitstests erhält man psychometrisch vergleichbare und gültige Informationen über Verhalten und Erleben einzelner Personen, was bei Interviews und Zeugnisnoten kaum der Fall ist. Auf diese Weise können die gewonnenen Daten in IT-Systeme eingespeist und verglichen werden.

Kritiker machen dagegen geltend, dass die meisten Persönlichkeitstests auf der Selbsteinschätzung oder Darstellung von Befindlichkeiten der Kandidaten beruhen. Diese müssen bestimmte Aussagen in Bezug auf ihre Persönlichkeit als zutreffend oder unzutreffend klassifizieren. Sie bilden also nie das tatsächliche Potenzial eines Menschen ab, sondern dessen Selbstbild. Das könnte Bewerber mit einem überzogenen Selbstbild bei der Stellenauswahl bevorzugen und selbstkritische benachteiligen.

Skeptiker fragen, ob Eigenschaften, die man insbesondere bei Bewerbern gerne herausfinden möchte – wie Offenheit, Dominanz, Sorgfalt, Loyalität und Selbstdisziplin – objektiv fassbar sind. Sie meinen, dass das, was am Ende mittels eines Tests oder eines standardisierten Auswahlverfahrens herauskommt, allenfalls eine von subjektiven Momenten durchsetzte Annäherung sein kann. Das Subjektive, mithin also die Persönlichkeit eines Menschen, kann nie objektiviert werden.

Im Gegensatz zu kognitiven Leistungstests verfügen Probanden bei Persönlichkeitstests über ausreichend Zeit, um die Fragen zu beantworten. Ein Proband kann sich also in Ruhe überlegen, auf welche Eigenschaft die Fragen abzielen und welches wohl die günstigste Antwort in Bezug auf die angestrebte Position ist. Es liegen genügend Belege dafür vor, dass Bewerber in der Lage sind, ihr Testergebnis im Sinne sozialer Erwünschtheit positiv darzustellen. Dabei helfen auch die vielen »Testknacker«, mit denen der Büchermarkt immer wieder neu überflutet wird.

4.5 Qualitätsanforderungen an Persönlichkeitstests

Was erfahren Sie durch Persönlichkeitstests? Welchen Nutzen können Sie konkret aus einem bestimmten Testverfahren ziehen? Selbsterkenntnis durch ein Testverfahren per Ankreuzen – das scheint verlockend. Gibt es vielleicht auch Aspekte, die Sie in jedem Fall beachten sollten, um sich nicht zu schaden?

Ja, es gibt diese Aspekte. Schauen Sie darum genau hin, wer den Test anbietet und welche Zielsetzung dahintersteht. Sekten beispielsweise locken vorzugsweise mit Persönlichkeitstests. Darin werden dann persönliche Schwächen oder Probleme erfragt, um dem potenziellen Mitglied zu suggerieren, dass die Mitgliedschaft in dieser Sekte der einzige Weg sei, diese Schwächen auszubügeln und glücklich zu werden.

Je nach Herkunft und Anwendungsgebiet unterscheiden sich diese Psychotests in ihrer Wissenschaftlichkeit und Brauchbarkeit. Bei vielen Tests wird scheinbar »eher gewürfelt«, aber es gibt auch Tests, die hohen Qualitätsansprüchen gerecht werden.

Test-Definition

Was macht einen guten Test aus? Um diese Frage zu beantworten, ist zu klären, welche Erwartungen der Anwender an einen Test hat. Eine häufig zitierte Definition fordert Wissenschaftlichkeit: *»Ein Test ist ein wissenschaftliches Routineverfahren zur Untersuchung eines oder mehrerer empirisch abgrenzbarer Persönlichkeitsmerkmale mit dem Ziel einer möglichst quantitativen Aussage über den relativen Grad der individuellen Merkmalsausprägung«* (*Lienert* 1998, S. 1).

Diese Definition schränkt den Begriff »Test« vielfach ein, denn er soll

- routinemäßig durchführbar sein, d. h. von einer beliebigen Person unter Standardbedingungen (mit den gleichen Testmaterialien, zur gleichen Zeit usw.),
- eine relative Positionsbestimmung zu anderen getesteten Personen ermöglichen,
- empirisch abgrenzbare Persönlichkeitsmerkmale, Fähigkeiten und Fertigkeiten messen,
- wissenschaftlich begründet sein, also wissenschaftliche Gütekriterien erfüllen.

Um zu zuverlässigen Aussagen, bzw. Ergebnissen, zu kommen, gibt es in der mathematisch-statistischen Testtheorie drei spezielle Kriterien der fachgerechten Konstruktion und Anwendung von Persönlichkeitstests: Objektivität, Validität (Gültigkeit), Reliabilität (Zuverlässigkeit).

Objektivität

Die Tests müssen objektiv sein, d. h., die Bedingungen der Testdurchführung und -auswertung müssen feststehen, immer gleich sein und unabhängig von den jeweiligen Anwendern oder beurteilenden Personen. Der Test muss bei derselben Testperson oder Testgruppe zu unterschiedlichen Zeiten das gleiche Ergebnis erzielen oder reproduziert werden können. Das erfordert eine weitgehende Standardisierung des Verfahrens.

Es wird unterschieden zwischen der Durchführungsobjektivität, der Auswertungsobjektivität und der Interpretationsobjektivität. Die Durchführungsobjektivität ist gegeben, wenn das Verhalten der Testperson unabhängig von dem jeweiligen Verhalten des Testdurchführers ist, die Versuchsperson also bei verschiedenen Testleitern zum gleichen Ergebnis kommt.

Die Auswertungsobjektivität ist vorhanden, wenn gleiches Verhalten einer Testperson stets auf die gleiche Weise ausgewertet wird. Interpretationsobjektivität ist gegeben, wenn das Testergebnis unabhängig von der auswertenden Person ist, also alle Tester zu gleichen Schlüssen kommen.

Validität

Bei einer hohen Validität werden mit einem Test genau das Merkmal bzw. die Merkmale gemessen, das oder die man messen möchte, z. B. Introversion, Sorgfalt oder Leistungsorientierung. Eine hohe Validität ist immer von einer hohen Objektivität und einer hohen Reliabilität abhängig. Hat ein Test eine geringe Validität und eine hohe Reliabilität, dann misst er etwas anderes als geplant.

Die interne Validität (Konstruktvalidität) bezieht sich auf die Frage, in welchem Ausmaß das zu untersuchende Merkmal / Konstrukt tatsächlich erhoben wird, z. B. ein Reaktionstest tatsächlich die Konzentrationsfähigkeit misst. Die externe Validität (Kriteriumsvalidität) gibt an, in welchem Ausmaß ein beobachtetes Messergebnis auf andere Situationen übertragen werden kann.

Reliabilität

Die Reliabilität zeigt, wie genau ein Test ein bestimmtes Merkmal misst. Beim Vorliegen von stabilen Merkmalen erwartet man, dass bei wiederholten Messungen dieselben Ergebnisse erzielt werden. Aus diesem Grund resultiert aus einer hohen Reliabilität eine Unabhängigkeit des Tests von Zufallsschwankungen und Umweltbedingungen. Die Reliabilität hängt damit stets auch von der Objektivität ab.

Normierung Für sich genommen ist jedes Testergebnis bedeutungslos und nicht interpretierbar. Was besagt es schon, wenn jemand in irgendeinem Test ein Resultat von 57 Punkten hat? Ohne weitere Vergleichsmaßstäbe kann anhand dieses Wertes überhaupt nichts über die Testperson gesagt werden, denn es fehlen Vergleichspunkte zu anderen Personen, die den Test gemacht haben. Man muss wissen, wie viele Punkte maximal und minimal möglich sind. Doch selbst wenn man die Punkteskala kennt, weiß man noch nicht, wie viele Menschen bei diesem Test 57 oder mehr Punkte erzielen. Ihre Bedeutung erhalten die »absoluten Testdaten« erst durch den Vergleich mit einer ausreichend großen Anzahl anderer Menschen: Wenn nur fünf Prozent der Bevölkerung einen Wert von 57 oder höher erreichen, ist diese Zahl völlig anders zu werten, als wenn drei Viertel der Bevölkerung auf einen solchen Wert kommen.

Um solche Vergleichspunkte in einem kontrollierten Verfahren für ein möglichst breites Feld von Versuchspersonen zu erhalten, führt man die Normierung bzw. Eichung eines Testes durch. Man erhält dann Normwerte, die einen Vergleich des Rohwertes (= ein Testresultat) einer Person mit den Werten anderer Personen mit ähnlichen Voraussetzungen (z. B. gleiches Alter oder gleiche Berufsausbildung) und damit eine Interpretation ermöglichen.

4.6 Arbeitsrechtliche Aspekte des Einsatzes von Persönlichkeitstests

Persönlichkeitstests sind ein Instrument zur Ermittlung geeigneter Mitarbeiter für ein Unternehmen und damit Teil des Arbeitsrechts. Es besteht aber die Gefahr, dass Bewerber oder Mitarbeiter schrankenlos durchleuchtet werden und einzelne Personen, ohne dass es für diese nachvollziehbar oder kontrollierbar ist, ausgesondert werden. Der Arbeitnehmer befindet sich gegenüber dem Arbeitgeber auf Grund von dessen wirtschaftlicher Überlegenheit in einer schwächeren Position.

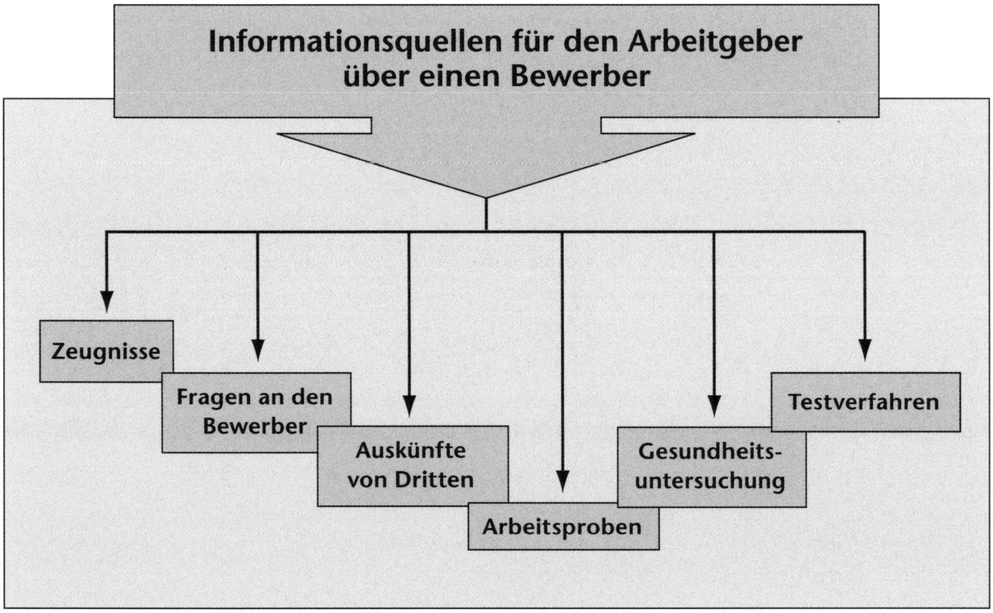

Quelle: Mit freundlicher Genehmigung von *www.recht.learn4use.com*

Persönlichkeitsschutz

Der Persönlichkeitsschutz findet seinen allgemeinsten Ausdruck im Artikel 1 des Grundgesetzes: »*Die Würde des Menschen ist unantastbar. Sie zu achten und zu schützen ist Verpflichtung aller staatlichen Gewalt.*« Wer gegen diese Würde verstößt, z. B. durch die Weitergabe von Persönlichkeitsinformationen, der muss nach § 203 des Strafgesetzbuches mit einer Bestrafung rechnen. »*Wer unbefugt ein fremdes Geheimnis ... offenbart, das ihm als 1. Arzt ... 2. Berufspsychologe mit staatlich anerkannter wissenschaftlicher Abschlussprüfung anvertraut worden oder sonst bekannt geworden ist, wird mit einer Freiheitsstrafe bis zu einem Jahr oder mit einer Geldstrafe bestraft.*« Während § 203 die Weitergabe an Dritte außerhalb des Gerichts untersagt, können Psychologen jedoch gesetzlich gezwungen werden, vor Gericht vertrauliche diagnostische Informationen weiterzugeben. Paragraph 53 der Strafprozessordnung gesteht ihnen im Gegensatz zu Ärzten, Rechtsanwälten, Geistlichen oder Steuerberatern kein Zeugnisverweigerungsrecht zu.

Ein Unternehmer wird bemüht sein, das Risiko einer Fehleinstellung durch Aufklärungsmaßnahmen (Fragen, Untersuchungen, Testverfahren und Auskünfte von Dritten) zu verringern. Allerdings setzt der Schutz des Persönlichkeitsrechts (hier: das Recht auf informelle Selbstbestimmung) und der Individualsphäre des Bewerbers Grenzen für die Informationsbeschaffung (BVerfG v. 8.7.1997, BVerfG 96, 171, 181). Nur insoweit darf der Unternehmer zulässigerweise in diesen Schutzbereich eindringen, als die ergriffene Maßnahme zur Klärung der Eignung des Bewerbers für den zu besetzenden Arbeitsplatz dient und sie damit durch ein schutzwürdiges Interesse gedeckt ist.

Bertriebsverfassungsgesetz

Von unmittelbarer Relevanz ist das Betriebsverfassungsgesetz, hier insbesondere die Paragraphen 94 und 95.

§ 94:
»(1) Personalfragebogen bedürfen der Zustimmung des Betriebsrats ...
(2) Absatz 1 gilt entsprechend für persönliche Angaben in schriftlichen Arbeitsverträgen, die allgemein für den Betrieb verwendet werden sollen, sowie für die Aufstellung allgemeiner Beurteilungsgrundsätze.

§ 95 Auswahlrichtlinien
(1) Richtlinien über die personelle Auswahl bei Einstellungen, Versetzungen, Umgruppierungen und Kündigungen bedürfen der Zustimmung des Betriebsrats.
(2) In Betrieben mit mehr als 1000 Arbeitnehmern kann der Betriebsrat die Aufstellung von Richtlinien über die bei Maßnahmen des Absatzes 1 Satz 1 zu beachtenden fachlichen und persönlichen Voraussetzungen und sozialen Gesichtspunkte verlangen.«

Personalfragebogen

Ein Personalfragebogen ist üblicherweise ein Formular, in dem der zukünftige Arbeitgeber nach Kenntnissen, Fähigkeiten und persönlichen Verhältnissen des Bewerbers fragt. Diese Fragen haben oft testähnlichen Charakter. Das gilt insbesondere für Online-Bewerbungen, bei denen, für den Bewerber verborgen, dessen Geschicklichkeiten im Umgang mit der Informationstechnologie getestet werden. Werden bei einer testbasierten Eignungsfeststellung Äußerungen oder Meinungen des Bewerbers notiert, um diesen später zu beurteilen, handelt es sich um einen mitbestimmungsbedürftigen Personalfragebogen. Hierbei ist es gleichgültig, ob der Arbeitgeber selbst den Test durchführt oder ein betriebsfremder Psychologe. Der Betriebsrat hat aber kein Mitwirkungsrecht bei der inhaltlichen Ausgestaltung des Tests. Auch darf er eventuelle Testergebnisse nicht einsehen.

Informationspflicht des Arbeitgebers

Im Rahmen der Personalauswahl ist die Erhebung von Arbeitnehmerdaten im Interesse des Persönlichkeitsschutzes des Bewerbers beschränkt. Graphologische Gutachten, ärztliche Untersuchungen, psychologische Tests usw. sind nur insoweit zulässig, als der Arbeitgeber ein berechtigtes und schutzwürdiges Interesse an den gewünschten Bewerberdaten im Hinblick auf den zu besetzenden Arbeitsplatz hat (vgl. Bundesarbeitsgericht (BAG) 20.02.1986, Betriebsberater (BB) 86, 1852). Voraussetzung ist aber, dass der Bewerber *vorher* über die Funktionsweise des Tests und die zu ermittelnden Persönlichkeitsdaten aufgeklärt wurde und es sich um die Ermittlung arbeitsplatzrelevanter Informationen handelt, die nicht auf andere Art und Weise erlangt werden können. Die Untersuchung von Charaktereigenschaften ohne vorherige angemessene Aufklärung des Bewerbers verletzt dessen allgemeines Persönlichkeitsrecht und stellt eine unerlaubte Handlung dar, die den Bewerber in schwerwiegenden Fällen nach § 253 und 823 BGB berechtigen, Schmerzensgeld zu verlangen. Der Bewerber kann die Vernichtung jener Unterlagen verlangen, die im Rahmen unzulässiger Untersuchungsmaßnahmen über ihn angefertigt worden sind.

Voraussetzungen für eine Eignungsuntersuchung:

1. Berechtigtes, billigenswertes und schutzwertes Interesse des Arbeitgebers an der Untersuchung; sachlicher Bezug zum Arbeitsplatz
2. Aufklärung des Bewerbers über Zweck und Ablauf der Maßnahme
3. Einwilligung des Bewerbers
4. Durchführung und Auswertung durch Fachleute
5. Geheimhaltung der Ergebnisse vor Dritten

Bei der Personalwahl erlaubt

Erlaubt im Rahmen der Personalauswahl ist das Abfordern von Arbeitsproben (fachliche Leistungstests), bei denen z. B. der sich bewerbende Handwerker sein handwerkliches Geschick und die Bewerberin auf die Stelle einer Fremdsprachenkorrespondentin ihre Fremdsprachenkenntnisse unter Beweis stellen soll. Ausgeschlossen sind allgemeine Persönlichkeitstests, die tief in die Privatsphäre des Bewerbers eindringen, und reine IQ-Tests. Beiden fehlt der Bezug zur angestrebten Tätigkeit.

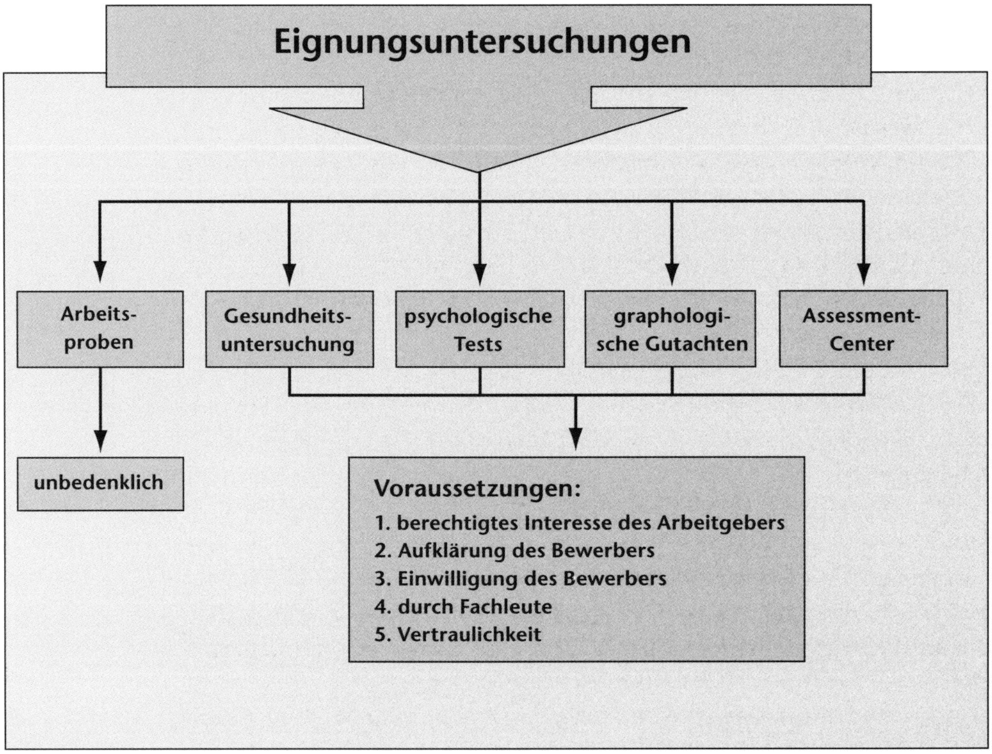

Informationelle Selbstbestimmung

Im Urteil vom 15.12.1983 zum Volkszählungsgesetz führte das Bundesverfassungsgericht aus, das in Artikel 2, Absatz 1, in Verbindung mit Artikel 1, Absatz 1, Grundgesetz gewährleistete allgemeine Persönlichkeitsrecht umfasse auch die aus dem Gedanken der Selbstbestimmung folgende Befugnis des Einzelnen, grundsätzlich selbst zu entscheiden, wann und innerhalb welcher Grenzen persönliche Lebenssachverhalte offenbart werden (Bundesverfassungsentscheidung (BVerfG) 65, 1, Neue Juristische Wochenschrift (NJW) 84, 419). Dieses Recht auf »informationelle Selbstbestimmung«, also die Befugnis des Einzelnen, selbst über die Preisgabe und Verwendung seiner persönlichen Daten zu bestimmen, ist aber nicht schrankenlos gewährleistet. Der Einzelne hat nicht ein Recht im Sinne einer absoluten, uneingeschränkten Herrschaft über »seine« Daten, er ist vielmehr eine sich innerhalb der sozialen Gemeinschaft entfaltende, auf Kommunikation angewiesene Persönlichkeit. Personenbezogene Informationen sind deshalb immer im Zusammenhang mit den gegebenen sozialen Realitäten zu sehen.

4.7 Zur Auswahl in diesem Buch

Bei den in diesem Buch vorgestellten 15 Persönlichkeitstests handelt sich um jene, die im deutschsprachigen Raum die größte Bedeutung hinsichtlich Verbreitung und Bekanntheitsgrad im *Human-Resources*-Bereich haben, also von Personalleitern, Personalentwicklern, -beratern und Verhaltenstrainern verwendet werden. Sicherlich gibt es weitere interessante Persönlichkeitstests, insbesondere für klinische Zwecke. Es würde aber den Rahmen dieses Buches sprengen, alle Modelle hier vorstellen zu wollen.

> Nach einer Untersuchung des *Instituts für Unternehmensführung der Fachhochschule Mannheim* haben die hier im Buch aufgeführten Tests den größten Verbreitungsgrad, zumindest in DAX-30-notierten Unternehmen.

Das sagt aber nichts über die tatsächliche Verbreitung bzw. Marktanteile aus. Es existiert keine Marktuntersuchung über den Einsatz dieser Verfahren durch Wirtschaftstrainer und Personalberater. Sie sind die eigentlichen Verbreiter dieser Tests, nicht zuletzt aufgrund geschäftlicher Interessen.

Die meisten dieser persönlichkeitsanalytischen Modelle sind nicht unentgeltlich anwendbar. Die Vertreiber investieren hohe Summen in die Entwicklung und Pflege ihrer Instrumente und erwarten daher natürlich eine Vergütung. Das bedeutet für den Leser, dass er in diesem Buch nur die Grundinformationen über diese Modelle bekommt. Für die eigene Analyse seiner Persönlichkeit muss er sich an den jeweils genannten Vertreiber für Deutschland wenden.

Europäisches Modell, amerikanische Vermarkter

Die aufgeführten Verfahren sind zumeist amerikanischen Ursprungs, zumindest was die Testkonstruktion anbelangt; die zugrunde liegende Persönlichkeitstheorie ist zumeist europäischen Ursprungs. Das gilt insbesondere für alle Modelle, denen die Persönlichkeitstheorie des Schweizer Psychiaters *C. G. Jung* zugrunde liegt.

Die starke Verbreitung amerikanischer Tests im *Human-Resources*-Bereich hängt wahrscheinlich mit der intensiven Marktbearbeitung durch die nationalen Repräsentanten der US-Testinhaber zusammen. Diese Marktbearbeitung geschieht in zwei Hauptrichtungen: Einerseits werden Tests zum Zwecke der Personalauswahl angeboten und andererseits für den Einsatz in Verhaltens- und Führungsseminaren.

Es fällt auf, dass die deutschen Verfahren im universitären Raum entstanden, während die amerikanischen aus global agierenden Bildungsunternehmen kommen. Hierbei ist jedoch zu beachten, dass die Grundkonfiguration zumeist auch aus Hochschulen stammt, jedoch infolge der für die USA typischen Nähe zu Unternehmen, die Wissenschaftsergebnisse verwerten, schnell zu einem Handelsgut wurden.

Test oder Potenzialanalyse?

Einige der Testanbieter betonen, dass es sich bei ihren Konstruktionen um keine klassischen Tests handelt, bei denen es, wie beispielsweise beim Fahrschultest, richtige und falsche Antworten gibt. Was gut und richtig, was schlecht und falsch ist, ergibt sich aus dem sozialen Kontext, z. B. einer Kommunikationssituation, der Berufstätigkeit oder konkreten Problemen. Statt eines guten Testergebnisses geht es in erster Linie darum, ein möglichst vielschichtiges und genaues Bild einer Persönlichkeit zu bekommen und unbewusste Denk- und Verhaltensweisen und Einstellungen zu erfassen. Darum sprechen die Testvertreiber eher von »Potenzialanalyse« oder verwenden einen Begriff mit dem Wortbestandteil »Instrument«, »Profil« oder »Methode«.

Was nun ein Test ist oder nicht, wäre semantisch zu klären. Der *Duden* definiert den Begriff »Test« im psychologischen Kontext mit *»experimentelle Stichprobe, Untersuchung, Prüfung zur Ermittlung von Fähigkeiten, Begabungen, charakterologischen Merkmalen usw. eines Menschen«*. Unter Zugrundelegung dieser Definition handelt es sich bei allen psychodiagnostischen Verfahren um Tests.

Wenn die Vertreiber nun sagen, das es bei ihnen keine Unterscheidung zwischen richtig oder falsch gibt, sie aber die Tests auch für Assessmentcenter anbieten, dann wird mit diesen doch eine Richtig-Falsch-Entscheidung getroffen.

Eigentlich handelt es sich bei den meisten Modellen um einen theoretischen Basisteil und einen Testteil, welcher der analytischen Feinbestimmung bzw. dem Feedback dient. Der Anwender möchte schließlich wissen, ob und wie gut er in einen persönlichkeitspsychologischen Rahmen passt, kurz: was oder wer er in der Terminologie des Verfahrens ist.

Empfehlung

Vielleicht bietet Ihnen das Ergebnis eines Persönlichkeitstests ein positives »Aha-Erlebnis«. Es kann sehr nützlich sein, ein Bild bzw. Feedback der eigenen Persönlichkeit aus einer relativ objektiven Quelle zu bekommen. Einige Verfahren legen dabei explizit das Gewicht auf Stärken und Potenziale, nicht auf die Schwächen. Manche geben Hilfestellungen, wie man das Beste aus seinen Potenzialen und Charaktermerkmalen machen kann.

Beachten Sie aber, dass Sie nicht nur auf die negativen Aspekte eines Testergebnisses schauen oder sich von diesen demotivieren lassen, sonst kann es passieren, dass das Testergebnis zu einer sich selbst erfüllenden Prophezeiung wird. Nutzen Sie Ihr Testergebnis als das, was es ist: ein Denkanstoß. Kein Test kann hundertprozentig Ihre Persönlichkeit abbilden. Lassen Sie sich also von einem Testergebnis nicht irritieren, sondern erkennen Sie etwas Positives und Konstruktives darin und nutzen Sie es entsprechend.

Ein »gutes« oder »schlechtes« Testergebnis, soweit man bei Persönlichkeitstests überhaupt von gut oder schlecht sprechen kann, darf nicht als Hinweis auf Erfolg oder Misserfolg gewertet werden. Dazu Prof. *Jürgen Deller: »Aber ein Testverfahren ist nie die letzte Wahrheit. Es gibt mir Hinweise, die ich aber mit meinem eigenen Urteil aus anderen Quellen abgleichen muss. Nur ein Testverfahren als Entscheidungsgrundlage zu nehmen, das wäre ein Kunstfehler«* (*FAZ-Hochschulanzeiger,* 13.05.2002).

Erfolg hat viele Mütter und Väter

Berufs- und Lebenserfolg haben viele Ursachen. Kein Test kann sie erfassen, da die Ursachen auch außerhalb psychischer Dispositionen, persönlicher Stärken und Schwächen liegen. Für den Erfolg gibt es verschiedene Stilrichtungen. Das hat der englische »Denkspezialist« *Edward de Bono* in seinem Buch *Erfolg – Zufall, Intuition oder Planung*? nachgewiesen. Er sieht diese Erfolgsfaktoren:

Glück, genetisch bedingt, Talent, Förderer	**Talent, Training, Glücksfall, harte Arbeit, Zielstrebigkeit**	**Aufmerksamkeit, Strategie, Gelegenheit schaffen, Taktik**
Hierbei handelt es sich um Faktoren, die außerhalb des individuellen Einflussvermögens liegen.	Dies ist eine Mischung von Faktoren außerhalb der individuellen Einflussnahme und den Bemühungen, diese durch bewusste Anstrengungen bis zu einem Maximum auszuschöpfen und zu entwickeln.	Diese Faktoren beruhen auf persönlichem Einsatz.

Die Merkmale des Erfolges sind für *de Bono:*

- Selbstvertrauen
- Durchhaltevermögen
- Aus Niederlagen lernen
- Persönlicher Erfolgsstil

Der Anstoß zum Erfolg beruht auf:

- Negativen Anreizen (Angst)
- Positiven Anreizen (Geld, Macht, Belohnung, Image, Status)
- Glück (nach Gelegenheiten suchend)
- Besonderer Begabung
- Kopieren von Methoden anderer

Auch *Wolf Schneider* hat in seinem Buch *Die Sieger* publizistisch anschaulich dargestellt, dass der Erfolg vielerlei Ursachen und Auslöser hat. Eine US-Studie aus dem Jahre 1998 bestätigt ihn: Über die 50 erfolgreichsten Manager ist zu erfahren, dass es fast keine Gemeinsamkeiten der Lebenswege gibt. Sie sind Akademiker oder Autodidakten, Amerikaner oder Ausländer, jung oder alt, kommen aus guten oder schlechten, aus armen und reichen Elternhäusern, sind Männer und Frauen und verteilen sich über die Sternbilder. Es herrscht ein ziemliches Durcheinander von Lebenswegen, Lebensregeln, Lebensentwürfen und Lebenswerken. Alles scheint möglich und alles, was möglich ist, gibt es.

5. Nutzen durch die Norm oder Norm ohne Nutzen?

5.1 Der Zweck der DIN-Norm 33430

Mangelnde Überprüfbarkeit der Diagnostik

Täglich werden Tausende Bewerbergespräche in deutschen Personalbüros und Chefzimmern geführt. Viele Bewerber bezweifeln, ob das, was sie gefragt oder wozu sie getestet wurden, ihrer Persönlichkeit und ihrem Können gerecht wird. Wird tatsächlich der richtige Mann/die richtige Frau für die richtige Stelle gefunden? Zweifel sind angebracht, denn Wissenschaftler und Eignungsdiagnostiker stellen schon lange die empirische Zuverlässigkeit und Gültigkeit infrage, die in keinem Verhältnis zum diagnostischen und prognostischen Wert der Methode stehen. Mangelnde Überprüfbarkeit, Zeitnot, Beobachtungsfehler und eine unstrukturierte Gesprächsführung der meistens nicht geschulten Interviewer sind die Kritikpunkte. Im Standardwerk über psychologische Diagnostik kann man nachlesen: »*Ein Interview als Bewerbungsgespräch verspricht gewöhnlich gleichermaßen der interviewenden wie der interviewten Person hochgradige subjektive Evidenz über die inhaltliche Richtigkeit, die häufig genug im diametralen Gegensatz zur empirischen Befundlage steht*« (*Amelang/Zielinski* 2001, S. 515). Selbst Personalchefs geben unter der Hand zu, dass sie eigentlich auch würfeln könnten. Wer am besten redet und sich gut präsentiert, hat die größten Chancen.

> Um bei der Bewerberauswahl sicherzugehen, werden umfangreiche berufsbezogene Eignungsbeurteilungen, insbesondere Tests durchgeführt. Um die Qualität der eignungsdiagnostischen Gesamtprozedur mit Interview, Test, Arbeitsprobe etc. abzusichern, verabschiedete das Deutsche Institut für Normung am 12. Januar 2002 die neue DIN 33430. Initiator war der *Berufsverband Deutscher Psychologen.*

Mit dieser Norm will man scheinbar etwas objektivieren, das letztendlich nicht objektivierbar ist: ein Bewerber mit seiner Persönlichkeit, seinen Wesenszügen, Vorlieben, Aversionen – all dem, was seine einzigartige Individualität ausmacht. Das Subjekt wird objektiviert. Was unerklärbar ist, wird erklärbar gemacht. Man muss nur richtig messen, zählen, wiegen und die Ergebnisse statistisch richtig einpassen.

Genau genommen ist die neue Norm keine Anleitung zur Durchführung von Eignungsbeurteilungen, sondern eher eine Art Leitfaden für Personalberater, -abteilungen und -entwickler, an der sich diese bei der Durchführung von Personalauswahlverfahren orientieren können. Zugleich dient sie jenen Personalabteilungen, die Aufträge an externe Personaldienstleister vergeben, als Maßstab, um die Qualität von Anbietern, bzw. deren Konzepten, beurteilen zu können.

Die Norm dient externen Auftragnehmern als *»Leitfaden für die Planung und Durchführung von Eignungsbeurteilungen«;* Auftraggebern als *»Maßstab zur Bewertung externer Angebote«; »Personalverantwortlichen bei der Qualitätssicherung von Personalentscheidungen«* und schützt *»Kandidaten vor unsachgemäßer und missbräuchlicher Anwendung von Verfahren zur Eignungsbeurteilung«* (aus der Norm).

Eignungstests von Externen durchgeführt

Die Norm geht in ihren Formulierungen durchgehend davon aus, dass berufsbezogene Eignungstests von einem externen Anbieter durchgeführt werden. Darum finden sich in der Norm nur die Begriffe »Auftragnehmer« und »Anbieter«, obwohl sie stillschweigend auch interne Auftragnehmer, also Personalabteilungen bzw. -ämter, einbezieht. Hier liegt das Problem: Werden eignungsdiagnostische Instrumente nicht am Markt eingekauft, sondern intern entwickelt, sind die gestellten Anforderungen nicht umsetzbar. Die Norm verlangt z. B. Probandenmengen, die zwar wissenschaftlich notwendig sind, um bestimmten Kriterien zu entsprechen, aber selbst von großen Unternehmen mit 1000 Mitarbeitern nie erbracht werden könnten.

Trotz vieler Vorbehalte gegen die neue Norm könnte sie eine gewisse Transparenz schaffen, indem Anwender und Beurteilungskandidaten die Angebotsvielfalt nunmehr besser einschätzen können. Sie könnte, wenn sie praktikabel aufbereitet würde, dazu beitragen, wissenschaftlich fundierte Diagnostikverfahren im Personalwesen zu verbreiten.

Zu diesem Zweck müsste sie aber den Qualitätsanspruch zunächst auf sich selbst anwenden: Mit geschachtelten, geschraubten und missverständlichen Formulierungen wird gegen den Lektüreappetit und die in diesem Papier geforderte Qualitätsorientierung verstoßen. Die Norm ist ein Paradebeispiel für psychologisches Kauderwelsch und bürokratische Unverständlichkeit. Hierzu eine Kostprobe:

»Neben statistisch optimierten Schätzungen (z. B. multiple Regression) sind stets auch die einfachen Schätzungen anzugeben. Die Angabe statistisch optimierter Gültigkeitswerte ist nur statthaft, sofern diese optimierten Schätzungen an einer anderen Personengruppe aus dem Geltungsbereich des Verfahrens zur Eignungsbeurteilung repliziert werden konnten (siehe B.30 Kreuzvalidierung) und insofern die statistischen Optimierungsprozeduren in handlungsleitende Beurteilungsregeln umgesetzt werden.«

Zu ungenau

An vielen Stellen bleibt die Norm im Morast des Ungefähren stecken. Man stolpert über Formulierungen, die der Interpretation bedürfen. Begriffe wie »angemessen« und »nachvollziehbar« sind ihrem Wesen nach zutiefst subjektiv. In der Konsequenz bedeutet dies, dass die Norm interpretiert werden muss.

Sie trägt, wenn sie normendogmatisch angewendet wird, zu einer weiteren tayloristischen Bürokratisierung betrieblicher Abläufe bei. Allein die geforderten Verfahrenshinweise würden mehrere Bände füllen: Bewerberauswahl wird zur Wissenschaft. Insofern löst keine Personalabteilung alle Forderungen der Norm ein.

Da es sich hierbei um eine Norm und nicht um ein Gesetz handelt, ist es allen Beteiligten auch zukünftig freigestellt, ob sie sich an der neuen DIN-Norm bei der Personalauswahl oder anderen eignungsdiagnostischen Verfahren orientieren. Obwohl Normen nur eine empfehlende Funktion haben, stehen sie nicht außerhalb des gesellschaftlichen Ordnungsgefüges und bekommen immer mehr halbrechtlichen Charakter, so z. B. im Zusammenhang mit der Vertragsgestaltung und bei Vertragsproblemen.

Die Norm trennt grundsätzlich zwischen der Eignungsbeurteilung und der folgenden Personalentscheidung. Nur die Eignungsbeurteilung ist Gegenstand der Norm. Die Auswahlentscheidung obliegt den jeweiligen Verantwortlichen in Unternehmen, Betrieben, Institutionen oder Verwaltungen.

Trotz dieses Sachverhaltes befürchtet der *Deutsche Städtetag*, dass die Norm die Auswahlentscheidung beeinflusst. So fordert § 3 (2) der Ausbildungsverordnung gehobener nichttechnischer Beamter des Landes Nordrhein-Westfalen (VAPdG), dass die Auswahlmethode unter Berücksichtigung der in Wissenschaft und Praxis sich entwickelnden Erkenntnisse über Personalauswahlverfahren zu bestimmen ist. Im Wege der Konkurrentenklage könnte ein sich im Personalauswahlverfahren unterlegener Bewerber zukünftig darauf berufen, dass diese Rechtsnorm nicht beachtet wurde, da die DIN 33430 nicht berücksichtigt wurde.

Ziel der Norm

Das Regelwerk der Norm soll dazu beitragen, die beiden Hauptfehler auf dem Gebiet der Eignungsbeurteilung (Einstellen der »Falschen« und Abweisen der »Richtigen«) und die daraus entstehenden negativen ökonomischen, sozialen und individuellen Folgen zu vermeiden. So gesehen müsste eigentlich jeder Berufsberater und Arbeitsvermittler der staatlichen Arbeitsverwaltung die von der Norm geforderte Eignung nachweisen. Ob sie dazu beiträgt, *den* Fachmann für ein bestimmtes Gebiet zu finden, ist fraglich. Hier ist der Fachmann gefragt, der darüber urteilt, ob sein Gesprächspartner der gesuchte Fachmann ist.

5.2 Inhalt der Norm und Kritikpunkte

Die nachfolgende Übersicht zeigt, was in der Norm steht. Sie unterteilt sich in diese Hauptkapitel:

- Qualitätskriterien und -standards für Verfahren zur berufsbezogenen Eignungsbeurteilung (Auswahl, Zusammenstellung, Durchführung und Auswertung)
- Verantwortlichkeiten
- Qualitätsanforderungen an den Auftragnehmer und die Mitwirkenden
- Leitsätze für die Vorgehensweise bei berufsbezogenen Eignungsbeurteilungen

In diesen fünf Kapiteln werden Mindestanforderungen an die Qualität von Bewerbergesprächen und Beurteilungsgesprächen, an Assessmentcenter, an Management-Audits und Tests beschrieben, die nur wenige Unternehmen heute erfüllen. So fordert sie Qualitätskriterien und -standards für Verfahren zur berufsbezogenen Eignungsbeurteilung, z. B. Objektivitäts-,

Zuverlässigkeits- und Gültigkeitskriterien. Sie verlangt eindeutige Regelungen für die Planung, Durchführung und Auswertung von Eignungsbeurteilungen: »*Es sind Regeln festzulegen und zu dokumentieren, anhand derer die Ergebnisse zur Eignungsbeurteilung führen ... Der Auftraggeber muss die Objektivität der Durchführung der Verfahren gewährleisten ... Das Vorgehen der Eignungsbeurteilung ist vom Auftragnehmer so festzulegen, dass die Eignungsbeurteilung von dem Auftraggeber nachvollzogen werden kann*« (Punkt 4 der Norm).

Geforderte Kenntnisse

Die Norm stellt hohe Anforderungen an das Wissen und Können der durchführenden Personen, sei es als Auftragnehmer (Personalbüro, Personalberater) oder Mitwirkender. Diese benötigen »*Kenntnisse von Eignungsbeurteilungen und ... Praxiserfahrungen ... der Eignungsbeurteilung sowie deren Evaluation*« (Punkt 6 der Norm). Es werden Kenntnisse zur Operationalisierung von Eignungsmerkmalen, Beobachtungssystematik, Skalierungsverfahren, zu Konstruktionsgrundlagen, Beobachtungsfehlern, Item-Response-Theorien, Gütekriterien u. a. gefordert. Das alles soll, so der Gedanke der Norm, die Qualität der Personalbeschaffung, -auswahl und -entwicklung steigern. In Wirklichkeit erschwert es sie jedoch. So schreibt der *Deutsche Städtetag* in einem internen Papier: Die Mitwirkung von Mitarbeitern aus den Personalabteilungen der Städte und Gemeinden wird »*durch diese Norm faktisch ausgeschlossen, da wohl kaum einer über die geforderten umfangreichen Kenntnisse der Arbeitspsychologie verfügt. Die Beteiligung dieser Fachleute ist jedoch ein wichtiger Faktor für die Eignungsbeurteilung*«. Angesichts dieser Sachlage ist die konsequente Umsetzung der Norm mit kostenintensiven Verlagerungen der Personalauswahl auf externe, zertifizierte Dienstleister verbunden.

Der zuständige Referent der *Bundesvereinigung Deutscher Arbeitgeberverbände, Rainer Schmidt-Rudloff,* urteilt in seiner verbandsoffiziellen Stellungnahme noch härter. Er sieht in der Norm nur eine weitere Regulierung des ohnehin schon überregulierten deutschen Arbeitsmarktes: »*Inakzeptabel sind die normativen Festlegungen von geforderten Qualifikationen der an den Verfahren beteiligten Personen ...: Die dort angegebenen Kenntnisse erinnern eher an die Inhalte eines Fachseminars für Betriebspsychologen.*« Die Norm sei »*viel zu kompliziert formuliert, zu umfangreich und deshalb nicht akzeptabel*«. Das gilt in noch stärkerem Maße für die Besetzung von Toppositionen, wo es auf individuelle Merkmale ankommt, die abzubilden standardisierte Verfahren nicht leisten. Sein Fazit: »*In den Betrieben besteht für eine Norm, die berufliche Eignungsdiagnostik zu regeln versucht, überhaupt kein Bedarf. ... Von Zertifizierungen im Zusammenhang mit*

DIN 33430 ist abzuraten« (BDA, Stellungnahme zur DIN 33430, Berlin, Oktober 2002).

Es entsteht der berechtigte Eindruck, dass es dem *Berufsverband Deutscher Psychologen* als Initiator der Norm primär darum geht, so eine verbandsoffizielle Verlautbarung, *»das Spektrum der beruflichen Möglichkeiten von Psychologen in Wirtschaft und Verwaltung auszubauen«*. Mit der neuen Norm sollen sich dieser Berufsgruppe *»weitere Türen öffnen«*. Dabei genügt es aber nicht, nur Psychologe zu sein. Ein Blick in das Anforderungsprofil des DIN-33420-zertifizierten Psychometrikers zeigt, dass dieser über eine methodische Omnipotenz verfügen muss, die ein Allgemeinpsychologe kaum erfüllt.

Die Norm wirft mehr Fragen auf, als sie beantwortet. Die Architekten der Norm wären gut beraten, den Kritikern aufmerksam zuzuhören und die Norm dann nochmals gründlich zu überarbeiten.

Literatur

Amelang, Manfred & Zielinski, Werner: *Psychologische Diagnostik und Intervention.* Heidelberg: Springer, 2001.

Dorsch, Friedrich (Hrsg.): *Psychologisches Wörterbuch.* Bern, Göttingen: Huber, 1994.

Fisseni, Hermann J.: *Persönlichkeitspsychologie. Auf der Suche nach einer Wissenschaft. Ein Theorienüberblick.* Göttingen: Hogrefe, 2003.

Hossiep, Rüdiger und Mühlhaus, Oliver: *Personalauswahl und -entwicklung mit Persönlichkeitstests.* Göttingen: Hogrefe, 2004.

Jung, Carl Gustav: *Über die Entwicklung der Persönlichkeit.* Gesammelte Werke Bd. 17. Freiburg (i. Brsg.) und Olten: Walter Verlag, 1995.

Jung, Carl Gustav: *Psychologische Typen.* Düsseldorf 1995.

Jung, Carl Gustav: *Typologie.* München: dtv, 2003.

Jüttemann, Gerd und Thomae, Hans: *Persönlichkeit und Entwicklung.* Weinheim: Beltz, 2002.

Kastor, Michael: *Psychologie der Individualität. Mit Persönlichkeitstest.* Würzburg: Königshausen & Neumann, 2003.

Laux, Lothar: *Persönlichkeitspsychologie.* Stuttgart: Kohlhammer, 2003.

Ledoux, Joseph: *Das Netz der Persönlichkeit. Wie unser Selbst entsteht.* München: dtv, 2006.

Lienert, August & Raatz, Ulrich: *Testaufbau und Testanalyse.* Weinheim: Beltz, 1998.

Munz, Claudia: *Berufsbiografie aktiv gestalten. Wie sich Kompetenzen für die Berufslaufbahn entwickeln lassen.* Gütersloh: Bertelsmann, 2005.

Noack, Peter und Kracke, Bärbel: *Persönlichkeitsentwicklung und Sozialisation.* Stuttgart: Kohlhammer, 2004.

Rogers, Carl R.: *Entwicklung der Persönlichkeit. Psychotherapie aus der Sicht eines Therapeuten.* Stuttgart: Klett Cotta, 2004.

Schimmel-Schloo, Martina, Seiwert, Lothar J. & Wagner, Hardy (Hrsg.): *Persönlichkeits-Modelle, m. CD-ROM – Die wichtigsten Modelle für Coaches, Trainer und Personalentwickler: Alpha Plus, Biostruktur-Analyse, DISG, Enneagramm, H.D.I., Insights MDI, Interplace, LIFO, MBTI, TMS.* Offenbach: GABAL, 2005.

Teil B

Persönlichkeitsmodelle, Potenzialanalysen und Persönlichkeitstests

1. ALPHA PLUS Persönlichkeits- und Potenzial-Profile

Harald Hauschildt

1.1 Historischer Abriss

Ausgangspunkt der Entwicklung war der Mangel an brauchbaren, effizienten Persönlichkeitsinstrumenten in der Wirtschaft für Unternehmen, für externe Trainer, Berater und Coaches sowie für das Selbstmanagement. Nach einem Vergleich der gesamten Palette klinischer und nichtklinischer Persönlichkeitsinstrumente schienen die faktoranalytischen Arbeiten von *J. P. Guilford, R. B. Cattell* und vor allem von *H. J. Eysenck* am fruchtbarsten. Aber auch diese Ansätze boten keine befriedigende Lösung für das zentrale Problem aller Persönlichkeitsinstrumente, nämlich dass sie nur das subjektive Selbstbild zeigen.

Geschöntes Selbstbild

Forschungsergebnisse belegen – und auch die Alltagserfahrung zeigt –, dass das Selbstbild eines Menschen meist nicht objektiv ist: Vier von fünf Menschen schätzen sich unbewusst bei den Eigenschaften, bei denen sie »gut abschneiden« wollen, positiver ein. Bei diesen »guten« Eigenschaften (»nett, freundlich, humorvoll, hilfsbereit« usw.) glauben die Befragten, über dem Durchschnitt zu liegen, bei »schlechten« Eigenschaften (»missgünstig, habgierig, böswillig« usw.) glauben sie hingegen, dass diese bei ihnen unterdurchschnittlich ausgeprägt seien. Dieses positive Selbstbild ist »geschönt«, was unter Fachleuten als übliches Phänomen bei der Selbstbeurteilung bekannt ist und in rund 80 Prozent der Fälle auftritt. Die Beteiligten sind sich dessen nicht bewusst (unbewusste Verfälschung). Das führt dazu, dass die Ergebnisse von den Betroffenen als ehrlich und glaubwürdig eingestuft werden.

Manche Anbieter nutzen das Phänomen dieser Selbsttäuschung, indem sie die »hohe Akzeptanz« ihrer Ergebnisse (zu Unrecht) als »Beleg« für die Qualität ihrer Tests herausstellen. Dadurch wird dann ein weiteres Problem geschaffen: Das eigene (unrealistische) Bild des Kunden wird als »bestätigt« zementiert, anstatt es zu hinterfragen: Die Chance, das eigene Selbstbild infrage zu stellen und ggf. zu korrigieren, wird dem Kunden erschwert.

In mehr als 20-jähriger Forschung und Entwicklung mit 30 aufeinander aufbauenden Untersuchungen ist es gelungen, für das Problem der Selbsttäuschung Lösungen zu entwickeln: *»Viel Arbeit wurde in die Konstruktion und Validierung dieser neuen Instrumente investiert, die zweifellos eine bedeutende Entwicklung in dem Bemühen darstellen, ein so umfassendes und akkurates Persönlichkeitsbild zu erhalten, wie es derzeit erreicht werden kann«*, so die unabhängige Beurteilung durch *H. J. Eysenck*.

5 Hauptfaktoren der Persönlichkeit

Joern J. Bambeck begründete seinerzeit seinen ersten *Persönlichkeits-Struktur-Test* nach seiner kritischen Analyse der Mängel des *Struktogramms.* Er verwendete wie der Entwickler des *Struktogramms Rolf W. Schirm* drei Hauptfaktoren, basierend auf den Arbeiten von *Sheldon*. In der weiteren Entwicklung wurden die Erkenntnisse des *Big-Five*-Ansatzes schrittweise berücksichtigt, soweit sie als gesichert anzusehen waren, es entstanden durch Umschichtung und Ergänzung insgesamt fünf Hauptfaktoren. Die Differenzierung der menschlichen Persönlichkeit in fünf Hauptfaktoren wird als Grundansatz inzwischen von der Mehrzahl der Fachleute international favorisiert; viele empirische Untersuchungen verschiedener Art bestätigen die grundsätzliche Richtigkeit.

Die heutigen *ALPHA PLUS*-Profile sind nicht nur kompatibel mit dem *Big-Five*-Ansatz, sondern sie haben in Design und Handhabung diverse Vorzüge und gehen methodisch erheblich weiter. Sie erheben den Anspruch, qualitativ eine neue Generation von Persönlichkeitsinstrumenten darzustellen (siehe Abschnitt 8 »Qualitätskriterien«) und sind für die spezifischen Erfordernisse der Wirtschaft und die berufliche und persönliche Entwicklung konzipiert.

> *ALPHA PLUS* ist bei hohem Qualitätsniveau von vornherein auf den praktischen Nutzen – auf die berufliche und private Umsetzbarkeit der Ergebnisse – ausgerichtet. Dazu gehört auch die Erlebens- und Akzeptanzfähigkeit der Ergebnisse in der »normalen« Arbeits- und Lebenssituation.

So wird nicht die bei Mitarbeitern auf Widerstand stoßende emotionale Instabilität gemessen (bei *Big Five* »Neurotizismus«), sondern der Gegenpol, die akzeptanzfähige emotionale Stabilität (siehe DELTA-Faktoren).

Im Zuge der Entwicklung von *ALPHA PLUS* flossen diverse Strömungen ein. So stammen z. B. von *Hardy Wagner* als Insider hilfreiche Hintergrundinformationen zur *Struktogramm*-Entwicklung; als Herausgeber hat er die Entwicklung gefördert. *Harald Hauschildt* setzte Akzente u. a. in der praktischen Anwendung der Instrumente in Wirtschaftsunternehmen und anderen Institutionen und konzentrierte sich 1997 nach mehrjähriger Zusammenarbeit mit *Joern J. Bambeck* auf die Vermarktung und Weiterentwicklung. *Hauschildt* ist Inhaber der Markenrechte von *ALPHA PLUS,* schuf die heutige moderne Online-Auswertung und das spezifische Design; außerdem entwickelte er Paar-, Team- und CI-Profile sowie spezifische Anwendungsfelder in Beratung / Coaching / Training per Telefon.

1.2 Theoretische Quellen und Verwandtschaften

Sheldon verband drei Grund-Konstitutionstypen mit drei Basis-Persönlichkeitsstrukturen, analog den drei biologischen Keimschichten und dem Ansatz von *Kretschmer:*

- endomorph (pyknisch, rundlich) mit den Eigenschaften gesellig, entspannt, bequem,
- mesomorph (athletisch, eckig) mit den Eigenschaften aktiv, dominierend, abenteuerlustig und
- ektomorph (leptosom, schlank) mit den Eigenschaften zurückhaltend, verschlossen, einzelgängerisch.

Vor- und Nachteile des Struktogramms

Rolf W. Schirm verwendete als Entwickler des *Struktogramms* (später *Biostruktur-Analyse* bzw. *Structogram* genannt) dieses Drei-Komponenten-Modell von *Sheldon* mit der Temperamentszuordnung. Dabei ersetzte er die Körper- durch Gehirnzuordnungen, die er vom Gehirnforscher *MacLean* übernahm, und ordnete diesen wiederum Farben zu:

- Zwischenhirn (limbisches System) = Rot,
- Stammhirn (R-Komplex) = Grün und
- Großhirn (Neocortex) = Blau.

Der von *Bambeck* seinerzeit gesehene Vorzug des *Struktogramms* liegt in seiner kurzen und einfach durchführbaren Form. Die hohe Akzeptanz (als Maß nicht für Qualität, sondern für die Marktgängigkeit) bei Laien-Anwendern aus der Wirtschaft lässt sich erklären durch die leicht verständlichen, auf den ersten Blick plausibel anmutenden Ergebnisse, bei denen man ohne die Interpretation durch einen Psychologen auskommt. Der Mangel wurde darin gesehen, dass kein akzeptabler wissenschaftlicher Qualitätsnachweis vorgelegt wurde. Auch dem Autor dieses Beitrags als einer der frühen Lizenznehmer des *Struktogramms* blieb *Schirm* den wissenschaftlich objektiven Qualitätsnachweis schuldig.

Bambeck war bestrebt, ebenfalls ein für Anwender in der Wirtschaft geeignetes Verfahren zu entwickeln, jedoch von nachweisbarer hoher wissenschaftlicher Qualität und Seriosität und erheblich differenzierter. Das Verfahren sollte so plausibel-selbsterklärend praxistauglich sein, dass es nicht der Interpretation durch Psychologen bedurfte. Die Überprüfung der von *Schirm* verwendeten 24 Items ergab, dass die meisten die vielfältigen teststatistischen Analysen nicht bestanden. *Bambeck* übernahm nach eigenen Angaben die als brauchbar überprüften und optimierte sowie ergänzte sie, bis 74 brauchbare Items vorhanden waren. Hieraus wurden seinerzeit 18 Einzelfaktoren gewonnen sowie verschiedene Techniken zur weiteren Erhöhung der Ergebnis-Sicherheit entwickelt, vor dem Hintergrund der Neigung zur Über- bzw. Unterschätzung der eigenen Eigenschaften. Aus den Einzelfaktoren wurden wiederum drei Hauptfaktoren rechnerisch extrahiert.

Grundprobleme des Fragebogen-Verfahrens

Das Bestreben war, bei der Neuentwicklung auch die sieben Grundprobleme jedes psychologischen Fragebogen-Verfahrens zu lösen bzw. ihren Einfluss zu minimieren:

1. Nachweis, dass Persönlichkeitseigenschaften tatsächlich existieren
2. Nachweis, wie groß die Anzahl der Persönlichkeitskomponenten tatsächlich ist
3. Problem der Ergebnisverfälschung durch unbewusste, ungewollte Falschangaben beim Ausfüllen des Fragebogens
4. Problem der Ergebnisverfälschung durch bewusste, absichtliche Falschangaben beim Ausfüllen des Fragebogens, etwa durch Bewerber
5. Problem der formalen Verfälschung infolge des Phänomens, dass sich viele Menschen allein schon durch die Anordnung des

Fragebogens beeinflussen lassen, z. B. sich scheuen, mittlere oder untere oder obere Werte anzukreuzen oder sie bevorzugen
6. Probleme der Fragenformulierung, zum Beispiel werden gleiche Formulierungen z. T. verschieden verstanden, was die Ergebnisse verfälschen kann
7. Problem der Verhaltenskonsistenz, der Stabilität des Verhaltens: Inwieweit ist das Verhalten von der (gleichbleibenden) Persönlichkeitsstruktur geprägt und inwieweit von der (wechselnden) Situation? Die Grundfrage z. B. bei Eignungsbeurteilungen oder für Konzepte im Rahmen von Personalentwicklung, Training und Coaching ist: Was ist lernbar, was erblich festgelegt?

Neben diesen generellen Problemen ging es darum, für einige spezifische Probleme und Unzulänglichkeiten des *Struktogramms* bessere Lösungen zu finden. So weist dieses z. B. nur relative Ergebnisse aus: Die Profile sind alle gleich groß, was unrealistisch ist: Jeder Teilnehmer hat die gleiche, starr festgelegte Punktzahl, obwohl die Persönlichkeit individuell ausgeprägt ist, so wie alle anderen Merkmale des Menschen auch.

Die von *Schirm* verwendete einfache Schablonen-Auswertung wurde bei *ALPHA PLUS* ersetzt durch eine moderne EDV-gestützte Teststatistik, durch Faktorenanalysen, wie sie u. a. von *R. B. Cattell, J. P. Guilford* sowie *H. J.* und *S. B. G. Eysenck* verwendet wurden. Die Hauptfaktoren wurden mit Clusteranalysen rechnerisch aus den Einzelfaktoren ermittelt. Anstelle der farbpsychologisch nur teilweise überzeugenden Farb-Zuordnungen (im *Struktogramm* nicht durchgehend stimmig) Rot, Grün und Blau wurden farbneutrale Bezeichnungen (ALPHA, BETA, GAMMA) gewählt.

Zu jedem Faktor wird die subjektive Selbsteinschätzung ermittelt und als Selbstbild ausgewiesen. Aus diesen Selbstangaben wird mit den neuen testmathematischen Verfahren ein Wert errechnet, der den verfälschenden Einfluss des Wunschbildes herausfiltert und korrigiert.

Bei vier von fünf Personen wird die Realitätsnähe entscheidend erhöht; damit wird das Testergebnis sehr viel brauchbarer als ein Ergebnis ohne Selbstbild-Korrektur.

Die Alltagserfahrung zeigt es und diverse wissenschaftliche Forschungen belegen es: Selbsteinschätzungen / Selbstbild und auch Fremdeinschätzungen / Fremdbild sind meist nicht objektiv und stimmen in der Regel nicht überein, so dass 360°-Feedbacks und

Assessmentcenter nicht objektiv genug erscheinen – und zusätzlich weitere Probleme aufwerfen hinsichtlich Kosten, Zeitaufwand, Unflexibilität, Beurteilerauswahl, Nachzüglerproblematik usw.

Die Tests werden praxisbezogen weiterentwickelt und ergänzt.

1.3 Gliederung

Zurzeit werden vier verschiedene Fragebögen für vier verschiedene Level eingesetzt mit dem Ziel, für verschiedene Anforderungen jeweils das passende Profil bieten zu können. Die Profile sind eigenständig, jedoch miteinander kompatibel. Alle vier Level haben die erwähnte Korrektur des subjektiven Selbstbildes und (unterschiedlich viele) Zusatzfaktoren, die die Aussagekraft erhöhen und die Qualität sichern – analog einer Qualitäts-Einzelkontrolle in der Fertigung von Unternehmen. Diese Profil-Einzelkontrolle ergänzt und erweitert die hohe generelle Test-Qualitätssicherung, die in der hohen Erfüllung der üblichen Test-Qualitätsstandards zum Ausdruck kommt. Die Profile können als Einzel-, als Paar-, als Team- und als Unternehmensprofil dargestellt werden.

4 Levels

Level I (Seite 72 / 73) zeigt mit seinen vier Hauptfaktoren die vier Grundtemperamente, Level II (Seite 74 / 75) weist darüber hinaus die Einzelfaktoren aus – direkt gemessen, nicht nur »logisch« abgeleitet, wie es beim *Struktogramm* und anderen einfachen Instrumenten der Fall ist. Denn drei bis vier Faktoren sind, selbst wenn die Messqualität nachweislich ausreichte, eine viel zu schmale Basis für Aussagen zur Persönlichkeitsentwicklung oder zur beruflichen Kompetenz bzw. zur Potenzial-Entwicklung. Level I wird demzufolge für Verhaltenstrainings eingesetzt (Kommunikation, Verkauf, Führung u. Ä.), nicht für darüber hinaus gehende differenzierte Anwendungen wie Personalentwicklung oder Berufskompetenz-Aussagen. Hierfür wird mindestens Level II eingesetzt.

Die ebenfalls parallel zur *Big Five*-Forschung entwickelten und mit ihr abgeglichenen Level III (Seite 76 / 77) und IV (Seite 78 / 79) weisen neben den vier Temperamentfaktoren analog zum *Big Five*-Ansatz einen fünften Hauptfaktor auf, THETA genannt. Er misst die Innovationskompetenzen, die für die Entwicklungsgeschwindigkeit von Einzelnen und Unternehmen relevant sind.

Im *ALPHA PLUS*-Ansatz sind qualitative und quantitative Messverfahren enthalten, die weit über den *Big-Five*-Ansatz hinausreichen: Ergänzend zum subjektiven Selbstbild wird das tatsächliche Bild, das Realbild, ermittelt. Weitere außergewöhnliche Vorteile bieten spezielle Zusatzfaktoren, die jeweils im Fuß der Abbildungen ausgewiesen werden und die Aussage-Sicherheit und -Differenziertheit erheblich erhöhen.

Im Diagramm von Level IV ist, ergänzend zu den fünf Hauptfaktoren, die Verbalkompetenz dargestellt. Sie ist eine Sonderauswertung, kein eigenständiger Hauptfaktor, und bildet die Sprachkompetenz ab, die im Berufsleben die wichtigste Brücke zum Erfolg in Führung, Verkauf, Kommunikation usw. darstellt.

1.4 Beschreibung des Verfahrens

Aus dem Selbstbild kann erstmals ein weitgehend objektives, ein realistisches Bild errechnet werden, das *Realbild*. Selbstbild und Fremdbild, auch das 360°-Feedback, sind, für sich genommen, subjektiv und damit unzuverlässig. Wichtige Neuerungen sind gelungen bei der Erkennung von bewussten Fälschungen, die besonders bei Bewerbungen vorkommen, bei Formular-Verfälschungen / Antwortpräferenzen, die sich aus der Anordnung des Fragebogens ergeben, bei der Fragenformulierung, bei der Verhaltenskontinuität bzw. -stabilität und -vorhersagbarkeit, bei der Erkennung des vorhandenen Entwicklungspotenzials und bei der emotionalen Intelligenz.

Modernität des Verfahrens

Die Profile sind keine konstruierten, simplifizierenden Modelle, die sich auf die Frühzeit der Forschung berufen (*C. G. Jung* und andere), sondern empirische moderne Ergebnisse aus der heutigen Zeit, gegliedert in Haupt- und Einzelmerkmale / -komponenten, zusammengestellt nach den beiden Grundfragen und entsprechend differenziert in verschiedene Level mit spezifischen Ausrichtungen (Training, Coaching, Eignung usw.):

- »Was kann man eindeutig genug messen (mit modernen Verfahren wie Faktorenanalyse, Korrelationsrechnung usw.)?« und
- »Was ist von dem Gemessenen tatsächlich für den konkreten Zweck (Personalbeurteilung, -entwicklung usw.) relevant?«

LEVEL I / Basis-Profil

»Menschenkenntnis I« für sichere Spontan-Kommunikation

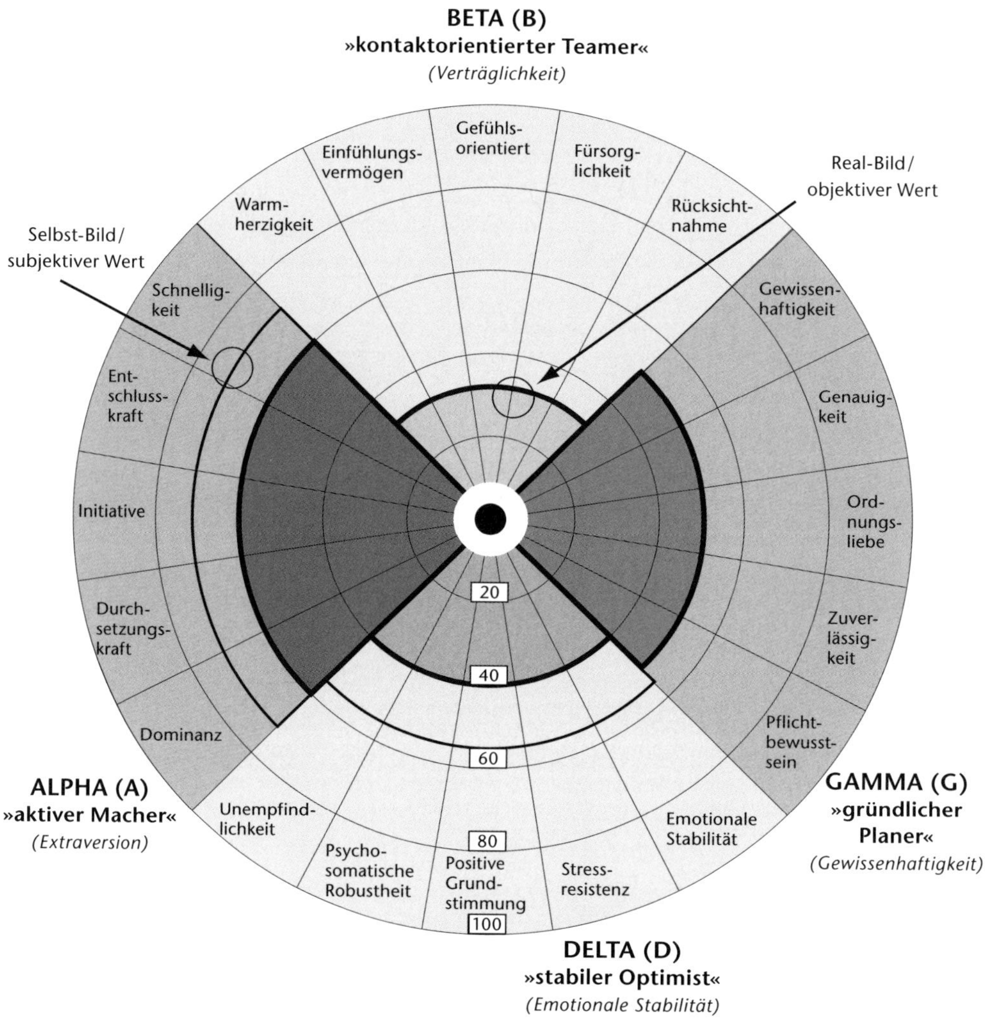

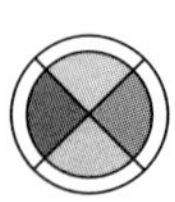

die dunklere Farbe innen zeigt den Haupt-Faktor

Faktoren-Ausprägung:

0 – 20	=	sehr gering
20 – 40	=	gering
40 – 60	=	mittel
60 – 80	=	stark
80 – 100	=	sehr stark

(kursiv = Bezeichnung nach Big Five)

Hinweis: Die Ausweisung der Werte der Einzelfaktoren (z. B. »Gewissenhaftigkeit«) erfolgt ab Level II.

LEVEL I / Basis-Profil

Zusatz-Faktoren

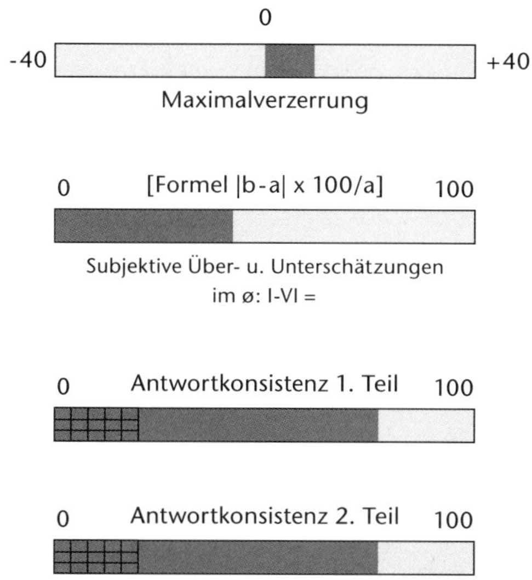

LEVEL II / Allround-Profil

»Menschenkenntnis II« für differenzierte Nutzung der Stärken und Talente

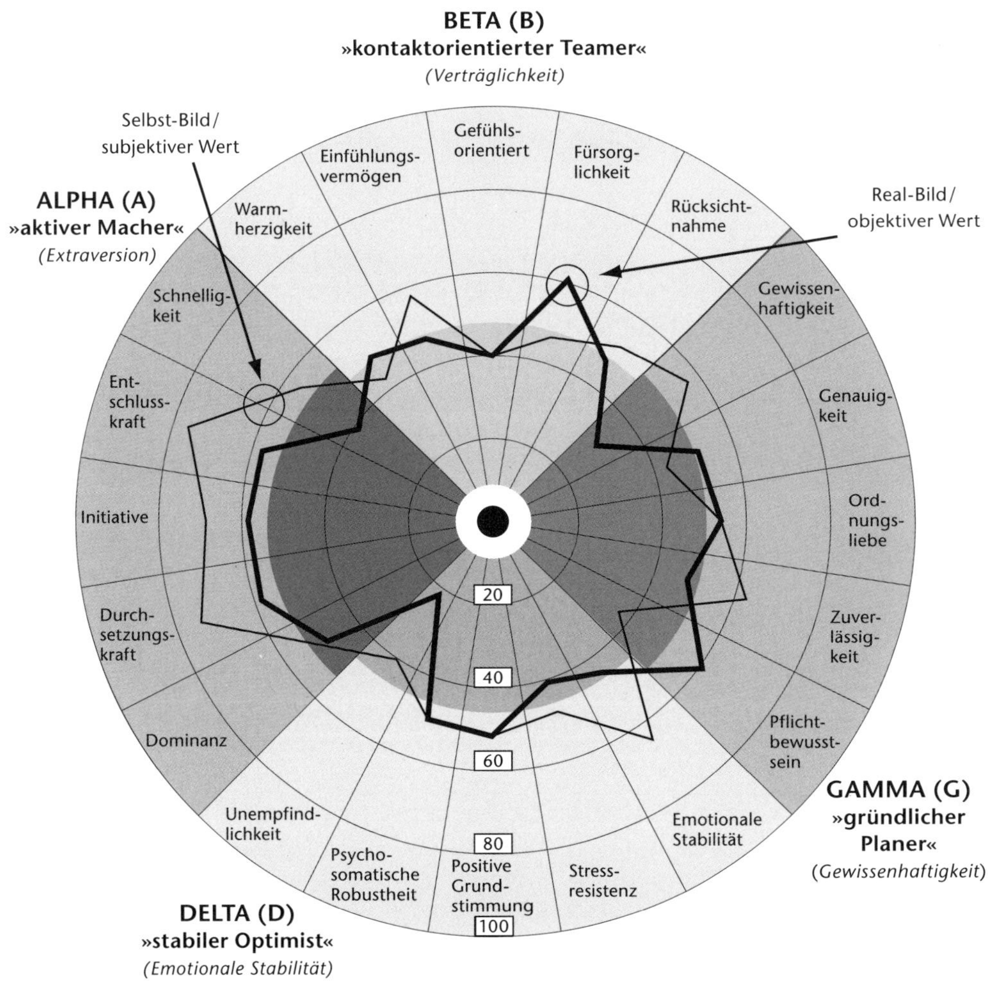

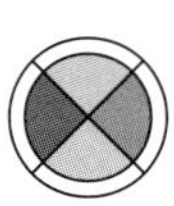

die dunklere Farbe innen zeigt den Haupt-Faktor

Faktoren-Ausprägung:

0 – 20 = sehr gering
20 – 40 = gering
40 – 60 = mittel
60 – 80 = stark
80 – 100 = sehr stark

(kursiv = Bezeichnung nach Big Five)

LEVEL II / Allround-Profil

Zusatz-Faktoren

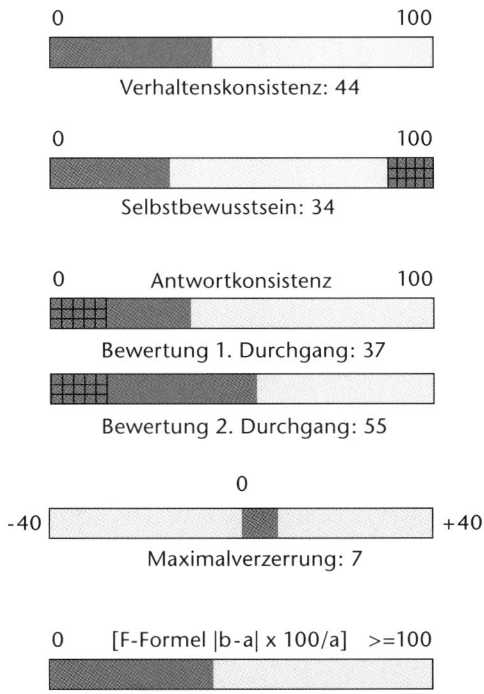

Subjektive Über- u. Unterschätzungen
im ø: I-VI = 22

I. ALPHA = 21
II. BETA = 13
III. GAMMA = 30
IV. DELTA = 24

LEVEL III / Coaching-Profil

»Persönlichkeit« für die individuelle persönliche Entwicklung

Exemplarische Testperson dieses Buches

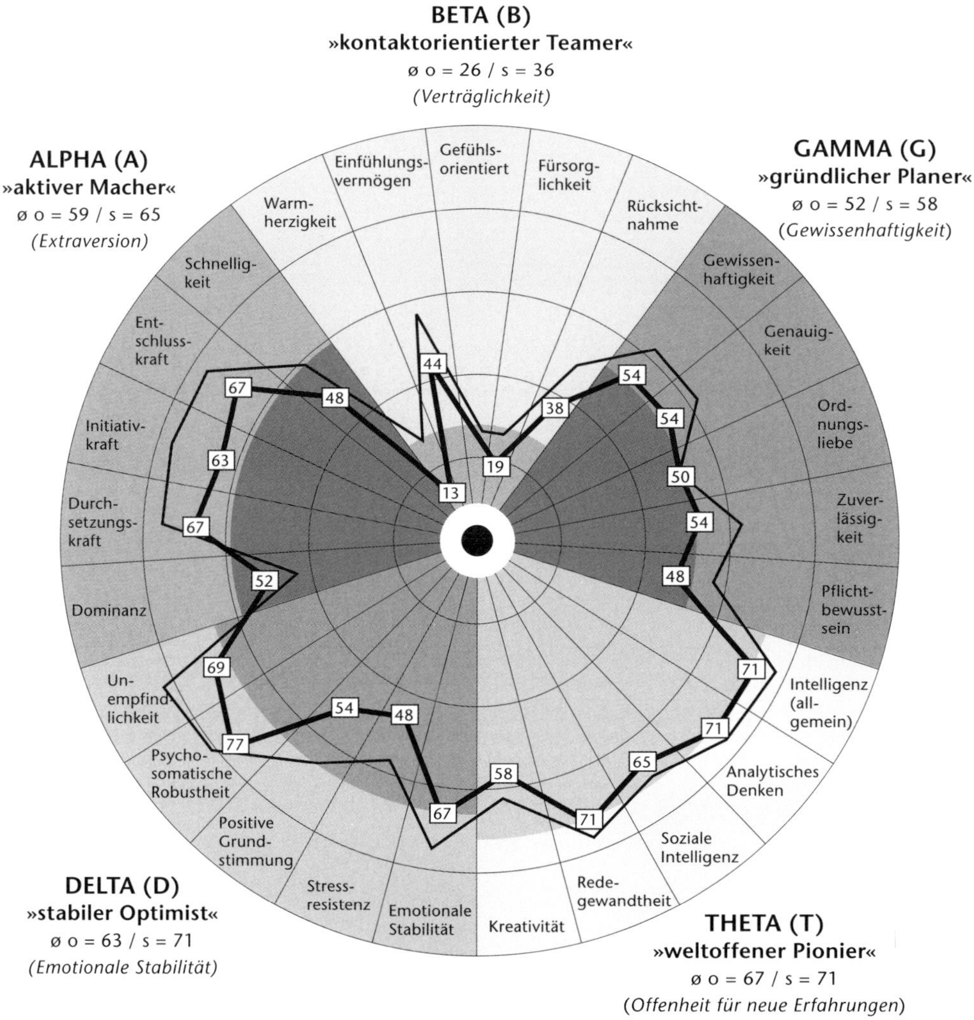

die dunklere Farbe innen zeigt den Haupt-Faktor

Faktoren-Ausprägung:
0 – 20 = sehr gering
20 – 40 = gering
40 – 60 = mittel
60 – 80 = stark
80 – 100 = sehr stark

o = objektiv: Wie ich tatsächlich bin
s = subjektiv: Wie ich mich sehe

(kursiv = Bezeichnung nach Big Five)

LEVEL III / Coaching-Profil

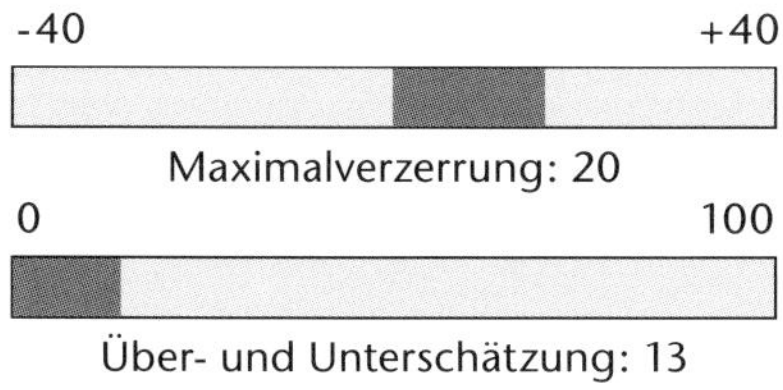

I. ALPHA = 10
II. BETA = 38
III. GAMMA= 12
IV. THETA = 6
V. DELTA = 13

Faktoren-Ausprägung:

0% – 20% = sehr gering
20% – 40% = gering
40% – 60% = mittel
60% – 80% = stark
80% –100% = sehr stark

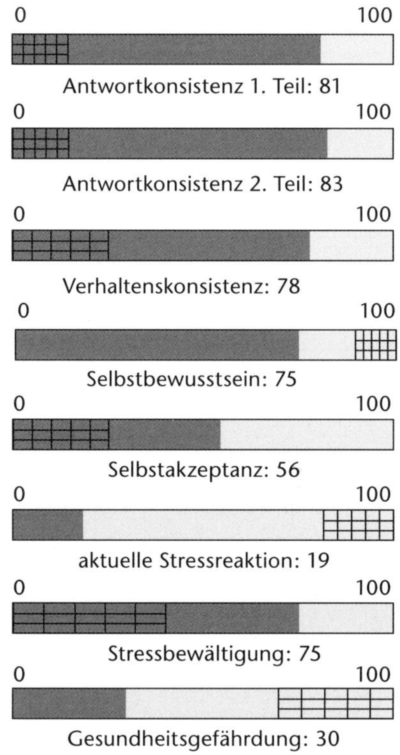

LEVEL IV / Karriere-Profil

»Kompetenzen und Potenzial«
für umfassendes berufliches Chancen-Management

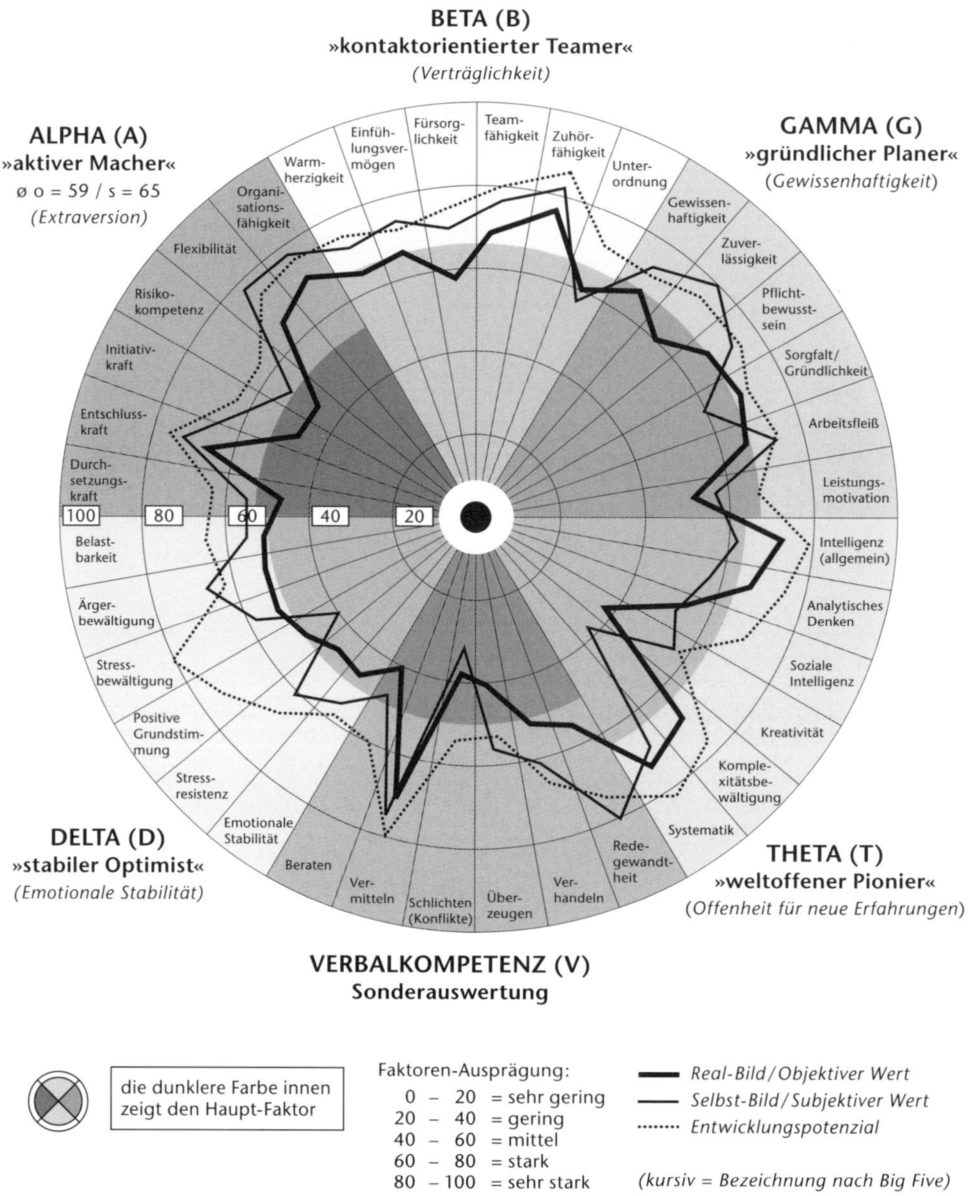

LEVEL IV / Karriere-Profil

Zusatz-Faktoren

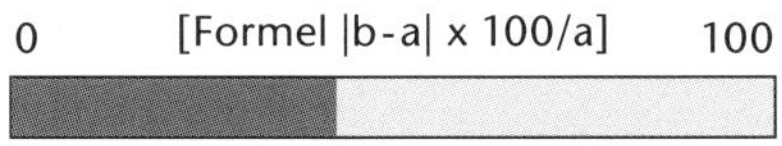

Subjektive Über- u. Unterschätzungen
1. im ø: I-VI = 10

1-III = 11
I. ALPHA = 10
II. BETA = 12
III. GAMMA = 12

IV-VI = 9
IV. DELTA = 10
V. INTELLEKT = 8
VI. VERBAL = 10

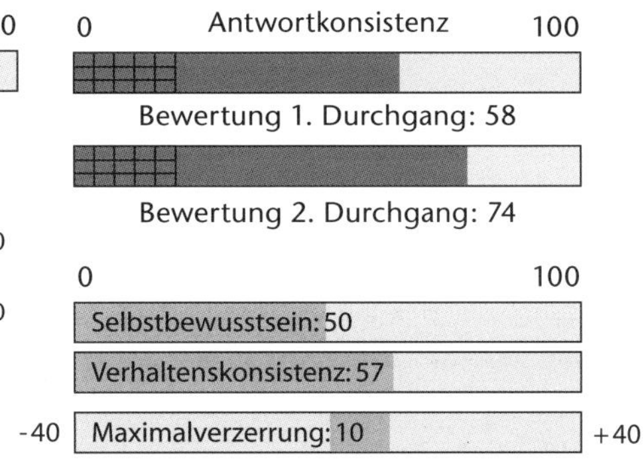

SONDERAUSWERTUNG: Führungs-Kompetenz

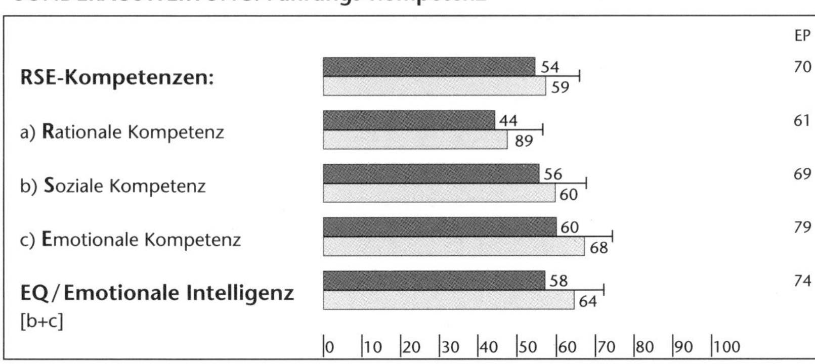

Beispiel Dominanz ist relevant für die Persönlichkeit, aber nicht eindeutig relevant für den Berufserfolg, da stark kontextabhängig, z. B. von der Firmenkultur, der Dominanz-Ausprägung des Vorgesetzten usw. Aus einer großen Anzahl von Merkmalen / Komponenten wurden die aussagestärksten ausgewählt; in Level IV sind über 60 Komponenten enthalten, in Level I als kleinstes Profil vier Komponenten.

Differenzierungsgrad Die Analyse kann auf insgesamt vier verschiedenen Niveaus (Level I bis IV) je nach gewünschter Differenzierung durchgeführt werden, sie berücksichtigt beide Ebenen: die Verhaltens- und die Strukturebene.

Verhaltensebene Die Verhaltensebene ist für den »ersten Eindruck« relevant und auf ihr spielt sich die »Oberflächenkommunikation« im täglichen Umgang mit Kunden, Kollegen, Vorgesetzten ab. Sie ist das Thema der so genannten Verhaltenstrainings, die Verhaltensmuster dauerhaft ändern oder ergänzen wollen. Hierfür kann Level I eingesetzt werden oder höhere Level, wenn man nicht nur die Hauptkomponenten thematisieren will, sondern gezielt die Schlüsselkompetenzen fördern will. Die *ALPHA PLUS*-Profile liefern Aussagen darüber, wo sich ein Verhaltenstraining besonders lohnt, und zwar vor allem bei den relativ leicht und nachhaltig veränderbaren »plastischen« Komponenten, z. B. Durchsetzungskraft und Überzeugungskraft.

Strukturebene Die Strukturebene der Persönlichkeit wird mit hochdifferenzierten Messungen auf Level II und vor allem auf III und IV erfasst. Bis zu zehn Billiarden signifikant verschiedene Ergebnisse sind möglich. Für die Einstellung und die sonstige Personalauswahl ist insbesondere die Ausprägung der wenig oder nur sehr schwer veränderbaren Komponenten wichtig, die stark genetisch geprägt sind, z. B. die natürliche Leistungsorientierung und die mentale Belastbarkeit. Denn »das hat man oder man hat es nicht«. Was einem Mitarbeiter »von Natur aus« nicht liegt, hat kaum Chancen auf nachhaltige Veränderung. Gemessen werden hier u. a. Faktoren wie Verhaltensdispositionen, Stressreaktionen, diverse Kompetenzen, das Selbstbewusstsein und auch die Selbstakzeptanz. Bei Level IV kann neben den beruflichen Kompetenzen auch das Entwicklungspotenzial und die Ehrlichkeit abgebildet werden. Des Weiteren liefern die Profile zu jedem Faktor sowohl den Wert der subjektiven Selbsteinschätzung als auch einen objektivierten Realwert, der den Einfluss des Wunschbildes herausfiltert.

Die grundlegenden Verhaltensstile bzw. Grundpräferenzen entsprechen dem *Big Five*-Ansatz (auf den Abbildungen sind auch die Bezeichnungen des *Big Five*-Ansatzes in Klammeren angegeben, zum Beispiel ist »(Extraversion)« dem Hauptfaktor ALPHA zugeordnet).

3 Kernfaktoren

ALPHA, BETA und GAMMA bilden die drei Kernfaktoren, die normalerweise in der Verhaltensweise eines Menschen leicht beobachtbar sind. DELTA und THETA sind so genannte Modulierfaktoren: Sie modulieren (gestalten, beeinflussen) die Art und Weise und die Intensität, mit der die drei Kernfaktoren gelebt werden.

ALPHA PLUS ist empirisch angelegt, es handelt sich nicht um eine Typologie. Gleichwohl ist in Einschränkungen so etwas wie »typisches« Verhalten beobachtbar. Die Einschränkungen beziehen sich darauf, dass auch innerhalb desselben Hauptfaktors die Einzelfaktoren sehr verschieden sein können, und zwar untereinander und im Vergleich mit ihrem Hauptfaktor. Diese Streuung kann groß bis sehr groß sein, trotz hoher Interkorrelation (Verwandtschaft). Das liegt am Zusammenspiel von »natürlicher« genetischer Veranlagung und erlernter Kompetenz durch Umwelteinflüsse von Familie, Freunden, Chefs usw.

Siehe hierzu das Beispielprofil für Level III: Dort hat der Einzelfaktor »Stressresistenz« mit 48 Punkten eine mittlere Ausprägung – dagegen ist der Einzelfaktor »Psychosomatische Robustheit« mit 77 Punkten stark ausgeprägt: Der Punktwert 77 ist im Vergleich zum Punktwert 48 deutlich stärker, und zwar um 60 Prozent, obwohl beide Faktoren miteinander verwandt sind! Stressresistenz ist genetisch weitgehend vorgegeben, kann also wenig verändert werden. Die psychosomatische Robustheit dagegen ist vergleichsweise leichter zu beeinflussen. Man denke an den vielfach belegten Placebo-Effekt: Allein der Glaube an eine Wirkung kann z. B. bei einem Medikament heilende Wirkung haben. Die exemplarische Testperson dieses Buches hat offensichtlich gelernt (Arbeitshypothese), auf Stress relativ gesund zu reagieren, so dass Stress ihr im Regelfall vergleichsweise wenig gesundheitlich anhaben kann.

Beeinflussbare und wenig beeinflussbare Faktoren

Demnach ist das Wissen entscheidend, welche Faktoren

a) stark *genetisch beeinflusst* und damit wenig und nur schwer durch Lernen veränderbar sind. Hierzu gehören z. B. Stressresistenz, Leistungsorientierung, Geselligkeit. Diese Faktoren sind wichtig für Personalbeurteilung und -entscheidung, etwa bei Einstellung und Beförderung, wo weder eine Überforderung (macht Stress, bringt Fehlleistungen) noch eine Unterforderung (macht unzufrieden, führt zur inneren oder äußeren Kündigung) auftreten soll. Hier bringen Verhaltenstraining und Coaching wenig dauerhafte Effekte, hier ist Personal*entscheidung* gefragt!

b) Zu den Faktoren, die durch *Motivation und Lernen* relativ leicht und schnell veränderbar sind, gehören z. B. psychosomatische Robustheit, Durchsetzungskraft, Ärgerbewältigung. Hier kann Verhaltenstraining und Coaching viel erreichen, hier ist Personal*entwicklung* (Förderprogramme nach Schlüsselkompetenzen) gefragt!

Verhalten kann – mit der gebotenen Einschränkung – vorhergesehen werden, wenn man die Tagesschwankungen und *Irrtumsmöglichkeiten* gebührend beachtet.

Irrtumsmöglichkeiten

a) *Einzelfaktoren können »untypisch« ausgeprägt sein:* Sie können weit stärker oder weit geringer ausgeprägt sein als der zugehörige Hauptfaktor. Siehe dazu das Beispiel der exemplarischen Testperson dieses Buches, Profil Level III: Der Einzelfaktor »Stressresistenz« hat 48, der Hauptfaktor »DELTA« hat 63, der Einzelfaktor »Psychosomatische Robustheit« hat 77 Punkte: Hier wäre es falsch, von einer mittleren Stressresistenz (48 Punkte) auf eine mittlere psychosomatische Robustheit zu schließen, denn die ist bei der Testperson stark ausgeprägt, sogar an der Grenze zu sehr stark (77 Punkte) – was für stressbesetzte Führungsaufgaben deutlich mehr geeignet macht, als es zunächst den Anschein hat, wenn man nur den Hauptfaktor DELTA zur Führungeseignungsbeurteilung heranzöge! Die hochdifferenziert messenden *ALPHA PLUS*-Profile bringen solide praxistaugliche Ergebnisse mit der nötigen Zuverlässigkeit.

b) *Mischverhalten und rascher Verhaltenswechsel* kann auftreten, je ähnlicher zwei oder drei Persönlichkeitsanteile ausgeprägt sind. Beispiel 1: Mischen kann sich ein durchsetzungsstarker ALPHA-Anteil mit einem warmherzigen BETA-Anteil, was zu freundlich-bestimmendem Auftreten führt. Beispiel 2: Wechseln kann ein lauter, kurzangebundener ALPHA-Ton, indem er schnell umschlägt in einen einfühlsamen und nachsichtigen Tonfall.

Dies ist wie gesagt umso häufiger und stärker, je weniger sich die Ausprägung der Faktoren unterscheidet: »Typisch« ist dann nicht ein bestimmtes vorhersagbares Verhalten, sondern die Nicht-Vorhersagbarkeit, also eine starke Situations- und Stimmungsabhängigkeit, die zu großen Verhaltensschwankungen führen kann. Manche Menschen weisen sehr schwankende Ergebnisse z. B. in ihren Prüfungs- und Sportleistungen auf oder sind in ihrer Kommunikationsweise sehr stimmungsabhängig.

ALPHA PLUS kann mit einem eigens entwickelten Verfahren die Wahrscheinlichkeit ermitteln, mit der ein konsistentes, gleichbleibendes oder ein inkonsistentes, wechselhaftes Verhalten zu erwarten ist: Der Wert »Verhaltenskonsistenz« wird individuell errechnet.

c) *Rollen-Verhalten:* Menschen neigen mehr oder weniger dazu, in »Rollen zu schlüpfen« und dann ein Verhalten zu zeigen, das von ihrem »normalen, typischen« Verhalten stark abweichen kann. Die geringer ausgeprägten Faktoren gewinnen dann für eine Weile »die Oberhand«. Unterschiedliche Verhaltensmuster in unterschiedlichen Rollen werden erkennbar, wenn z. B. jemand im Beruf durchsetzungsorientiert und hart als Vorgesetzter auftritt, in der Familie aber nachgiebig und weich als Partner und Vater ist.

Keine künstliche Typologie, sondern empirische Wirklichkeit

Ganz generell gilt, dass eine isolierte Betrachtung von einzelnen Faktoren natürlich immer unvollständig und einseitig ist. Die Betrachtung einzelner Seiten einer Persönlichkeit darf nicht den Blick aufs Ganze trüben. Es gibt nicht einige wenige »Typen«; Persönlichkeit und Verhalten sind immer ein Zusammenspiel vieler Faktoren, woraus sich die Vielfalt menschlichen Verhaltens ergibt. Bei der nachfolgenden getrennten Betrachtung einzelner Hauptfaktoren handelt es sich also nicht um »Typen«, nicht um eine Typologie, sondern um Persönlichkeitsanteile, die jeder hat, aber in unterschiedlicher Mischung und Dosierung in einer gewissen Wahlfreiheit je nach Situation, Stimmung usw. lebt.

> Die »typischen« Verhaltensweisen leiten sich von den Hauptfaktoren ab. Die drei Kernfaktoren ALPHA, BETA und GAMMA zeigen sich im Verhalten sehr deutlich, die beiden Modulierfaktoren DELTA und THETA nehmen auf eher subtile Weise Einfluss auf das individuelle Verhalten: Sie modulieren mehr im Hintergrund die Art und Weise, wie die Kernfaktoren ausgelebt und gezeigt werden.

Der Hauptfaktor ALPHA

Der aktive Macher

Bei hoher ALPHA-Ausprägung besteht die Tendenz zu Werten, Eigenschaften und Verhaltensweisen, die mit Energie, Stärke, Schnelligkeit, Dominanz, Initiative, Durchsetzung und Härte zu tun haben. Zu beobachten sind z. B. lebhaft-impulsives und extravertiertes Auftreten, eine kräftige Stimme, eine selbstbewusste tonangebende Kommunikation, Bewegungsdrang, Konfliktstärke, ziel- und nutzenorientierte Entscheidungen, Erfolgsstreben, vielseitige Interessen mit Praxisbetonung.

ALPHA-Anteile stehen für Gestaltungswillen, Suche nach Herausforderungen, für undiplomatische Offenheit bis Direktheit, für Leben im Hier und Jetzt, dafür, nicht nachtragend zu sein, für eine relativ geringe Neigung zum Grübeln und zur Selbstreflexion. Am Beispiel Tennisspiel veranschaulicht: Dem ALPHA-Anteil geht es ums aktuelle Gewinnen gegen den jeweiligen Gegner, um den Ehrgeiz, im direkten täglichen Vergleich der Beste zu sein.

Der Hauptfaktor BETA

Der kontaktorientierte Teamplayer

Hohe BETA-Werte stehen für menschliche Ausstrahlung, rücksichtsvolles Eingehen auf andere bis hin zur Nachgiebigkeit, für persönliche Kontaktstärke, für einen menschliche, angenehme und weiche Aspekte betonenden Kommunikationsstil und die ausgeprägte Pflege von gemeinschaftsbetonten Beziehungen.

BETA-Anteile machen beliebt, erlauben eine Verbündeten-Politik etwa bei Verhandlungen, wo das eigene Einfühlungsvermögen sich z. B. gut kombinieren lässt mit der Durchsetzungskraft eines ALPHA-betonten Bündnispartners oder der Genauigkeit und Gründlichkeit eines GAMMA-Partners.

Entscheidungen werden stark vom Gefühl bestimmt. Sprache wird als ästhetisches und verbindendes Element empfunden und genutzt, Gefühle werden gern und stark gezeigt, Hilfsbereitschaft wird groß geschrieben, Empathie fällt leicht. Ebenso fallen einfühlsames Zuhören und Unterordnen leicht. Genießen können, emotionales Zuwenden und Familienbezogenheit sind ebenfalls »typisch«. Beim Tennis geht es dem BETA-Anteil nicht unbedingt um den Sieg, sondern ums gemeinsame Tun und Erleben, dem man ggf. auch den Sieg opfert, um der Freundschaft willen. Ehrgeiz ist eingebunden in den sozialen Kontext, für andere Gutes zu tun.

Der Hauptfaktor GAMMA

Der gründliche Planer

Auffällig sind beim GAMMA-Anteil gewissenhafte Pflichterfüllung, Zuverlässigkeit in der Einhaltung von Zusagen, Ordnungssinn bis hin zum Pedantischen und Zwanghaften, Betonung von Formalien. GAMMA-Anteile führen zum Bedürfnis, sich und andere zu kontrollieren, perfekt zu sein, sich zu beherrschen und den eigenen Raum zu verteidigen. Das starke Vorausschauungs- und Planungsbedürfnis führt zu langfristig orientierten »vernünftigen« Entscheidungen mit der Bereitschaft, für Wichtiges Verzicht zu leisten und geduldig darauf hinzuarbeiten. Die Sache und ihre Richtigkeit dominieren. »Um des Prinzips willen« werden Konflikte nicht gescheut. Arbeitsfleiß und Qualitätsehrgeiz motivieren zur langfristig orientierten Leistungserbringung.

Auffallende analytische Neigungen, das Warum, ist faszinierend. Tugenden wie Sparsamkeit und Genügsamkeit sind wichtig. Gefühle werden ungern und dosiert gezeigt, Sicherheit, Vorsicht und Disziplin werden hoch gehalten. Beim Tennis ist der Ball der Gegner, es geht um das beharrliche permanente Besserwerden. Der Ehrgeiz liegt im langfristigen Kompetenz-Wachstum.

Der Hauptfaktor DELTA

Der stabile Optimist

In der ursprünglichen *Bambeckschen* Fassung war, analog dem *Big Five*-Ansatz, in der Tradition therapeutischer Sichtweise die Beeinträchtigung gemessen worden, also emotionale Labilität, Stressanfälligkeit, negative Grundstimmung, Psychosomatik und Empfindlichkeit. Im therapeutischen Coaching hat diese Sichtweise eine entsprechend starke Wirkung. Im Rahmen der *ALPHA PLUS*-Zielsetzung geht es hingegen vorrangig um Wohlbefinden, Leistung und Positiv-Orientierung. Dementsprechend werden bei *ALPHA PLUS* für Training, Beratung und Coaching die Faktoren mit positiver Ausrichtung und hoher Akzeptanz verwendet. Absicht ist, die Entwicklungsrichtung in den Vordergrund zu stellen und in der grafischen Darstellung die gleiche symmetrische Wirkung zu erreichen. Absicht ist eine lösungsorientierte, nicht eine problemorientierte Auswertung.

Allgemeine Persönlichkeits-Eigenschaften

ALPHA (A)	BETA (B)	GAMMA (G)	DELTA (D)		THETA (T)
Aktiver Macher	Kontakt-orientierter Teamer	Gründlicher Planer	Bei hohen	Bei niedrigen	Weltoffener Planer
			Werten		
			+ Stabiler Optimist	- Labiler Pessimist	
Macher	Durchführer	Planer	Stabilisator	Warner	Erneuerer
Vorreiter	Vermittler	Prüfer	Ermutiger	Bedenken-träger	Avantgarde
Initiative	Koopera-tion	Systematik	Festigkeit	Unsicher-heit	Kreativität
Impro-visieren	Harmo-nieren	Adminis-trieren	Positivieren	Nega-tivieren	Intellektua-lisieren
Handeln	Fühlen, Intuition	Begreifen	Beflügeln	Bremsen	Entwickeln
Selbst-bewusstsein	Rücksichts-voll	Pflicht-bewusst	Sorglos	Besorgt	Chancen-bewusst
Dominant	Sozial	Gewissen-haft	Fröhlich	Bedrückt	Kreativ
Energisch	Gemütlich	Gründlich	Positiv	Negativ	Innovativ
Bewegt Menschen und Dinge	Verschmilzt mit / betreut Menschen und Dinge	Analysiert / Kontrolliert Menschen und Dinge	Stärkt Menschen und Dinge	Schwächt Menschen und Dinge	Versteht Menschen und Dinge

Oben die 3 Kern-Faktoren **ALPHA** (A), **BETA** (B) und **GAMMA** (G). Zusammen mit den beiden Modulier-Faktoren **DELTA** (D), stabiler Optimist, und **THETA** (T), weltoffener Pionier, bilden sie die 5 Haupt-Faktoren analog zur **Big-Five-Forschung**. In LEVEL II, III und IV werden diese differenziert dargestellt zusammen mit ihren Einzelfaktoren.

Quelle: zum Teil aus J. J. Bambeck: Persönlichkeits-Analyse, München 1997

DELTA-Anteile haben eine Doppelwirkung: Bei hohen Werten wird mentale Stabilität signalisiert, Robustheit und Unempfindlichkeit, aber auch geringe Mitleidensfähigkeit und Mangel an Feinfühligkeit für die seelische und seelisch-körperliche Betroffenheit anderer. Es entsteht bei hohen Werten (und gleichzeitig geringen Werten bei BETA) der Eindruck der Stabilität eines Granitblocks: hart und fest, Halt bietend, aber keine Wärme und kein Mitempfinden bei Gefährdung und Bedrohung.

Bei niedrigen Anteilen fällt Dünnhäutigkeit auf und eine geringe Stabilität bei Bedrohung, die aufgrund niedriger positiver Grundstimmung auch zum Überbetonen von Gefahren führen kann. Ausgeprägt ist dann die Fähigkeit zur Sensibilität, Gefährdungen früh wahrzunehmen. In schwierigsten Notlagen fällt es schwer, einen ruhigen Kopf zu bewahren.

Als Modulierfaktor der Kernfaktoren ALPHA, BETA und GAMMA können die Delta-Werte die Art und Weise, wie die Kernfaktoren gelebt werden, sehr beeinflussen. Zum Beispiel kann die Kombination BETA mit hohem DELTA Wärme und Halt gleichzeitig, zuversichtliche Festigkeit und menschliches Mitfühlen gleichermaßen vermitteln.

Der Hauptfaktor THETA

Die Zukunftstür

Bei starker Ausprägung des THETA-Faktors besteht eine ausgesprochene Neigung, sich Neuem, Unbekannten zuzuwenden und die damit oftmals verbundenen Risiken in Kauf zu nehmen oder sogar zu suchen. Der Hang ist da, einfach aufzubrechen in die Ungewissheit, weil das Unbekannte fasziniert im Sinne von: »Der Weg ist das Ziel.« Erfinder, Künstler, wagemutige Kaufleute, Eroberer, Tüftler, Entdecker weisen diesen Faktor hochgradig auf.

Für diese Neigung bedarf es bestimmter Anlagen: sei es eine möglichst breite Intelligenz im Sinne von *intellegere* (= einsehen, erkennen); seien es Handwerkszeuge zum Erkennen und Verarbeiten des Neuen, etwa analytische Neigung und Kompetenz; sei es Kreativität zur eigenständigen Erschaffung von Neuem oder zur kreativen Nutzung von Vorhandenem, etwa durch Verfremdung oder durch Loslösung vom bisherigen Gebrauch.

Wichtige Komponente in diesem Zusammenhang ist die soziale Intelligenz, bei der es ums Verstehen von soziologischen Betrachtungsebenen geht, wie etwa Gruppendynamik. Oder um Massenphänomene wie Wahlverhalten und Konsumtrends bis hin zur visionären eigenen Beeinflussung von Menschen, wenn die Redegewandtheit ebenfalls entsprechend hochgradig ausgeprägt ist.

Offenheit für neue Erfahrungen, Zukunftsbezogenheit und Neugier auf Unbekanntes sind ebenso »typisch« wie unkonventionelle Einstellungen und Lebensweisen und wie Intuition und Logik für die Beschäftigung und Verarbeitung von bisher Ungedachtem und Unprobiertem. Allgemeine geistige Beweglichkeit gehören dazu, Originalität und Einfallsreichtum.

Menschen mit hohen THETA- bei geringen BETA-Anteilen bringen einerseits Innovation, andererseits Unrast und Unruhe in eine Gemeinschaft. Sie sorgen für hohe Entwicklungsgeschwindigkeit und ständiges Lernen, aber sie kommen nicht zur Ruhe und überfordern andere oft mit ihrer innovativen Geschwindigkeit. Es hält sie nicht lange beim Vertrauten, sie brauchen den Reiz des herausfordernden Neuen.

1.5 Durchführung

Durchführungsmodalitäten

Die Auswertung ist computergestützt und wird online mit PIN-Zugang und TAN vorgenommen. Der Rücklauf zum Kunden erfolgt im Zehn-Minuten-Takt. Als zweite Möglichkeit können Papierfragebögen eingesetzt und per Fax-Versand ausgewertet werden. Alle Profile gibt es in einer praktischen Kompaktdarstellung und in einer umfassenden Form mit Interpretationstexten. Die Ausfüllzeit beträgt je nach Level etwa zwölf Minuten (Level I) bis knapp 30 Minuten (Level IV).

Die Fragebögen bestehen jeweils aus zwei Teilen. In Teil I wird die Ausprägungsstärke erfragt, in Teil II die persönliche Bewertung.

1.6 Auswertung

Ergebnisse in Grafiken

Die Auswertungen enthalten eine Reihe von Besonderheiten, sie sind wie der Mensch vielgestaltig und differenziert. Die Ergebnisse werden abgebildet als Kreis- und als Balkengrafiken. Bei jedem Profil wird neben dem subjektiven Selbstbild das realistische (objektivierte) Bild ausgewiesen, bei Level IV außerdem noch bei jedem einzelnen Faktor das Entwicklungspotenzial und ein Indikator für die Ehrlichkeit.

Die Ergebnisse der Fragebogen-Auswertungen werden als Zahlen in den Grafiken abgebildet. Texte interpretieren diese Ergebnisse. Für eine Interpretation der abgebildeten Profile reicht der hier zur Verfügung stehende Raum nicht, nur einige Hinweise sind möglich: Das Profil der exemplarischen Testperson dieses Buches (siehe Level III, Seite 76 und Teil C) ist offensichtlich ehrlich ausgefüllt, es ist interpretationsfähig. Das wird u. a. über die Zusatzfaktoren im Fuß des Profils überprüft. Diese Qualitätsprüfung ist von Umfang und Verlässlichkeit her eine der Besonderheiten der *ALPHA PLUS*-Profile.

1.7 Qualitätskriterien

Die Profile erfüllen bzw. übererfüllen alle wissenschaftlichen Qualitätskriterien für Tests, wie in der folgenden Tabelle (Seite 90) dargestellt. Auch bei jedem einzelnen Profil selbst findet darüber hinaus eine Qualitätsüberprüfung statt.

Aufdecken gefälschter Angaben

Mit dieser Einzelprofil-Überprüfung werden z. B. gefälschte Angaben aufgedeckt, die zu falschen Schlussfolgerungen führen würden. Unbrauchbare Ergebnisse werden frühzeitig und sicher mit den speziellen Qualitäts-Checks erkannt, die *ALPHA PLUS*-Profile auszeichnen. Fehlberatungen und Fehlentscheidungen, die sonst unentdeckt blieben, werden dadurch vermieden. Ergebnis-Sicherheit ist die wichtigste Voraussetzung, und zwar sowohl bei der Personaleinstellung und -beurteilung als auch bei der Personalentwicklung, in Training, Beratung und Coaching.

Wissenschaftliche Qualität

Alpha-PlusProfile®

	Level I	Level II	Level III	Level IV
Bezeichnung und Einsatzschwerpunkt[1)]	Trainer	Berater	Coaching	Karriere
Auswertungs-Objektivität[2)]	1.00	1.00	1.00	1.00
Durchführungs-Objektivität[3)]	>.95	>.95	>.95	>.95
Interpretations-Objektivität[4)]	>.85	>.85	>.85	>.95
Reliabilität (Retest-Koeffizient)[5)]	>.85	>.85	>.85	>.85
Minderungskorrigierte (»wahre«) Kriteriums-Validität[6)]	>.45	>.50	>.60	>.60
Zusatz-Faktoren insgesamt	2	6	9	5
– UV = Unbewusste Verfälschung (z. B. unbeabsichtigte »Schönfärbung«)	x	x	x	x
– AK = Antwort-Konsistenz (= Antwort-Stimmigkeit / Plausibilität)	x	x	x	x
– VK = Verhaltens-Konsistenz (= Stabilität / Gleichheit des Verhaltens)		x	x	x
– BV = Bewusste Verfälschung (z. B. gewollte »Schönfärbung« bei Bewerbern)			x	x
Ausgewiesene Werte insgesamt (plus Gruppen-Berechnungen)	10	65	81	245
Erfüllung teststatistischer Nebenkriterien[7)]	ja	ja	ja	ja
Auf der Basis des FFM[8)] (Fünf-Faktoren-Modell / »Big-Five«)	ja	ja	ja	ja
Auch als Team-Analyse einsetzbar[9)]	ja	ja	ja	ja
Auch als Fremd-Beurteilung verwendbar[10)]	ja	ja	ja	ja

1) Es werden die jeweils härtesten wissenschaftlichen Prüfverfahren für die Qualitätssicherung eingesetzt. Alle Kriterien sind hochgradig erfüllt bzw. übererfüllt.
2) Durch Auswertung mit PC gesichert.
3+4) Durch Trainer-Instruktion gesichert.
5) Genauigkeit, durch Testwiederholung (»Retest«) gesichert.
6) Die Faktoren wurden gültig / korrekt gemessen, Minderungen bei Testwiederholungen wurden rechnerisch berücksichtigt.
7) a) Normierung: erlaubt individuelle Interpretationen und Vergleichbarkeit mit anderen Ergebnissen. Als Bambeck-Besonderheit: Die Normalverteilung, Standardisierung und Normierung werden jeweils automatisch korrigiert, die Ergebnisse passen sich automatisch an bei persönlichen Veränderungen (z. B. Stellenwechsel) und gesellschaftlichen Veränderungen (»Zeitgeist«).
b) Nützlichkeit: außergewöhnlich hoch, die Qualität setzt neue Maßstäbe (z. B. Korrektur unbewusster und bewusster Verfälschung, Berechnung von Maximal-Verzerrung, Verhaltens-Konsistenz und Verhaltens-Vorhersagbarkeit)
c) Ökonomie: ungewöhnlich hoch, trotz zusätzlicher Ergebnisse (die herkömmliche Fragebogen nicht liefern!) ist i. d. R. weniger Zeit erforderlich als für herkömmliche wissenschaftlich anspruchsvolle Instrumente.
d) Vergleichbarkeit: untereinander und auf der Basis des FFM (Fünf-Faktoren-Modell II / »Big Five«).
8) FFM = Gültige Basis der modernen internationalen Persönlichkeitsforschung.
9) Im weitesten Sinne: von Paar-Analysen (z. B. Chefsekretärin) über Gruppen-Analysen bis zu Unternehmens-Analysen (CI).
10) z. B. 360°-Feedback: Die Selbst-Einschätzung kann verglichen werden mit Fremd-Einschätzungen, z. B. von Mitarbeitern oder/ und Kollegen, Vorgesetzten, Kunden, Lieferanten, Freunden, Bekannten, Familienangehörigen.

Mehrstufig:		
1. Generelle Qualitäts-Prüfung	**2. Einzel-Prüfung bei jedem Profil:**	**Zusatzfaktoren:**
Genereller Qualitäts-Check, die gesamte Testreihe unterliegt strengen Qualitäts-Kontrollen	Individueller Qualitäts-Check (siehe Abbildung) – Antwortkonsistenz 1: Quantitativ – Antwortkonsistenz 2: Qualitativ – Verhaltenskonsistenz – Maximalverzerrung – BV-Index / Täuschungsindikator – Über- und Unterschätzungsneigung	Ermöglichen ganzheitliche Aussagen: – Selbstbewusstsein – Selbstakzeptanz – Stressreaktion – Stressbewältigung – Gesundheitsgefährdung

Quelle: zum Teil aus J. J. Bambeck: Persönlichkeits-Analyse, München 1997

1.8 Ausbildung und Akkreditierung

Workshops

Die Grundeinweisung erfolgt im Regelfall in einem Zweitages-Workshop. Hierzu werden verschiedene Durchführungsformen angeboten, zum Teil mit erlebnisintensivem Camp-Charakter und in Kombination mit Teamtraining und Outdoor-Elementen. Im Sommer werden Sonder-Workshops zum Persönlichkeits-Training auf dem Rhein angeboten. Einzelheiten auf Anfrage, individuelle Abstimmung der Schwerpunkte sind möglich.

Die Aus- und Weiterbildung erfolgt in Seminar-Atmosphäre und / oder in Kombination mit lernförderlichen Outdoor-Aktivitäten, zum Beispiel auf Booten in der herrlichen Umgebung des schönsten Rheinabschnittes zwischen Siebengebirge und Loreley und weiter südlich, auf Rhein, Mosel, Lahn und Nahe mit individuellen Wahlmöglichkeiten zwischen »abenteuerlich« und »komfortabel«. Diese motivierende und stimulierende Umgebung erhöht die Effektivität und Effizienz, macht viel Spaß und kann sofort umgesetzt werden in der Gruppenerfahrung.

Ergänzend zur Aus- und Weiterbildung wird Supervision angeboten. Weitergehende Ausbildungen und Akkreditierungen erfolgen nach Abstimmung, sie werden zugeschnitten auf den individuellen Bedarf in Beratung, Training und Coaching.

Normierungstendenzen nehmen in der Wirtschaft zu, auch in den Einsatzbereichen von Persönlichkeits- und Potenzialentwicklungsinstrumenten. Trainer, Berater und Coaches sichern sich Vorteile, wenn sie sich diesem anhaltenden Trend nicht verschließen. *ALPHA PLUS*-Kunden erhalten künftig die Möglichkeit, eine formelle Akkreditierung zu beantragen, die die Qualität ihrer Arbeit bestätigt. Näheres auf Anfrage.

1.9 Schnuppertest

Erwerber dieses Buches erhalten bei Vorlage des Kaufbelegs auf ein Profil ihrer Wahl einmalig einen Rabatt von 20 Prozent, der gleiche Rabatt gilt für den Zweitages-Workshop.

1.10 Vertrieb

Der Vertrieb erfolgt zentral unter der angegebenen Kontakt-Adresse:

ALPHA PLUS Potenzial-Profile GmbH
Service-Büro Deutschland
Dr. Harald Hauschildt
Villiper Hauptstr. 9a
D-53343 Wachtberg / Bonn
Fon: +49 (0) 2 28 / 9 51 69 - 73
Fax: +49 (0) 2 28 / 9 51 69 - 74
E-Mail: *IHR-Test@t-online.de*
Homepage: *www.alpha-plus-profile.de*

Über den Autor

Dr. Harald Hauschildt studierte Wirtschafts- und Sozialwissenschaften, Pädagogik und Psychologie und erwarb einen Abschluss als Diplom-Ingenieur. Er bearbeitete Forschungsaufträge und Gutachten für die Bundesregierung, wirkte als Sachverständiger für den Wissenschaftlichen Beirat der Bundesregierung, engagierte sich in der Verbandspolitik und in Beratungsunternehmen der Wirtschaft als Berater, Trainer, Coach, absolvierte diverse Trainer- und Coach-Ausbildungen und sammelte Erfahrungen mit den gängigen Persönlichkeitsinstrumenten. Heute ist er zentraler Ansprechpartner, Ausbilder und Supervisor für die *ALPHA PLUS*-Persönlichkeits- und Potenzial-Profile, die in dem von ihm gegründeten *Institut Human Resource* stetig weiterentwickelt und von der *ALPHA PLUS-Potenzial-Profile GmbH,* Zürich, international vertrieben werden.

2. ASSESS by Scheelen, ASSESS Performance Analyse und ASSESS Kompetenz Analyse[1]

Regina J. Euteneier und Frank M. Scheelen

2.1 Historischer Abriss des Modells

Hintergrund und Entwicklung

Das *ASSESS* Expertensystem wurde von *Bigby, Havis & Associates (BHA),* insbesondere von *Dr. Dave Bigby,* entwickelt. BHA ist ein US-amerikanisches Unternehmen, bestehend aus 40 Mitarbeitern, darunter Organisationspsychologen, Management-Consultants und Software-Designer. Seit mehr als 20 Jahren unterstützt *BHA* weltweit Unternehmen mit Produkten und Dienstleistungen im Bereich von Personalauswahl und -entwicklung.

BHA arbeitet mit angesehenen internationalen Partnerunternehmen zusammen, die dabei mitwirken, die Diagnostikinstrumente weltweit auf den Markt zu bringen und zu etablieren. Seit 2003 besteht eine Partnerschaft mit der *Scheelen AG,* einem Beratungs- und Trainingsunternehmen mit jahrzehntelanger Erfahrung im Bereich Personaldiagnostik in Deutschland. Die *Scheelen AG* ist exklusiver Lizenznehmer von *BHA* für den gesamten deutschsprachigen Raum. Darüber hinaus ist sie federführend mit einem Team von Psychologen bei der Weiterentwicklung und Validierung aller deutschsprachigen Versionen der Produkte und deren Vermarktung auf dem deutschen, österreichischen und schweizerischen Markt.

---

[1] ASSESS by Scheelen®, ASSESS Performance Analyse®, ASSESS Kompetenz Analyse® und INSIGHTS MDI® sind eingetragene Warenzeichen.

2.2 Theoretische Quellen und Verwandtschaften

Der Fragebogen, die Hauptkomponente von *ASSESS,* basiert aus konstruktionstechnischer Sicht auf zwei häufig eingesetzten, berufsbezogenen Persönlichkeits-Testverfahren: dem *Guilford-Zimmerman Temperament Survey (GZTS)* und dem *Dynamic Factors Opinion Survey (DFOS).* Da der *GZTS* und der *DFOS* die Grundlage des *ASSESS* Expertensystems bilden, sind die Entwicklungsgrundlagen und die Validität dieser Instrumente auch für die Anwendung von *ASSESS* wichtig.

GZTS

Der *GZTS* ist eines der am häufigsten eingesetzten Inventare. Ein umfassendes Handbuch bespricht seine Anwendung, Reliabilität und Validität (*Guilford, Zimmerman und Guilford,* 1976). *Guilford et al.* widmen 38 Seiten einer Besprechung und Diskussion von Interkorrelationen zwischen *GZTS*-Skalen und Skalen anderer psychologischer Tests und Verhaltensratings. Während direkte Vergleiche von Skalen zwischen Tests und Korrelationen von Skalen mit Ratings ein komplexes Forschungsproblem darstellen, ziehen die Autoren zwei wichtige Schlussfolgerungen. Die Beziehungen zwischen den *GZTS*-Skalen und den Skalen anderer Persönlichkeitsinventare stimmen zu einem großem Teil mit den erwarteten Zusammenhängen überein. Das heißt,

1. Korrelationen für sehr ähnliche Skalen sind generell sehr hoch (z. B. .70 zwischen der *GZTS*-Skala S und der *CPI Skala Sociability*).
2. Korrelationen zwischen *GZTS*-Skalenwerten und Selbst- sowie Fremdeinschätzungen entsprechender Merkmale reichen von .30 bis .65. Diese Befunde stützen die Schlussfolgerung, dass die Testskalen das erfassen, was sie zu messen vorgeben.

DFOS

Auch der *Dynamic Factors Opinion Survey (DFOS)* wurde von *Guilford & Martin* entwickelt. Der Fokus ist hier auf die Analyse menschlicher Bedürfnisse und Motivationen gerichtet (z. B. *Need for Attention*). Wie der *GZTS,* so verfügt auch der *DFOS* über ein Manual mit Instruktionen zur Durchführung, normativen Informationen und Interpretationshilfen (*Guilford, Christensen & Bond,* 1956). Viele der durch den *DFOS* erfassten Konstrukte stammen aus der Theorie und Forschung von *Murray* (1938). Durch Anwendung einer Faktorenanalyse leiteten *Guilford & Martin* zehn Faktoren ab; in den eingesetzten *ASSESS*-Instrumenten werden davon sieben Persönlichkeitsskalen verwendet (*Aesthetic Appreciation, Adventure vs. Security, and Need for Diversion* wurden wegen ihrer geringen beruflichen Relevanz aussortiert). Außerdem wurden statistische Analysen durchgeführt, um festzustellen, welche der verbleibenden Items aussortiert werden könnten, um kürzere Skalen zu entwickeln, ohne dadurch die Vorhersagefähigkeit der Skalen zu verringern. Anhand multipler Regressionen und Item-Skalen-Korrelationen wurden 15 der trennschärfsten verbleibenden Items ausgewählt.

Neben den 16 verbliebenen Skalen aus den beiden Verfahren wurden vier weitere von *BHA*-Psychologen entwickelt: Arbeitsorganisation, Faktenorientierung, Multi-Tasking, und die Skala Zuverlässigkeit. Die Skala-Detailorientierung wurde komplett überarbeitet, um die Anforderungen der heutigen modernen Arbeitswelt besser abbilden zu können.

Des Weiteren enthält das Instrument zwei Kontrollskalen, die Rückschlüsse zulassen auf mögliche Antworttendenzen und auf den emotionalen Zustand des Teilnehmers zum Zeitpunkt der Bearbeitung des Fragebogens und dem Anwender damit wichtige Hinweise zur Interpretation der Ergebnisse liefern.

2.3 Gliederung der verschiedenen Formen des ASSESS Systems

ASSESS Performance Analyse

Bei der *ASSESS Performance Analyse* wird das Potenzialprofil eines Kandidaten bezüglich einer Position oder einer Aufgabe gegen eine Vergleichsgruppe (Normgruppe) generiert. Der *ASSESS Performance Analyse Auswahl-Report* bietet eine detaillierte Beurteilung der arbeitsbezogenen Persönlichkeitseigenschaften eines Kandidaten und dient der Feststellung des vorhandenen Leistungspotenzials und der Übereinstimmung mit einer berufsgruppenspezifischen Norm. Der Report beinhaltet detailliertes Feedback für den Kandidaten und Ergebnisteile wie ein reportspezifisches strukturiertes Interview, Interviewproben und Managementvorschläge.

Die zweite Variante, der *ASSESS Performance Analyse Entwicklungs-Report,* ist ein spezifischer Report für die Personalentwicklung und Persönlichkeitsentwicklung, der zusätzlich noch die Stärken und Schwächen eines Kandidaten in Bezug auf die spezifischen im Job erwünschten Präferenzen beurteilt.

ASSESS Kompetenz Analyse

Wie bei der *Performance Analyse* gibt es auch bei der *Kompetenz Analyse* zwei kundenspezifische Varianten: den *ASSESS Kompetenz Entwicklungs-* und den *Auswahl-Report*. Voraussetzung für die *Kompetenz Analyse* ist ein vorhandenes Kompetenzmodell mit einem unternehmensspezifischen, für eine bestimmte Position oder einen Arbeitsplatz erstellten Kompetenzprofil.

- Der *ASSESS Kompetenz Auswahl-Report* ist an den Personalverantwortlichen gerichtet und beinhaltet ein umfassendes, konstruktives und klar formuliertes Feedback zu den Ergebnissen und zusätzlich Interviewfragen, bezogen auf die gewünschten Kompetenzen.
- Der *ASSESS Kompetenz Entwicklungs-Report* ist aufgebaut wie ein Übungsbuch zur Karriereentwicklung und enthält spezifische Informationen und Maßnahmenvorschläge zur Weiterentwicklung für den Kandidaten.
- Für jede Art von Report wird dieselbe Information (das jeweilige Antwortmuster) interpretiert, diese wird jedoch für die spezifischen Anforderungen unterschiedlich aufbereitet (z. B. Auswahl / Entwicklung; allgemeine Beurteilung / kompetenzspezifische Beurteilung).

ASSESS 360 Grad Feedbackanalyse

Die *360 Grad Feedbackanalyse* ist ein onlinebasiertes Multi-Beurteiler-Verfahren, mit dem in anonymisierter Form Informationen über eine Person gesammelt und zu einem Report verarbeitet werden. Diese Feedback-Informationen stammen von Vorgesetzten, Mitarbeitern, Kollegen und der Selbsteinschätzung. Der Fragebogen, der von den Beurteilern beantwortet werden soll, umfasst etwa 60 Fragen, jeweils fünf bis acht Fragen zu den individuellen Kompetenzen des verwendeten Kompetenzmodells. Der Auswertungsreport enthält eine detaillierte Darstellung der Ergebnisse in grafischer und textlicher Form bezüglich der einzelnen Kompetenzen. Darauf folgt ein Teil mit Entwicklungsvorschlägen zu den einzelnen Kompetenzen und konkrete Maßnahmen mit Umsetzungsempfehlungen. Die Auswertung erfolgt computer- / internetgestützt und steht sofort nach Abgabe aller Beurteilungen zur Verfügung.

2.4 Beschreibung des Verfahrens

ASSESS-Fragebogen

Der *ASSESS*-Fragebogen, die Hauptkomponente des Verfahrens, besteht aus 350 einzelnen Items (Aussagen), die 24 Skalen zugeordnet werden. Die Antworten werden dichotom verrechnet. Ausgehend von diesem Hauptfragebogen können, je nach gewünschten Kriterien, verschiedene Reports generiert werden. Ein Ergebnisreport umfasst zwischen 25 und 40 Seiten textliche und grafische Darstellung.

Inhaltliche Aspekte Das Verfahren misst die Ausprägung von 24 Persönlichkeitsdimensionen die den folgenden drei Bereichen zugeordnet werden können: Denkstil (5 Dimensionen), Arbeitsstil (10 Dimensionen) und Beziehungsstil (9 Dimensionen).

Denkstil Beim Denkstil werden das Problemlösungsverhalten und die Entscheidungsfindung einer Person gemessen. Die Persönlichkeitseigenschaften in dieser Kategorie geben Feedback darüber, wie sich ein Mensch intellektuell mit seiner Umwelt auseinandersetzt und mit Informationen umgeht.

Arbeitsstil Beim Arbeitsstil werden die bevorzugte Arbeitsumgebung, die Zusammenarbeit im Team und die Belastbarkeit gemessen. Die Persönlichkeitseigenschaften, die hier abgebildet werden, befassen sich mit der Art und Weise, wie eine Person sich organisiert, sich in eine vorhandene Organisation einfügt, wie sie mit Aufgabenvielfalt umgeht und wie belastbar sie ist.

Beziehungsstil Beim Beziehungsstil werden der interpersonelle Stil, die Kritikfähigkeit und die emotionale Ausgeglichenheit erfasst. Die hier dargestellten Persönlichkeitseigenschaften geben Auskunft über die Art und Weise, wie eine Person ihre sozialen Kontakte gestaltet, wie sie anderen begegnet, wie sie auf andere wirkt, welche Grundeinstellung sie zu Menschen und Dingen besitzt und wie selbstkritisch sie ist.

Denkstil	Arbeitsstil	Beziehungsstil
• Reflektierend • Strukturiert • Ernsthaft • Faktenorientiert • Realistisch	• Arbeitstempo • Eigenständigkeit • Arbeitsorganisation • Multi-Tasking • Verlässlichkeit • Akzeptanz von Vorgaben • Stresstoleranz • Wunsch nach persönlichen Freiräumen • Wunsch nach Aufmerksamkeit / Anerkennung • Detailorientierung	• Selbstsicherheit • Umgang mit anderen • Wunsch gemocht zu werden • Vertrauen in andere • Verständnis und Einfühlungsvermögen • Optimismus • Kritiktoleranz • Selbstkontrolle • kulturelle Angepasstheit

Überblick über arbeitsbezogene Persönlichkeitsdimensionen: Denk-, Arbeits-, Beziehungsstil

2.5 Das ASSESS-Verfahren in der Praxis

Anwendungsbereiche für *ASSESS* liegen in der Organisations- und Führungskräfteentwicklung, aber auch in der Identifizierung von Potenzial- und Leistungsträgern, Personalauswahl und Coaching. Den Teilnehmer (Probanden) unterstützt das Verfahren bei der Identifizierung von Stärken und potenziellen Schwächen; in seinem Report erhält er spezifische Vorschläge und Hinweise zur Weiterentwicklung. Das Verfahren kann prinzipiell für alle Berufsgruppen eingesetzt werden, es wird jedoch vorrangig im Management- und Führungskräftebereich genutzt.

Personalauswahl / Rekrutierung

ASSESS by Scheelen ermöglicht Arbeitgebern eine Vorschau der Eigenschaften von Kandidaten in Bereichen wie intellektuelle Fähigkeiten, Arbeitsgewohnheiten, Interaktionsstil mit anderen Personen und persönliche Motivation. Es beleuchtet die Bereiche, in denen der Kandidat besondere Stärken aufweist und herausragt. Spezifische Vorschläge für Interviewfragen werden für ein Bewerbungsinterview präsentiert, um den Kandidaten bezüglich potenzieller Problembereiche zu prüfen und um Referenzen einzuholen, die potenzielle – in den *ASSESS*-Ergebnissen indizierte – Schwächen bestätigen oder ausschließen zu können.

Personalplatzierung / Integration

Basierend auf den durch *ASSESS by Scheelen* eingeholten Informationen können Entscheidungsträger Kandidaten effektiver auf Positionen platzieren, bei denen eine hohe Passung besteht. Es ermöglicht Managern und Personalspezialisten, Kandidaten mit dem Potenzial für mehr Verantwortung zu identifizieren und entsprechend zu besetzen, aber auch Kandidaten zu erkennen, die besonderer Aufmerksamkeit ihrer Führungskraft bedürfen, um bei ihrer Arbeit produktiv zu sein. Vorschläge zur Führung eines Mitarbeiters werden in einem gesonderten Abschnitt des *Auswahl Reports*, unter »Managementvorschläge«, gegeben.

Personalentwicklung / Training / Coaching

Obwohl die beobachtete berufliche Leistung primär ausschlaggebend für Beförderungsentscheidungen sein sollte, bietet *ASSESS* objektive Informationen in Bezug auf die individuellen Stärken und Schwächen einer Person, die im Rahmen der beruflichen Leistung möglicherweise nicht beobachtet wurden. Zum Beispiel kann ein Mitarbeiter über sehr gute Fähigkeiten im logischen Denken verfügen, aber in seinem bisherigen Job nicht die Gelegenheit gehabt haben, dies unter Beweis zu stellen. Oder ein Mitarbeiter kann nicht gut mit Druck umgehen, war in seinem bisherigen Job aber kaum Druck ausgesetzt, sodass diese Schwäche nicht aufgefallen ist.

Durch *ASSESS by Scheelen* erhalten Manager und HR-Verantwortliche vor allem in zwei kritischen Bereichen von Personalfragen Unterstützung: Entscheidungsträgern und Personalverantwortlichen wird geholfen, durch konstruktive und valide Hilfsmittel effektive Entscheidungen in den Bereichen Personalauswahl, optimale Besetzung und Förderung zu treffen. Des Weiteren unterstützt das Instrument bei der Beurteilung von Potenzialen sowie hinsichtlich der Feststellung vorhandener Defizite und bietet konstruktives Feedback für die Weiterentwicklung der vorhandenen Mitarbeiter.

Einschätzung der Stärken und Entwicklungsbedürfnisse

ASSESS by Scheelen liefert wesentliche Informationen über Kandidaten oder Mitarbeiter hinsichtlich einer Vielfalt von Charaktermerkmalen und Eigenschaften, die auf die berufliche Leistung einer Person, wie z. B. Entscheidungsfindung, Durchsetzungsfähigkeit, Teamfähigkeit und praktisches Denken, einen großen Einfluss haben. *ASSESS* bietet sowohl eine umfassende Einschätzung der Stärken als auch eine Beurteilung der Entwicklungsbedürfnisse eines Mitarbeiters oder eines Kandidaten, der eine Position optimal ausfüllen soll. Die Positionierung eines Kandidaten lässt sich mittels des grafischen Profils mit einer spezifischen Berufs-Vergleichsgruppe klar und schlüssig erkennen. Dafür sind ca. 70 jobspezifische Vorlagen vorhanden, für die jeweils eigene Normen berechnet wurden. In der nachfolgenden Abbildung wird dieses am Beispiel der exemplarischen Testperson dieses Buches dargestellt (vgl. hierzu Teil C des Buches).

Die Prozesse und Systeme in der Personalauswahl und -entwicklung sollten, wie auch die anderen Schlüsselfaktoren eines Unternehmens, direkt die strategischen Ziele und Zielsetzungen des Unternehmens unterstützen. Diesen Anspruch kann ein Unternehmen jedoch nur verwirklichen, wenn es der Gewinnung von Wissen und Erkenntnissen über Potenziale von Kandidaten und Mitarbeitern ebenso viel Bedeutung beimisst wie den anderen Faktoren. *ASSESS by Scheelen* kann genau hier einen wesentlichen Beitrag leisten.

Einsatz der ASSESS 360 Grad Feedbackanalyse

Um die *ASSESS 360 Grad Feedbackanalyse* einsetzen zu können, ist es erforderlich, ein definiertes Kompetenzmodell zu verwenden. Die Auswahl der Fragen des Fragebogens richtet sich nach den Kompetenzen des jeweiligen Kompetenzmodells.

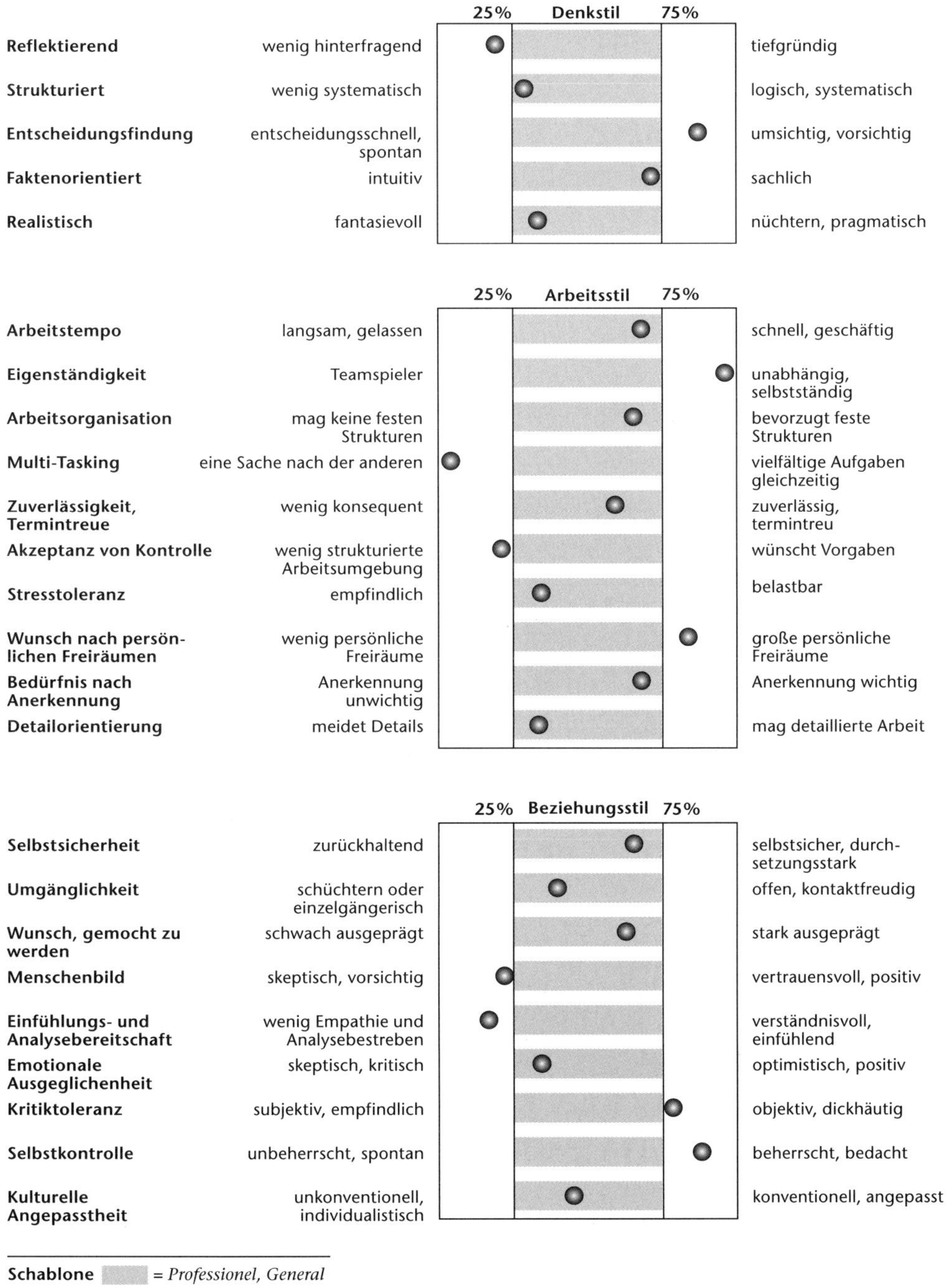

Auszug aus dem grafischen Profil der exemplarischen Testperson

Vorteile des 360-Grad-Feedbacks sind folgende:

- Durch eine höhere Anzahl von Bewertungen entsteht ein ausgewogenes und umfassendes Bild.
- Das Feedback stammt von Personen, die in der täglichen Arbeit mit dem Mitarbeiter zu tun haben.
- Sie geben in ihren Einschätzungen unmittelbar Einsicht in den Grad der Zufriedenheit oder Unzufriedenheit mit der Performance des Mitarbeiters.
- Es entsteht somit eine qualitativ hochwertige Leistungsbeurteilung.
- Die Analyse bietet Einblicke in das Verhalten am Arbeitsplatz, die ein Vorgesetzter alleine nicht hat.
- Durch die unterschiedlichen Sichtweisen entsteht ein differenziertes Bild der beurteilten Person.

Einsatzbereiche

Für die Feedbackanalyse gibt es folgende Einsatzbereiche:

- Grundlage für qualitative Führungskräfteentwicklung
- Controlling von Entwicklungsmaßnahmen
- Identifikation von Potenzialträgern und Nachwuchsführungskräften
- Intensivierung der Kommunikation zwischen Führungskräften und Mitarbeitern
- Sichtbarmachen von Fortbildungs- und Entwicklungsbedarf
- Optimierung von Arbeitsprozessen

Aus den Ergebnissen des *ASSESS 360-Grad-Feedbacks* lassen sich konkrete Maßnahmen ableiten bzw. Differenzen zwischen dem Kompetenzmodell für die jeweilige Position und den wahrgenommenen Mitarbeiter-Kompetenzen aufzeigen und analysieren.

Kompetenzmodelle

Eine Kompetenz kann definiert werden als Summe aller Fähigkeiten, Fertigkeiten, Kenntnisse, Persönlichkeits- und Verhaltensmerkmale, die als Grundlage dienen, um eine Funktion in einer Organisation erfolgreich und effektiv so zu erfüllen, dass damit die Erreichung von strategischen Unternehmenszielen unterstützt wird. Die Kombination dieser Faktoren führt zur Definition der erwünschten und herausragenden Leistung.

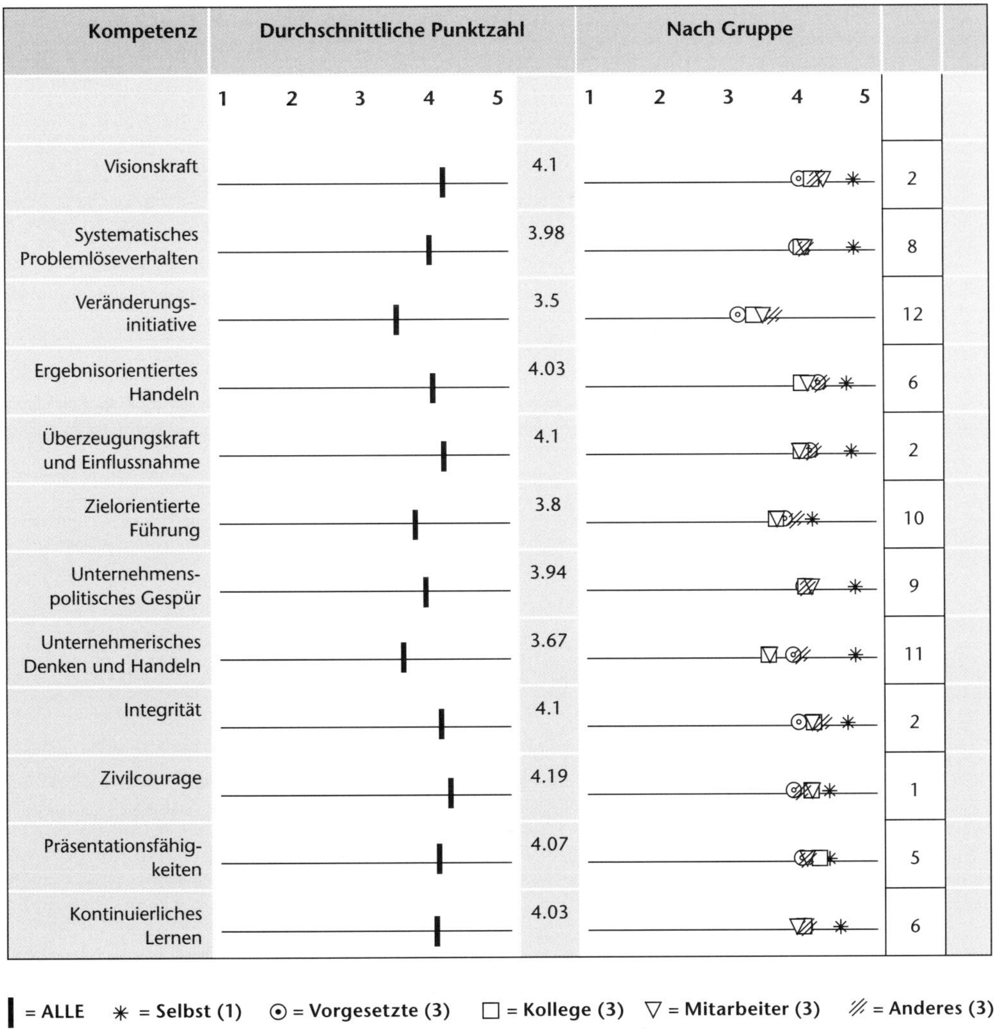

Auszug aus 360°-Feedback-Ergebnisprofil

© Bigby, Havis & Associates

Durch die Nutzung eines Profils mit den geforderten Kompetenzen als Grundlage für die Leistungsbewertung kann ein Unternehmen die Einstellungen und Verhaltensweisen von Kandidaten effektiver mit den für das Unternehmen erforderlichen Kompetenzen abgleichen, die es benötigt, um wettbewerbsfähig und erfolgreich zu sein.

Bei führenden Unternehmen besteht bereits heute großes Interesse an der Entwicklung und Nutzung von Kompetenzmodellen. Kompetenzmodelle definieren die Erwartungen an eine bestimmte Arbeitsposition und bieten für die Gesprächspartner eine Verständigungsplattform über Funktionen und das Unternehmen hinweg. Es lassen sich damit auch verbindliche und vor allem transparente Standards festlegen.

Zudem nutzen *Human-Resource*-Abteilungen Kompetenzprofile gerne, um die Personalauswahl und die Personalentwicklung zu optimieren. Die Personalauswahl-Prozesse sind effektiver und zielgerichteter, wenn jede Sequenz im Auswahlprozess so entwickelt wurde, dass eine oder mehrere für den jeweiligen Job notwendigen Kompetenzen bewertet werden können. Beispielsweise unterstützen die vorher definierten Kompetenzen sowohl die Recruiter darin, potenzielle Kandidaten zielgerichtet zu suchen und zu bewerten, als auch die Unternehmen darin, die für die Stelle angemessenen Assessments auszuwählen und entsprechende Interviews vorzubereiten. Alle diese Komponenten ermöglichen sowohl eine höhere Sicherheit bei Personalauswahl-Entscheidungen als auch eine höhere Wahrscheinlichkeit, den besten Kandidaten oder die beste Kandidatin für eine Position ausfindig zu machen.

Angeborene und erworbene Faktoren

Wenn die Leistung eines Mitarbeiters oder das Potenzial für eine spezifische Kompetenz bewertet werden soll, ist es wesentlich, dass alle diese Faktoren – angeborene und erworbene – berücksichtigt und bewertet werden. Die erworbenen Faktoren, wie Wissen, Erfahrung, Fertigkeiten und Fähigkeiten können durch unterschiedliche Methoden gemessen werden. Eine Bewertung vergangener kritischer Erfahrungen, spezifisches und gezieltes Assessment, ein zielorientiertes strukturiertes Interview oder ein 360°-Feedback im Bereich der Personalentwicklung sind nur einige Möglichkeiten, um erworbene Kompetenzen festzustellen.

Die angeborenen Kompetenzen können durch Messung der intellektuellen Fähigkeiten oder des Potenzials, der Motivation, der Werte, der Interessen und der Persönlichkeit untersucht werden. Durch unsere Erfahrung und Forschungen haben wir festgestellt, dass das *ASSESS Experten System*, das sowohl die intellektuellen Kompetenzen als auch die arbeitsbezogene Persönlichkeit bewertet, ein effektives Messinstrument für viele angeborene Faktoren ist, welche die Entfaltung von Kompetenzen beeinflussen.

Entwicklung von Kompetenzmodellen – Der ASSESS Strategic Success Modelling (SSM) Workshop

In einem *ASSESS-SSM-Workshop* wird gemeinsam mit dem Führungsteam für das jeweilige Unternehmen ein individuelles Kompetenzmodell erarbeitet, das sowohl die allgemeinen Anforderungen des Unternehmens an seine Führungskräfte berücksichtigt, als auch spezifische Anforderungen an einzelne Fachabteilungen einbezieht. Die Auswertungsreports der Mitarbeiter oder Bewerber werden diesem Modell gegenübergestellt. So können die spezifischen Arbeitsplatzanforderungen des Unternehmens mit der Kompetenzmessung bei einem Bewerber und einem Mitarbeiter verbunden werden. Der Ablauf eines *ASSESS-SSM-Workshops* ist strukturiert gestaltet und wird von externen geschulten Trainern moderiert.

Charaktereigenschaften plus Job- und Kompetenzerfolg

Die von *BHA* entwickelten und angewendeten Richtlinien, Verknüpfungen und Skalierungen, die auf Expertenbeurteilungen und früheren Forschungen basieren, verknüpfen Charaktereigenschaften mit Job- und Kompetenzerfolg. Bei der Entwicklung der letzten Version der *ASSESS Kompetenz Analyse* machten die Psychologen folgende Feststellungen:

- Sie identifizierten die Kerneigenschaften für jede Kompetenz, die die *ASSESS* Persönlichkeitsdimensionen zusammenfassen. Während viele Eigenschaften einen möglichen Einfluss auf die Ausprägung einer Kompetenz haben, wurden nur die kritischen Eigenschaften mit dem größten Einfluss den einzelnen Kompetenzen zugeordnet.
- Sie identifizierten »wünschenswerte« und »unerwünschte« Skalen für jede Eigenschaft mit Bezug zu dieser Kompetenz (diese sind in den Personalauswahl-Reports grafisch durch Grün, Gelb, Rot und in Personalentwicklungs-Reports durch Grün und Weiß dargestellt).
- Sie entwickelten für jede mögliche Kombination von Eigenschaften Inhalte für Personalauswahl- und Personalentwicklungs-Reports, die den Einfluss (positiv oder negativ) der Profile in Bezug auf spezifische Kompetenzen beschreiben.

Eine Kompetenz wird verstanden als das Ergebnis mehrerer miteinander verknüpfter Faktoren, welche sowohl aus angeborenen Charaktereigenschaften (natürliche Fähigkeiten, Persönlichkeit) als auch aus erworbenen Eigenschaften (Wissen, Erfahrung und Fertigkeiten) bestehen.

Die angeborenen Kompetenzen können durch Messung der intellektuellen Fähigkeiten oder des Potenzials, der Motivation, der Werte, der Interessen und der Persönlichkeit untersucht werden. Durch unsere Erfahrung und Forschungen haben wir festgestellt, dass das *ASSESS Experten System*, das sowohl die intellektuellen Kompetenzen als auch die arbeitsbezogene Persönlichkeit bewertet, ein effektives Messinstrument für viele angeborene Faktoren ist, welche die Entfaltung von Kompetenzen beeinflussen.

SSM Kompetenzbibliothek

Mittels eines Kompetenzmodells können die spezifischen Arbeitsplatzanforderungen des Unternehmens in Verbindung mit der Kompetenzmessung der Bewerber und der Mitarbeiter gebracht werden. In der *SSM Kompetenzbibliothek* stehen 38 Basis-Kompetenzen zur Verfügung, die unternehmensspezifisch ergänzt bzw. adaptiert werden können. Nach Abschluss des SSM-Workshops erhält das Unternehmen einen Validations-Report, der auf etwa 25 Seiten das erarbeitete Kompetenzmodell abbildet und eine transparente und für alle verbindlich einsetzbare Grundlage darstellt.

Wenn kein unternehmenseigenes Kompetenzmodell erstellt werden kann, ist es möglich, auf eines der fünf Standardmodelle zurückzugreifen, die aufgrund langjähriger Erfahrung aus Unternehmen und eigenen wissenschaftlichen Studien von *BHA*-Psychologen entwickelt wurden. Diese Modelle umfassen: Geschäftsführer, Abteilungsleiter, Gruppenleiter, Verkaufsleiter, Facharbeiter / Spezialist.

2.6 Durchführung

Handhabung

ASSESS by Scheelen zeichnet sich durch Effektivität in der Durchführung und Einfachheit in Auswertung und Interpretation aus. Die Instruktionen sind eindeutig und verständlich gehalten, der Text ist auf das Nötigste beschränkt. Der Fragebogen wird über das Internet ausgefüllt, die Auswertung erfolgt durch die Software.

Zeitliche Voraussetzungen

35–45 Minuten dauert das Ausfüllen des Fragebogens, die Auswertung erfolgt computergestützt und steht nach Bearbeitung des Fragebogens sofort zur Verfügung.

Personale Voraussetzungen

Die Durchführung erfolgt einzeln oder in Gruppen über das Internet oder am PC mit entsprechender Software.

Technische Voraussetzungen

Für die Internetdurchführung bedarf es eines Computers mit Internetanschluss, E-Mail-Adresse, Internetcode und Browser.

171. Viele Ihrer Freunde meinen, dass Sie Ihre Arbeit zu ernst nehmen. ⊙ Stimmt   O Stimmt nicht
172. Es würde Ihnen gefallen, wenn man Sie anderen als ein Vorbild präsentieren würde, dem man folgen sollte. ⊙ Stimmt   O Stimmt nicht
173. Es macht Ihnen Spaß, neue Menschen kennen zu lernen. ⊙ Stimmt   O Stimmt nicht
174. Sie neigen dazu, introspektiv zu sein, d. h. dass Sie sich selbst gerne analysieren. ⊙ Stimmt   O Stimmt nicht
175. Sie lassen sich nicht durch Gefühle stören, wenn Sie wichtige Entscheidungen zu treffen haben. ⊙ Stimmt   O Stimmt nicht

Auszug aus dem ASSESS Fragebogen
© Bigby, Havis & Associates

2.7 Auswertung

Die Auswertung erfolgt durch ein Computerprogramm, so dass individuelle Auswertungsfehler ausgeschlossen sind. Der Auswertungsreport enthält eine detaillierte Darstellung der Ergebnisse in grafischer und textlicher Form bezüglich der einzelnen Kompetenzen. Darüber hinaus folgen in den Entwicklungsreports Entwicklungsvorschläge zu den einzelnen Kompetenzen und konkrete Maßnahmen mit Umsetzungsempfehlungen. Im Unterschied dazu enthalten die *Auswahl Reports* neben dem Feedback zu den einzelnen Kompetenzen noch Interviewfragen, um dem Recruiter oder Berater eine spezifische explizite Hilfestellung zu bieten. Der Report kann sofort im Anschluss an die vollständige Bearbeitung des Fragebogens durch den Teilnehmer von einem Berater mit eigenem Account generiert werden.

2.8 Qualitätskriterien

Objektivität Die Objektivität von *ASSESS by Scheelen* ist als sehr hoch einzuschätzen: Die Durchführung erfolgt ausschließlich durch eigens dafür geschulte Berater, die Auswertung und Interpretation erfolgt computergestützt.

Reliabilität Die interne Konsistenz-Reliabilität (nach *Cronbachs Alpha*) der einzelnen Skalen liegt zwischen .72 bis .84 (n = 1570). Im Herbst 2005 wurde durch die *Scheelen AG* in Zusammenarbeit mit einer süddeutschen Universität eine Studie zur Retest-Reliabilität durchgeführt. Die Teilnehmer aus diversen Studienrichtungen bearbeiteten den *ASSESS*-Fragebogen im Abstand von sechs Wochen zweimal. Die Retest-Reliabilität (= Teststabilität) der verschiedenen Skalen lag dabei zwischen .72 und .91 (n = 283).

Validität Die Konstruktvalidität von *ASSESS by Scheelen* ist durch die theoretische Fundierung der einzelnen Skalen hinreichend belegt. Die Faktorenanalysen belegten, dass die Skalen des Verfahrens messen, was sie zu messen vorgeben.

Zur prädiktiven Validität wurden mehrere Untersuchungen durchgeführt. Die bei einer Studie mit Marketingmanagern (n = 100) erhobene prädiktive Validität von *ASSESS* liegt bei .56. Eine weitere Studie mit Führungskräften (n = 120) zur Überprüfung der prognostischen Validität läuft derzeit in Zusammenarbeit mit einem deutschen Industrieunternehmen, welches als Pilotanwender an der Einführung des Verfahrens auf dem deutschen Markt beteiligt war.

Ökonomie Die Bearbeitung der dichotomen Items des Fragebogens nimmt in etwa 35–45 Minuten in Anspruch, was gemessen am Informationsgewinn ökonomisch ist. Die Handhabung ist einfach und unkompliziert.

Normierung

Das Verfahren wurde umfassend deutsch normiert. Es liegen standardisierte Normen aus dem Jahr 2005 für unterschiedliche Berufsgruppen und für fünf verschiedene hierarchische Positionen vor.

Fairness

Bei der Entwicklung von *ASSESS* wurde besonderer Wert auf die Einhaltung der Richtlinien der *Equal Employment Opportunity Commission (EEOC),* dem *Americans with Disabilities Act (ADA),* auf den Schutz der Privatsphäre und andere rechtliche und ethische Standards gelegt.

Aufgrund dieser Werte ermöglicht *ASSESS by Scheelen* eine objektive, zuverlässige und valide Messung der 24 Kompetenzen und Persönlichkeitseigenschaften und stellt mit den daraus ableitbaren prognostischen Aussagen eine wertvolle Entscheidungshilfe bei diversen Fragestellungen dar.

2.9 Ausbildung und Akkreditierung

Wer *ASSESS by Scheelen* einsetzen möchte, wird in einem dreitägigen Akkreditierungsseminar geschult, wobei an realen Analysen und Fallbeispielen die Interpretation eingeübt wird. Im Anschluss an das Seminar gibt es bei Bedarf Unterstützung in psychologisch-inhaltlichen und Softwarefragen. Zusätzlich besteht die Möglichkeit, an diversen Workshops zur Vertiefung der Inhalte und zum Erfahrungsaustausch teilzunehmen. Im Rahmen von Schulung und Service werden zahlreiche Materialien zur eigenen Verwendung zur Verfügung gestellt: Unterlagen zum Nacharbeiten und Nachlesen, Präsentationsmaterial, Interpretationshilfen, Coachingleitfäden, Auswertungssoftware und vieles andere mehr. Auch nach der erfolgreichen Teilnahme an einem Akkreditierungskurs wird fortlaufend Unterstützung bei der Ergebnisinterpretation durch die telefonische Hotline des *Scheelen*-Instituts angeboten.

2.10 Schnuppertest

Beim *Scheelen*-Institut können von den *ASSESS*-Verfahren Musteranalysen angefordert werden. Es besteht auch die Möglichkeit, eine *ASSESS Performance Analyse* persönlich zu Testzwecken durchzuführen. In diesem Fall wenden Sie sich bitte an das Sales Management der *Scheelen AG.*

2.11 Vertrieb

Marktpräsenz und Lizenzierung

ASSESS by Scheelen wird von Personalverantwortlichen aus Unternehmen sowie von akkreditierten Personalberatern, Trainern und Coaches eingesetzt.

ASSESS by Scheelen ist seit 2005 auf dem deutschen Markt im Einsatz. Von *Bigby, Havis & Associates (BHA)* wird *ASSESS* in der jetzt vorliegenden Form bereits seit 1996 auf dem amerikanischen und internationalen Markt eingesetzt. Es wurden bislang 350 000 Analysen mit den Verfahren weltweit durchgeführt, davon im deutschsprachigen Raum im ersten Jahr etwa 3000.

Seit der Markteinführung im deutschsprachigen Raum wurden in den ersten eineinhalb Jahren 50 *ASSESS*-Anwender in Deutschland, der Schweiz und Österreich akkreditiert. Die Verfahren sind in 12 Sprachen durchführbar.

Für Beratungs- und Dienstleistungsunternehmen besteht die Möglichkeit, sich akkreditieren zu lassen und die Verfahren ihren Kunden anzubieten. Es können jedoch auch Kunden (HR-Verantwortliche, Recruiter, etc.) eine Akkreditierung absolvieren und *ASSESS by Scheelen* autonom und direkt einsetzen.

Scheelen-Institut
Frank M. und Claudia Scheelen
Klettgaustr. 21
79761 Waldshut-Tiengen
Fon: +49 (0) 77 41 / 96 94-0
Fax: +49 (0) 77 41 / 96 94-20
E-Mail: *info@scheelen-institut.de*
Internet: *www.access-online.de, www.scheelen-institut.de*

Literatur

Bigby, Havis & Associates: *Empirisches Handbuch ASSESS.* Waldshut-Tiengen: Scheelen, 2006.

Christiani, Alexander & Scheelen, Frank M.: *Stärken stärken.* München: moderne industrie, 2002.

Detroy, E. N. & Scheelen, F. M.: *Jeder Kunde hat seinen Preis.* Düsseldorf: Metropolitan, 2004.

Fisseni, H.-J.: *Lehrbuch der psychologischen Diagnostik.* Göttingen: Hogrefe, 2. Aufl., 1997.

Fitzek, D.: *Kompetenzbasiertes Management.* St. Gallen 2002.

Guilford, J. P., Christensen, P. R. & Bond, N.A.: *The DF Opinion Survey: Manual of Instructions and Interpretations.* Beverly Hills, CA: Sheridan Supply Co., 1956.

Guilford, J. S., Zimmerman, P. S. & Guilford, J. P.: *The Guilford Zimmerman temperament Survey Handbook.* San Diego, Cal.: Edits Publishers, 1976.

Hasebrook, J., Zawacki-Richter, O. & Erpenbeck, J. (Hrsg.): *Kompetenzkapital. Verbindungen zwischen Kompetenzbilanzen und Humankapital.* Frankfurt/Main: Bankakedemieverlag, 2004.

Scheelen, Frank M.: *Menschenkenntnis auf einen Blick.* Landsberg am Lech: Moderne Industrie, 2000.

Scheelen, Frank M.: »Verkaufsmanagement – Die richtigen Mitarbeiter einstellen.« In: *Sales Profi* 12, 1996, S. 42–44.

Scheelen, Frank M.: »Das Rätsel des Erfolgs.« *Cash* 3, 1999, S. 110.

Scheelen, Frank M. »Wer passt auf welchen Platz.« In: Wolfgang Clement (Hrsg.) *Top Job 2006. Top-Arbeitgeber im deutschen Mittelstand.* Landsberg am Lech: Redline / Moderne Industrie, S. 66–70.

Tracy, Brian & Scheelen, Frank M.: *Personal Leadership.* Landsberg am Lech: mvg, 2005.

Über die Autoren

Regina J. Euteneier ist Dipl.-Psychologin mit dem Schwerpunkt Arbeits- und Organisationspsychologie. Sie ist zuständig für Qualitätssicherung bei der *Scheelen AG* und war zuvor mehrere Jahre als Personalberaterin für ein internationales Unternehmen tätig. Schwerpunkt ihrer Arbeit sind die Konzeption und Durchführung von Management-Audits und Potenzialbeurteilungen, Karriereberatung, Coachings zur Entwicklung beruflicher Perspektiven. Die Autorin ist seit mehreren Jahren freiberufliche Trainerin und Coach.

Frank M. Scheelen ist Unternehmer, Business Coach, Autor und Speaker sowie Gründer und Kopf der *Scheelen AG* und der *Insights International Deutschland GmbH.* Basis der individuellen Beratungs-, Trainings- und Coachingprogramme sind die in Europa exklusiv vertriebenen Diagnosetools *INSIGHTS MDI* und das neue kompetenzbasierte Persönlichkeitsmessverfahren *ASSESS by Scheelen.* Der Autor unterstützt Unternehmen dabei, die Lücken zwischen Unternehmensanforderungen und berufsrelevanten Kompetenzen rechtzeitig zu erkennen und entsprechend zu agieren. Seit Mai 2005 ist er Präsident des *Q-Pool 100,* der offiziellen Qualitätsgemeinschaft internationaler Wirtschaftstrainer und Berater sowie Mitglied zahlreicher Organisationen, u.a. des *Clubs 55,* der Gemeinschaft europäischer Marketing- und Verkaufsexperten, und der *Deutschen Gesellschaft für Angewandte Typologie (DGAT).*

3. Big Five: Die fünf grundlegenden Dimensionen der Persönlichkeit und ihre 30 Facetten

Theo Fehr

3.1 Historischer Abriss und theoretische Quellen

Die internationale Forschung zeigte in den 1980er-Jahren Konvergenz in der Auffassung, dass es fünf Grunddimensionen der Persönlichkeit gibt, die ausreichen, um Unterschiede zwischen Menschen zutreffend zu beschreiben. Während Testverfahren auf Basis der *Big Five* in den USA inzwischen den Standard der Persönlichkeitsanalyse und Beratung markieren, sind sie in Europa erst auf dem Vormarsch.

Der bekannte amerikanische Psychologe *Cattell* begründete den so genannten »lexikalischen Ansatz«, nach dem es für alle Aspekte persönlicher Unterschiede, die bedeutsam, interessant oder nützlich sind oder waren, im Laufe der Zeit bestimmte Worte gibt. Mit der Bedeutung einer individuellen Differenz zwischen Personen steigt auch die Wahrscheinlichkeit dafür, dass sie ein gesondertes Wort hervorbringt. Folglich sollte die Sammlung der Begriffe eines Sprachraumes, mit denen individuelle Unterschiede beschrieben werden können, den Bereich der relevanten individuellen Differenzen abdecken.

Grundlegende Persönlichkeitsfaktoren

Die Amerikaner *Allport* und *Odbert* hatten bereits 1936 eine Liste von 18 000 Adjektiven aus *Webster's New International Dictionary* erstellt, aus der diejenigen Adjektive gefiltert wurden, die sich zur Beschreibung stabiler individueller Persönlichkeitszüge eigneten. Die beiden kamen auf 4504 Begriffe. *Cattell* reduzierte diese Liste mithilfe statistischer Verfahren auf 171 Gegensatzpaare. Mit aufwendigen Berechnungen, die damals noch ausschließlich von Hand durchgeführt werden mussten, kam er auf 16 seiner Meinung nach grundlegende Persönlichkeitsfaktoren. Der von ihm entwickelte Fragebogen, der berühmt gewordene *16 PF (16 personality factors)* (*Cattell* 1949), diente dazu, diese zu messen.

Nachdem zunehmend Computer den hohen Rechenaufwand übernehmen konnten, entdeckte man zum einen Rechenfehler und zum Zweiten, dass auch diese 16 Faktoren noch miteinander korrelierten. Das bedeutete, dass es möglich sein musste, ihre Anzahl noch weiter zu reduzieren, indem man sie auf ein grundlegendes Set voneinander unabhängiger Persönlichkeitsfaktoren zurückführte. In der Tat gab es seit den Tagen *Cattells* mehrmals Forscher (*Fiske* 1949; *Tupes und Christal* 1961; *Norman* 1963), die sich für fünf grundlegende Faktoren aussprachen, aber der Zeitgeist – die vorwiegend behavioristischen Trends und Meinungen in der psychologischen Forschung – waren gegen sie.

Fünf stabile Dimensionen der Persönlichkeit

Erst den amerikanischen Forschern *Paul Costa und Robert McCrae* (1987) war es beschieden, Mitte der 1980er-Jahre einen ersten Schlussstein zu setzen: Sie konnten überzeugend nachweisen, dass es – unabhängig von den Fragebogeninstrumenten, von statistischen Methoden, von der Art der Stichprobe und vom Kulturraum – fünf robuste Faktoren als stabile Grunddimensionen der Persönlichkeit gibt, die sowohl in Adjektivlisten als auch in multidimensional aufgebauten Persönlichkeitsfragebögen identifiziert werden können. Sie fanden sich gleichermaßen in Selbst- wie in Fremdbeschreibungen von Personen durch Bekannte und Familienangehörige. Das ursprünglich von *Tupes und Crystal* behauptete Fünf-Faktoren-Modell der Persönlichkeit fand so letztendlich seine Bestätigung. *Costa und McCrae* entwickelten und veröffentlichten 1985 das Fünf-Faktoren-Inventar *(NEO-Personality Inventory, NEO-PI)* zur Messung dieser fünf Dimensionen.

Der amerikanische Forscher *Lewis Goldberg,* der ebenfalls bereits seit Jahrzehnten an der Taxonomie von persönlichkeitsbeschreibenden Begriffen gearbeitet hatte, führte die lexikalische Forschungstradition weiter. Er fand in seinen Faktorenanalysen die fünf Faktoren bestätigt und entwickelte parallel zu *Costa und McCrae* sein Modell der – von ihm so genannten – *»Big Five«*-Faktorenstruktur und ihrer Marker (1990, 1992). *Angleitner und Ostendorf* (1990, 1992) von der Universität Bielefeld konnten die Struktur für den deutschen Sprachraum bestätigen; andere Persönlichkeitsforscher aus den Niederlanden, Tschechien, Polen, Kroatien, Türkei, Ungarn, Frankreich, Italien usw. für die Sprachen ihrer jeweiligen Länder ebenfalls. In der Zeit der Globalisierung war ein länder- und sprachenübergreifendes diagnostisches System auf dem persönlichkeitspsychologischen Stand der Zeit überfällig.

In den letzten 20 Jahren gab es einen regelrechten Forschungsboom zu den *Big Five,* und es existiert inzwischen eine nicht geringe Zahl von Persönlichkeitsinventaren, die auf dem Fünf-Faktoren-Modell basieren.

> In Bereichen wie der Erforschung politischer Einstellungen, in der Stressforschung, im Schul- und Erziehungsbereich sowie im Management hat das Fünf-Faktoren-Modell international rasch wachsende Anwendung gefunden; in Europa ist es im Kommen.

Kombinationen der fünf Faktoren

Seither gelten die *Big Five* unter Persönlichkeitsforschern hinsichtlich der qualitativen Kriterien weltweit als *State of the Art.* Das Credo zur Qualität eines diagnostischen Verfahrens wurzelt in den Begriffen: Zuverlässigkeit, Gültigkeit, Objektivität. Laut persönlichkeitspsychologischer Forschung stellen die *Big Five* hinsichtlich Messqualität das zurzeit gültige kulturübergreifende Referenzsystem dar und werden als universelle Transferplattform zwischen unterschiedlichsten diagnostischen Instrumenten benutzt. Mithilfe der *Big Five* und ihrer Subtests können daher auch die Begriffssysteme jedes beliebigen Persönlichkeitsinventars übersetzt, »transformiert« und im *Big Five*-Standard dargestellt und beschrieben werden. Fast alle Systeme, die bisher im Gebrauch sind, arbeiten mit Begriffen, die als mehr oder minder fundierte oder gewohnte Konstrukte vorwiegend Kombinationen der grundlegenden fünf Persönlichkeitsdimensionen bzw. ihrer Facetten sind und mit ihnen in der Regel nur bedingt kongruent sind.

Die *Big Five* messen diese zugrunde liegenden Eigenschaftsbegriffe direkt und ohne Umweg, in »Reinform« in einer Qualität, die bisher von den eingebürgerten Verfahren meist nur in Annäherung erreicht wird. Genauere Persönlichkeitsbeurteilung heißt unter anderem geringere Fehlbesetzungen von Arbeitsplätzen und bedeutet weniger finanzielle Verluste.

Wir haben die *Big Five* von *Goldberg* ins Deutsche übertragen und adaptieren sie zurzeit speziell zur Verwendung in der Wirtschaftspsychologie in den deutschsprachigen Ländern. Wir wählten in der deutschen Version für einige Skalenbezeichnungen wirtschaftspsychologisch affine Synonyme, ließen aber das Persönlichkeitsmodell ganz, ohne es zu beschneiden. Die neue deutsche Version verfügt daher über alle 30 Facetten, die zur Erfassung der vollständigen Persönlichkeit nach dem *Big Five*-Modell hinzugehören.

3.2 Die Struktur der Big Five

Die oberste Ebene: Fünf Dimensionen der Persönlichkeit

Die fünf grundlegenden Persönlichkeitsdimensionen lauten wie folgt:

N	Negative Emotionalität	versus	Belastbarkeit
E	Extraversion	versus	Introversion
O	Offenheit für Erfahrung, Kreativität, (geistige) Beweglichkeit, Neugier	versus	Konservatismus, Beharrlichkeit, Tradition, Unbeweglichkeit
A	Anpassung, Kooperation, Konformität, Verträglichkeit	versus	(kompetitive) Konkurrenz, Reaktivität, Antagonismus
C	Conscientiousness, Gewissenhaftigkeit	versus	Nachlässigkeit, Lockerheit

Die fünf Hauptdimensionen der Persönlichkeit

Es handelt sich bei den jeweils angegebenen Polen um die Ausprägungsextreme einer Skala, die für sich genommen nicht als »gut« oder »schlecht« aufzufassen sind, zumal ein Extremwert in einer Skala durch Werte in den übrigen Skalen kompensiert werden kann. Es ist daher wichtig, ein Persönlichkeitsprofil als Ganzes zu beurteilen.

Werte zwischen den Polen der Skala

Entsprechend den Ankreuzungen auf dem Fragebogen ergibt die Auswertung einen bestimmten Wert, der irgendwo innerhalb des linearen Kontinuums zwischen den beiden Polen der Skala angesiedelt ist. Er gibt an, wie stark das gemessene Eigenschaftskonstrukt ungefähr ausgeprägt ist. Das ist naturgemäß genauer als eine einfache typologische Bestimmung, die nur dichotome Alternativen zulässt – entweder man »ist« ein bestimmter »Typ« oder man ist es nicht. Das Bestimmen eines Typus lässt daher im Gegensatz zur Bestimmung auf einer linearen Skala immer nur eine grobe Zuordnung zu. Die Entscheidung für »klein« oder »groß« bei einem Menschen entspräche beispielsweise einer typologischen Bestimmung; die Aussage, dass jemand 1,72 Meter groß ist, einer demgegenüber präzisen Messung und Ortsbestimmung auf einem linearen Skalenkontinuum.

Die durch die Einordnung auf einer Skala getroffenen Aussagen sind zuverlässiger, weil der Auflösungsgrad des Beurteilungsinstrumentes größer ist.

Fünf mal sechs ist 30 – die Subtests: 30 Facetten

In den folgenden Tabellen werden die Facetten beschrieben. Jeder *Hauptfaktor* repräsentiert einen gemeinsamen Zug der sechs einzelnen Facetten. Die Etikettierung und Interpretation der Faktoren und ihrer Facetten wurden auf den Businessbereich übertragen und unterscheiden sich daher von den in anderen Bereichen üblichen Benennungen.

Die Dimension »Negative Emotionalität«

Emotionalität sagt etwas über die Stärke und Häufigkeit der Reize aus, die benötigt werden, um von seinen Gefühlen beeindruckt zu werden. »Belastbare« Menschen benötigen stärkere Reize und eine größere Anzahl, um aus dem Lot gebracht zu werden, »sensible« Menschen sind recht empfindlich für Reize.

Der emotional Sensible erfährt Gefühle stärker und deutlicher als andere. Solche Menschen werden vor allem in sozialen Berufen und Diensten (Psychologen, Sozialwissenschaftler etc.), aber auch in Dienstleistungsberufen benötigt. Sie sind oft »der Kitt des Teams«.

Der Belastbare erfährt das Leben auf einer weniger emotionalen Ebene und wirkt oft ziemlich unzugänglich und unbeeindruckt auf andere, was im privaten Bereich Probleme bereiten, während es im Beruf hingegen durchaus von Nutzen sein kann. Emotional belastbare Personen findet man typischerweise unter Fluglotsen, Piloten, Finanzmanagern und Ingenieuren.

Negative Emotionalität	**belastbar**	**emotional sensibel**
Besorgtheit	unbesorgt, entspannt	ängstlich, besorgt
Erregbarkeit	ruhig, gelassen	erregbar, reizbar, frustriert
Pessimismus	optimistisch	pessimistisch
Befangenheit	ungezwungen, unbefangen	befangen, gehemmt
Exzessivität, Impulsivität	beherrscht, kontrolliert	ungezügelt, exzessiv
Vulnerabilität	stressresistent	vulnerabel, verletzlich

Die Dimension »Negative Emotionalität«

Die Dimension »Extraversion«

Extraversion bezeichnet die Stärke der Tendenz der Zuwendung nach außen. Extravertierte Menschen neigen dazu, soziale Kontakte zu knüpfen; sie reden mehr und gehen mehr aus sich heraus, was für bestimmte soziale Rollen – in Verkauf, Politik, Künsten und Sozialwissenschaften – wichtig ist.

Introvertierte verhalten sich demgegenüber zurückhaltender im Sozialkontakt, sind eventuell (in sich) zurückgezogen, schweigsam, sogar scheu und/oder kontaktvermeidend-isoliert oder ablehnend. Dieses Muster ist die Basis von Rollen, wie z. B. von Produktionsmanagern und Naturwissenschaftlern.

Zwischen diesen Extremen sind diejenigen beheimatet, denen es leichter fällt, zwischen dem Herauskommen in sozialen Situationen und der Zurückgezogenheit der Einzelarbeit hin- und herzuwechseln. Typisches Beispiel dafür ist der Player-Coach, der nach Bedarf sowohl den Anforderungen eines Coachs bezüglich Führung als auch denjenigen des Players bezüglich persönlicher Produktivität gerecht werden kann.

Extraversion	**introvertiert**	**extravertiert**
Freundlichkeit	eher reserviert, formell	herzlich, freundlich
Geselligkeit	zieht Zurückgezogenheit vor	gesellig
Durchsetzungsfähigkeit	zurückhaltend	bestimmt; durchsetzend
Aktivität	weniger Aktivität, mehr Ruhe	hoher Grad von Aktivität
Risikofreude, Abenteuerlust, Erlebnishunger	geringer Bedarf an Aufregungen, selbstgenügsam	liebt Erregung und Aufregung
Heiterkeit	nüchtern – trocken	heiter, fröhlich

Die Dimension »Extraversion«

Die Dimension »Offenheit für Erfahrung«

Offenheit bezieht sich auf geistige Beweglichkeit, Kreativität und Neugier, auch intellektuellen Ehrgeiz. Beim kreativen Erneuerer sind die Interessen breiter gestreut, er fühlt sich von Neuigkeiten und Innovationen fasziniert, liebt Reformen, Abwechslung und geistige Bewegung. Er neigt zu einer liberalen offenen Einstellung. Erneuerer tendieren dazu, neue Ansätze in Betracht zu ziehen: Unternehmer, Architekten, Change Agents (Berater im Prozess der Organisationsentwicklung) und theoretische (soziale und naturwissenschaftliche) Wissenschaftler.

Offenheit für Erfahrung	**konservativ, beharrlich, unbeweglich, traditionell**	**offen, kreativ, beweglich, neugierig, liberal**
Fantasie	pragmatisch, im Hier und Jetzt	imaginativ, kreativ, visionär
Ästhetik	künstlerisch wenig Interesse; schnörkellos, ungekünstelt, einfach	schätzt Kunst, z. B. Malerei, Musik, Poesie
Emotionalität	ignoriert Gefühle; Gefühle spielen keine Rolle; eher trocken-sachlich	erlebt Gefühle intensiv, Gefühle spielen eine Rolle

Unternehmungslust, Neugier, Veränderungsbereitschaft	konservativ – konventionell; verharrt im Vertrauten	zieht Neues vor, schätzt Vielfalt und Veränderung
Intellektualismus	eher konkret und pragmatisch	eher intellektuell, abstrakt, spekulativ
Liberalismus	konservativ, traditionell	offen für die Infragestellung von Werten, liberal

Die Dimension »Offenheit für Erfahrung«

Der Konservative wird als konventioneller, beharrlicher und traditionsbewusster wahrgenommen und fühlt sich mit Vertrautem, Bekanntem und Althergebrachtem wohl. Er ist der ideale Bewahrer von Werten und Traditionen. In der Mitte des Kontinuums liegt die gegenüber beiden Extremen offene flexible Einstellung, die sich je nach Bedarf auf Erneuerung oder Bewahrung ausrichtet.

Die Dimension »Verträglichkeit«

Verträglichkeit bezeichnet ein Verhalten, das dazu neigt, anderen entgegenzukommen, Konfrontation zu vermeiden, sich anzupassen und um Konformität zu bemühen. An dem einen Ende des Kontinuums neigt der nachgiebig-anpassende Mensch dazu, seine persönlichen Bedürfnisse denen des Gegenübers oder der Gruppe unterzuordnen, also andere Normen zu übernehmen, als auf persönlichen Normen zu bestehen oder solche überhaupt erst zu entwickeln. Dem Nachgiebigen ist die Übereinstimmung mit dem Gegenüber wichtiger, als die anderen mit seiner persönlichen Sicht der Wahrheit zu missionieren. Beispiele: Kundendienst, Concierge, Dienstleistungspersonal.

Der kompetitive Antagonist am anderen Skalenende ist stärker auf seine persönlichen Normen und Anliegen fokussiert als auf die der Gruppe. Er ist damit beschäftigt, seinem eigenen Anliegen bei anderen Geltung zu verschaffen, er konkurriert gerne mit anderen, liebt den Wettbewerb und neigt dazu, grundsätzlich »gegenzuhalten«, reaktiv zu sein. Kompetitiv betonte Profile sind hartnäckig und wettbewerbsorientiert in der Verfolgung eigener Ziele, von denen sie sich nur schwer abbringen lassen und um die sie mit anderen konkurrieren.

Der mittlere Bereich des Kontinuums beschreibt den Verhandler, der entsprechend der jeweiligen Situation zwischen nachhaltiger Verfolgung eigener Anliegen und flexiblem Nachgeben hin- und herpendelt.

Verträglichkeit	kompetitiv, antagonistisch	kooperativ, verträglich
Vertrauen	misstrauisch und vorsichtig gegenüber anderen	vertrauensvoll gegenüber anderen
Moral	hält sich »bedeckt«, ist vorsichtig, zeigt seine Karten nicht offen	aufrichtig, geradeheraus
Altruismus	egozentrisch, auf die eigenen Ziele gerichtet	altruistisch, um das Wohl des Gegenübers bemüht
Entgegenkommen	antagonistisch, aggressiv, kompetitiv	kooperativ, entgegenkommend, anpassend
Bescheidenheit	überlegen, Anspruchshaltung	bescheiden
Mitgefühl	distanziert zurückhaltend	mitfühlend teilnehmend

Die Dimension »Verträglichkeit«

Die Dimension »Gewissenhaftigkeit«

Gewissenhaftigkeit bezieht sich darauf, wie eng sich jemand seinen Aufgaben und Zielen verpflichtet fühlt. Ein hohes Maß an Gewissenhaftigkeit kennzeichnet einen Menschen, der die Selbstdisziplin – Fokussierung auf die Aufgabe und Ausblenden aufgabenfremder Informationen – zeigt, die zur Zielerreichung notwendig ist, und der zerstreuende Reize neutralisieren und kontrollieren kann. Ein geringes Maß an Gewissenhaftigkeit liegt eher bei einem Menschen vor, der Reizvielfalt in geringerem Ausmaß kontrolliert, dessen Aufmerksamkeit eher reizoffen ablenkbar und spontan als fokussiert ist.

Das fokussierende Profil zeigt eine hohe Selbstkontrolle mit dem Resultat einer konsistenten Ausrichtung auf persönliche und berufliche Ziele. Im Regelfall wird eine solche Person eine erfolgreiche Karriere aufweisen. Wenn die Konzentration auf das Ziel zu extrem ausfällt, mutiert der Betreffende zum Workaholic, ist bis zur Zwanghaftigkeit auf Arbeiten fixiert – nebst den entsprechenden Konsequenzen (Typ A-Profil – Infarkt-Tendenz). Eine konzentrierte Person ist schwer abzulenken. Dieses Profil treffen wir häufiger bei leitenden Positionen, z. B. Geschäftsführern, als bei naturwissenschaftlichen Forschern an.

Die flexible Person hingegen ist leichter ablenkbar, weniger fokussiert auf Ziele, hedonistischer und lockerer, was die Konzentration auf Ziele anbetrifft. Sie wird von Gedanken, Aktivitäten oder Personen, die gerade vorbeikommen, leichter von der Aufgabe weggeführt, was bedeutet, dass sie ihre Impulse weniger kontrolliert. Es ist nicht so, dass diese Menschen weniger arbeiten als stärker fokussierte, aber ein deutlich geringerer Anteil ihres gesamten Arbeitseinsatzes ist zielbestimmt. Diese flexible Haltung fördert Kreativität insofern, als sie länger für äußere Reize offen bleibt, anstatt die Aufgabe zu fokussieren und dadurch Äußeres auszublenden. Dies ist das Profil von Ausbildern, Krisenmanagern, Diplomaten und Beratern.

Zum mittleren Bereich hin ausbalancierte Personen pendeln zwischen Fokus und Lockerheit, zwischen Produktion und Forschung. Ein derart ausbalanciertes Profil ist günstig für jemanden, der eine Gruppe Flexibler oder eine Gruppe Fokussierter managen muss, um Erstere immer wieder bei der Stange zu halten und Letztere zwischendurch in Entspannung zu bringen.

Gewissenhaftigkeit	**nachlässig, locker, Aufmerksamkeit: reizoffen**	**Aufmerksamkeit: ausblendend – fokussiert**
Kompetenz	irritierbar, verunsicherbar	selbstüberzeugt, sicher, fähig und effektiv
Ordnung	unorganisiert, unmethodisch, chaotisch	gut organisiert, systematisch, ordentlich
Pflichtbewusstsein	flüchtig, unzuverlässig, locker	gewissenhaft, zuverlässig
Leistungsstreben	geringes Bedürfnis nach Erfolg, gleichgültig	ehrgeizig – erfolgsorientiert
Selbstdisziplin	nachlässig, zerstreut, ablenkbar	Fokus auf Erledigung der Aufgabe, konzentriert
Umsicht, Bedacht, Sorgfalt	hastig, planlos, spontan	Sorgfalt, Unbeirrtheit, Nachhaltigkeit

Die Dimension »Gewissenhaftigkeit«

3.3 Das Verfahren in der Praxis

Nicht nur auf Personen anwendbar

Die *Big Five* erlauben es, den Persönlichkeitsbegriff in einem universellen Sinn auf andere Bereiche als nur Personen zu beziehen, weil es prinzipiell nicht nur aus Selbstbeschreibung begrenzt, sondern auch auf Fremdbeschreibung angelegt ist. Mit dem *Big Five-Profiler* können solche Charakterisierungen rasch und unkompliziert durchgeführt werden. Beispielsweise ist es dem Industriemeister mit dem *Big Five-Profiler* möglich, den typischen Arbeitsplatz eines Mitarbeiters zu charakterisieren, aber auch das seiner Erfahrung nach geeignete Persönlichkeitsprofil desjenigen, der dort arbeiten soll.

Oder nehmen wir an, ein Arzneimittel werde unter einer Identität vertrieben, die nicht stimmig ist. Eine *Big Five-Profiler*-Analyse kann den Charakter von Marke, Name, Werbung, Darreichungsform (Kapsel, Pille, Spray etc.) analysieren und miteinander in Kongruenz bringen – und das ist umsatzentscheidend.

Bei *Big Five*-Ergebnissen von Personen sollten wir im Hinterkopf behalten, dass die Resultate wichtig sind, je mehr sie vom mittleren Durchschnitt in die eine oder andere Richtung abweichen. Trotzdem sind sie keine »unumstößlichen« Aussagen. Sie bedeuten lediglich, dass der/die Betreffende in bestimmten Situationen dazu neigt, ein bestimmtes Verhalten zu zeigen. Es geht also um Verhaltenstendenzen. Eine solche Tendenz besteht

1. in einer erniedrigten Auslöseschwelle, das heißt, das betreffende Verhalten wird schon bei kleinen Anlässen (»Reizen«) ausgelöst.
2. Das Verhalten ist häufiger als bei anderen Menschen zu beobachten (erhöhte Frequenz).
3. Das spezifische Verhalten wird ausgeprägter und stärker als im Durchschnitt auftreten (größere Prägnanz).

In anderen Situationen kann das Verhalten desselben Menschen jedoch völlig anders ablaufen. Beispielsweise ist es denkbar, dass ein Chef im Betrieb unzweifelhaft das Sagen hat, sich also stimmungsstabil und extravertiert verhält, zu Hause jedoch ist eher die Familie am Ruder. So können wir an unterschiedlichen Orten – Beruf, privat, Freundeskreis usw. – durchaus verschiedene Verhaltenstendenzen realisieren.

In etwas vereinfachender Weise wollen wir den Nutzen der *Big Five* in verschiedenen Bereichen analysieren: Führung, Verkauf, Personalentwicklung und -auswahl, Teamentwicklung und Potenzialanalyse.

Führung

Führungskompetenz setzt im Allgemeinen eine erhöhte emotionale Belastbarkeit, stärkere Außenweltzuwendung, größere geistige Offenheit, Beweglichkeit, Neugier und Kreativität, geringeres Entgegenkommen und überdurchschnittliche Gewissenhaftigkeit voraus. Ist das immer so? Die Antwort lautet klar: Nein. Es leuchtet ein, dass beim Militär ein anderer Führungsstil erforderlich ist – sozusagen entlang der Befehlskette – als in einer Einzelhandelsfiliale, in der die positive soziale Resonanz zwischen Kollegen und Vorgesetzten eine wichtigere Rolle spielt. Hier wird die Emotionalität »N« günstigerweise etwas höher anzusiedeln sein, und die Verträglichkeit ebenfalls. Bei kleinen oder Familienunternehmen mit einer überschaubaren Zahl von Mitarbeitern können die optimale Emotionalität und Verträglichkeit sogar noch höher liegen, etwa um den mittleren Bereich. In diesen letzten beiden Fällen würden mit höherer Extraversion einhergehende größere soziale Kompetenzen und erhöhte kreative Beweglichkeit zusammen mit der Gewissenhaftigkeit alleine jemanden hinreichend für eine Führungsposition qualifizieren.

Kompensationsmöglichkeiten

Ein Führungsprofil mit ziemlich geringer Emotionalität »N« kann von seiner Umgebung mitunter als etwas »trocken« und emotional wenig resonanzfähig – unerschütterlich und dickhäutig – empfunden werden. Hier kann ein nicht ganz so niedriger Wert in Verträglichkeit (Altruismus) ausgleichend wirken. Dies vermittelt mehr Entgegenkommen und Interesse am Wohlergehen des Gegenübers, was die geringere emotionale Sensibilität durch mehr Fürsorglichkeit wohltuend ausgleichend kann.

Ein Profil muss also immer als Ganzes bewertet werden: Ein niedriger Wert in Emotionalität bei ebenfalls niedriger Verträglichkeit – z. B. erhöhtem Antagonismus und kompetitiver Konkurrenz – bedeutet etwas anderes als bei etwas erhöhter Verträglichkeit. Das gilt natürlich auch umgekehrt: Eine eher weniger altruistisch ausgerichtete egozentrische Position – also wenig kooperativ-verträglich – kann gemildert werden durch einen erhöhten Wert in emotionaler Sensibilität.

Ein Profil als Ganzes zu interpretieren bedeutet, die Wechselwirkungen und Interdependenzen zwischen den individuell unterschiedlich stark ausgeprägten Dimensionen differenziert zu berücksichtigen, wodurch psychologisch-verstehendes Auffassen möglich wird. Eine flexible Handhabung der hier skizzierten typischen Profile für Führung, Verkauf, Personalberatung usw. unter Berücksichtigung des individuellen Persönlichkeitsprofiles der Person einerseits und des Charakters der Umgebung (Firma, Betrieb, Management usw.) andererseits ist also unverzichtbar.

Verkauf

Für den Verkäufer ist eines von zentraler Wichtigkeit: ein guter Kontakt zum Kunden. Er sollte daher etwas erhöhte Werte in Extraversion aufweisen, besonders in den Facetten Freundlichkeit – er sollte von Natur aus ein eher freundliches als formales Wesen haben –, Geselligkeit – es sollte ihm Spaß machen, Kontakte zu knüpfen –, Aktivität – es sollte ihm leicht fallen, Aktivität zu entfalten –, und ein wenig Abenteuerlust macht den Kontakt spannend und lädt ihn mit Energie auf. Es wäre ein zusätzliches Sahnehäubchen, wenn er dabei Heiterkeit vermitteln könnte. Bestimmtheit ist in diesem Zusammenhang eher verzichtbar – der Kunde könnte sich bei allzu stark veranlagter Durchsetzungsfähigkeit schon mal »überfahren« oder bevormundet vorkommen. Selbst ein hochkompetenter Verkäufer muss sich so weit zurücknehmen können, dass ihm die Wünsche oder Vorstellungen des Kunden stets wichtiger sind als das eigene Know-how.

Wünschenswert sind außerdem seelische Belastbarkeit, und diese sollte hier noch größer sein als für führende Positionen veranschlagt wird – denn Verkaufen findet »an der groben Front« statt und der Verkäufer kann sich seine Kundschaft in der Regel nicht aussuchen. Er sollte daher über eine erhöhte Fähigkeit verfügen, mit Stress umzugehen und Stress abzubauen. Er braucht sozusagen ein »dickeres Fell«.

Das optimale Verkaufsprofil eines Verkäufers komplexer Produkte (Immobilie, Gesundheit usw.) unterscheidet sich von dem eines Verkäufers von Massenware (großes Kaufhaus) vor allem hinsichtlich der Dimension Offenheit, Beweglichkeit, Kreativität: Davon wird bei einem komplexen Produkt, das wesentlich differenziertere Verkaufsverhandlungen – Beispiel Immobilien, große Projekte – beinhaltet, eine größere Portion benötigt. Zudem wird in Verhandlungen über ein komplexes Produkt wegen der höheren Differenziertheit eine größere Gewissenhaftigkeit als im Verkauf von Massenprodukten abverlangt. Bei Letzteren erübrigt sich wegen der Routine ein Teil der Gewissenhaftigkeit, stattdessen sollte die Aversion gegen wiederkehrende Abläufe nicht allzu groß sein, was einen reduzierten Wert in Offenheit, Beweglichkeit und Kreativität nahelegt.

Personalauswahl und Personalentwicklung

Personalauswahl kann mit den *Big Five* nach zwei Richtungen geschehen: in Richtung Bewerber und in Richtung zukünftiges Umfeld; es geht um »Passung«. Das Persönlichkeitsprofil des Bewerbers ist das direkte Resultat aus der Selbstbeschreibung des Kandidaten mit Hilfe der *Big Five*. Für die Arbeitsplatzbeschreibung gibt es mehrere Möglichkeiten: zum einen die Werte derjenigen, die eine solche Arbeitsstelle über längere Zeit erfolgreich ausfüllten, also die Normwerte (Durchschnittswerte) dieser speziellen Gruppe. Hier gibt es weitere Ansätze, indem beispielsweise die 20 Prozent mit den besten und die 20 Prozent mit den schlechtesten Leistungen separat ausgewertet werden. Eine zweite Möglichkeit für neu eingerichtete Arbeitsplätze besteht in deren Fremdbeschreibung mithilfe des *Big Five-Profilers* durch Experten, die die spezielle Tätigkeit genau kennen und deren Charakteristik charakterisieren.

Eine dritte Möglichkeit ist dadurch gegeben, dass typische *Big Five*-Werte in den Dimensionen für eine Reihe von Berufen und Arbeitsplätzen vorliegen: für Architekten, Chirurgen, Piloten, Manager, Polizisten, Forscher, Informatiker, Buchhalter, Ingenieure, Autoren, praktische Ärzte, Kassierer, Trainer usw.

Teamentwicklung und Potenzialanalyse

Anstelle einer Anzahl verschiedener begrifflicher Welten von Testinstrumenten, die nur sehr begrenzt ineinander zu übersetzen sind, ist ein gemeinsames Vokabular wünschenswert, dessen Begrifflichkeit wohldefiniert und allgemein verbindlich ist. Einheitliche Begriffe für Merkmale und Unterschiede von Persönlichkeitsdimensionen etablieren eine verlässliche, verbindliche und allgemein verständliche Begriffswelt des Phänomens Persönlichkeit. Das hilft, andere (besser) zu verstehen, und gibt uns eine Matrix an die Hand, in die wir Teammitglieder persönlichkeitsstrukturell einordnen können und entlang welcher Anlagenprofile spezifische individuelle Potenzialentwicklungen möglich sind.

Zur Analyse eines Teams aus zwei oder mehr Mitarbeitern nutzen wir folgende Matrix, hier mit den Beispieldaten eines Teams aus 14 Mitarbeitern eines Unternehmens aus der Werbebranche:

Negative Emotionalität	stressresistent 1	stressbewältigend 6	stressvulnerabel 7
Extraversion	introvertiert 2	ambivertiert -	extravertiert 12
Offenheit für Erfahrung	bewahrend 2	gemäßigt 2	erneuernd 10
Verträglichkeit, Kooperation	herausfordernd 7	verhandelnd 3	anpassend 4
Gewissenhaftigkeit	locker-nachlässig 3	balanciert 1	fokussiert 10

Big Five-Matrix

Dieses Team hat Probleme: Die ausgeprägte Extraversion im Team sorgt dafür, dass die Gruppe bei ihren Teamsitzungen an zu viel herausforderndem Output von zu vielen Teammitgliedern bei zu großer Fixiertheit auf eigene Ideen erstickt. Die Situation erhitzt sich und gerät regelmäßig aus dem Ruder mit wechselseitigen Vorwürfen und Anschuldigungen. Kaum einer hört richtig zu. Lösungsmöglichkeiten wären beispielsweise strikte Diskussionsleitung und zeitliche Begrenzung der Redezeit, wenn möglich Austausch einiger Extravertierter gegen einige Ambivertierte oder Introvertierte, eventuell auch Hineinnahme weniger fokussierter – balancierter oder auch lockerer – Mitglieder, was die Schärfe der Diskussionen reduzieren würde.

3.4 Durchführung und Ablauf

Fragebogen

Die *Big Five* werden normalerweise in Form eines Fragebogens gegeben, dessen Fragen ohne allzu viel nachzudenken durch Ankreuzen auf einem separaten Bogen beantwortet werden. Die Bearbeitung dauert in der Regel eine knappe Stunde und ist problemlos in der Gruppe möglich. Andere Durchführungsformen sind die Bearbeitung am PC, mit automatisierter Auswertung, und die Online-Anwendung.

3.5 Auswertung

Die Auswertung erfolgt in der lizenzierten Form entweder selber am PC, oder das Antwortblatt wird per Fax oder E-Mail an das IPPM gesandt und dort ausgewertet. Es wird ein Profilbogen erstellt, der sämtliche *Big Five*-Informationen auf einem DIN-A4-Blatt vereint.

Auf dem schematisch abgebildeten Profilbogen sind außer den Resultaten in den einzelnen *Big Five*-Facetten die Ergebnisse in den fünf Hauptdimensionen durch einen breiten Längsbalken gekennzeichnet, der alle sechs Facetten übergreift. Für den Geübten ist mit wenigen Blicken sowohl eine problemlose Übersicht über die Hauptdimensionen als auch eine differenzierte Erfassung des Profils der andersfarbig dargestellten Facetten möglich. Die nebenstehende Abbildung (S. 129) zeigt das Profilblatt der exemplarischen Testperson sowie (auf S. 130 / 131) die stichwortartige Ausformulierung der Ergebnisse in den fünf Hauptdimensionen und den 30 Facetten. Bei den Ausformulierungen der Ergebnisse sind deutliche Abweichungen von der Norm kursiv gesetzt und mit einem Punkt markiert; besonders starke und daher diagnostisch leitende Abweichungen sind fett gesetzt und mit einem schwarzen auffallenden Ring markiert. Als Drittes folgt eine zusammenfassende Synthese und Interpretation in Textform.

Textsynthese der Interpretation

Sehr große emotionale Belastbarkeit und Stressresistenz, völlige Unbefangenheit im Umgang mit Menschen und überdurchschnittliche Gewissenhaftigkeit und Aufgabenfokussierung hinsichtlich einer in Selbstüberzeugung gegründeten Effektivität, Erfolgsorientierung und Besonnenheit im Vorgehen der exemplarischen Testperson sind typische Merkmale von ausgeprägter direktiver Kompetenz. Die untergeordnete Rolle von Gefühlen und der nicht allzu stark ausgeprägte Bedarf an sozialen Kontakten und Kommunikation finden ihren Ausgleich in erhöhtem Vertrauen in das Gegenüber plus einer Portion Empathie für Mitmenschen und lassen angemessene soziale Umgangsformen erwarten. Gleichwohl liegt der Fokus der Aufmerksamkeit eher auf der Orientierung an selbst gesetzten Zielen als auf der Anpassung an oder dem Eintreten für die Entwürfe anderer.

Die Kombination eher sach- und aufgabenbezogener – statt geselligkeitsmotivierter – sozialer Aktivitäten mit der starken erfolgsorientierten Fokussierung auf das Ziel zum einen und der Lust, theoretische Konzepte zu generieren, zum anderen weist auf eine Anlage zur selbstverantwortlichen kreativen intellektuellen Leistung, in der Selbstständigkeit bzw. die Führungsrolle gegenüber der Einbindung in ein Team dominiert. Daher

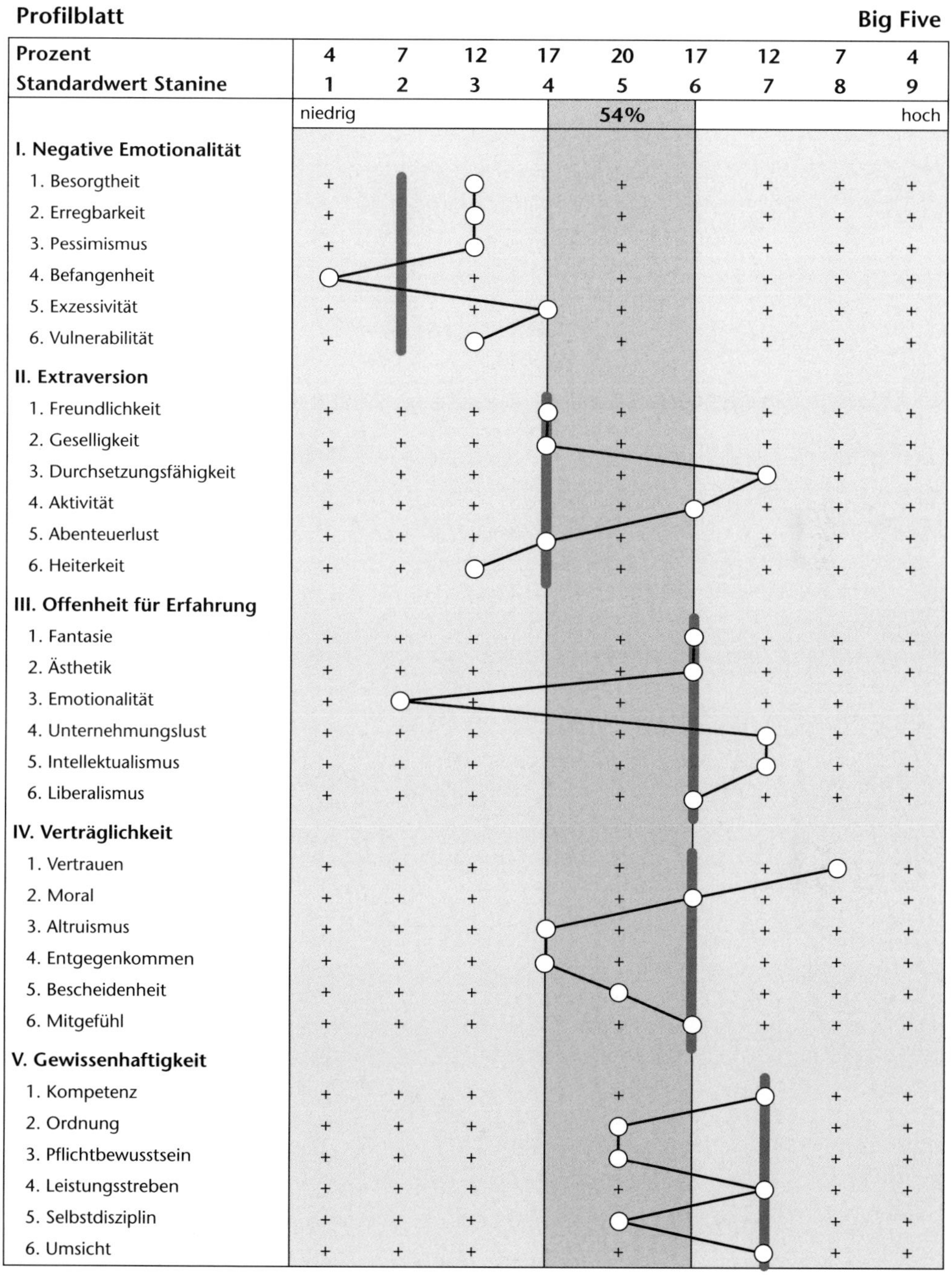

Name: Exemplarische Testperson
Geschlecht: m, Alter: 59
Datum: 30.04.2006

NEGATIVE EMOTIONALITÄT: Insgesamt sehr hohe emotionale Belastbarkeit und Stressresistenz

• *Besorgtheit:* Vorwiegend unbesorgt und entspannt, nur sehr selten und dann nur kurz verunsichert und besorgt.

• *Erregbarkeit:* Überwiegend ruhig und gelassen, nur sehr selten gereizt oder erregt.

• *Pessimismus:* Vorwiegend optimistische Lebensgrundstimmung, selten pessimistisch.

o *Befangenheit:* **Im Sozialkontakt völlig unbefangen und ungezwungen, nie verlegen.**

Exzessivität: In Bezug auf persönliche Bedürfnisse besteht eine ausgewogene Balance zwischen Nachgeben und – tendenziell geringfügig betonter – Beherrschtheit / Kontrolle.

• *Vulnerabilität:* Hohe Stressresistenz, geringe Vulnerabilität

EXTRAVERSION: Mittlere Balance zwischen extravertierter Zuwendung zur Außenwelt und – tendenziell minimal betontem – Rückzug auf das eigene Selbst

Freundlichkeit: Balance zwischen – geringfügig betontem – reserviert-formalem Verhalten einerseits und herzlich-freundlichem Verhalten andererseits.

Geselligkeit: Generelle Balance zwischen Geselligkeit und dem Meiden von Gesellschaft, dabei ist die letztgenannte Verhaltenstendenz minimal betont.

• *Durchsetzungsfähigkeit:* Große Durchsetzungsfähigkeit und Bestimmtheit.

Aktivität: Generell Ausgewogenheit zwischen Ruhe und Aktivität, mit leichter Tendenz zu erhöhtem Aktivitätslevel.

Abenteuerlust: Generell Ausgewogenheit zwischen Abenteuerlust und Suche nach Aufregungen einerseits und – leicht betonter Tendenz zu – Selbstgenügsamkeit andererseits.

• *Heiterkeit:* Im Sozialkontakt eher nüchtern-trocken.

OFFENHEIT FÜR ERFAHRUNGEN: Mittlere Balance zwischen kreativer Neugier für Veränderung und konservativ-bewahrenden Tendenzen, dabei ist Erstere leicht betont

Fantasie: Generelle Ausgeglichenheit zwischen – tendenziell betonter – visionär-imaginativer Anlage einerseits und pragmatischem Hier-Jetzt-Bezug.

Ästhetik: Ästhetisch-künstlerische Interessen sind tendenziell betont, liegen aber insgesamt im Normbereich.

o *Emotionalität:* **Gefühle spielen kaum eine Rolle, ihnen wird nur selten Wert beigemessen.**

• *Unternehmungslust:* Deutliche Neigung, Neues zu unternehmen, liebt Abwechslung, Vielfalt und Veränderung.

• *Intellektualismus:* Neigt deutlich stärker zu intellektuell theoretisierend-abstrahierendem als zu konkret-pragmatischem Denkstil.

Liberalismus: Generell ausgeglichen zwischen – minimal betonter – Infragestellung von Werten einerseits und der Neigung, diese zu bewahren und daran festzuhalten, andererseits.

VERTRÄGLICHKEIT: Generell Ausgewogenheit zwischen – tendenziell leicht betonter – verträglich-nachgiebig-anpassender Haltung einerseits und antagonistisch-kompetitiver Haltung andererseits

- o *Vertrauen:* **Bringt anderen Menschen großes Vertrauen entgegen.**

  Moral: Balance zwischen taktvoll-zurückhaltender Vorsicht und – tendenziell geringfügig betonter – gradliniger Aufrichtigkeit.

  Altruismus: Ausgeglichenheit zwischen altruistischer Fokussierung und – tendenziell leicht betonter – Wahrung der eigenen Interessen.

  Entgegenkommen: Ausgewogenheit zwischen entgegenkommendem und – hier tendenziell etwas betontem – kompetitivem Verhalten.

  Bescheidenheit: Ausbalanciertheit zwischen Bescheidenheit und Anspruch.

  Mitgefühl: Ausgewogenheit zwischen – tendenziell leicht betonter – mitfühlender Sympathie einerseits und angemessener Distanz andererseits.

GEWISSENHAFTIGKEIT: Große Gewissenhaftigkeit, Zuverlässigkeit und Aufgabenfokussierung

- *Kompetenz:* Hohe Kompetenz, Selbstüberzeugtheit, Sicherheit und Effektivität.

  Ordnung: Gelungene Balance zwischen Ordnung und Chaos.

  Pflichtbewusstsein: Ausgewogenes Verhältnis zwischen Gewissenhaftigkeit / Zuverlässigkeit und Lockerheit.
- *Leistungsstreben:* Hoher Ehrgeiz und hohe Erfolgsorientierung.

  Selbstdisziplin: Gelungene Balance zwischen Fokussiertheit und Reizoffenheit der Aufmerksamkeit.
- *Umsicht:* Große Besonnenheit, Umsicht und Sorgfalt.

kommt außer der Führungsoption zusätzlich eine pädagogische Tätigkeit selbst entwickelter bzw. ausgearbeiteter Konzepte oder optimierter Methoden – z. B. als Trainer, Coach, Berater – infrage.

3.6 Qualitätskriterien

Objektivität

Das Verfahren ist in allen Versionen standardisiert in Bezug auf Darbietung und Auswertung, womit vollständige Auswerterunabhängigkeit gegeben ist. Damit ist die erste der grundlegenden statistischen Anforderungen an ein statistisch begründetes Verfahren – die Objektivität – erfüllt.

Reliabilität Die internen Konsistenzen (Konsistenzkoeffizient *Alpha* von *Cronbach*) der Hauptdimensionen liegen um .90 bis .91. Eine weitere Möglichkeit zur Bestimmung der Zuverlässigkeit der Messung ist in der Stabilität der Ergebnisse über einen längeren Zeitraum (Test-Retest) zu sehen. Sie wird über die Korrelation der Ergebnisse der ersten mit den korrespondierenden Resultaten der zweiten Testung ermittelt. Die Stabilität der Hauptdimensionen über zwei Jahre liegt mit .90 bis .97, für Verträglichkeit mit .85 unerwartet hoch.

Validität Die Kongruenz der Faktoren amerikanischer und deutscher *Big Five*- bzw. NEO-Versionen liegt allgemein zwischen .96 und .98, die zwischen Selbst- und Fremdbeschreibung zwischen .98 und 1.00. Eine große Zahl von Untersuchungen zur konvergenten und diskriminanten Validität liegen vor, insbesondere Studien über die Beziehungen der deutschsprachigen *Big Five*-Form von *Costa und McCrae (NEO-PI-R)* zu mehr als 19 langjährig bewährten Verfahren (*BIP, GT, pro facts* usw.).

Normierung Die individuell erzielten Testwerte in den einzelnen Skalen werden in Bezug zu den für die spezielle Fragestellung repräsentativen Gruppennormen gesetzt. Es interessiert vor allem die Position des Probanden beispielsweise hinsichtlich der (Gruppe der) Vergleichsbewerber. Jemand kann im Vergleich zur Bevölkerungsnorm sehr gut abschneiden, jedoch im Vergleich zu den konkurrierenden Bewerbern um eine Führungsposition nur im unteren Durchschnitt liegen. Insofern spielt der Bezug zur spezifischen Subgruppennorm eine größere Rolle als der zur Bevölkerungsnorm. Wie bereits oben ausgeführt, liegen solche Vergleichswerte für eine große Zahl von Berufen und Tätigkeiten vor.

3.7 Ausbildung, Akkreditierung und Zertifizierung

Die Ausbildung orientiert sich an den Empfehlungen zur DIN 33 430. Sie umfasst eine verständliche Einführung in die statistisch begründete Testdiagnostik, soweit zur Arbeit mit einem solchen Testsystem notwendig. Die Rolle der Normierung wird ebenso erklärt wie die der Standardisierung, die Bedeutung der Gütekriterien wird erläutert und Grenzen der Interpretierbarkeit werden aufgezeigt.

Von zentraler Bedeutung ist die gründliche Einübung des *Big Five*-Persönlichkeitsmodells in der wirtschaftspsychologischen Ausrichtung anhand der Hauptdimensionen und der Facetten. Zusätzlich werden *Big Five*-Kurzversionen zur raschen Einschätzung vermittelt.

Gruppenmatrix

Die Ausbildung im und Übungen mit dem *Big Five*-Profiler als organisationspsychologischem Instrument zur detaillierten und umfassenden Einschätzung der Charakteristik von Arbeitsplätzen, Produkten, Marken, Teams, Arbeitsgruppen usw. erfolgt ebenso wie das Training der Arbeit mit der Gruppenmatrix in separaten Seminaren für fortgeschrittene Anwender.

Aufgrund der Auswertung erfolgt die Interpretation als Synthese der Einzelergebnisse unter Nutzung bereits vorliegender Profile von Berufen und Arbeitsplätzen. Schließlich wird an ausgewählten Beispielen die Interpretation und Anwendung der Verfahren in verschiedenen Feldern – z. B. persönliche Beratung, Personalauswahl, Arbeitsplatzbeschreibung etc. – eingeübt.

Die Ausbildung schließt mit einem Abschlusstest, dessen Bestehen Voraussetzung für die Zertifizierung ist.

3.8 Schnuppertest und Vertrieb

Ein *Big Five*-Schnuppertest ist auf der Website *www.big-five.biz* verfügbar. Über diese Website können ebenfalls die jeweils neuesten Informationen über die *Big Five* sowie über Ausbildung, Fortbildung, Lizenzierung und Testvertrieb abgerufen werden.

IPPM Institute of Personality Psychology and Meditation
Dipl.-Psych. Theo Fehr, BDP
Erftweg 6
D-46487 Wesel
Fon: +49 (0) 2 81 / 9 73 69
Fax: +49 (0) 2 81 / 9 72 21 86
E-Mail: *kontakt@big-five.biz*
Internet: *www.big-five.biz*

Literatur

Allport, G. W. & Odbert, H. S.: »Trait-names: A psycholexical study.« In: *Psychological Monographs,* 47, 1936 (Whole No. 211).

Amelang, M.: »Personality, stress and illness: Facts and fiction in the prediction of cancer and coronary heart disease. Abstract.« In: *European Association of Personality Psychology,* 1996.

Cattell, R. B.: *The Sixteen Personality Factor Questionnaire.* Champaign, IL: Institute for Personality and Ability Testing, 1949.

Costa, P. T. (Jr.) & McCrae, R. R.: *The NEO Personality Inventory. Manual. Form S and Form R.* Odessa, FL: Psychological Assessment Resources, 1985.

Fehr, T.: *Bioenergetische Prozess-Analyse; Screening-Verfahren zur Persönlichkeitsstruktur.* Swets Test Services. Frankfurt: Harcourt Test Services, 1998.

Fehr, T.: »Die persönlichkeitspsychologische Fundierung Bioenergetischer Typen.« *Forum der Bioenergetischen Analyse,* 1998, S. 1–19.

Fehr, T.: »Bioenergetische Charakterkonzepte aus persönlichkeitspsychologischer Sicht.« In: *Report Psychologie* 5–6, 2000.

Fehr, T.: »Multidimensional Bioenergetic Personality Analysis – a statistical approach.« In: *The European Journal of Bioenergetic Analysis and Psychotherapy.* Vol. III, 2006.

Fiske, D. W.: »Consistency of the factorial structures of personality ratings from different sources.« In: *Journal of Abnormal and Social Psychology,* 44, 1949, S. 329–344.

Goldberg, L. R.: »An alternatvie ›description of personality‹: The Big-Five factor structure.« In: *Journal of Personality and Social Psychology,* 59, 1990, S. 1216–1229.

Goldberg, L. R.: »The development of markers for the Big-Five factor structure.« In: *Psychological Assessment,* 4, 1992, S. 26–42.

Howard, P. J. & Howard, J. M.: *User's Manual for the WorkPlace Big Five ProFile.* Charlotte, NC, 2000.

Klis, M. J. & J. Kossewska: »Burnout syndrome and dimensions of personality in teachers. Abstract.« In: *European Association of Personality Psychology,* 1996.

McCrae, R. R. & Costa, P. T.: »Validation of the five-factor model of personality across instruments and observers.« In: *Journal of Personality and Social Psychology,* 52, 1987, S. 81–90.

McCrae, R. R. & Costa, P. T.: »Reinterpreting the Myers-Briggs Type Indicator from the perspective of the five-factor model of personality.« In: *Journal of Personality,* 57, 1989, S. 17–40.

Norman, W. T.: »Relative importance of test item content.« *Journal of Consulting Psychology,* 27, 1963, S. 166–174.

Ostendorf, F. & Angleitner, A.: »On the generality and comprehensiveness of the five-factor model of personality. In: G. V. Caprara & van Heck, G. (Eds.): *Modern Personality psychology: Critical Reviews and new directions.* New York: Harvester Wheatsheaf, 1992, S. 73–109.

Ostendorf, F. & Angleitner, A.: *NEO-PI-R. Neo-Persönlichkeitsinventar nach Costa und McCrae. Revidierte Fassung.* Göttingen: Hogrefe, 2004.

Ostendorf, F.: *Sprache und Persönlichkeitsstruktur. Zur Validität des Fünf-Faktoren-Modells der Persönlichkeit.* Regensburg: Roderer, 1990.

Slane, S. & Kim, J.: »Personality, coping style and exposure to stress: Framework and effectiveness. Abstract.« In: *European Association of Personality Psychology,* 1996.

Tupes, E. C. & Christal, R. E.: *Recurrent personality factors based on trait ratings.* Texas: Technical Report, USAF, Lackland Air Force Base, 1961.

Van Hiel, A. & Mervielde, I.: »The *Big Five* Personality factors and political beliefs.« In: *European Association of Personality Psychology,* 1996

Über den Autor

Theo Fehr, Dipl.-Psychologe, Supervisor; Schwerpunkte: Persönlichkeitsforschung und -entwicklung, Meditation und Yoga. Eigene psychologische Praxis. Individuelles Coaching, Beratung, Intensivtraining, Seminare zur Stressbewältigung und -prophylaxe, zur Steigerung von Menschenkenntnis und Einschätzung der Persönlichkeit, sozialer Kompetenz und zur Selbsterfahrung. Autor der *MBPA Mehrdimensionale Bioenergetische Persönlichkeits-Analyse* (Harcourt Test Services). Mitglied der *EAPP – European Association of Personality Psychology;* wissenschaftlicher Beirat der *SMMR – Society for Meditation and Meditation Research*; diverse Publikationen und Fachartikel.

4. Personalauswahl und -entwicklung mit dem Bochumer Inventar zur berufsbezogenen Persönlichkeits-beschreibung (BIP)

Rüdiger Hossiep und Sabine Bräutigam

4.1 Theoretische Quellen und Verwandtschaften

Das *BIP (Bochumer Inventar zur berufsbezogenen Persönlichkeitsbeschreibung)* ist im Hinblick auf die Bearbeitung praktischer diagnostischer Fragestellungen entwickelt worden. Es wurde nicht angestrebt, dem Verfahren eine alle Persönlichkeitsskalen umfassende theoretische Ausgangskonzeption zugrunde zu legen bzw. eine solche zu prüfen. Unter Rückgriff auf vorliegende Erkenntnisse aus der berufsbezogenen Persönlichkeitsforschung und bestehende Theorien (Motivationstheorie nach *McClelland* 1987; *Big Five*-Globalfaktorenmodell der Persönlichkeit nach *Costa & McCrae* – vgl. *Borkenau & Ostendorf* 1993; Konzept der Handlungs- und Lageorientierung nach *Kuhl* 2000) sowie Befragungen von Personalexperten zu den aus ihrer Sicht bedeutsamen Aspekten wurden berufsrelevante Skalen bestimmt und Testfragen konstruiert (*Hossiep, Paschen & Mühlhaus* 2000). Einige Skalen sind konzeptionell an das Alltagsverständnis angelehnt. Eine basale Beschreibung von Persönlichkeitseigenschaften wie etwa mit dem *Big Five*-Modell muss notwendigerweise auf allgemeinerer Ebene bleiben, während mit einer höheren Anzahl von spezifischen Skalen wie beim *BIP* zusätzlich eine detailliertere Abbildung der Persönlichkeit möglich ist. Gleichwohl lassen sich auch aus dem *BIP* gewissermaßen übergeordnete Faktoren extrahieren. Mittels einer Faktorenanalyse können die sechs weitgehend unabhängigen Faktoren Engagement, Disziplin, Dominanz, Stabilität, Kooperation und Sozialkompetenz abgeleitet werden. Das *BIP* beansprucht jedoch nicht, die menschliche Persönlichkeit umfassend abzubilden, sondern lediglich in den für das Berufsleben relevanten Facetten.

4.2 Historischer Abriss des Modells

Den Anstoß zur Entwicklung des Verfahrens gab Anfang der 1990er-Jahre die Situation, dass kein angemessenes, wissenschaftlich fundiertes, persönlichkeitsorientiertes Verfahren für den beruflichen Kontext verfügbar war. Gängige Verfahren fokussierten nicht auf den beruflichen Kontext, sondern bezogen sich auf die Lebenssituation allgemein. Zudem war der Entstehungshintergrund zahlreicher Verfahren klinisch, so dass die Fragen im Berufskontext vielfach als unangemessen empfunden wurden. Generell wurden in Deutschland Testverfahren im internationalen Vergleich – insbesondere im Fach- und Führungskräftebereich – relativ selten eingesetzt. Der Mangel an adäquaten berufsbezogenen Verfahren führte nicht zuletzt dazu, dass der Markt von Beratungsgesellschaften mit einer Vielzahl von Instrumenten, deren wissenschaftliche Qualität nicht hinreichend exakt nachvollziehbar bzw. deren theoretische Grundlage fragwürdig ist, übervölkert wurde (*Hossiep & Paschen* 1999).

> Seit 1990 widmet sich der Testautor *Rüdiger Hossiep* der Erforschung der adäquaten Erfassung erfolgsrelevanter Persönlichkeitseigenschaften im beruflichen Kontext, seit 1994 gemeinsam mit dem von ihm gegründeten Projektteam Testentwicklung an der *Ruhr-Universität Bochum.*

Kontinuierliche Weiterentwicklung

Im Jahre 1998 führten diese konsequenten Bemühungen zur Publikation des *BIP* mit den Autoren *Rüdiger Hossiep* und *Michael Paschen,* 2003 erschien die zweite völlig überarbeitete Auflage (*Hossiep & Paschen* 2003). Seit seiner Veröffentlichung erfreut sich das Verfahren einer ausgesprochen positiven Resonanz und kann nunmehr als der führende Persönlichkeitstest im deutschsprachigen Raum bezeichnet werden (*Domke* 2005). Mittlerweise ist das Verfahren in der Computerversion auch in anderen Sprachen (Englisch, Französisch, Italienisch, Tschechisch) verfügbar. Das Instrument wird kontinuierlich durch das Projektteam Testentwicklung weiterentwickelt. Dies mündete u. a. in den Validitäts- und Reliabilitätsuntersuchungen sowie in der Konstruktion von drei weiteren Forschungsskalen (Wettbewerbsorientierung, Analyseorientierung, Begeisterungsfähigkeit).

4.3 Gliederung und Beschreibung des Verfahrens

Ziel des *BIP* ist die standardisierte Erfassung des Selbstbildes einer Person im Hinblick auf relevante Beschreibungsbereiche aus dem Berufsleben.

> Das *BIP* ist ein Persönlichkeits-Struktur-Test, der 14 Persönlichkeitseigenschaften erfasst, die sich neben der fachlichen Qualifikation im Berufsleben als bedeutsam erwiesen haben. Sie werden vier Persönlichkeitsbereichen zugeordnet.

Hierbei wird keineswegs unterstellt, dass für eine erfolgreiche Berufstätigkeit alle Dimensionen auf überdurchschnittlich hohem Niveau ausgeprägt sein müssen. Es hängt vielmehr wesentlich vom Anforderungsprofil der Position ab, welche der aufgeführten Eigenschaften für die erfolgreiche Ausübung einer bestimmten Tätigkeit mehr oder weniger von Bedeutung sind.

Überblick über die Dimensionen des *BIP*

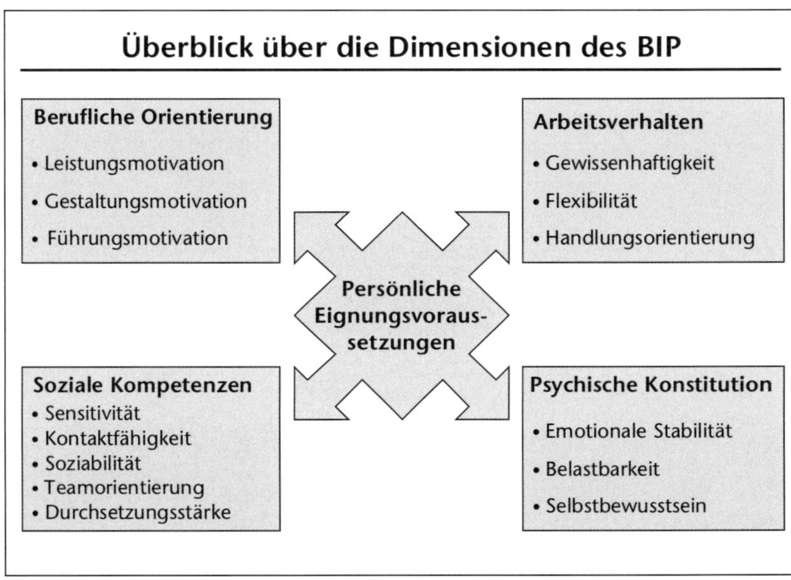

Ein wesentliches Anliegen des *BIP* ist es, die Teilnehmer nicht zu »schablonisieren«. Daher wird auf die Zusammenfassung bestimmter Ausprägungen von Persönlichkeitseigenschaften, z. B. in Form von Typen, verzichtet. Stattdessen erfolgt eine individuelle Rückmeldung für alle 14 erfassten Persönlichkeitseigenschaften, um ein differenziertes Abbild der berufsbezogenen Persönlichkeit des jeweiligen Teilnehmers zu gewährleisten. Generell ist davon abzuraten, nur einzelne Skalen oder Bereiche des *BIP* zu verwenden, weil einige Skalen für unwichtig gehalten werden. Wird z. B. ein neuer Mitarbeiter für den Direktvertrieb einer Versicherung gesucht, erscheint die Skala Führungsmotivation für einige auf den ersten Blick irrelevant. Dennoch hat das Erfassen dieser Skala ihre Berechtigung: Jemand, der eine hohe Ausprägung aufweist und sich über diese definiert, wird für den Direktvertrieb nicht geeignet sein, da er dieses Motiv dort nicht ausleben kann. Nur in der vollständigen Version des Verfahrens werden alle gegenseitigen Bedingtheiten transparent.

Die nachfolgende Tabelle gibt einen Überblick über die Skalenkonzeptualisierungen des Verfahrens, indem die Kerninhalte und -facetten der Skalen zusammengefasst werden.

Skala und Itemanzahl	**Inhalte (Bedeutung einer hohen Skalenausprägung)**
Leistungsmotivation (14 Items)	Motiv, hohe Anforderungen an die eigene Leistung zu stellen; große Anstrengungsbereitschaft; Motiv zur fortwährenden Steigerung der eigenen Leistungen
Gestaltungsmotivation (12 Items)	Ausgeprägtes Motiv, subjektiv erlebte Missstände zu verändern sowie Prozesse und Strukturen nach eigenen Vorstellungen gestalten zu wollen
Führungsmotivation (15 Items)	Ausgeprägtes Motiv zur sozialen Einflussnahme; Präferenz von Führungs- und Steuerungsaufgaben; Selbsteinschätzung als Autorität und Orientierungsmaßstab für andere Personen
Gewissenhaftigkeit (14 Items)	Sorgfältiger Arbeitsstil; hohe Zuverlässigkeit; detailorientierte Arbeitsweise; Regelgeleitetheit; Hang zum Perfektionismus
Flexibilität (14 Items)	Hohe Bereitschaft und Fähigkeit, sich auf neue oder unvorhergesehene Situationen einzustellen und Ungewissheit zu tolerieren; Offenheit für neue Perspektiven und Methoden
Handlungsorientierung (14 Items)	Fähigkeit und Wille zur raschen Umsetzung einer Entscheidung in zielgerichtete Aktivität sowie zur Abschirmung einer gewählten Handlungsalternative gegenüber weiteren Entwürfen
Sensitivität (12 Items)	Gutes Gespür auch für schwache Signale in sozialen Situationen; großes Einfühlungsvermögen; sichere Interpretation und Zuordnung der Verhaltensweisen anderer

Skala und Itemanzahl	Inhalte (Bedeutung einer hohen Skalenausprägung)
Kontaktfähigkeit (16 Items)	Ausgeprägte Fähigkeit und Präferenz des Zugehens auf bekannte und unbekannte Menschen und des Aufbaus sowie der Pflege von Beziehungen und Netzwerken
Soziabilität (15 Items)	Ausgeprägte Präferenz für Sozialverhalten, welches von Freundlichkeit und Rücksichtnahme geprägt ist; ausgeprägter Wunsch nach einem harmonischen Miteinander
Teamorientierung (13 Items)	Hohe Wertschätzung von Teamarbeit und Kooperation; Bereitschaft zur aktiven Unterstützung von Teamprozessen; bereitwillige Zurücknahme eigener Profilierungsmöglichkeiten
Durchsetzungsstärke (12 Items)	Tendenz zur Dominanz in sozialen Situationen; Bestreben, die eigenen Ziele auch gegen Widerstände nachhaltig zu verfolgen; hohe Konfliktbereitschaft
Emotionale Stabilität (16 Items)	Ausgeglichene und wenig sprunghafte emotionale Reaktionen; rasche Überwindung von Rückschlägen und Misserfolgen; ausgeprägte Fähigkeit zur Kontrolle eigener Emotionen
Belastbarkeit (13 Items)	Selbsteinschätzung als (psychophysisch) hoch widerstandsfähig und robust; starke Bereitschaft, sich auch außergewöhnlichen Belastungen auszusetzen und diesen nicht auszuweichen
Selbstbewusstsein (16 Items)	(Emotionale) Unabhängigkeit von den Urteilen anderer; großes Selbstvertrauen in die eigenen Fähigkeiten und Leistungsvoraussetzungen

Die Skalenkonzeptualisierungen des *BIP*

4.4 Das Verfahren in der Praxis

Das *BIP* findet Anwendung in Situationen, die der Einschätzung einer Person im Hinblick auf bestimmte berufliche Anforderungen dienen sollen. Der Einsatz des *BIP* empfiehlt sich u. a. bei Fragestellungen im Kontext von Personalauswahl- und Personalentwicklungsprozessen.

Personalauswahl

Soll zum Zweck der Personalauswahl ein Bewerber hinsichtlich seiner Eignung für eine bestimmte Tätigkeit diagnostiziert werden, so werden im optimalen Fall drei mögliche Zugänge zu einer Person integriert: objektive Informationen (z. B. Lebenslauf), das Fremdbild der Person (z. B. Referenzen, Beobachtungen im Assessmentcenter und im Vorstellungsgespräch) und das Selbstbild des Kandidaten (z. B. Persönlichkeitsfragebogen). Sinnvollerweise kann das *BIP* sowohl im Rahmen eines Assessmentcenters als auch als vorbereitende Maßnahme für ein Vorstellungsgespräch mit einem Kandidaten durchgeführt werden.

Erhebung des Selbstbildes

Das *BIP* dient hierbei der Erhebung des Selbstbildes und hat sich als Instrument bewährt, das eine wertvolle zusätzliche Informationsquelle für Auswahl- und Platzierungsgespräche darstellt. Die Testergebnisse können Widersprüche und Auffälligkeiten im Selbstbild aufdecken, die ohne den Einsatz des Fragebogens im Interview nicht oder nur zum Teil erkennbar gewesen wären. Ferner liefern die Ergebnisse Anknüpfungspunkte für weitere Fragen im Interview. Mögliche Leitfragen könnten dabei sein: In welchem Bereich gibt es markante Abweichungen vom Mittelbereich der Skala, die ein auffälliges Persönlichkeitsbild zu Tage treten lassen? Gibt es Skalenausprägungen, in denen sich die Person nicht wiederfindet? Wo fühlt sie sich unangemessen beschrieben? Und worauf ist das zurückzuführen? Wie stellt sich das Selbstbild der Person im Hinblick auf neue Tätigkeitsfelder und Arbeitsaufgaben dar? Wie passt die Motivstruktur zu anderen Tätigkeiten?

Wird das *BIP* im Rahmen eines Assessmentcenters durchgeführt, kann die Beobachtung und Bewertung des Verhaltens in verschiedenen Simulationssituationen (Fremdeinschätzung) durch die Selbsteinschätzung des Teilnehmers ergänzt werden. Selbst- und Fremdsicht können so gegenübergestellt werden und die Testergebnisse gemeinsam mit den Beobachtungsdaten aus dem AC als eine solide Grundlage für die Diskussion möglicher Abweichungen zwischen dem Selbstbild des Teilnehmers und dem Eindruck der Beobachter genutzt werden (*Paschen & Hossiep* 1999).

Personalentwicklung

Karriereberatung

Der Mehrwert des *BIP* liegt in Beratungskontexten primär in der Unterstützung der Selbstexploration des Gegenübers sowie der Strukturierung des Beratungsgespräches. Hierbei wurde die Erfahrung gemacht, dass von vielen Personen bereits die Bearbeitung des Instrumentes als hilfreich für die Selbstexploration empfunden wird, da eine Sensibilisierung für Fragen geschaffen wird, die im Hinblick auf berufliche Positionierungen von Bedeutung sind.

Bei der Diskussion der *BIP*-Ergebnisse mit den Teilnehmern bietet sich eine Orientierung entlang der folgenden vier Bereiche an:

- Ausgehend von den Dimensionen der beruflichen Orientierung können berufliche Zielvorstellungen exploriert und kann der Kreis potenzieller Karrierepfade ausgelotet werden.
- Im Bereich des Arbeitsverhaltens gilt es, präferierte Arten beruflicher Aufgaben herauszuarbeiten, um unter Umständen eine Eingrenzung auf bestimmte Tätigkeiten zu erzielen.
- Die unter dem Oberbegriff soziale Kompetenzen subsumierten Skalen können zur Ableitung eines möglichen beruflichen Settings hilfreich sein. Welche Arten beruflicher Beziehungen werden gewünscht? Wie sollte sich der Austausch mit anderen Personen gestalten? In welchen sozialen Situationen hat der Ratsuchende möglicherweise Schwierigkeiten?
- Bei der Besprechung der Ergebnisse des Bereichs der psychischen Konstitution sollte die Vermeidung spezifischer psychischer bzw. physischer Über- oder Unterforderungen im Vordergrund stehen.

Training und Coaching

Im Bereich Training und Coaching ist die Veränderung von Verhaltensweisen ein maßgebliches Interventionsziel. Das *BIP* eignet sich zur Standortanalyse im Vorfeld derartiger Maßnahmen (*Rauen* 2003). Ebenso kann das Instrument zur Veränderungsmessung eingesetzt werden, d.h. zu Beginn und nach Abschluss einer Intervention, um die veränderte Selbstwahrnehmung der Teilnehmer zu systematisieren.

Teamentwicklung

Ein weiteres Anwendungsfeld des *BIP* liegt im Bereich Teamentwicklung. Ist die erforderliche Bereitschaft gegeben, können mit dem kombinierten Einsatz von Selbst- und Fremdbeschreibung auch Stärken und Schwächen eines gesamten Arbeitsteams exploriert werden. Im Rahmen von Teamentwicklungen erweist sich insbesondere die wechselseitige Beleuchtung der systematisierten Selbstbeschreibung des *BIP*, z. B. im Abgleich mit rückgespiegelten Fremdbildern, als ausgesprochen hilfreich. Durch das dadurch erweiterte wechselseitige Verständnis resultiert vielfach eine zunehmende Offenheit im Team, was in der Regel mit einer Leistungsoptimierung einhergeht.

Ergänzender Einsatz von Zusatzmodulen zum *BIP*

Das *BIP* erfasst das Selbstbild des Teilnehmers. In vielen Anwendungsfällen kann es jedoch besonders nützlich sein, berufsbezogene Persönlichkeitseigenschaften zusätzlich auch aus anderen Perspektiven zu betrachten. Aus diesem Grunde wurde das *BIP* um Zusatzmodule ergänzt, die sowohl die Fremdbeschreibung von Personen hinsichtlich der 14 Persönlichkeitseigenschaften (mit Hilfe des sog. Fremdbeschreibungsbogens bzw. des Fremdbildinventars zum *BIP [BIP-FBI]*) als auch die Beschreibung von beruflichen Positionen hinsichtlich ihrer überfachlichen Anforderungen (mit Hilfe des Anforderungsmoduls zum *BIP, BIP-AM*) ermöglichen.

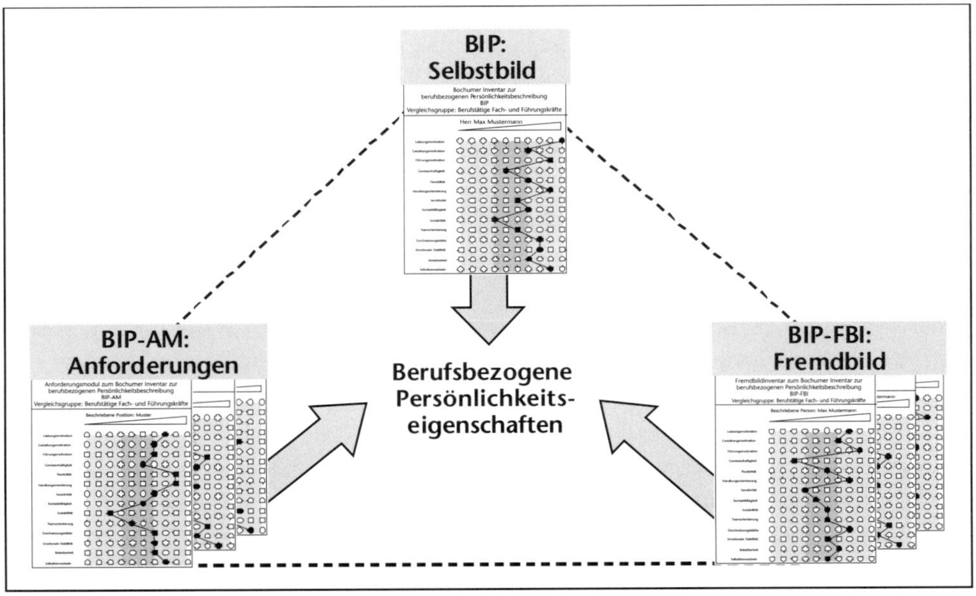

Kombinierter Einsatz des *BIP* mit den Zusatzmodulen *BIP-FBI* und *BIP-AM*

Fragebogen zur Erfassung des berufsbezogenen Fremdbildes

Das Selbstbild einer Person stellt nur *eine* mögliche Sichtweise der Persönlichkeit eines Menschen dar. Die Tatsache, dass eine Person eine Selbsteinschätzung vornimmt, heißt nicht automatisch, dass diese in den Augen anderer auch zutreffend ist und ein realistisches Bild von der Außenwirkung liefert. Im Gegenteil: In vielen Fällen wird es mehr oder weniger starke Abweichungen zwischen dem Selbst- und dem Fremdbild geben. Um einen Abgleich dieser beiden Perspektiven und auf dieser Basis eine realistischere Selbsteinschätzung zu ermöglichen, ist es sinnvoll, parallel das Fremdbild zu erheben, d. h. andere Personen zu befragen, wie sie den Teilnehmer hinsichtlich der 14 berufsrelevanten Persönlichkeitseigenschaften einschätzen. Es empfiehlt sich dabei, mehrere Fremdbeschreibungen von verschiedenen Personen über einen Teilnehmer ausfüllen zu lassen, um so zu einer zuverlässigen und differenzierten Erfassung des Fremdbildes zu gelangen.

Fremdbeschreibungsbogen

Gemeinsam mit dem *BIP* wurde ein sog. Fremdbeschreibungsbogen veröffentlicht. Um eine direkte Vergleichbarkeit mit dem im *BIP* erfassten Selbstbild zu ermöglichen, umfasst der Fremdbeschreibungsbogen die gleichen Skalen. Jede Skala wird durch drei Items abgebildet. Die Ausprägungen im ausgewerteten Profil des Bogens entsprechen unmittelbar dem Mittelwert der drei pro Skala beantworteten Items. Der Fremdbeschreibungsbogen ist somit kein wissenschaftlich abgesichertes oder normiertes Verfahren, sondern eher ein heuristisches Hilfsmittel mit Hinweischarakter, welches sich besonders durch seinen geringen Umfang und die damit verbundene einfache Handhabbarkeit auszeichnet. Zu empfehlen ist der Einsatz des Bogens vor allem dann, wenn mehrere Fremdbilder einbezogen werden können.

Fremdbeschreibungsinventar

In Ergänzung zum Fremdbeschreibungsbogen wird derzeit beim Projektteam Testentwicklung an der *Ruhr-Universität Bochum* das Fremdbeschreibungsinventar *BIP-FBI* entwickelt. Im Gegensatz zum Fremdbeschreibungsbogen ist dieser Fragebogen ein aufwendig entwickeltes, eigenständiges, wissenschaftlich fundiertes und normiertes Verfahren: Jede Skala umfasst 8–12 Items und weist auch innerhalb der einzelnen Skalen inhaltlich dieselben Facetten auf wie das *BIP*. Die Auswertung schließt den Vergleich der Ergebnisse mit denen einer relevanten Vergleichsgruppe (Normierung) ein. Unterschiede zwischen Selbst- und Fremdbild und auch zwischen einzelnen Fremdbildern treten deutlicher hervor und bieten eine solide Grundlage für eine differenzierte Selbstbild-Fremdbild-Analyse. Die Bearbeitung des *BIP-FBI* ist daher aufwendiger, das Ergebnis jedoch auch zuverlässiger. Derzeit ist die Teilnahme an der Forschungsversion über das Projektteam Testentwicklung möglich.

Fragebogen zur Erfassung beruflicher Anforderungen

Anforderungsmodul

Wird das *BIP* im Bereich der Personalplatzierung eingesetzt, so lässt es sich sinnvoll durch ein Verfahren ergänzen, das systematisch die Anforderungen der zu besetzenden Position im Hinblick auf die 14 berufsrelevanten Persönlichkeitseigenschaften beschreibt (Anforderungsmodul *BIP-AM*). Ebenso wie das Fremdbildinventar zum *BIP* ist dieses Verfahren normiert, d. h., hier wird das individuelle Testergebnis der Beschreibung einer beruflichen Position mit dem Durchschnitt der für sie relevanten Bezugsgruppe (hier: Beschreibung vieler anderer beruflicher Positionen) verglichen. Der kombinierte Einsatz von *BIP* und *BIP-AM* bietet somit eine Hilfestellung dabei, eine möglichst optimale Passung zwischen der Persönlichkeit eines Mitarbeiters und den Anforderungen einer Tätigkeit herzustellen. Um die überfachlichen Anforderungen einer Position zu bestimmen, erscheint es sinnvoll, diese von mehreren Personen beschreiben zu lassen, z. B. von Vorgesetzten, Kollegen und Personalverantwortlichen. Vielfach zeigt es sich, dass bei den mit der Besetzung einer Position betrauten Personen Uneinigkeit über die tatsächlichen Anforderungen herrscht. Das Instrument leistet einen wichtigen Beitrag dazu, diese Differenzen aufzudecken, um zu einer Beschreibung der tatsächlichen überfachlichen Anforderungen der Tätigkeit zu gelangen. Derzeit ist die Teilnahme an der Forschungsversion über das Projektteam Testentwicklung möglich.

4.5 Durchführung und Ablauf

Das *BIP* umfasst 210 Aussagen über die eigene Person, die auf einer sechsstufigen Antwortskala von »trifft voll zu« bis »trifft überhaupt nicht zu« einzuschätzen sind.

Wenn ich die Wahl habe, bearbeite ich Aufgaben lieber alleine als mit anderen.

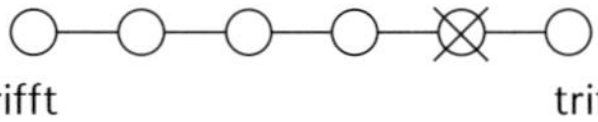

trifft voll zu — trifft überhaupt nicht zu

Das Antwortformat des *BIP*, verdeutlicht anhand einer Beispielaufgabe

Um das Potenzial des *BIP* ausschöpfen zu können, sollten folgende Aspekte beachtet werden:

- Es sollte genügend Zeit für die Bearbeitung des Fragebogens zur Verfügung stehen. Die durchschnittliche Bearbeitungszeit beträgt ca. 45 Minuten. Allerdings gibt es immer wieder Teilnehmer, die in der Lage sind, das *BIP* in ca. 20 Minuten vollständig zu beantworten, wohingegen andere mehrere Stunden benötigen. Beide Herangehensweisen sind allerdings weniger auf das Verfahren als auf die Persönlichkeit des Ausfüllenden zurückzuführen.
- Die Teilnehmer sollten in der Regel älter als 20 Jahre sein. Die Aussagen im Fragebogen sind berufsbezogen gestaltet, so dass eine notwendige Voraussetzung zur Bearbeitung das Vorliegen von berufspraktischen Erfahrungen ist. Um die Aussagekraft der Ergebnisse einschätzen zu können, sollte daher bei Teilnehmern ohne Berufserfahrung (z. B. bei Hochschülern) immer erfragt werden, in welchem Bereich und Umfang Erfahrungen – zum Beispiel aus Praktika – vorliegen.
- Der Einsatz sollte nur dann erfolgen, wenn die Möglichkeit zur Rückmeldung der Ergebnisse an die Kandidaten besteht.
- Die Interpretation der Ergebnisse und das Rückmeldegespräch sollten nur durch Psychologen oder entsprechend kundige Personalfachleute erfolgen, da die Akzeptanz eines diagnostischen Verfahrens entscheidend mit der sachgerechten Rückmeldung verknüpft ist.

4.6 Auswertung

Relation zu anderen Testpersonen

Persönliche Eigenschaften lassen sich nicht – wie etwa die Temperatur – auf einer Skala mit einem fest definierten Nullpunkt messen. Die Aussage »Bei Herrn X ist die Teamorientierung hoch ausgeprägt« bedeutet insofern: »Im Vergleich zu anderen ist die Teamorientierung bei Herrn X hoch ausgeprägt«. Menschen lassen sich hinsichtlich der Ausprägung ihrer Eigenschaften immer nur in Relation zu anderen Personen beschreiben. In wissenschaftlich entwickelten psychologischen Testverfahren werden daher Personen mit dem Durchschnitt einer Referenzgruppe verglichen. Die Ausprägung einer bestimmten Eigenschaft ist stets vor diesem Hintergrund zu interpretieren. So ist etwa denkbar, dass bei einer Führungskraft die Leistungsmotivation relativ zu anderen höheren Führungskräften recht niedrig ausgeprägt ist, im Vergleich zur Gesamtbevölkerung der Bundesrepublik Deutschland jedoch eher hoch.

BIP+ (2. Aufl.) – Bochumer Inventar zur berufsbezogenen Persönlichkeitsbeschreibung, 2. Auflage – (Selbstbeurteilung) STEN Berufstätige Fach- und Führungskräfte

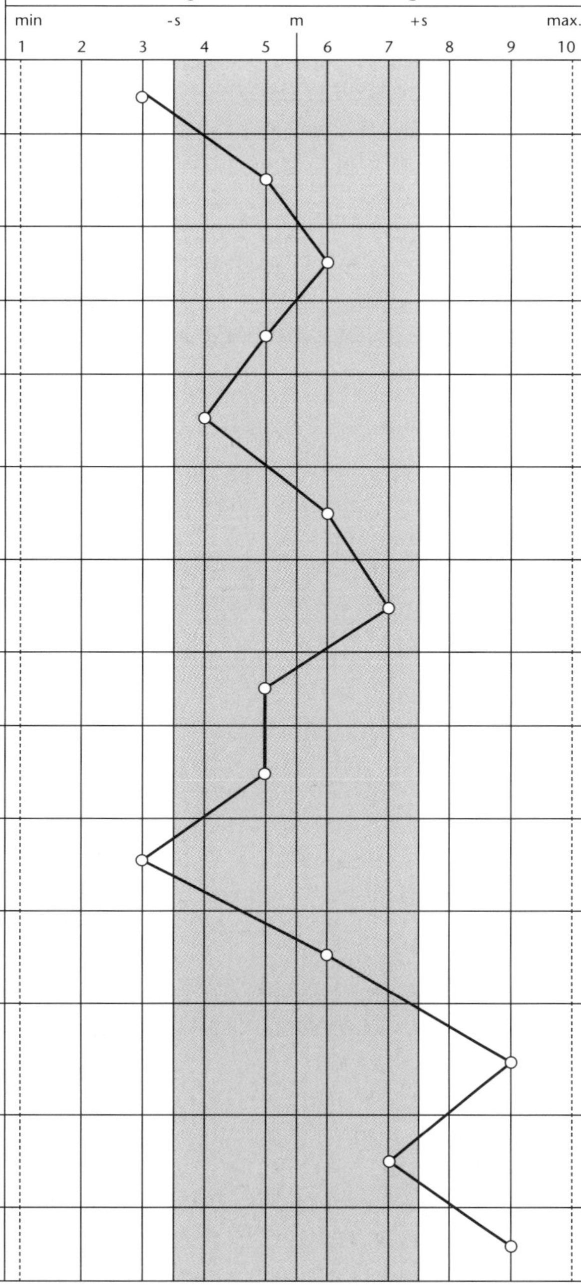

Rohwert	Norm	
46	3	**Leistungsmotivation** Steigerung der eigenen Leistung; hohe Anstrengungsbereitschaft
47	5	**Gestaltungsmotivation** Bereitschaft zur Einflussnahme; Veränderungswille bei Missständen
64	6	**Führungsmotivation** Präferenz von Führungsaufgaben; soziale Einflussnahme
52	5	**Gewissenhaftigkeit** Sorgfältiger Arbeitsstil; Zuverlässigkeit
53	4	**Flexibilität** Offenheit für Neues; Veränderungsbereitschaft; Bereitschaft, Ungewissheit zu tolerieren
62	6	**Handlungsorientierung** Rasche Umsetzung der gewählten Entscheidung in zielgerichtete Aktivität
59	7	**Sensitivität** Einfühlungsvermögen; sichere Interpretation von Verhaltensweisen anderer
63	5	**Kontaktfähigkeit** Zugehen auf andere; Pflege von Beziehungen und Netzwerken
57	5	**Soziabilität** Präferenz von Freundlichkeit; Rücksichtnahme; Wunsch nach Harmonie
38	3	**Teamorientierung** Kooperation; Zurücknahme eigener Profilierungsmöglichkeiten zugunsten des Teams
52	6	**Durchsetzungsstärke** Dominanz in sozialen Situationen; Konfliktbereitschaft; Wille, eigene Ziele zu verfolgen
79	9	**Emotionale Stabilität** Ausgeglichenheit; rasche Überwindung von Misserfolgen; Kontrolle der emotionalen Reaktionen
67	7	**Belastbarkeit** Physische Widerstandsfähigkeit; Bereitschaft zu außergewöhnlichen Belastungen
81	9	**Selbstbewusstsein** Selbstvertrauen; Unabhängigkeit von Urteilen anderer

Beispielprofil des *BIP* für die exemplarische Testperson des Buches

Dieser Zusammenhang unterscheidet seriöse psychologische Testverfahren von solchen, die nicht auf wissenschaftlicher Basis entwickelt wurden. Bei Letzteren entscheidet im Prinzip lediglich der Testautor, ab welcher Punktzahl er eine Eigenschaft als hoch, mittel oder niedrig ausgeprägt einordnen wird. Wissenschaftlich konstruierte Verfahren, zu denen das *BIP* gehört, kennen keine absolut hoch oder niedrig ausgeprägten Eigenschaften, sondern ausschließlich den Vergleich mit relevanten Personengruppen. Die für die Auswertung genutzte Vergleichsgruppe (in diesem Fall »Berufstätige Fach- und Führungskräfte«) ist jeweils oberhalb des Profils angegeben. Die Ergebnisse dieser Vergleichspersonen wurden entsprechend einer Normalverteilung auf die zehn Profilstufen verteilt. Bei einer Normalverteilung liegt der Großteil der Werte im mittleren Bereich (in der Abbildung Seite 147 grau hinterlegt), Extremwerte treten somit vergleichsweise selten auf.

Profil der Testperson

Für das vorliegende Profil der exemplarischen Testperson dieses Buches mit jeweils Profilpunkt 9 für die Skalen Emotionale Stabilität und Selbstbewusstsein bedeutet dies, dass lediglich bei einer geringen Prozentzahl (4,4 Prozent) vergleichbarer Personen die Selbsteinschätzung eine ähnliche Ausprägung aufweist (vgl. hierzu Teil C des Buches).

Bei einer Computer- oder einer Online-Auswertung ist zusätzlich zur grafischen Visualisierung des Ergebnisses durch das Profil eine schriftliche Ergebniszusammenfassung abrufbar. Aus Platzgründen ist eine vollständige Darstellung eines solchen Gutachtens nicht möglich. Nachfolgend wird daher für jede der vier Bereiche (Berufliche Orientierung, Arbeitsverhalten, Soziale Kompetenzen und Psychische Konstitution) exemplarisch das Kurzgutachten für eine Skala (entsprechend der Ausprägung im Beispielprofil) am Beispiel der exemplarischen Testperson vorgestellt (vgl. hierzu Teil C).

Berufliche Orientierung: Skala Führungsmotivation, Profilpunkt 6

Sie sind motiviert, im Rahmen Ihrer Tätigkeit auch Führungsaufgaben zu übernehmen. Es wirkt als Anreiz für Sie, neben fachlichen Aufgaben auch die Verantwortung für die Leitung und Steuerung anderer Personen zu tragen. Dabei können Sie – wenn notwendig – auch in den Handlungsspielraum der übrigen Beteiligten eingreifen und die entsprechenden Anweisungen geben. Allerdings konzentriert sich Ihr berufliches Engagement nicht ausschließlich auf Führungsaufgaben, sondern Ihnen ist ebenfalls die Auseinandersetzung mit fachlichen Aufgabenstellungen wichtig. Es gibt eine Reihe von Themen, die Sie gleichermaßen reizen; die Wahrnehmung von Führungsverantwortung stellt für Sie derzeit kein unbedingtes Muss dar.

Arbeitsverhalten: Skala Handlungsorientierung, Profilpunkt 6

Sie sind in vielen Situationen in der Lage, Ihre Aufgaben effizient und zielsicher zu bewältigen. Wenn Sie sich für ein bestimmtes Vorgehen entschieden haben, zögern Sie nur selten, bis Sie mit der Umsetzung Ihres Vorhabens beginnen. Es gelingt Ihnen meist, sich zunächst auf die naheliegenden Aspekte einer Aufgabe zu konzentrieren, ohne sich von anderen Faktoren bremsen oder ablenken zu lassen. Sie kennen sich jedoch auch als Person, die unangenehme Pflichten gern aufschiebt und gelegentlich Probleme damit hat, unterschiedliche Anforderungen optimal zu koordinieren. Bei einer Vielzahl komplexer Aufgabenstellungen könnte es für Sie hilfreich sein, sich immer wieder abgegrenzte und überschaubare Teilziele zu setzen, damit Ihnen die effektive Bewältigung von zeitgleichen Anforderungen oder eher unangenehmen Aufgaben leichter von der Hand geht.

Soziale Kompetenzen: Skala Teamorientierung, Profilpunkt 3

Ihnen sind Autonomie und Eigenständigkeit bei der Erfüllung Ihrer beruflichen Aufgaben wichtig, Sie sehen sich jedoch nicht als »Einzelkämpfer«. Sie schätzen es, nicht ständig auf die Unterstützung durch andere angewiesen zu sein. Es bedeutet Ihnen viel, die Verantwortung für Arbeitsergebnisse allein tragen zu können, und Sie sind der Auffassung, dass Teamarbeit der Einzelarbeit nicht in allen Fällen überlegen ist. In einer Tätigkeit, die Ihnen vorrangig selbstständiges und von anderen unabhängiges Handeln erlaubt, fühlen Sie sich am wohlsten. Die immer komplexer werdenden Herausforderungen haben jedoch ein Umdenken in Gang gesetzt, das in vielen Unternehmen zu einer verstärkten Förderung interdisziplinärer Zusammenarbeit geführt hat. Unabhängig davon existieren bei der Mehrzahl beruflicher Aufgaben verschiedenste Situationen, in denen ein abgestimmtes, gemeinsames Vorgehen gegenüber der Einzelarbeit zusätzliche Vorteile erbringt, etwa dadurch, dass tatsächlich alle vorhandenen Ressourcen erkannt und ausgeschöpft werden. Es kann diesbezüglich für Sie sinnvoll sein, Ihr Handlungsspektrum in die beschriebene Richtung weiter auszubauen, indem Sie sinnvolle Gelegenheiten zur Kooperation in der Planungsphase häufiger nutzen, um verstärkt gemeinsame Ziele zu formulieren und zu vertreten.

Psychische Konstitution: Skala Emotionale Stabilität, Profilpunkt 9

Im Umgang mit Problemen und Sorgen zeichnen Sie sich durch ein hohes Maß an Überlegenheit aus. Sie kommen außerordentlich schnell über Rückschläge hinweg, und es gelingt Ihnen ohne Weiteres, sich nach Niederlagen neu zu motivieren. Sie haben eine optimistische Lebensauffassung und fühlen sich so gut wie nie durch persönliche Probleme beeinträchtigt. Bei Schwierigkeiten und Misserfolgen kennen Sie kaum negative Gefühle und lassen sich in Ihrer Arbeitsfähigkeit auch nicht beeinträchtigen. Ihre Stabilität erlaubt Ihnen, auch solche Tätigkeiten erfolgreich zu bewältigen, bei denen Sie einem hohen psychischen Druck ausgesetzt sind. Für Sie könnte es hilfreich sein, das eigene Verhalten nach Konflikten und problematischen Situationen intensiver zu hinterfragen und zu prüfen, welche Konsequenzen hieraus für das zukünftige Vorgehen zu ziehen sind. Emotional sehr stabile Personen zeichnen sich nämlich häufig dadurch aus, dass sie relevante Probleme nur oberflächlich verarbeiten und somit wichtige Signale teilweise nicht als solche erkennen.

4.7 Qualitätskriterien

Objektivität Die folgende Tabelle gibt Aufschluss über die verschiedenen Facetten der Objektivität sowie ihr zuträgliche Aspekte beim *BIP*.

Objektivität	Förderliche Aspekte beim BIP
Durchführung	Anleitung zur Durchführung sowie schriftliche Testanweisung mit Beispielen vorhanden
Auswertung	Formale Auswertung durch vorgegebene Auswertungsschritte sowohl bei der Papierversion als auch bei der Computerversion
Interpretation	Zahlreiche Normgruppen Ausführliche Beschreibung der Skalen Beispielhafte Profilinterpretationen

Zur Objektivität des *BIP*

Reliabilität

Die vorliegenden Werte (folgende Tabelle, *Cronbachs Alpha* der 14 Dimensionen zwischen α = .74 und .91) sprechen dafür, dass die Skalen des *BIP* inhaltlich relativ homogen sind und die mit den Skalen erfassten Facetten der jeweiligen Persönlichkeitseigenschaften mit guter Genauigkeit gemessen werden (*Collatz & Hossiep* 2004). Ergänzend wird jeweils der Split-Half-Reliabilitätskoeffizient (Berechnung der Übereinstimmung von zwei Test- bzw. Skalenhälften) angegeben. Des Weiteren werden Retest-Reliabilitäten (Wiederholung des Tests mit dem gleichen Teilnehmer) ausgewiesen. Insgesamt können die Kennwerte als sehr zufriedenstellend eingestuft werden.

Reliabilität / Skala	Cronbachs Alpha N > 9138	Split-Half N > 9138	Retest Zeitraum 8–10 Wochen N = 108	Retest Zeitraum 5–36 Monate N = 146
Leistungsmotivation	.81	.80	.79	.77
Gestaltungsmotivation	.74	.72	.77	.71
Führungsmotivation	.87	.90	.87	.77
Gewissenhaftigkeit	.83	.82	.85	.75
Flexibilität	.87	.87	.86	.71
Handlungsorientierung	.85	.86	.82	.69
Sensitivität	.85	.87	.84	.71
Kontaktfähigkeit	.90	.86	.89	.80
Soziabilität	.76	.79	.86	.80
Teamorientierung	.89	.89	.78	.71
Durchsetzungsstärke	.85	.88	.81	.77
Emotionale Stabilität	.89	.87	.86	.74
Belastbarkeit	.91	.91	.84	.79
Selbstbewusstsein	.85	.86	.86	.74

Zur Reliabilität des *BIP*

Validität

Validität	Statistische Kennwerte
Kriteriumsvalidität (Korrelation eines Tests mit einem als relevant angesehenen Außenkriterium)	Multiple Korrelationen • mit dem beruflichen Entgelt R = .39 • mit der hierarchischen Position R = .41 • mit der eigenen Berufserfolgseinschätzung R = .49 • mit der eigenen Arbeitszufriedenheit R = .41 • mit Maßen für Studienverlauf und Berufsplanung R = .20 bis R = .41
Konstruktvalidität (Test erfüllt theoriegeleitete Vorstellungen)	Korrelationen mit entsprechenden Skalen anderer Persönlichkeitstests (EPI, NEO-FFI, 16PF-R) zwischen r = .54 und r = .84

Zur Validität des *BIP*

Untersuchungen zur Kriteriumsvalidität haben gezeigt, dass es substanzielle Zusammenhänge der *BIP*-Skalen mit Merkmalen beruflichen Erfolgs und beruflicher Zufriedenheit gibt. Zusammenhänge zwischen *BIP*-Skalen und Einkommen, Hierarchiestufe oder beruflicher Zufriedenheit bewegen sich auf einem Niveau von r = .39 und .49 (*Hossiep & Mühlhaus* 2005).

Soziale Validität

Mittlerweile hat sich als Ergänzung zu den klassischen Gütekriterien ein Konzept der sog. »sozialen Validität« etabliert. Der Begriff ist eine Sammelbezeichnung für bestimmte Aspekte, die förderlich dafür sind, eine eignungsdiagnostische Situation für den Teilnehmer möglichst akzeptabel zu gestalten. Wie bereits an anderer Stelle erwähnt, werden Persönlichkeitstests im Rahmen von Personalauswahl und -entwicklungsmaßnahmen bisher nur sporadisch eingesetzt. Dies hängt sicherlich nicht zuletzt damit zusammen, dass vielen dieser Verfahren die soziale Validität fehlt. Als positiv für die Akzeptanz des *BIP* durch die Teilnehmer haben sich die gut kommunizierbaren Testskalen, die Transparenz der Testfragen sowie deren erkennbarer Berufsbezug erwiesen. Das Verfahren wird von einer breiten Mehrheit der Teilnehmer als sinnvoll eingeschätzt, insbesondere für Beratungszwecke, aber auch im Rahmen einer Bewerbung (*Marcus* 2004).

Fragestellung	Ablehnende Rückmeldungen	Mittlere Antwortstufe	Zustimmende Rückmeldungen
Einsatz des BIP zur Unterstützung von Platzierungsentscheidungen (N = 4034)	11,92 % (nicht sinnvoll)	14,68 %	73,40 % (sinnvoll)
Einsatz des BIP zu Beratungszwecken (N = 3994)	3,66 % (nicht sinnvoll)	6,39 %	89,95 % (sinnvoll)
Angemessenheit der Fragen des BIP im Rahmen einer Bewerbung (N = 4004)	10,14 % (unangemessen)	11,72 %	78,14 % (angemessen)

Zur sozialen Validität des *BIP*

Normierung

Die Normierung des *BIP* stützt sich auf eine breit abgesicherte Datenlage (n = 9326 Personen). Es gibt eine Gesamtnorm für alle Teilnehmer, die abhängig von Alter und Geschlecht noch einmal differenziert wird. Darüber hinaus liegen getrennte Normen vor

- für Hochschulabsolventen: Gesamtnorm sowie aufgeteilt nach Fachbereichen
- für Berufstätige: Gesamtnorm sowie Differenzierung für verschiedene betriebliche Hierarchiestufen (Sachbearbeiter, Abteilungsleiter, Bereichsleiter, Geschäftsführer etc.) sowie für unterschiedliche Funktionsbereiche (EDV / Organisation, Controlling / Rechnungswesen, Marketing / Werbung, Forschung / Entwicklung, Personal / Weiterbildung).

Die Testergebnisse können sowohl auf einem zehnstufigen Profil (sog. Standard-Ten-Normierung) als auch auf einem neunstufigen Profil (Standard-Nine-Normierung) ausgewiesen werden.

4.8 Ausbildung und Akkreditierung

Im Gegensatz zu anderen Testverfahren verzichten die Autoren bewusst auf eine spezielle verbindliche Ausbildung bzw. ein Lizenzierungsverfahren, um das *BIP* anwenden zu dürfen. Durch den freien Zugang für Personalexperten soll eine möglichst breite Nutzung gefördert werden. Gleichwohl verlangt das Verfahren einen qualifizierten Anwender, um sein Potenzial voll entfalten zu können. Somit ist eine intensive Einarbeitung in das komplexe Instrument als Basis für dessen sinnvolle Anwendung unerlässlich. Über den *Hogrefe-Verlag* in Göttingen, Deutschland (weitere Informationen unter *www.hogrefe.de/seminare*) und den *Hans-Huber-Verlag* in Bern, Schweiz (weitere Informationen unter *www.testzentrale.ch/de/schulung*) werden zur Unterstützung *BIP*-Anwenderseminare angeboten.

4.9 Schnuppertest

Einen kleinen Einblick in das Testverfahren liefert die folgende Tabelle. Die Leitfragen unterstützen bei der Erschließung der Skalen – sie fassen den inhaltlichen Kern der jeweiligen Skala noch einmal zusammen. Zusätzlich wird jeweils eine Beispielaussage aus dem Originalfragebogen vorgestellt.

Bereich	**Skala**	**Leitfrage**	**Beispiel zur Einschätzung** O–O–O–O–O–O trifft voll zu … trifft überhaupt nicht zu
Berufliche Orientierung Wie bringe ich mich ein?	Leistungsmotivation	Inwieweit stelle ich hohe Leistungsanforderungen an mich?	Ich bin ausgesprochen ehrgeizig.
	Gestaltungsmotivation	Wie wirke ich auf Prozesse ein?	Es ist mir in meinem Leben gelungen, eine ganze Menge zu bewegen.
	Führungsmotivation	Wie wirke ich auf andere Personen ein?	Ich strahle Autorität aus.

Bereich	**Skala**	**Leitfrage**	**Beispiel zur Einschätzung** ○–○–○–○–○–○ trifft voll zu … trifft überhaupt nicht zu
Arbeitsverhalten Wie arbeite ich?	Gewissenhaftigkeit	Wie wichtig sind für mich Detailorientierung und Perfektionismus?	Ich nehme die Dinge ganz genau.
	Flexibilität	In welchem Ausmaß bin ich willens, mich immer wieder umzustellen?	Wenn ich vor völlig unerwarteten Situationen stehe, fühle ich mich richtig in meinem Element.
	Handlungsorientierung	Wie zielgerichtet setze ich getroffene Entscheidungen in Handlungen um?	Ich zögere nicht mit der sofortigen Umsetzung von Beschlüssen.
Soziale Kompetenz Wie gehe ich mit anderen um?	Sensitivität	Wie sicher erspüre ich Gefühle anderer?	Ich bemerke mit großer Sicherheit, wie sich mein Gegenüber fühlt.
	Kontaktfähigkeit	In welchem Umfang verhalte ich mich sozial offensiv?	Wenn ich auf fremde Personen treffe, finde ich ohne Schwierigkeiten ein Gesprächsthema.
	Soziabilität	Wie wichtig ist mir ein harmonisches Miteinander?	Ich komme mit jedem gut klar.
	Teamorientierung	Wie stark bevorzuge ich Teamarbeit?	Wenn ich die Wahl habe, bearbeite ich Aufgaben lieber gemeinsam mit anderen.
	Durchsetzungsstärke	Mit welcher Vehemenz verfolge ich anderen gegenüber meine Ziele?	Andere haben es schwer, in einer Auseinandersetzung mit mir die Oberhand zu gewinnen.

Bereich	Skala	Leitfrage	Beispiel zur Einschätzung O–O–O–O–O–O trifft voll zu … trifft überhaupt nicht zu
Psychische Konstitution Wie gehe ich mit mir um?	Emotionale Stabilität	In welchem Ausmaß bin ich emotional robust?	Mich wirft so leicht nichts aus der Bahn.
	Belastbarkeit	Wie viel will und kann ich mir an Belastung zumuten?	Auch wenn ich sehr hart arbeiten muss, bleibe ich gelassen.
	Selbstbe-wusstsein	Wie überzeugt bin ich von mir als Person?	Ich bin selbstbewusst.

Leitfragen und Beispielaussagen zum *BIP*

4.10 Vertrieb

Das *BIP* kann über folgende Adressen sowohl als Paper-Pencil-Verfahren als auch als PC-gestützte Version bezogen werden. Des Weiteren bietet der Verlag auch eine Online-Testung an. Die Bedienung des sehr zuverlässigen Testsystems, welches mehrmals pro Jahr Updates erfährt, ist unkompliziert und an den bekannten Windows-Standards orientiert. Über das Projektteam Testentwicklung an der *Ruhr-Universität Bochum* ist die Teilnahme an der aktuellen Forschungsversion ebenfalls möglich.

Hogrefe Testzentrale
Robert-Bosch-Breite 25
37079 Göttingen
Fon: +49 (0) 5 51 / 5 06 88-0/ -14/ -15
E-Mail: *testzentrale@hogrefe.de*
Internet: *www.testzentrale.de*

Projektteam Testentwicklung c/o Dr. Rüdiger Hossiep
Ruhr-Universität Bochum, Fakultät für Psychologie GAFO 04/979
Universitätsstr. 150
44780 Bochum
Fon: +49 (0) 2 34 / 3 22 46 23
E-Mail: *www.bip@rub.de*
Internet: *www.testentwicklung.de*

Literatur

Borkenau, P. & Ostendorf, F.: *NEO-Fünf-Faktoren-Inventar nach Costa & McCrae.* Göttingen: Hogrefe,1993.

Collatz, A. & Hossiep, R.: »*BIP* Bochumer Inventar zur berufsbezogenen Persönlichkeitsbeschreibung.« In W. Sarges & H. Wottawa (Hrsg.): *Handbuch wirtschaftspsychologischer Testverfahren.* Lengerich: Papst, 2. Aufl. 2004, S. 131–137.

Domke, B.: »Persönlichkeitstests: Der gläserne Kandidat.« *Karriere* 9/2005, S. 60–62.

Hossiep, R. & Paschen, M.: »Psychologische Testverfahren.« In: T. Sattelberger (Hrsg.): *Personalberatung in Deutschland.* München: Beck, 1999, S. 266–281.

Hossiep, R., Paschen, M. & Mühlhaus, O.: *Persönlichkeitstests im Personalmanagement. Grundlagen, Instrumente und Anwendungen.* Göttingen: Verlag für Angewandte Psychologie, 2000.

Hossiep, R. & Paschen, M.: *Bochumer Inventar zur berufsbezogenen Persönlichkeitsbeschreibung – BIP.* Göttingen: Hogrefe, 2. Aufl. 2003.

Hossiep, R. & Mühlhaus, O.: *Personalauswahl und -entwicklung mit Persönlichkeitstests.* Göttingen: Hogrefe, 2005.

Kuhl, J.: »Handlungs- und Lageorientierung.« In: W. Sarges (Hrsg.): *Management-Diagnostik.* Göttingen: Hogrefe, 3. Aufl. 2000, S. 303–316.

Marcus, B.: »Rezension der 2. Auflage des Bochumer Inventars zur berufsbezogenen Persönlichkeitsbeschreibung (*BIP*) von R. Hossiep und M. Paschen.« In: *Zeitschrift für Arbeits- und Organisationspsychologie,* 48, 2004, S. 79–86.

McClelland, D.C.: *Human Motivation.* Cambridge: Cambridge University Press, 1987.

Paschen, M. & Hossiep, R.: »Psychologische Fragebogen als Bestandteil der AC-Methode.« In: W. Jochmann (Hrsg.): *Innovationen im Assessment-Center.* Stuttgart: Schäffer-Poeschel, 1999, S. 129–155.

Rauen, C.: *Coaching.* Göttingen: Hogrefe, 2003.

Über die Autoren

Sabine Bräutigam, Diplom-Psychologin, ist seit 2005 wissenschaftliche Mitarbeiterin im Projektteam Testentwicklung an der Fakultät für Psychologie der *Ruhr-Universität Bochum*. Ein Hauptaugenmerk ihrer Forschung liegt auf der praxisadäquaten Erfassung von berufsbezogenen Persönlichkeitseigenschaften, und zwar sowohl in Bezug auf die Anforderungen von beruflichen Positionen als auch auf die Selbst- und Fremdbeschreibung von Personen. Ferner ist sie als freiberufliche Beraterin in Personalauswahl- und -entwicklungsprozessen für verschiedene Unternehmen tätig.

Dr. Rüdiger Hossiep, Diplom-Psychologe, ist seit 1990 Dozent an der Fakultät für Psychologie der *Ruhr-Universität Bochum,* wo er im Fach Psychologische Diagnostik lehrt und forscht. Dort leitet er zudem das Projektteam Testentwicklung. Zuvor war er fünf Jahre als Betriebspsychologe bei der *Deutschen Bank AG* in Frankfurt tätig. Weitere Stationen waren die Unternehmensberatungsgesellschaft *Schröder & Partner* in Düsseldorf sowie nach dem Studium der Psychologie, Wirtschafts- und Sozialwissenschaften für anderthalb Jahre die *Ruhr-Universität Bochum. Rüdiger Hossiep* ist Autor von mehreren einschlägigen Fachbüchern sowie von psychologischen Testverfahren für den Fach- und Führungskräftebereich (u. a. vom *BIP)* und zählt in Wissenschaft und Praxis zu den führenden Management-Diagnostikern im deutschsprachigen Raum. Seit 1984 hat er über 300 mehrtägige Verhaltenstrainings für Führungskräfte durchgeführt und ist seit 1995 im Coaching für den Managementbereich tätig.

5. Das DISG Persönlichkeitsprofil[1]

Lana Ott, Renate Wittmann und Friedbert Gay

5.1 Theoretische Quellen und Verwandtschaften

Das *DISG Persönlichkeitsprofil* wurde 1970–1972 an der Universität von Minneapolis entwickelt. In Abgrenzung zu dem damals schon bekannten *MMPI (Minnesota Multiphasic Personality Inventory)* derselben Universität hatte Professor *John Geier* den Forschungsauftrag, ein Programm zu entwickeln, welches Führungskräften helfen sollte, Leistungsdefizite zu erkennen und zu überwinden. Eines der Hauptergebnisse war das *DISG Persönlichkeitsprofil*, ein Modell, das das Verhalten von Menschen in ihrer Arbeitsumgebung abbildet und vor allem in der Arbeitswelt (im außerklinischen Bereich) einsetzbar ist. *Geier* führte die Begriffe *Dominance (Dominanz), Inducement (Anreiz), Submission (Unterwerfung) und Compliance (Unterwürfigkeit)* (DISC) ein und beschrieb ein Wahrnehmungsmodell mit vier eindeutig differenzierbaren menschlichen Emotionen.

Selbstauswertung und -interpretation

Geier experimentierte mit verschiedenen Fragebogen und Skalierungen und verwendete dann ein bereits bekanntes Fragebogenformat mit 24 Wortgruppen, bei denen er theoriegeleitet die Items der einzelnen Wortgruppen entwickelte. Die Auswertungsergebnisse baute er auf einer Grafik mit ipsativer Skalierung auf. Von Anfang an setzte er darauf, dass die Probanden in der Lage sein sollten, das Profil selbst auszufüllen, selbst auszuwerten und selbst die Interpretation zu erarbeiten.

John Geier integrierte zusätzliche Theorien in seine Arbeiten und ergänzte mit *Dorothy Downey* 1989 bis 1994 das *DISG Persönlichkeitsprofil* um weitere

1 DISG®, persolog® und EIQ® sind eingetragene Warenzeichen.

Interpretationsstufen (auf insgesamt sieben) mit Handlungsstrategien. Es flossen theoretische Betrachtungen von *Erich Fromm* (nonproduktive versus produktive Charaktere), *Alfred Adler* (Konzept der Kompensation) und *Martin Fishbein* (Einstellungsforschung) mit ein.

> Das DISG Persönlichkeitsmodell verbindet ein psychologisches Wahrnehmungsmodell mit einem Handlungsmodell und ist ein Instrument zur situativen Verhaltensmessung.

5.2 Historischer Abriss des Modells

Bereits ab 1965 arbeitete *Geier* mit einem ersten Wahrnehmungsmodell mit den Buchstaben D, I, S und G. Nach vielen Testreihen kam die erste Version des *DISG Persönlichkeitsprofil*s auf den Markt, das zu dieser Zeit ausschließlich im universitären Kontext Anwendung fand.

Anwendung im Business ab 1972

Ab 1972 wurde das *DISG Persönlichkeitsprofil* zum ersten Mal in *The School of Managers* eingesetzt. Wenig später folgte der Start im Businessbereich. *John Geier* gründete mit Kollegen dazu ein Unternehmen mit dem Namen *Performax*. Von 1972 bis 1979 führte *Geier* unzählige Einzel- und Gruppeninterviews durch, auf deren Basis er die Aussagen für die einzelnen *DISG* Stile gewann. Er begann, Trainer und Berater zu qualifizieren, und setzte das *DISG Persönlichkeitsprofil* nach eigenen Aussagen bis 1979 bereits zwanzigmillionenmal ein.

1979 verkaufte *Geier* das Produkt *Personal Profile System* (*DISG Persönlichkeitsprofil*, Stand 1972) und einige andere Instrumente an die *Carlson Marketing Group* für die Verwendung im kommerziellen Markt. Fünf Jahre nach seinem Weggang von *Carlson Learning* gründete *Geier* 1989 die *Geier Learning Inc.* Zusammen mit *Dorothy Downey* arbeitete er an der Weiterentwicklung des Modells und integrierte Forschungsergebnisse der Psychologie, der Sozialpsychologie und der Biologie. Professor *David Lykken* von der Universität von Minneapolis und Professor *Paul Meehl* empfahlen *Geier*, das Fragebogenformat zu verändern und die Theorien zu ergänzen, woraufhin dieser mit beiden zusammen für das Profil zwei unterschiedliche Fragebögen im ipsativen Format entwickelte. Dies ermöglicht eine genauere Auswertung und Interpretation der drei Diagramme. Da die ipsative Skalierung die Selbstauswertung und -interpretation ermöglicht, gibt es dieses Format bis heute als Möglichkeit zusätzlich zu den

Onlineauswertungen im Internet. Durch das neue Antwortformat konnten mehr Daten gewonnen werden (komplexe Verhaltensstile), so dass heute 20 Verhaltensmischungen mit 3 verschiedenen Diagrammen (theoretisch 7200 Varianten) beschrieben werden.

Das *DISG Persönlichkeitsprofil* wurde 1990 im deutschen Markt eingeführt. Seitdem wird es fortlaufend statistisch untersucht (1992; 1997; 2000 und 2005–2006) und weiterentwickelt. Seit 2004 wird die erweiterte Version von *John Geier* auf dem deutschen Markt angeboten. Außerdem wird seit 2004 der weltweite Vertrieb und somit die gesamte Entwicklungsverantwortung von Deutschland aus betrieben. *John Geier* und *Dorothy Downey* sind neben der eigenen Entwicklungsabteilung nach wie vor Forschungsressource für die *persolog GmbH.*

5.3 Gliederung und Beschreibung des Verfahrens

Situativer Ansatz

Ziel des *DISG Persönlichkeitsprofils* ist die standardisierte Erfassung des Selbstbildes einer Person im Hinblick auf relevante verhaltensbezogene Beschreibungen in einem bestimmten Umfeld. Die Festlegung eines Umfeldes bzw. der Rolle oder der konkreten Situation, für die das Profil erstellt wird, ist wesentlich für das gesamte Verfahren und weist auf den situativen Ansatz des *DISG* Persönlichkeitsmodells hin.

> Im Unterschied zu den dispositionell eigenschaftstheoretischen Ansätzen erhebt das *DISG Persönlichkeitsprofil* nicht den Anspruch, distinkte Persönlichkeitsmerkmale zu ermitteln, sondern eruiert situationsbedingte Verhaltensmerkmale einer Person. So bietet das Profil die Option, den Fragebogen mehrmals auszufüllen, und zwar jeweils mit Blick auf ein anderes Umfeld.

Das *DISG Persönlichkeitsprofil* befasst sich mit der Frage nach der Wahrnehmung des Umfeldes und der Reaktion darauf. Nach dem *DISG* Modell ist die Persönlichkeit eine Funktion der Wahrnehmung und der Reaktion einer Person auf die jeweilige Lebenssituation. Zur Beschreibung der Wahrnehmung des Umfeldes dienen die Pole *angenehm bzw. nicht stressig* sowie *anstrengend bzw. stressig.* Hinsichtlich der Reaktion auf das Umfeld wird eine Person durch die Pole *bestimmt und zurückhaltend* beschrieben. Hieraus ergeben sich die folgenden vier Quadranten, die vier grundlegende Verhaltensdimensionen beschreiben:

- D – Dominanz (anstrengend / stressig und bestimmt)
- I – Initiative (angenehm / nicht stressig und bestimmt)
- S – Stetigkeit (angenehm / nicht stressig und zurückhaltend)
- G – Gewissenhaftigkeit (anstrengend / stressig und zurückhaltend)

Dominante Verhaltensdimension	**Initiative Verhaltensdimension**
Ziel: Das Umfeld formen; Widerstand überwinden, um Ergebnisse zu erzielen *Grundangst:* Bezwungen zu werden *Grundbedürfnis:* Unabhängigkeit *Motivation:* Möglichkeiten, sich zu behaupten; sich mit anderen messen; zeigen, was man kann; sich Respekt verschaffen; sich durchsetzen; gefürchtet sein; um das Überleben kämpfen; erfolgreich sein	*Ziel:* Das Umfeld formen; andere einbinden, um Ergebnisse zu erzielen *Grundangst:* Benachteiligt zu werden *Grundbedürfnis:* Akzeptiert zu werden *Motivation:* Möglichkeit, Spaß zu haben; die Gefühle anderer verstehen; mit Menschen umgehen; Angst unterdrücken, indem man in Bewegung bleibt und Zeit und Mühe nicht aufrechnet
Gewissenhafte Verhaltensdimension	**Stetige Verhaltensdimension**
Ziel: Mit anderen über mögliche Konsequenzen von Aktivitäten reden *Grundangst:* Kritisiert zu werden *Grundbedürfnis:* Dinge richtig machen *Motivation:* Möglichkeit, andere fair zu behandeln; die Welt verbessern; Fehler ausmerzen; die eigene Ansicht rechtfertigen; alles nach einer einheitlichen Vorstellung beurteilen; sich von bedrohlichen Dingen fernhalten	*Ziel:* Mit anderen zusammenarbeiten, um Ergebnisse zu erzielen *Grundangst:* Alleine zu sein *Grundbedürfnis:* Sicherheit *Motivation:* Möglichkeit, die wahren Gefühle auszudrücken; ablehnen, was den Vorstellungen widerspricht; von anderen wichtig genommen werden; Forderungen gegenüber anderen rechtfertigen

Überblick über die vier Verhaltensdimensionen

Das *DISG Persönlichkeitsprofil* diagnostiziert bestimmte Ausprägungen von Verhaltenstendenzen einer Person anhand der Zuordnung des eigenen Profils im oben beschriebenen Modell. Unter der Berücksichtigung der individuell unterschiedlichen Kombinationsmöglichkeiten der Verhaltensdimensionen ergeben sich aus den vier Verhaltensdimensionen 20 verschiedene Mischformen (ausgeprägte primäre und sekundäre Verhaltensdimensionen), die so genannten Verhaltenstendenzen einer Person.

Verhal-tens-tendenz	Allgemeine Verhaltensbeschreibung
1/D	Nutzt Chancen; geht gerne mit schwierigen Situationen um; setzt Prioritäten; gibt Anweisungen; macht andere Menschen für das eigene Handeln verantwortlich: misst Ergebnisse, belohnt und bestraft; lehnt eine langsamere, überlegtere Art der Zusammenarbeit ab; bevorzugt Wettbewerbssituationen; reagiert schnell und entschlossen.
2/I	Kämpft um Aufmerksamkeit; will im Mittelpunkt stehen; teilt Ratschläge, Arbeitsmaterial und Erfolg mit anderen; baut sofort mit anderen ein harmonisches Verhältnis durch Gefühle und Überzeugungskraft auf; ermutigt andere, offen zu sprechen; tadelt andere nicht gerne; vermeidet es, Gleiches mit Gleichem zu vergelten; verlässt sich darauf, dass andere ihn / sie unterstützen.
3/S	Gibt ein stetiges Tempo vor und hält sich daran; ist geduldig; erfüllt Pflichten; erwartet und zeigt Loyalität; schenkt wichtigen Details Aufmerksamkeit; äußert und verteidigt persönliche Überzeugungen und Werte; kann sich für die Natur und ein schönes Umfeld begeistern.
4/G	Konkurriert eher mit Dingen als mit Menschen; will es anderen recht machen; versucht, andere für die Zusammenarbeit zu gewinnen, anstatt zu fordern, und macht wenn nötig Kompromisse; fügt sich respektierter Autorität; glaubt, dass harte Arbeit und Fairness sich auszahlen; sucht Verantwortungsbereiche, in denen er / sie konzentriert alleine arbeiten kann.
12/DI	Will sich lieber von der Gruppe absetzen, als einer von vielen zu sein; ist erfolgreich als treibende Kraft für Veränderungen und durch großen Einfluss; spornt andere an; arbeitet frei und unabhängig; gibt ein schnelles Tempo vor; kann ohne Anweisungen arbeiten.
21/ID	Nutzt die Motivation anderer; zieht die Aufmerksamkeit anderer durch eine positive Einstellung und eine überlegte Sprache auf sich; erhält Unterstützung von anderen; versucht, frühere Erfolge zu wiederholen; wird ärgerlich, wenn Routine ihn / sie festnagelt; möchte gut aussehen und sich gut fühlen; mag keine undurchsichtigen Situationen.
13/DS	Wandelt Frustration in ein Mittel zur Bereinigung von Problemen um; entwickelt eine besondere Kombination von Bestimmtheit und sorgfältiger, konsequenter Arbeit; bringt die eigene Meinung überzeugend vor; erzwingt eine Vorgehensweise; wehrt sich gegenüber Widersachern und legt seichte Argumente offen.

14 / DG	Handelt praktisch; stellt Fragen, anstatt Analysen zu erzwingen; findet Lösungen, die durch Logik und Erfahrung geprägt sind; bereitet sich umfassend vor; initiiert und entwickelt; hält zu allen (außer zu engen Mitarbeitern) Distanz; ist glücklich, wenn er / sie Projekte alleine durchziehen kann; vermeidet Einschränkungen durch andere.
123 / DIS	Kann mit unterschiedlichen Leuten gut kommunizieren; ist bereit, zuzuhören, Fragen zu stellen, zu verhandeln und Kompromisse einzugehen; wird von neuen Ideen, guter Laune und freundlich gesinnter Rivalität stimuliert; ist selbstbewusst; nutzt sowohl Gefühle als auch Fakten, um persönliche Überzeugungen zu untermauern.
23 / IS	Nimmt Kontakt mit Menschen auf, um ein angenehmes und freundliches Umfeld zu schaffen; baut Brücken zwischen einzelnen Mitarbeitern und Arbeitsteams; andere verspüren Zuneigung für ihn / sie; ist oft zu verständig und zieht andere nicht für ihre Handlungen zur Rechenschaft; teilt mit anderen und bindet sie in die Entscheidungsfindung ein.
31 / SD	Kritischer Zuhörer; sucht nach Schwächen in konträren Positionen; ist eifrig, sorgfältig und wachsam; verknüpft Fakten, um neue Arbeitsmethoden zu entwickeln; verschafft sich Respekt durch Handlungen, weniger durch Worte; stellt unliebsame Fragen; sammelt gerne Wissen an und entwickelt oft Fachkenntnisse auf einem bestimmten Gebiet.
41 / GD	Wägt alle Aspekte eines Problems ab; hat Schwierigkeiten, die richtige Entscheidung zu treffen; trifft Entscheidungen aufgrund von wiederholten Prüfungen und Praxis; klärt Probleme und vereinfacht Prozesse; wählt ein bedächtiges Tempo, formuliert sorgfältig und gibt genaue Erklärungen; umsorgt, hilft, zeigt Einfühlungsvermögen nur gegenüber engen Freunden.
124 / DIG	Erreicht eine positive Kehrtwende; ist fasziniert von neuen Verfahren und Methoden; prüft und selektiert die besten Ideen und baut sie in das bestehende System ein, um die Qualität zu verbessern; ist fantasievoll, eigensinnig und gewissenhaft; liefert praktische und messbare Methoden zur Arbeitsbewertung.
24 / IG	Erfüllt die Bedürfnisse anderer; rechnet mit Schwierigkeiten und bereitet sich darauf vor; ist einfallsreich; improvisiert, bringt Dinge voran; liefert plausible Gründe für Richtungsänderungen; bewertet Ereignisse und Menschen kritisch; ist offen für neue oder bestechende Ideen.
32 / SI	Schafft eine Atmosphäre guten Willens, hört aufmerksam zu; gibt anderen, was sie wirklich brauchen, auch wenn es zusätzliche Mühe kostet; ist offen für neue Ideen und Verfahren; nimmt die Meinung anderer ernst; ahmt erfolgreiche Kollegen nach; organisiert; überprüft wichtige Details; ist ehrlich, warmherzig und anerkennend.

42 / GI	Ist freundlich, taktvoll und angenehm; zeigt akzeptiertes und berechenbares Verhalten; neigt dazu, mehr für sich als für andere im Konjunktiv zu sprechen; entwickelt analytische und systematische Ansätze; erwartet Belohnungen wie Gehaltserhöhungen und andere Vorteile, wenn er / sie das Richtige tut; kann das Ergebnis einer Ereigniskette vorhersagen.
134 / DSG	Bringt Glaubwürdigkeit in ungeordnete Situationen; hat Erfolg bei der Lösung komplexer Probleme; baut eine Datenbank auf und entwickelt daraus Prozesse; hält sich an Regeln und Vorschriften; übernimmt von anderen schwierige oder unangenehme Aufgaben; Smalltalk liegt ihm / ihr nicht, oft arbeitet er / sie alleine.
234 / ISG	Baut harmonische Beziehungen auf; betrachtet Traditionen und Rituale als nützlich für die Festigung von Beziehungen; unterstützt andere bei Planung und Organisation; ist sachkundig und freundlich; analysiert Probleme und deckt Ungereimtheiten auf; formuliert wertend, wenn er / sie enttäuscht oder verstimmt ist; legt viel Wert auf Kenntnisse in Fachgebieten.
34 / SG	Verdient sich Anerkennung; ist erfolgreich durch Fleiß; sammelt Daten, um Schlussfolgerungen zu untermauern; strebt nach Sicherheit, indem er / sie sich Gewissheit über Ideen verschafft; stellt infrage, macht Kompromisse, erreicht Konsens; will Verantwortung mit anderen teilen und lässt andere endgültig entscheiden; plant, bevor er / sie etwas verspricht.
43 / GS	Glaubt, Probleme verhindern zu können; setzt Verteidigungsstrategien ein, um Schwierigkeiten zu vermeiden; hört sich alle Aspekte eines Themas an; ist rationell und vernünftig; hat ein starkes Bewusstsein für das, was richtig und falsch ist; versucht, andere zu Kompromissen zu bewegen; spricht überlegt; kümmert sich um Details; geht kalkulierbare Risiken ein, nachdem er / sie die Fakten gesammelt hat.

Beschreibung der 20 *DISG* Verhaltenstendenzen

5.4 Das Verfahren in der Praxis

Das *DISG Persönlichkeitsprofil* findet dort Einsatz, wo eine Person in einem konkreten Umfeld über sich reflektieren soll. Es wird sowohl den Situationserfordernissen als auch den persönlichen Handlungsstrategien Rechnung getragen.

Führungskräfteentwicklung

In einem Konzept werden neben der Abgrenzung der Begriffe Management und Führung verschiedene Führungsmodelle eruiert. Den Schwerpunkt bildet eine Gap-Analyse, in der die Führungskraft ihr Handeln bezüglich den Erfordernissen der Führungssituation überprüft. Die Führungskraft lernt die Sprache des *DISG* Verhaltensmodells, auf deren Basis sie ihr Führungshandeln aufbaut. Neben der Eigenreflexion stehen die Führung von verschiedenen Menschen, der Umgang mit »schwierigen« Mitarbeitern und konfliktreichen Situationen, das Mitarbeiterentwicklungsgespräch und die Effektivität des Handelns sowie die Klärung der Erwartungen den Mitarbeitern gegenüber im Mittelpunkt.

Verkaufs-schulung

Der Verkaufsprozess wird unterstützt durch gezielte Schulung der Wahrnehmung, verhaltensstilgerechtes Verkaufen, Vorbereitung eines Verkaufsgesprächs, Überprüfung des eigenen Verkaufsverhaltens, Effektivität des Verkaufens, Bedürfnisidentifizierung und Reflexion von »schwierigen« Kunden.

Teamtraining

Das Teamtraining beginnt mit zwei Analysen des Teams in Bezug auf die Verteilung der Verhaltensstile. Der Schwerpunkt liegt auf der Arbeit einer effektiven Zusammenarbeit unter Betrachtung von teamdynamischen Prozessen. Mit Feedback und Transparenz arbeitet das Team an seinen Beziehungen. Verstehensprozesse werden eingeleitet und Verständnis füreinander wird aufgebaut. Das Ziel ist die Integration aller Teammitglieder in die Ziele und Prozesse des Teams und eine konfliktfreie Zusammenarbeit.

Training und Coaching

Das *DISG* Modell wird außerdem im Verhaltenstraining und Coaching eingesetzt. Hier werden Handlungsstrategien, Verhalten und Wahrnehmung einer Person reflektiert und der Änderungsbedarf erkannt. Durch konkrete Aktionspläne wird der Umgang mit sich selbst und anderen optimiert.

Spezielle auf dem DISG Modell basierende Instrumente

- Das *DISG* Stellenprofil dient der Erfassung der Verhaltensanforderungen bei einer bestimmten Arbeitsstelle. Die Ergebnisse bilden die Grundlage der Mitarbeiterentwicklung oder Berufsorientierung bzw. Karriereplanung.
- Das *DISG* Teenprofil dient der Beschreibung der Verhaltenspräferenzen von Teenagern zwischen 12 und 18 Jahren (Kernzielgruppe ist 14–16 Jahre). Es wird in Schulen, in der beruflichen Ausbildung, Jugendarbeit, Jugendschulsozialarbeit und in Verbänden eingesetzt. Dafür wurde ein eigenes Fragebogenformat mit 16 Wortgruppen entwickelt. Daneben gibt es ein Unterrichtskonzept mit 12 Unterrichtseinheiten, einen Leitfaden für Lehrer und die dazugehörigen Unterrichtsfolienvorlagen.

- *EIQ (Employer Integrative Quotient)* ist ein eignungsdiagnostisches Verfahren zur Untersuchung der Verhaltungsleistungsbereiche einer Person. Anhand der Diskrepanzanalyse zwischen dem Anforderungsprofil (Benchmark) einer Position und den individuellen Präferenzen einer Person in Bezug auf das Verhalten kann Personal effizient ausgewählt werden. Ein ausführlicher individueller Online-Vergleichsbericht bietet dem Personalverantwortlichen unter anderem wirksame Empfehlungen für einen integrativen Einarbeitungsprozess neuer Mitarbeiter und eine nachhaltige effektive Zusammenarbeit in einem Unternehmen. Das *EIQ*-Verfahren findet seinen Einsatz in der Feststellung des Personalentwicklungsbedarfs, in der Rekrutierung, im Implacement, der Karriereentwicklung und im Outplacement. Da das *Forced Choice*-Format für diesen Einsatzzweck ungeeignet ist, wurde speziell für dieses Verfahren ein eigenes Fragebogenformat in der *DISG* Sprache mit 16 Gruppen und jeweils vier Kurzsätzen entwickelt.

5.5 Durchführung und Ablauf

Für die Durchführung, Auswertung und Interpretation des *DISG Persönlichkeitsprofils* ist sowohl eine Papier- als auch eine Onlineversion verfügbar. Das *DISG* Testheft besteht aus zwei getrennten Antwortbögen mit je 24 Wortgruppen (für »am ehesten« und für »am wenigsten«). Die Items werden von einer Person anhand einer ipsativen Skalierung eingeschätzt. Die Person entscheidet sich für einen zutreffenden Kurzsatz bzw. Begriff.

Einzel- oder Gruppentest

Der Test ist als Einzel- oder Gruppentest durchführbar, kann aber ebenso als Selbstlerninstrument eingesetzt werden. Das *DISG Persönlichkeitsprofil* wird von der Person unter Anleitung des Testleiters nach der folgenden Instruktion ausgefüllt: *»Legen Sie den Fokus fest, für welchen Sie das Profil ausfüllen. Rubbeln Sie in jeder der vier Wortgruppen den Satz bzw. Begriff frei, der 1) Ihr Verhalten im gewählten Umfeld am ehesten beschreibt; 2) Ihre Empfindungen im gewählten Umfeld am wenigsten beschreibt.«* Die Bearbeitungsdauer beträgt bei erwachsenen Testpersonen ca. 8–12 Minuten. Die Durchführung des *DISG Persönlichkeitsprofils* ist sowohl in der Papier- als auch in der Onlineversion einfach und zeitökonomisch.

Fokus-bestimmung

Für die nachstehende Analyse und Interpretation der ermittelten Ergebnisse sollten folgende Aspekte beachtet werden: Der Fokus sollte unbedingt festgelegt werden. Der allgemeine Fokus (Arbeitsumfeld oder persönliches Umfeld) sowie die Festlegung des speziellen Fokus (z.B. Verkaufssituation/Führungssituation) sind die Optionen zur Verhaltensbestimmung in einem bestimmten beruflichen oder außerberuflichen Aufgabenfeld. Es ist möglich, ja sogar sinnvoll, das *DISG Persönlichkeitsprofil* mehrfach einzusetzen – jeweils mit Blick auf verschiedene Umfelder, z.B. für die Rolle als Teamleiter, für das Umfeld der Verhandlung mit Kunden oder auch für das private Umfeld als Ehepartner oder Elternteil. Eine Selbst- und Fremdeinschätzung ist möglich.

Beim Ausfüllen der Fragebögen sollte vom Testleiter darauf geachtet werden, dass die Personen die getrennten Antwortbögen »am ehesten« und »am wenigsten« wirklich unter Berücksichtigung des eigenen Verhaltens und der Empfindungen ausfüllen. So können die Anweisungen in zwei Phasen eingeteilt werden, um die Verzerrungen der Ergebnisse zu vermeiden.

Die internetgestützte Durchführung des Tests bietet dem Anwender in der Anleitung zum Ausfüllen eine Hilfestellung. Der Anwender füllt den Fragebogen direkt online aus. Gibt es bereits eine ausgefüllte Papierversion, dann können die Summenwerte des Fragebogens direkt ins System eingetragen werden. Danach werden die Ergebnisse automatisch ausgewertet und anschließend ein personalisierter Auswertungsbericht generiert.

Das Mindestalter der Probanden sollte 18 Jahre betragen. Für Jugendliche zwischen 12 und 18 Jahre gibt es das *DISG* Teenprofil.

5.6 Auswertung

Ergebnis der Auswertung, die der Teilnehmer in der Papierversion selbst vornimmt und die in der Onlineversion automatisch geschieht, sind drei differenzielle Diagramme (Diagramm I, II und III), die verschiedene Aspekte des individuellen *DISG Persönlichkeitsprofils* darstellen. Die nachstehende Abbildung gibt das individuelle Beispielprofil in drei Diagrammen wieder. Die Verteilung der Punktzahlen über der Mittellinie in den drei Diagrammen spiegelt die unterschiedliche Ausprägung persönlichen Verhaltens wider.

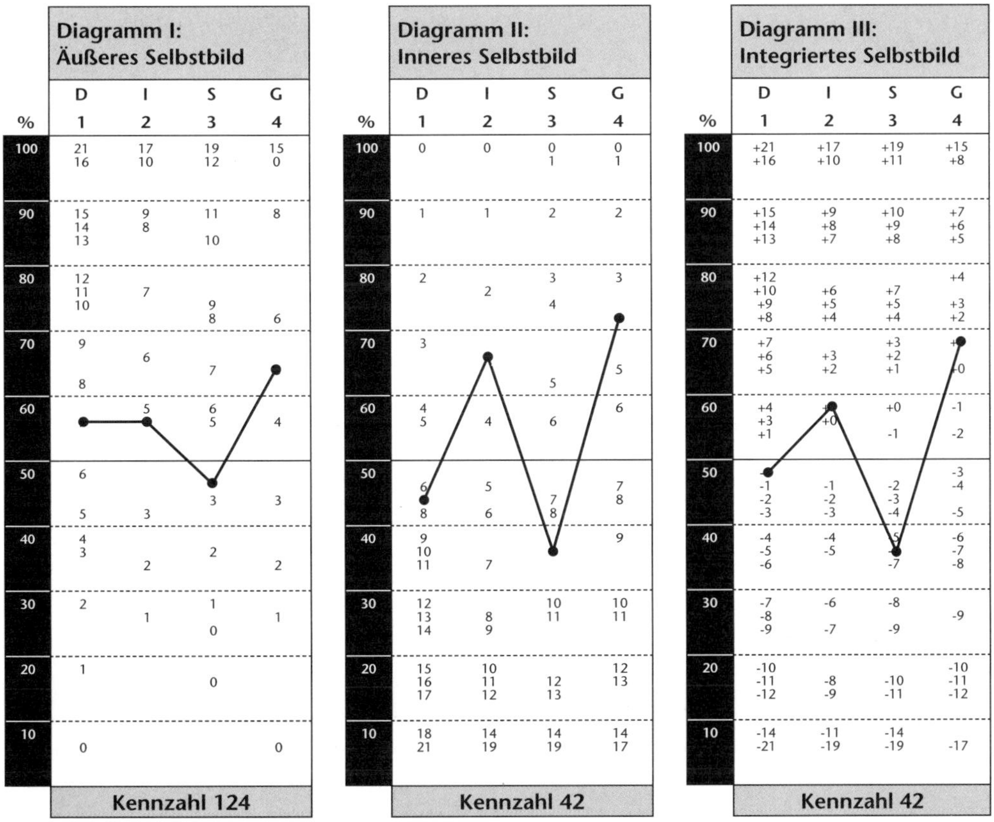

Beispieldiagramme des *DISG Persönlichkeitsprofils* für die exemplarische Testperson des Buches

Beim allgemeinen Fokus liefern die Kurvenverläufe der Diagramme I und II weitere Informationen zum Thema Stress. Sind die Diagramme I und II z. B. gleich oder sehr ähnlich, kann davon ausgegangen werden, dass die betreffende Person in diesem Umfeld ein geringes intraindividuelles (Stress mit sich selbst) Stressniveau besitzt. Weisen die Kurven sehr unterschiedliche Verläufe auf, deutet das auf ein starkes Stressniveau hin. Die relevante Interpretationsstufe hilft dabei herauszufinden, ob es sich hierbei um Dis- oder Eustress handelt.

Beschreibung der Diagramme

- *Diagramm I* – äußeres Selbstbild – das Bild, das eine Person anderen gegenüber zeigt. Es spiegelt das Bild, das die anderen von der Person haben sollen. Dies entwickelt sich zum großen Teil als Reaktion auf die Erwartungen anderer. Bei der Anpassung an

Veränderungen im eigenen Umfeld entwickelt es sich weiter. Die Person kann verschiedene äußere Selbstbilder haben, je nachdem welches Verhalten bestimmte Personen und Situationen erfordern.

- *Diagramm II* – inneres Selbstbild – das Bild, das durch die eigenen persönlichen Überzeugungen, Werte und Einstellungen geprägt ist. Die persönlichen Überzeugungen wurden bereits früh in der eigenen Gefühlswelt angelegt. Dennoch werden sie immer wieder an der Realität überprüft und neu bewertet. So werden einige bejaht, andere geändert oder gar abgelehnt.

- *Diagramm III* – integriertes Selbstbild – die Schnittstelle zwischen Individuum und Gesellschaft. Es handelt sich um die Schnittstelle zwischen Diagramm I (was die Gesellschaft der eigenen Betrachtung nach von der Person erwartet) und Diagramm II (was die Person von sich selbst erwartet). Diagramm III zeigt das Gesamtbild des Verhaltens in der Situation.

Sieben Interpretationsstufen

Anhand der drei Diagramme, den dazugehörigen Kennzahlen und Prozentwerten wird das individuelle Profil in sieben Interpretationsstufen analysiert. Der gesamte Online-Persönlichkeitsbericht umfasst ca. 42 Seiten Beschreibungen des individuellen Ergebnisses in einem ausführlichen Gutachten mit den folgenden Inhalten:

- Beschreibung der höchsten Verhaltenstendenzen der Person
- Analyse der Beziehungen zu anderen
- Reflexion des individuellen Problemlöseverhaltens
- Beschreibung der Verhaltensintentionen einer Person
- Eigenes Verhaltensmuster bei Veränderung
- Beschreibung des Verhaltens unter Druck und im Konflikt
- Verhalten als Führungskraft und als Mitarbeiter
- Eigener Beitrag zum Team

Hier einige Beispiele für die Ergebnisse der exemplarischen Testperson des Buches.

individuell (48 %)	**gruppenorientiert (52 %)**
Entfaltet sich individuell und ist unabhängig; ergreift die Initiative; ist kreativ	Strebt ein gemeinsames Ziel an; sorgt für Harmonie; sucht nach einem gemeinsamen Nenner; sorgt für gegenseitige Unterstützung; kooperiert

wertend (60 %)	**sorgend (40 %)**
Schützt die eigenen Rechte; zieht andere zur Rechenschaft; sorgt für die Einhaltung von Gesetzen und Regeln; belohnt und bestraft	Hilft anderen; stärkt zwischenmenschliche Beziehungen; berücksichtigt die Umstände; zeigt Einfühlsamkeit; verzeiht

wettbewerbsorientiert (30 %)	**kooperativ (70 %)**
Nimmt einen festen Standpunkt ein; äußert sich energisch; hält sich an Prinzipien; will Widersacher bezwingen.	Zeigt Offenheit; hört zu und stellt Fragen; verhandelt; macht Kompromisse; erzielt Übereinkünfte; sorgt für die Umsetzung von Plänen

Die höchsten Verhaltenstendenzen der exemplarischen Testperson

Allgemeine Absichten	**Ausprägung in %**	**Rangordnung**	**Bewertung**
Neues schaffen	22	1	....
Mehr Macht haben	17	2	....
Fakten einbeziehen	15	3	....
Handlungsfähig sein	12	4	....
Risiken eingehen	10	5	....
Spaß haben	8	6	....
Erfolg auskosten	6	7	....
Vorsichtig handeln	5	8	....
Harmonie erzeugen	3	9	....
Übereinstimmung	2	10	....
Summe	100		

Verhaltensintentionen – Prioritäten der exemplarischen Testperson

Verhalten der Testperson als Führungskraft

Verhalten	Einsatz
Fördert Meinungsverschiedenheiten	3–4
Nennt Gründe für Handlungen und Ziele	4–5
Bittet alle Beteiligten um Ideen	4–5
Macht aus Problemen Herausforderungen	3–4
Unterstützt die Arbeit des Einzelnen	3–4
Bewältigt Konflikte	3–4
Vermeidet Schuldzuweisungen; sucht nach Lösungen	3–4
Bestimmt Werte als Grundlage für notwendige Maßnahmen	4–5
Bewertet Ideen	4–5
Beeinflusst andere in Bezug auf Visionen / Zielsetzungen	3–4
Teilt Führung mit anderen	3–4

Effektivität der Testperson als Führungskraft = 85 (ausgezeichnet)
1–2 = sehr selten bis selten   3–4 = manchmal bis häufig
2–3 = selten bis manchmal   4–5 = häufig bis sehr häufig

Fähigkeiten der Testperson als Mitarbeiter

Verhalten	Einsatz
Entschlossenheit vermitteln	3–4
Diskussion von Ideen anregen	3–4
Selbstkontrolle ausüben	4–5
Klarheit über die Gefühle anderer	2–3
Fairniss zeigen	4–5
Das große Ganze sehen	4–5
Fakten zu einem logischen Ganzen zusammenfügen	4–5
Humorvoll sein	2–3
Mit komplexen Ideen umgehen	4–5
Sich für praktische Details interessieren	2–3
Eine andere Person gut einschätzen können	3–4

Effektivität der Testperson als Mitarbeiter / Teammitglied = 81 (ausgezeichnet)
1–2 = sehr selten bis selten   3–4 = manchmal bis häufig
2–3 = selten bis manchmal   4–5 = häufig bis sehr häufig

Im eignungsdiagnostischen Einsatzbereich *(EIQ)* bietet das *DISG* Persönlichkeitsmodell die Möglichkeit, eine präzise Aussage über die verhaltensbezogene Eignung des Bewerbers zu machen, basierend auf dem Anforderungsprofil der Position und einer Soll / Ist-Profil-Vergleichsanalyse. Diese zusammenfassende Ergebnisvergleichsanalyse wird bei einer internetbasierten Auswertung zusätzlich zur grafischen Darstellung des Ergebnisses gegeben.

5.7 Qualitätskriterien

Objektivität

Die Objektivität des *DISG Persönlichkeitsprofil*s wird durch die Art des Verfahrens gewährleistet.

Objektivität	Kriterien beim DISG Persönlichkeitsprofil
Durchführung	• Klare und exakt festgelegte Instruktionen und Verfahrensanweisungen • Anleitung sowie Unbeeinflussbarkeit durch den Testleiter
Auswertung	• Format der ipsativen Skalierung • Standardisierte Auswertung durch festgelegte Auswertungsschritte
Interpretation	• Normierte Skalenwerte • Standardisierte Beschreibung der Verhaltenstendenzen • Beispielhafte Darstellung der Verhaltensprofile

Zur Objektivität des *DISG Persönlichkeitsprofils*

Reliabilität

Die Ergebnisse der letzten Untersuchung zur Reliabilität für den deutschsprachigen Raum (N = 1029) haben zufriedenstellende bis gute Werte gezeigt. *Cronbachs Alpha* der D-I-S-G-Skalen variierte zwischen .87 und .95 und zeigte eine homogene Skalenstruktur auf. Die Test-Retest-Reliabilitäten (N = 1302) für die einzelnen Skalen »am ehesten« variieren zwischen r = .78 und r = .87 und für die Skalen »am wenigsten« zwischen r =.66

und r = .82. Das Zeitintervall bei der Wiederholungsreliabilität betrug vier Wochen.

Skala	**Itemanzahl**	**Cronbachs Alpha (α)** **N = 1029**
am ehesten		
Dominanz	21	.94
Initiative	17	.93
Stetigkeit	19	.93
Gewissenhaftigkeit	15	.87
am wenigsten		
Dominanz	20	.95
Initiative	19	.93
Stetigkeit	19	.93
Gewissenhaftigkeit	18	.88

Zur Reliabilität des *DISG Persönlichkeitsprofils*

Validität Das original *DISG Persönlichkeitsprofil* wurde auf seine Konstruktvalidität überprüft. Die Originalfassung des *DISG* Fragebogens wurde in den USA anhand der folgenden Testverfahren untersucht: *MBTI, 16 PF, API, WAIS, MMPI.* Im deutschsprachigen Raum wurde der *DISG* Fragebogen auf seine Konstruktvalidität anhand des *NEO-PI-R* untersucht. Die Ergebnisse haben substanzielle Zusammenhänge gezeigt. Die Ergebnisse der Korrelationsanalyse zwischen den *DISG* Verhaltensdimensionen und *NEO-PI-R*-Skalen liegen für verwandte Konstrukte zwischen r =.40 und r =.68.

DISG Skalen \ NEO-PI-R-Skalen	Neurotizismus R	Extraversion R	Offenheit R	Verträglichkeit R	Gewissenhaftigkeit R
Dominanz	-.41**	.45**	.24**	-.41**	.23**
Initiative	-.34**	.68**	.40**	.16*	.08
Stetigkeit	-.11*	-.02	.03	.46**	.24*
Gewissenhaftigkeit	-. 08	-.25*	-.19*	.38**	.52**

** Die Korrelation ist auf dem Niveau von 0,01 (2-seitig) signifikant.
* Die Korrelation ist auf dem Niveau von 0,05 (2-seitig) signifikant.

Zusammenhänge *(R)* zwischen *DISG* und *NEO-PI-R*-Skalen

Die faktorielle Struktur des Tests wurde anhand der Faktorenanalyse (Hauptkomponentenmethode mit Varimax-Rotation) überprüft und somit die konzeptuelle Trennung der vier Verhaltensdimensionen bestätigt.

Normierung

Das *DISG* Persönlichkeitsmodell wurde an einer bevölkerungsrepräsentativen Stichprobe (alte und neue Bundesländer) von N = 1.250 im erwerbstätigen Alter zwischen 18 und 65 Jahre normiert. Zusätzlich liegen die Normwerte für Jugendliche im Alter von 12 bis 18 Jahren (N = 928) vor. Die Daten werden fortlaufend aktualisiert.

5.8 Ausbildung und Akkreditierung

Die Ausbildung erfolgt in einer dreitägigen Autorisierung; Zielgruppe sind Trainer, Berater, Coaches und Personalentwickler. Neben den Grundlagen des Modells werden auch spezifische Lerninhalte, im Internet vorhandene *DISG Persönlichkeitsprofile* und die Einsatzmöglichkeiten des Modells in Training und Beratung vermittelt. Es gibt keine weiteren Zugangsvoraussetzungen. Zusätzliche spezielle Qualifizierungsangebote gibt es für die Anwendungsbereiche Verkauf, Team, Führung, Teenager und *EIQ* Qualifizierungsangebote. Dafür ist jeweils eine Basisautorisierung zum *DISG* Modell Voraussetzung.

5.9 Schnuppertest

Ein Schnuppertest ist jederzeit auf Anfrage bei der *persolog GmbH* möglich.

5.10 Vertrieb

persolog GmbH
Königsbacherstraße 21
75196 Remchingen
Fon: +49 / (0) 72 32 / 36 99-0
Fax: +49 / (0) 72 32 / 36 99-44
E-Mail: *info@persolog.com*
Internet: *www.persolog.com*

Literatur

Bolles, Richard N.: *Durchstarten zum Traumjob. Das Handbuch für Ein-, Um- und Aufsteiger.* Frankfurt: Campus, 2004.

Fishbein, M. & Ajzen, I.: *Belief, attitude, intention and behaviour: An introduction to theory and research.* Reading, Mass.: Addision-Wesley, 1975.

Fromm, Erich: *Den Menschen verstehen: Psychoanalyse und Ethik.* München, Stuttgart: dtv, 1982.

Gay, Friedbert: DISG® *Persönlichkeitsprofil.* Offenbach: GABAL, 2005.

Gay, Friedbert & Herzler, Hanno: *Ich brauch dich und du brauchst mich.* Haan: Brockhaus Verlag, 2006.

Geier, John G. & Downey, Dorothy E. : »Understanding Personality Theory.« In: *Energetics of Personality.* Minneapolis: Aristos Publishing House, 1989, S. 185–204.

Jacoby, Henry: *Alfred Adlers Individualpsychologie und dialektische Charakterkunde*. Frankfurt: Fischer, 1983.

Kotter, John P.: *Wie Manager richtig führen*. München: Hanser, 1999.

Marston, Moulton William: *Emotions of Normal People*. Minneapolis: Persona Press Inc., 1979.

Mischel, W. & Shoda, Y. : »A cognitive-affective system theory of personality: Reconceptualising the invariances in personality and the role of situations.« In: *Psychological Review*, 102, 1995, S. 246–286.

Pervin, Lawrence A. (Hrsg.): *Persönlichkeitstheorien*. Stuttgart: UTB, 2000.

Seiwert, Lothar J. & Gay, Friedbert: *Das 1x1 der Persönlichkeit*. Remchingen: Persolog, 2005.

Seiwert, Lothar J. & Gay, Friedbert: *Das neue 1x1 der Persönlichkeit*. München: Gräfe und Unzer, 2007.

Thomas, Alexander & Chess, Stella: *Temperament und Entwicklung*. Stuttgart: Enke, 1980.

Zaleznik, A.: *Führen ist besser als managen*. München: Droemer Knaur, 1995.

Über die Autoren

Friedbert Gay ist geschäftsführender Gesellschafter der *persolog GmbH*. Er hat das *DISG Persönlichkeitsprofil* in Deutschland eingeführt und beschäftigt sich mit den verschiedensten Fragestellungen zur Entwicklung der Persönlichkeit in der Erwachsenenbildung. Ein weiterer Schwerpunkt ist die Organisationsentwicklung mit dem besonderen Fokus auf Mitarbeiterbefragungen und Werteimplementierung. Der Autor ist Mitglied der *ASTD* und des *BDVT* sowie Autor zahlreicher Fachartikel und Koautor der Bücher *Das 1x1 der Persönlichkeit* und *Ich brauch Dich und Du brauchst mich*. Er ist Herausgeber des *DISG Persönlichkeitsprofils*. *Gay* hält regelmäßig in deutsch und englisch Seminare und Vorträge zur Persönlichkeits- und Organisationsentwicklung.

Dr. phil. *Lana Ott* studierte Psychologie mit dem Schwerpunkt Arbeits-, Betriebs- und Organisationspsychologie in Tiflis und Wuppertal. Nach ihrer Promotion arbeitete sie als wissenschaftliche Mitarbeiterin im Zentrum der angewandten Psychologie in Tiflis / Georgien. Ihre Schwerpunkte liegen in der psychodiagnostischen Persönlichkeitsforschung und in den Bereichen *Human Resources* sowie in der Personalberatung. Seit 2004 ist sie in der Produktentwicklung der *persolog GmbH* tätig.

Renate Wittmann, Dipl. Päd. univers., studierte nach der Ausbildung zur Erzieherin zunächst Sozialpädagogik und sammelte mehrere Jahre Erfahrung in der Erziehungspraxis. Anschließend absolvierte sie ein Zweitstudium für den Fachbereich Pädagogik mit dem Schwerpunkt Andragogik an der Universität Bamberg. Seit 2000 ist sie Leiterin der internationalen Produktentwicklung der *persolog GmbH* und verantwortlich für die Entwicklung aller *persolog* Modelle weltweit. Außerdem bringt sie ihre Erfahrung als Mastertrainerin für die *persolog* Modelle in ihre Arbeit mit ein.

6. DNLA – The Discovery of Natural Latent Abilities

Horst Veith

6.1 Theoretische Quellen und Verwandtschaften

Das *DNLA*-Expertensystem besteht aus den diagnostischen Tools

- *DNLA-ESK* (Soziale Kompetenz für Mitarbeiter/-innen und Führungskräfte)
- *DNLA-SKS* (Soziale Kompetenz im Sport)
- *DNLA-ASK* (Soziale Kompetenz für den Arbeitsmarkt)
- AZUBI und Jobstarter (Soziale Kompetenz für Azubis und junge Erwachsene)
- *DNLA-Management*
- *DNLA-VKP* (Verkäuferisches Potenzial, Taktik und Technik für den verkäuferischen Erfolg)
- *DNLA-HLT* (Hochleistungsteams)
- *DNLA-BKA* (Betriebsklimaanalyse)
- Leadership-Qualities (soziale Kompetenz und Führungstechniken bei jungen Managern oder Mitarbeitern/Mitarbeiterinnen, die ihre ersten Führungsaufgaben wahrnehmen) und
- *DNLA-MSS* (Managerial Stress Survey)

Im Folgenden näher beschrieben werden vor allem *DNLA-ESK* sowie *DNLA-Management*.

DNLA – Soziale Kompetenz

In den 1970er-Jahren führte Dr. *Wolfgang Strasser*, unter Leitung von Prof. Dr. Dr. Dr. *Brengelmann* am *Max-Planck-Institut* in München die Grundlagenforschung durch. Aus mehreren Faktorenanalysen über »außerfachliche Kompetenzfaktoren« wie Leistungsmotivation, Stabilität, Belastbarkeit, Extraversion wurde daraus schließlich ein wissenschaftlich abgesichertes Modell entwickelt. Dieses Basismodell enthält alle wesentlichen Faktoren im Bereich sozialer Kompetenz, die den Berufserfolg beeinflussen. Ein Team von erfahrenen Personalfachleuten, Trainern, Unternehmensberatern, Coaches und EDV-Spezialisten entwickelte dann auf Grundlage dieser Erkenntnisse unter der Leitung von *Horst Veith* das *DNLA*-Expertensystem im Bereich sozialer Kompetenz.

DNLA-Management

Seit 1994 wurde im Bereich moderner Managementtechniken geforscht. Daraus entstand das sog. Führungs-Leitbild, das im Wesentlichen auf den Arbeiten der *Harvard Business School* basiert. Es geht von einer Dreiteilung der Führungsaufgaben aus, bestehend aus

1. Führungsqualität (der Umgang mit den Mitarbeitern)
2. Kooperation und Konsens (unternehmensweite Kooperation, abteilungsübergreifende Mitarbeit in gemeinsamen Projekten) und
3. Unternehmerisches Denken (vom »Leitenden Angestellten« zum »Mitunternehmer«).

6.2 Historischer Abriss

Bereits bei den ersten Entwicklungsschritten ging man davon aus, dass *DNLA-Soziale Kompetenz* und *DNLA-Management* eine umfassende Abbildung der wesentlichen Faktoren enthalten müssen, die man als »Vorbedingungen für den Berufserfolg« bezeichnen kann. Der konzeptionelle Hintergrund: Eine gezielte Aus- und Weiterbildung ist im Unternehmen nur dann möglich, wenn Teilnehmer (Testand) und Anwender (Nutzer des Verfahrens) gleichermaßen die Dimensionen verstehen und akzeptieren. Die Recherchen bestätigten, dass es nicht nur drei, vier oder fünf Erfolgsdimensionen gibt, sondern eine ganze Reihe. Und dies nicht nur bei der sozialen Kompetenz, sondern ebenso bei den Managementtechniken. Die bis dahin verwendeten »allgemeinen Persönlichkeitsbeschreibungen« wurden als zu vage und nicht praktikabel genug angesehen:

a) zu vage, weil bei allgemeinen Persönlichkeitsbeschreibungen der direkte Bezug zum beruflichen Erfolg nur schwer oder nicht nachweisbar ist;
b) nicht praktikabel, weil bei allgemeinen Persönlichkeitsbeschrei-

bungen die Möglichkeiten sehr begrenzt sind, durch Training, Coaching oder Aus- und Weiterbildungsmaßnahmen Einfluss auf den Potenzialaufbau und damit auf den beruflichen Erfolg zu nehmen.

Zusammenhänge mit dem Beruf

Nach aufwendigen Recherchen wurden bei *DNLA* eine Menge außerfachlicher Kompetenzen mit direktem Bezug zum beruflichen Erfolg gefunden. Auf den ersten Blick mögen sie wie die üblicherweise verwendeten Faktoren von Persönlichkeitsbeschreibungen aussehen, unterscheiden sich von diesen aber nicht nur durch die Dimensionen, sondern auch durch die Konstruktion ihrer Items. Es wurde bewusst darauf verzichtet, allgemeine, vornehmlich im klinischen Bereich verwendete Persönlichkeitsstrukturen abzubilden und die damit in Verbindung stehenden Items zuzulassen. Stattdessen wurden umfassende Faktor- und Itemanalysen durchgeführt, bis deutliche Zusammenhänge mit dem beruflichen Erfolg nachgewiesen werden konnten. Dies wurde durch unzählige Interviews und Beobachtungen am Arbeitsplatz bestätigt.

Basis für die Entwicklung von DNLA-Soziale Kompetenz: Die Systemanalyse

Mit der »Testkonstruktion durch Systemanalyse« wurden die wesentlichen Leistungskriterien in vier Gruppen (Fleiß, Verhalten im interpersonellen Umfeld, Erfolgswille, Belastbarkeit) erfasst, die sich auf 17 Dimensionen verteilen. Dabei hat jede Dimension bei jeder Position (in Abhängigkeit von »beruflicher Ebene« und in Verbindung mit »Art der Tätigkeit«) eine unterschiedliche Gewichtung. Warum werden innerhalb einer Dimension die Ergebnisse unterschiedlich gewichtet? Grund: Es ist unbestritten, dass der Vertriebsleiter in einem Pharmakonzern (Ebene: Hauptabteilungsleiter, Art der Tätigkeit: Vertrieb) mehr Potenzial bei der Dimension »Eigenverantwortung« braucht als der Mitarbeiter in der Auftragsannahme (Ebene: Mitarbeiter, einfache Aufgaben, Art der Tätigkeit: Innendienst, Verwaltung).

Zielorientierung

Mehr Eigenverantwortung bedeutet mehr Zielorientierung. Und Mitarbeiter mit mehr Zielorientierung erbringen bessere Leistungen. Auch das ist unbestritten. Wenn man Eigenverantwortung erst einmal messen kann, kann man das Gemessene mit den Leistungen anderer, erfolgreicher Mitarbeiter vergleichen.

Messbare Leistungen sind die Grundlage bei *DNLA*. Die mit Leistung in Zusammenhang stehenden Dimensionen wurden bewusst nicht durch die häufig bei Persönlichkeitsmodellen angewendete »Faktoranalyse«, sondern durch eine sog. »Systemanalyse« ermittelt. Bei der »Systemanalyse« werden, nach den gängigen testtheoretischen Grundlagen, die benötigten Dimensionen praktisch in das Verfahren »hineinkonstruiert«.

Denn in unzähligen Gesprächen mit erfolgreichen Personalverantwortlichen, Trainern und Coaches kristallisierte sich deutlich heraus, dass man stabilen, messbaren und mit der beruflichen Situation unmittelbar verknüpften Faktoren den Vorzug vor vagen, wenig praktikablen Persönlichkeitseigenschaften gibt. Der Test-Konstruktion nach der »Systemanalyse« muss daher klar der Vorzug gegeben werden.

Es gab einen weiteren Grund, warum die Testkonstruktion nach der Faktoranalyse abgelehnt wurde. Wenn, wie bei dieser Konstruktion häufig der Fall, ein großer Itempool systematisch so lange reduziert wird, bis Items übrig bleiben, die auf Unterschiede zwischen Erfolgreichen und Nicht-Erfolgreichen schließen lassen, hat man noch lange keinen Bezug zu den wirklichen »Erfolgsbedingungen« gefunden.

Basis für die Entwicklung von DNLA-Management: Führungstechniken

Verhalten in bestimmten Situationen

Die Items befassen sich nicht mit persönlichen Einstellungen von Führungskräften, sondern im Wesentlichen mit ihrem Verhalten in bestimmten Managementsituationen. Es geht also nicht um Persönlichkeitsfragen. Der Grund dafür, Verhaltensfragen zu wählen, war, dass die »Führungspersönlichkeit« nur relativ schwer zu verändern ist, dass Führungsverhalten dagegen sehr viel leichter den Erfordernissen einer bestimmten Position in einem bestimmten Unternehmen angepasst werden kann. Die Anforderungen an das Führungsverhalten und die damit verbundenen Führungstechniken ändern sich außerdem relativ schnell. Darüber hinaus sind die »richtigen« Führungstechniken extrem positionsabhängig. Mit *DNLA-Management* werden 25 wichtige Faktoren des Führungsverhaltens erfasst, die in der Literatur zum »Führungsgeschehen« bei Harvard beschrieben werden.

6.3 Gliederung

DNLA-Soziale Kompetenz

Es werden 17 Dimensionen ermittelt:

1. 171 Items, Antworten werden elektronisch erfasst. Fakultativ können Sprachtests, Logiktest, PC-Test hinzugewählt werden
2. Kurzvorschau (Screening). Im sog. Masterprogramm werden alle Auswertungen selbstständig vom Anwender durchgeführt
3. Gutachten Teilnehmer / -in mit Grafiken (bis zu 20 Seiten)
4. Zertifikat persönlicher Stärken für Teilnehmer
5. Gutachten Unternehmen mit Grafiken (bis zu 25 Seiten)
6. Gegenüberstellung von Außenkriterien (Vorgesetztenbeurteilung und Ergebnis)
7. Strukturiertes Interview mit individuellem Gesprächsleitfaden für den Anwender inkl. Stress-Kurzanalyse
8. Individuelle Fördervereinbarung
9. Individuelles Weiterentwicklungs- und Trainingsprogramm auf Audio-CD
10. Vorschläge für Seminare zum Potenzialaufbau mit Zielen und erforderlichen Inhalten
11. Individueller Plan zur Teamvergrößerung oder -verkleinerung (bis zu sieben Seiten)
12. Potenzialvergleich mehrerer Teilnehmer
13. Benchmarking mit acht wählbaren Kriterien
14. Ranking nach Positivpotenzial oder Führungsaufwand
15. Faktorengesamtübersicht für alle und Teile nach Potenzial oder Führungsaufwand
16. Automatische Ermittlung von Seminaren mit Zielen und Inhalten auf Grund ermittelter Potenziale
17. Komplette Seminarverwaltung und -organisation, einschließlich unternehmenseigener Seminare
18. Datenimport und -export in alle Fremdsysteme (SAP usw.)
19. Umfassende Textkonserve, in der alle Texte vorübergehend oder dauerhaft an die speziellen Belange des Unternehmens angepasst werden können

DNLA-Management

Es werden 25 Dimensionen beruflicher Erfolgsfaktoren im Bereich Managementtechniken ermittelt:

1. 242 Items, Antworten werden elektronisch erfasst. Im unternehmenseigenen Masterprogramm werden alle Auswertungen selbstständig vom Anwender durchgeführt
2. Gutachten Führungskraft mit Grafiken (bis zu 40 Seiten)
3. Zertifikat persönlicher Stärken im Bereich Führungstechniken für die Führungskraft
4. Gutachten Unternehmen mit Grafiken (bis zu 14 Seiten mit Hintergrunderläuterungen)
5. Gegenüberstellung von Außenkriterien (Vorgesetztenbeurteilung und Ergebnis)
6. Individueller Weiterentwicklungsplan (bis 28 Seiten)
7. Individueller Coachingplan für den Vorgesetzten der nachgeordneten FK oder Coach (bis 28 Seiten)
8. Benchmarking mit acht wählbaren Kriterien
9. Automatische Ermittlung von Seminaren mit Zielen und Inhalten auf Grund ermittelter Potenziale
10. Komplette Seminarverwaltung und -organisation, einschließlich unternehmenseigener Seminare
11. Datenimport und -export in alle Fremdsysteme (SAP usw.)
12. Umfassende Textkonserve, in der alle Texte vorübergehend oder dauerhaft an die speziellen Belange des Unternehmens angepasst werden können

6.4 Beschreibung des Verfahrens

Menschen verändern sich mit den Bedingungen ihres betrieblichen Umfeldes und müssen sich, unabhängig von ihrem Alter, an gegebene Situationen anpassen und weiterentwickeln. Darum ist bei *DNLA* nicht die Beschreibung eines bestimmten, »idealen« Persönlichkeitsmodells der Ansatz, wenn es um Einstellungen oder Aus- und Weiterbildung bei Führungskräften und Mitarbeitern geht, sondern die Prozessorientierung. Insofern geht *DNLA* auch nicht von bestimmten, »idealen« Führungsstilen aus.

Rückgriff auf Erfahrungen

Ein ermitteltes Ergebnis mag rechnerisch noch so korrekt sein, wie es will, im beruflichen Alltag ist es einfach falsch, wenn nicht der Vergleich (für die Analyse und Bewertung) mit der exakt gleichen Position bei Mitbewerbern erfolgt. Darum greift das *DNLA*-Expertensystem auf hinterlegte »Erfahrungen« – Profilvorgaben – zurück; Erfahrungen, die es von den Erfolgreichen der exakt gleichen Position vorher »gelernt« hat.

Verzicht auf Persönlichkeitsbeschreibungen

DNLA verzichtet auf allgemeine Persönlichkeitsbewertungen und -beschreibungen. Meist ist der Anwender (in der Regel der Vorgesetzte) kein ausgebildeter Psychologe, sondern ein exzellenter Fachmann, z. B. für Verfahrenstechniken, oder ein IT-Spezialist. Letzterer will z. B. wissen, ob sein Programmierer

- fleißig ist (und falls nicht, was er als Vorgesetzter tun sollte, damit er motivierter arbeitet),
- gut mit anderen kommuniziert (und falls nicht, was er als Vorgesetzter tun sollte, damit sich der Kontakt zu anderen Kollegen und Kunden verbessert),
- sich für ein Projekt total einsetzt (und falls nicht, was er als Vorgesetzter tun sollte, damit er sich entsprechend »reinhängt«, bis er alle Fehler selbst behoben hat),
- auch unter Druck hohe Leistungen erbringt (und falls nicht, was er als Vorgesetzter tun sollte, damit dieser nicht an seinen Bugs im Programm verzweifelt und letztlich die vorgegebenen Termine doch noch einhält).

Darum geht es bei *DNLA* ganz pragmatisch um bestimmte und für den Anwender verständliche »soziale Kompetenzen« und / oder »Führungstechniken«, die (immer im Zusammenwirken mit der entsprechenden Fachkompetenz) den Berufserfolg bestimmen.

> Die Dimensionen / Faktoren sind bewusst keine Typ- oder Persönlichkeitsbeschreibungen. Es sind ausschließlich berufsbezogene Eigenschaften, die jedem Vorgesetzten aus seiner täglichen Arbeit bekannt sind. Sie werden gemessen und analysiert, damit eine gezielte Aus- und Weiterbildung (Training / Coaching) durch den Betrieb durchgeführt werden kann. Darum gilt, dass Dimensionen oder Faktoren, bei denen kein oder nur sehr schwer ein Potenzialaufbau möglich ist, beim *DNLA*-Expertensystem nicht behandelt werden. Das gilt für alles, was die Persönlichkeit eines Menschen beschreibt.

Beispiel

In einem Zuliefererbetrieb der Automobilindustrie häufen sich die Fehlerquoten bei der Endmontage. Der neue Leiter soll darum »unternehmerisch denken und handeln«. Unternehmerisches Denken setzt voraus, dass er ein hohes Anspruchsniveau an seine Leistungen hat, Innovationen gegenüber aufgeschlossen ist, ein hohes Qualitätsbewusstsein mitbringt, systematisch nach Fehlerquellen sucht und zielorientiert handelt. Der Abteilungsleiter muss also nicht nur die wirtschaftlichen Zusammenhänge verstehen, sondern selbstständig wie ein Unternehmer handeln.

Vergleichsdaten

Ein anderes wichtiges Thema sind die verwendeten Vergleichsdaten. Beim *DNLA*-Expertensystem werden die ermittelten Potenziale grundsätzlich nicht mit einer Gesamtmenge von z. B. »allen« Führungskräften verglichen, sondern prinzipiell nur mit den Ergebnissen der Erfolgreichsten aus gleicher Branche, gleicher Position und gleichem Aufgabenbereich. Nur so lässt sich feststellen, was fehlt und wie das (eventuell) fehlende Potenzial aufgebaut werden kann.

Ziel ist es also immer, so erfolgreich oder zumindest annähernd so erfolgreich zu werden wie die Erfolgreichsten (Mitbewerber) in identischer Position. Insofern beziehen sich diese »Benchmarks« niemals auf *die* Führungskräfte eines Landes oder *die* Mitarbeiter, sondern immer auf einen imaginären Mitbewerber mit Spitzenleistung in praktisch absolut gleicher Position. Und genau diese Position, also den objektiven Basiswert, zu ermitteln, ist erst einmal die wichtigste und auch schwierigste Aufgabe eines Programms. Das System ermittelt dann aus mehr als 500 000 hinterlegten Teilnehmerdaten die tatsächliche Vergleichsgruppe. Erst mit dieser Basis ist es dem Expertensystem möglich, valide und praxisbezogene Gutachten, Handlungsanleitungen mit konkreten, individuellen Weiterentwicklungs-, Coachingplänen und entsprechenden Kontrollmechanismen für eine bestimmte Position zu produzieren. Beim *DNLA*-Expertensystem sind darum die Leistungen von Top-Führungskräften und Mitarbeitern der Mitbewerber das Maß aller Dinge.

Oft unterscheiden sich die Unternehmen durch ihre unterschiedliche Aufbau- und Ablauforganisation und die Unternehmenskultur. Im Klartext bedeutet das: Nicht nur die Zielvorgaben (Orientierungsmaßstab: vorbildliche Leistungen anderer »Mitbewerber«), sondern auch die Erwartungshaltung der Vorgesetzten, die sich ja in der Unternehmenskultur ausdrücken, müssen in die Anforderungsprofile einer Position einfließen.

DNLA-Soziale Kompetenz

Dies ist der für die oben genannte Position vorgegebene Anforderungsgrad, der je nach beruflicher Anforderung von Faktor zu Faktor unterschiedlich eingestellt ist. Beispiel: Für den Berater (höchste Ansprüche) ist programmintern die Anforderung an die Kontaktfähigkeit wesentlich härter eingestellt als für einen Buchhalter (kein Kundenkontakt).

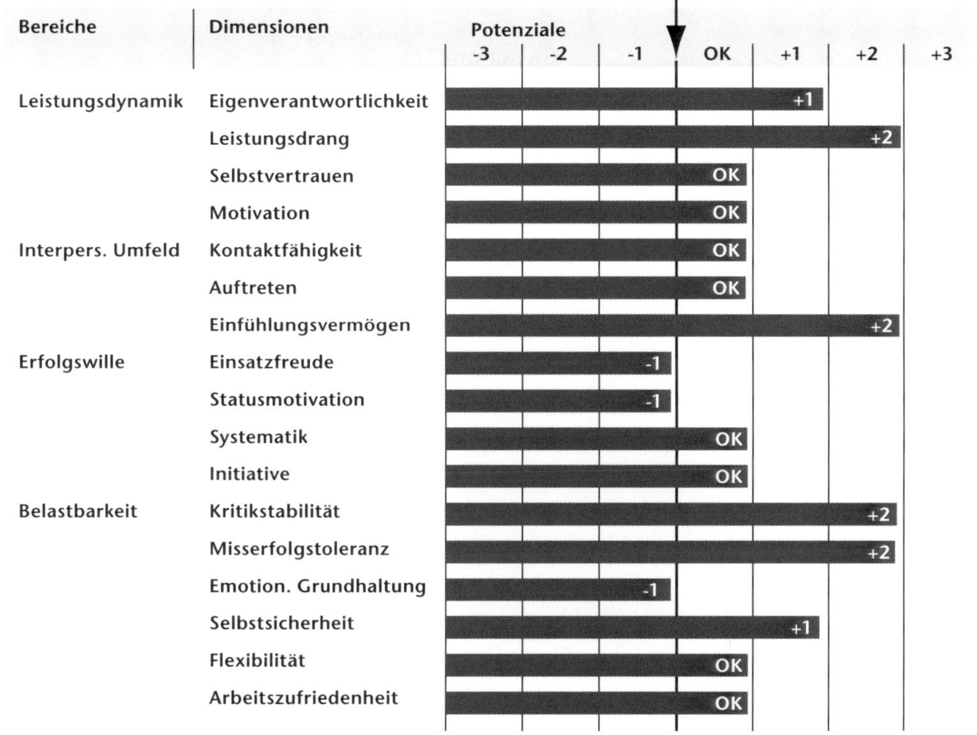

Übersicht der gemessenen Potenziale

Die Abbildung *DNLA-Soziale Kompetenz* zeigt das Ergebnis der exemplarischen Testperson dieses Buches. Anforderungsprofil: Führungskraft, Leitung eines Gesamtbereichs eines Forschungsinstituts. Der Pfeil weist auf die Mindestanforderung hin, die vom Programm für diese Position ermittelt wurde. Erfolgreiche Führungskräfte in dieser beruflichen Ebene und Art der Tätigkeit haben bei allen Dimensionen zumindest ein OK-Ergebnis. Bei den Dimensionen »Einsatzfreude«, »Statusmotivation« und »Emotionale Grundhaltung« liegen bei der Testperson die Werte unterhalb der Anforderungen. Das Verfahren erläutert entsprechende Vorschläge zum Potenzialaufbau.

Teilnehmer:	Exemplarische Testperson
Profilvorgabe:	Unternehmensberater 23.05.2006 12:51:44
	Normierung D; Gesamtbereichs-Leitung, Forschung/Entwicklung
Eingereichte Antworten:	29.04.2006 16:15:49
Auswertung durch:	SMP

2. FACHKOMPETENZ: Note: Sehr gute Basis

3. FÜHRUNGSAUFWAND: -9 Pkt. = selten größere Belastungen

Der Führungsaufwand macht sich insbesondere bei einer Neueinstellung bemerkbar. Dieser ergibt sich aus dem fehlenden Potenzial in den ausgewiesenen Faktoren unter Berücksichtigung der Fachkompetenz. (Faktorgewichtung x Ausprägung) Arbeitet man schon längere Zeit zusammen, kann der Führungsaufwand erheblich geringer sein, auch gegen Null gehen. Die Führungskraft wie auch Teammitglieder nehmen dann bewusst oder unbewusst Rücksicht auf individuelles Verhalten bei schwächeren Faktorpotenzialen.

< -3	-3 bis -5	-6 bis -9	-10 bis -12	-13 bis -16	-17 bis -19	-20 bis -22	> -22

keine Belastung	geringfügige Belastungen	selten größere Belastungen	manchmal größere Belastungen	häufig größere Belastungen	permanent starke Belastungen	ständig Probleme	umfassend Potenzial nachbilden

4. POSITIVPOTENZIAL: 143 Pkt.

Das Positivpotenzial berücksichtigt alle Faktoren mit genügend Potenzial. Jeder Faktor wird einzeln berücksichtigt. (Gesamtergebnis = Faktorgewichtung x Ausprägung)

< 100 Pkt.	100 bis 113 Pkt.	114 bis 147 Pkt.	148 bis 194 Pkt.	> 195 Pkt.

schwach	ordentlich	gut	sehr gut	exzellent

5. STRESSBELASTUNG: 50 Pkt.

Eine Stressbelastung bis zu 100 Punkten wird aller Voraussicht nach kaum Einfluss auf das Ergebnis haben.
Ab 100 Punkten muss dem Teilnehmer vom Vorgesetzten/Betreuer Hilfe angeboten werden.
Bitte beachten: Höherer Stress prägt negative Faktoren deutlich stärker aus.

50 Pkt.	100 Pkt.	150 Pkt.	200 Pkt.	250 Pkt.

kein Einfluss auf Ergebnis	wenig Einfluss auf Ergebnis	möglicher Einfluss auf Ergebnis	Einfluss auf Ergebnis	deutlicher Einfluss auf Ergebnis

6. LOGIKTEST

Im Bereich der Aussagen- und Prädikatenlogik, Begriffs-Logik, des mathematischen Denkens, Differenzierungsvermögens und der Urteilslogik wurde folgendes Ergebnis erzielt:

Benötigte Zeit:	xx Minuten
Richtige Antworten:	xx
Note:	nicht durchgeführt

Weitere Informationen für den Vorgesetzten

Die Auswertung für den Vorgesetzten gibt Auskunft über die genaue Position und die damit verbundenen Anforderungen. Die Fachkompetenz wird berücksichtigt. (Regel: niedrige Fachkompetenz = Führungsaufwand höher; hohe Fachkompetenz = geringerer Führungsaufwand.) Die Grafik zeigt unter »Führungsaufwand« deutlich, womit der Vorgesetzte bei einer Einstellung zu rechnen hätte. 9 Minuspunkte bedeutet: Mit Belastungen ist selten zu rechnen. 22 oder mehr Punkte würde bedeuten: Die Führungskraft müsste sich auf ständige Belastungen gefasst machen. Auch das Positivpotenzial wird mit den Top-Beratern in dieser beruflichen Ebene und Art der Tätigkeit verglichen. 143 Punkte bedeutet: »Gut«. Die Stresswerte liegen mit 50 Punkten unterhalb der 100-Punkte-Grenze und haben noch keinen negativen Einfluss auf das Ergebnis.

DNLA-Management

Vor der Auswertung erfolgt wie bei *DNLA-Soziale Kompetenz* die »Beschreibung der Situation« in der sog. Profilvorgabe. Zur Auswahl stehen:

- *Position:* Geschäftsleitung, Vorstand, Bereichsleiter, Hauptabteilungsleiter, Abteilungsleiter, Gruppenleiter, Teamleiter, Spezialisten usw.
- *Branche:* Handel, Produktion, Verwaltung, Dienstleistung, öffentlicher Dienst (Bund, Länder, Gemeinden), Bundeswehr, Polizei usw.
- *Schwerpunkt des Aufgabenbereichs:* Personal, Einkauf, Recht, Vertrieb usw.
- *Wer wird geführt:* hochqualifizierte Führungskräfte, Gruppenleiter, Abteilungsleiter, Vertriebsmitarbeiter, Sachbearbeiter, Spezialisten, ungelernte oder angelernte Mitarbeiter usw.
- *Anforderungen an die Kooperationsfähigkeit:* z. B. Anforderungen an die Ausstrahlung, Integrationsfähigkeit, Autorität usw.
- *Verantwortung für Entscheidungen:* strategische oder operative Entscheidungen, Entscheidung über weitreichende, beschränkte oder keine Investitionen usw.

Erst nach diesem Arbeitsschritt werden die Antworten des Teilnehmers mit der Profilvorgabe programmintern verknüpft. Das Ergebnis ist eine präzise Anforderung an die erforderlichen Aus- und Weiterbildungsmaßnahmen.

DNLA-Management — FAKTOREN

Teilnehmer: Exemplarische Testperson
Profilvorgabe: Unternehmensberater 23.05.2006 13:46:50
Geschäftsführung / Vorstand, Dienstleistung
Eingereichte Antworten: 28.04.2006 17:19:02
Auswertung durch: SMP

Wenn ein Faktor sich im überdurchschnittlichen Bereich (130% bis 150%) bewegt, dann kann dies durchaus situationsangemessen und besser zu bewerten sein als der OPTIMAL-Bereich. Wenn die Ausprägung jedoch extrem niedrig wird, dann wird ein »Problembereich« erreicht, bei dem die in der Beschreibung der Faktoren dargestellten Probleme eine erhöhte Wahrscheinlichkeit aufweisen können.

Führungsqualität

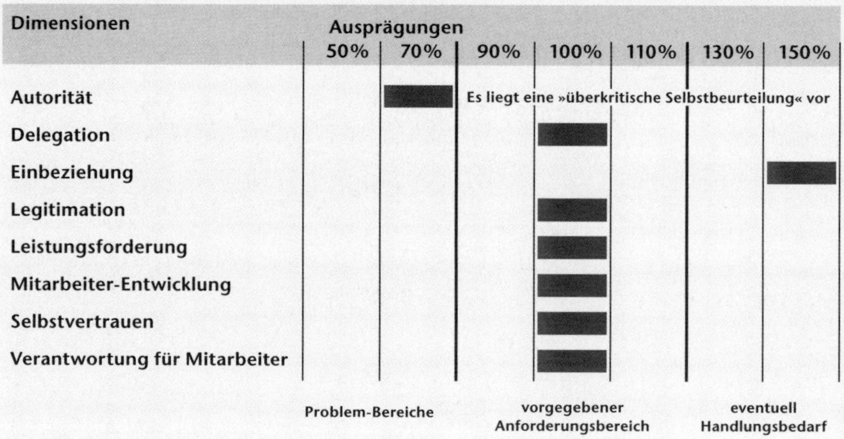

50% = Die Anforderungen werden, gemessen am vorgegebenen Profil, nur unzureichend erfüllt.

70% = Die Anforderungen werden, gemessen am vorgegebenen Profil, gerade befriedigend erfüllt.

90% = Die Anforderungen werden, gemessen am vorgegebenen Profil, fast immer erfüllt und liegen damit innerhalb des vom Unternehmen geforderten Leistungsbereichs.

100% = Die Anforderungen werden, gemessen am vorgegebenen Profil, immer erfüllt und entsprechen exakt dem vom Unternehmen geforderten Leistungsbereich.

110% = Die Anforderungen werden, gemessen am vorgegebenen Profil, etwas übererfüllt.

130% = Die Anforderungen werden, gemessen am vorgegebenen Profil, mehr als erfüllt und liegen über dem vom Unternehmen geforderten Leistungsbereich.

150% = Die Anforderungen werden, gemessen am vorgegebenen Profil, deutlich übererfüllt und liegen damit weit über dem vom Unternehmen geforderten Leistungsbereich.

Teil 1, Auswertung Führungsqualität

Im Beispiel werden die Anforderungen nur bei zwei Dimensionen unzureichend erfüllt. Bei der Dimension »Autorität« ermittelte das Verfahren für die exemplarische Testperson im ersten Auswertungsschritt einen Wert von 70 Prozent, also unterhalb der betrieblichen Anforderungen. Bei den Erläuterungen ist dann nachzulesen, dass sie versucht hatte, sich weniger autoritär darzustellen, als sie in Wirklichkeit ist. Die Manipulation wurde erkannt. Der zweite Faktor: Die Testperson bezieht die ihr unterstellten Mitarbeiter zu sehr in Veränderungen, Vorhaben oder Projektplanungen ein. Vorteil: Die Mitarbeiter identifizieren sich schnell mit den angestrebten Zielen. Doch das ist mit hohem Aufwand verbunden und hat bei der Position einen deutlichen Nachteil: Wenn viele Veränderungen anstehen, tritt Entscheidungsmüdigkeit ein. Auch unwichtige Dinge werden in epischer Breite diskutiert und Wichtiges zerredet.

Kooperation und Konsens

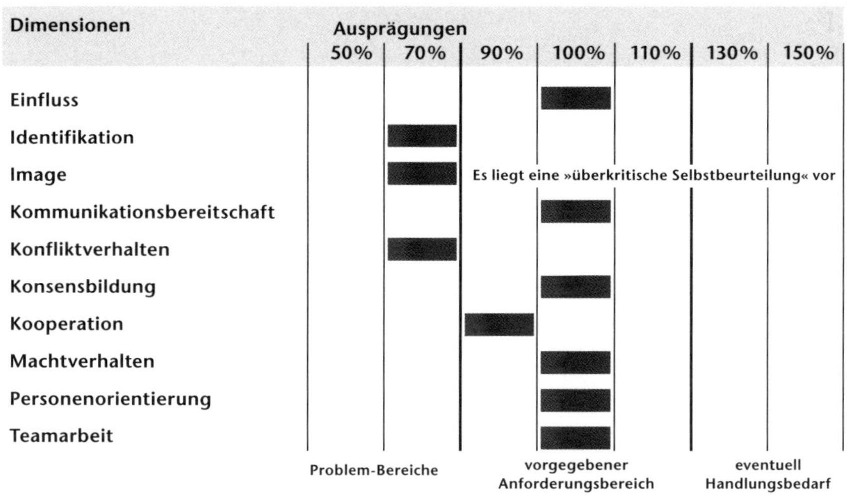

Teil 2, Auswertung Kooperation und Konsens

Von den zehn gemessenen Dimensionen befinden sich sieben Potenziale genau zwischen den beiden roten Linien. In diesen Bereichen erfüllt die Testperson exakt die Anforderungen, die in dieser Position gefordert werden. Identifikation: Sie hat wegen ihrer großen Eigenständigkeit Probleme, sich mit »von oben« vorgegebenen Aufgaben zu identifizieren. (Die Profilvorgabe ging von einer fiktiven Position aus!) Positiv: Sie ordnet sich nicht kritiklos unter, behält eigene Denkwege bei, ist Querdenker. Dies ist eine für andere Kollegen zwar unbequeme, aber wertvolle Einstellung, weil dadurch oft bessere Konzepte entstehen. Gefahr: Projekte werden von feinfühligen Mitarbeitern nicht mit dem notwendigen Einsatz vorangetrieben.

Sie bemerken seine »innere Distanz«. Bei der Dimension »Image« ermittelte das Verfahren für die Testperson im ersten Auswertungsschritt einen Wert von 70 Prozent, also unterhalb der betrieblichen Anforderungen. Bei den Erläuterungen ist dann nachzulesen, dass sie versucht hatte, ihr Image schlechter darzustellen, als es in Wirklichkeit ist. »Konfliktverhalten«: Konflikte werden von ihr möglichst vermieden. Ihr Hauptziel ist die Harmonie einer Gruppe. Eine solche Haltung ist für die Konsensfindung förderlich, hat aber den Nachteil, dass in der (fiktiven) Position berechtigte Forderungen zu schnell aufgegeben werden.

Unternehmerisches Denken

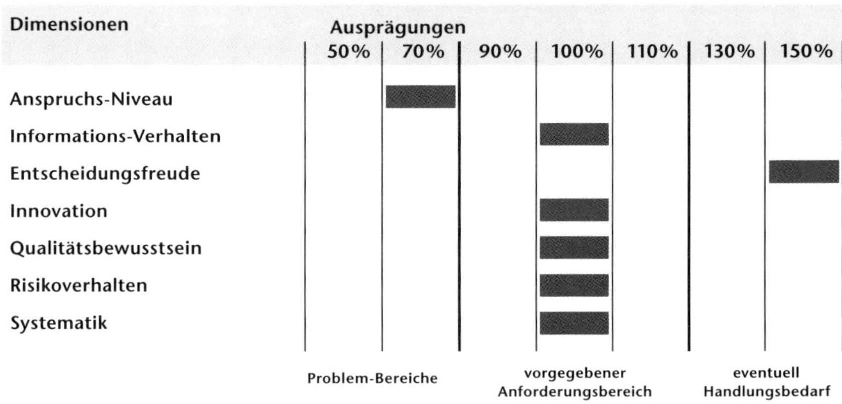

Teil 3, Unternehmerisches Denken

Wenn Leistungen gefordert werden, geben sich manche Führungskräfte mit einem niedrigen Standard zufrieden. Bei der exemplarischen Testperson fehlt bei der vorgegebenen (fiktiven) Position »Anspruchsniveau«. Das bedeutet, dass sie eher geringe Anforderungen an die eigenen Leistungen stellen würde und versucht, mit persönlichem Aufwand »ökonomisch« umzugehen. Projekte würden dann nicht mehr entschlossen genug vorangetrieben. Mit dieser Haltung könnte sie Mitarbeiter nicht »anstecken«.

6.5 Das Verfahren in der Praxis / Einsatzbereiche

Wie bei allen wissensbasierten Systemen besteht auch beim *DNLA*-Expertensystem eine klare Trennung zwischen explizitem Fachwissen und allgemeinen Lösungsmethoden. Fachexperten haben ihre Erfahrungen und Kenntnisse in eine sog. Wissensbasis eingepflegt, die ein Modell ihres Fachgebietes darstellt. Das ermöglicht dem Anwender, auf dieses

Wissen in Form von Schlussfolgerungen (Gutachten, Entwicklungspläne usw.) zurückzugreifen und in allen wichtigen europäischen Sprachen per Mausklick zu erstellen.

DNLA-ESK

DNLA-ESK misst die Potenziale der sozialen Kompetenz in 17 Dimensionen und ermittelt in einem speziellen Benchmarking-Verfahren das gesamte Positiv-Potenzial (im Vergleich mit den besten Mitarbeitern von Mitbewerbern), um deutlich zu machen, warum der Mitarbeiter gute Leistungen erbringt. Darüber hinaus werden fehlende Potenziale ermittelt und Vorschläge für wichtige Ziele und Teilziele der Aus- und Weiterbildung gegeben. Danach werden die relative Belastung (der Führungsaufwand für den Vorgesetzten) und weitere wichtige Kenndaten (wie Ehrlichkeit, Widersprüchlichkeit, soz. Erwünschtheit usw.) ermittelt.

Einsatz in folgenden Bereichen

- Zur Unterstützung von Entscheidungen bei Neueinstellungen,
- bei der Vorselektion von Massenbewerbungen (Screening),
- bei Vergrößerung oder Verkleinerung von Teams zur Konfliktvermeidung oder Steigerung der Teamleistung,
- um bei einzelnen Mitarbeitern Leistungssteigerungen durch Erhöhung der Gesamtmotivation oder spezifischer Bereiche zu erzielen (z. B. Leistungssteigerung für Vertriebsmitarbeiter),
- um Kosten zu reduzieren bei der Aus- und Weiterbildung durch Konzentration auf Erfolgsfaktoren,
- vor Assessments, um Kosten zu senken. Beobachter kennen dadurch die Potenziale der sozialen Kompetenz und können sich auf die Beobachtung der »Umsetzungsfähigkeiten« konzentrieren.
- Vor Trainingsmaßnahmen (erkennt und beschreibt, welche Ziele und Inhalte ein erfolgreiches Training enthalten muss). Statt Gießkannenprinzip: individuelle, zielgerichtete Schulung,
- für Lernzielkontrollen bei Aus- und Weiterbildungsmaßnahmen,
- bei Leistungskrisen, z. B. bei schwachen Vertriebsleistungen,
- bei Problemen in der Zusammenarbeit (Kooperation, Kommunikation),
- beim Monitoring von Aus- und Weiterbildungsmaßnahmen,
- beim Einsatz eines Mediators in Konfliktfällen,
- vor dem Jahresgespräch,
- zur permanenten Begleitung bei allen mittelfristigen Weiterentwicklungsmaßnahmen,
- bei der Outplacement-Beratung.

DNLA-Management

DNLA-Management misst die Potenziale von 25 Dimensionen der Führungstechniken in den Bereichen »Führungstechnik«, »Kooperation und Konsens« sowie »Unternehmerisches Denken und Handeln«. Darüber hinaus wird Fehlverhalten in der Führung ermittelt, wenn die Anforderungen, gemessen am vorgegebenen Anforderungsprofil, nur unzureichend erfüllt werden. Danach entwickelt *DNLA-Management* für jeden Teilnehmer einen individuellen Weiterentwicklungsplan und für den Vorgesetzten oder Coach den entsprechenden Coachingplan.

Einsatz in folgenden Bereichen

- Zur Unterstützung von Entscheidungen bei Neueinstellungen,
- um Leistungssteigerungen durch verbesserte Führungstechniken zu erzielen,
- um erhebliche Kosten bei der Aus- und Weiterbildung bei der Schulung von Führungstechniken einzusparen,
- um Beobachter bei Assessments auf einen für alle objektiven Wissensstand zu bringen,
- um Leistungskrisen zu überwinden (Fluktuationsgefahr),
- vor Trainingsmaßnahmen (erkennt und beschreibt, welche Ziele und Inhalte ein erfolgreiches Training enthalten muss). Statt Gießkannenprinzip: individuelle, zielgerichtete Schulung,
- als Lernzielkontrolle bei Aus- und Weiterbildungsmaßnahmen der Führungstechniken,
- bei Führungskrisen,
- bei Problemen in der Zusammenarbeit auf gleicher Führungsebene (Kooperation, Kommunikation),
- beim Einsatz eines Mediators in Konfliktfällen,
- vor dem Jahresgespräch,
- zur permanenten Begleitung bei allen mittelfristigen Weiterentwicklungsmaßnahmen,
- bei der Outplacement-Beratung.

Die nachfolgend vorgestellten Verfahren *DNLA-VKP, DNLA-BKA, DNLA-HLT* und *DNLA-MSS* können aus Platzgründen nur in Ansätzen beschrieben werden. Alle Verfahren sind im Masterprogramm des anwendenden Unternehmens enthalten.

DNLA-VKP (Verkaufstaktik und -technik)

DNLA-VKP ist ein Beurteilungs- und Förderverfahren für Mitarbeiter, die im Vertrieb (Innen- und Außendienst) als Berater bzw. als Verkäufer tätig sind und an Spitzenleistungen herangeführt werden sollen. Es basiert ausschließlich auf Erkenntnissen von Trainern, Verkaufsprofis, Coaches und Marketingspezialisten, die im Bereich Beratung und Vertrieb über Jahrzehnte Erfolge nachweisen können. Vergleichsmaßstab für die zu erreichenden Ziele (Benchmark) sind die Besten der jeweiligen Branche. Es analysiert umfassend die Bereiche Kontakt, Aufmerksamkeit, Analyse, Angebot, Prüfung und Abschluss. Dabei werden die Stärken und Schwächen analysiert, und es wird beschrieben, welche Trainingsmaßnahmen erforderlich sind, um Potenziale gezielt aufbauen zu können.

DNLA-BKA (Betriebsklima-Analyse)

Bei der Betriebsklima-Analyse geht es allgemein um die Fragen:

1. In welchem Umfang identifizieren sich Betriebsbereiche, Abteilungen, Teams und Arbeitsgruppen mit dem Unternehmen als Ganzem?
2. Wird von den Führungskräften die integrative Führung vorgelebt?
3. Ist der Kunde erklärtes Ziel und immer Mittelpunkt des gesamten Wertschöpfungsprozesses?
4. Stehen Mitarbeiter und Führungskräfte im Einklang mit den Unternehmenszielen?

DNLA-BKA analysiert die Bereiche: Unternehmensziele, Visionen, Kommunikation, Kundenorientierung, Kooperation, Innovation, Ausbildung und Entwicklung, Qualifikation der Führungskräfte, Motivation durch Führungskräfte, Organisation, Mitarbeiterzufriedenheit und Stress.

DNLA-HLT (Hochleistungsteams)

DNLA-HLT ist ein Analyse- und Diagnoseverfahren für Coaches und Moderatoren, das Teams (Abteilungen oder Arbeitsgruppen) auf Schwachstellen untersucht und Informationen darüber liefert, wo im Team und durch wen oder welche Umstände Reibungs- und Wertschöpfungsverluste entstehen. Es gibt Aufschluss darüber, wie diese abgestellt werden können. Gleichzeitig werden die Stärken des Teams analysiert. Das Team wird schrittweise zur optimalen Zusammenarbeit (Synergie) geführt. Es geht um die Bereiche: Effizienz, Motivation, Organisation, Kooperation, Unternehmenskultur, Umfeld, Interessengegensätze, Teamleiter, Teamleitung. Umfang: 60 Dimensionen.

DNLA-MSS (Managerial Stress Survey)

DNLA-MSS ist ein wissenschaftlich-medizinisch orientiertes Programm, das von jedem Betriebsarzt, Psychologen, Therapeuten und Unternehmen, aber auch von jedem Privatmann eingesetzt werden kann. Es wurde in Zusammenarbeit mit der *Moscow State University* unter der Leitung von Prof. Dr. *Anna Leonova* entwickelt. Die Erfahrungen hochrangiger Stressexperten wurden im Verfahren »hinterlegt«. Damit wird präzise gemessen, ob und wenn ja welche Stresseinflüsse bereits Wirkung zeigen, und deren Ursachen werden beschrieben. Darüber hinaus wird ermittelt, ob Stressoren bereits Auswirkungen in den Bereichen akuter Stress, chronischer Stress und Veränderungen der Persönlichkeit haben. Falls ja, werden die Ursachen präzise für Arzt (Therapeuten), Betrieb und Teilnehmer beschrieben. Es werden sechs Haupt- und 30 verschiedene Unterbereiche analysiert. Dann werden konkrete, zielgerichtete Maßnahmen für den jeweiligen Teilnehmer, das Arbeitsumfeld, die Organisation und das Team vorgeschlagen. Trainern, Ärzten und Therapeuten werden keine Pauschalmaßnahmen, sondern individuell wirksame Vorschläge unterbreitet. Bereiche:

1. Stressauslöser durch Einflüsse des Arbeitsumfeldes bzw. durch Arbeitsbelastungen
2. Subjektiv empfundene Stressauslöser
3. Soziales Umfeld, Organisation, Vergütungen
4. Anzeichen von akutem Stress
5. Symptome von chronischem Stress
6. Veränderungen der Persönlichkeit / des Verhaltens

6.6 Durchführung und Ablauf

Dynamisches Fragenprogramm

Bei allen *DNLA*-Verfahren gibt es keine Papierversion und auch keinen sog. »Fragebogen«. Stattdessen gibt es ein »dynamisches« Fragenprogramm; dynamisch, weil davon ausgegangen wird, dass nur ein bestimmter Teil der Fragen für alle beruflichen Ebenen und Arten von Tätigkeiten gleich sein darf. Ein bestimmter Teil der Items ist deshalb »berufsbezogen« und berücksichtigt die exakte Position des Teilnehmers. Es gibt somit nicht einen Fragebogen, sondern praktisch unendlich viele. In der Praxis heißt das, dass der Teilnehmer *vor* Beginn des eigentlichen Fragenteils immer nach seiner genauen Position befragt wird, die er mittels Pulldown-Menü aussuchen und positionieren kann. Nach dieser Vorgabe entscheidet das Programm, welche Fragenkombination vorgelegt wird.

Während andere Fragebögen alle und jeden über einen Kamm scheren, berücksichtigt *DNLA* diese Unterschiede. Beispiel im Bereich Verwaltung: Es ist ein Unterschied, ob ein Mitarbeiter in der Position »einfache Bürotätigkeiten« befragt wird oder der Hauptabteilungsleiter eines Konzerns, dem 5000 Mitarbeiter unterstellt sind. Erst die dynamische Anpassung des Itempools an die höchst unterschiedlichen beruflichen Situationen garantiert auch die gewünschte Akzeptanz beim Teilnehmer.

Positionen unterscheiden

Noch entscheidender ist die Auswirkung auf die spätere Analyse der Daten, denn es würde jeder Lebenserfahrung widersprechen, wenn das Antwortverhalten eines Mitarbeiters in einer »einfachen« Position mit dem eines Vorstandsmitglieds vergleichbar wäre. Dazu sind die Positionen und Sichtweisen einfach zu unterschiedlich. Erst später, bei der Auswertung, entscheidet der Anwender, mit welcher Position (z. B. gleiche Position oder andere oder höhere) die gegebenen Antworten programmintern verknüpft werden sollen.

Die Durchführung (Beantwortung der Fragen) findet immer auf einem beliebigen Rechner beim Teilnehmer statt, denn das Fragenprogramm ist ein komplett selbstständiger Teil und hat erst einmal nichts mit dem späteren Auswertungsprogramm zu tun. Der Teilnehmer erhält das Fragenprogramm über Internet, Intranet (Lizenzversion auf dem Server des Unternehmens) oder auf Wunsch als Diskette.

In jedem Fall werden die gegebenen Antworten verschlüsselt und auf dem Rechner des Anwenders zur Sicherheit gespeichert. Danach werden die Daten automatisch auf den Auswertungsrechner des Anwenders übertragen, indem das Mailprogramm gestartet wird und die verschlüsselten Antworten als Attachment angehängt werden. Unverschlüsselt bleiben nur Name und Anschrift, um im Fall eines Falles den Datensatz identifizieren zu können. Damit zwei, drei oder mehr Teilnehmer sich nicht gegenseitig über die gegebenen Antworten informieren können, gibt es einen »Zufallsgenerator« für die noch nicht beantworteten Fragen. Dabei werden permanent sämtliche, noch nicht beantworteten Fragen immer wieder neu durch das Programm »gewürfelt«. Das bedeutet, dass von zwei Teilnehmern, die beide die 21. Frage beantworten wollen, der erste in Wirklichkeit die Frage 134 und der zweite die Frage 47 beantwortet. Darüber hinaus werden die Fragen in einer bestimmten Reihenfolge, in Abhängigkeit der gegebenen Antworten, auf den Bildschirm gebracht. Das Fragenprogramm macht insofern laufend interne Kurzauswertungen und entscheidet dann, welche Frage bzw. Fragen als Nächstes gestellt werden. So wird überprüft, ob sich ein Teilnehmer in »sozialer Erwünschtheit« darstellt oder »widersprüchlich« antwortet oder versucht, sich durchzuschlängeln (z. B. indem er klare Stellungnahmen verweigert und die goldene Mitte sucht), also ausweichend antwortet.

Sprachversionen

Es gibt folgende Sprachversionen, die an die Mentalitäten des jeweiligen Landes angepasst wurden: Deutschland, Großbritannien, Frankreich, Spanien, Italien, Schweiz, Österreich, Finnland, Niederlande, Estland, Lettland, Dänemark, Schweden, Norwegen, Thailand, Ungarn, Polen und Russland.

Unabhängig von der Sprache, in der das Fragenprogramm durchgeführt wird, können die Gutachten im Auswertungsprogramm des Anwenders in praktisch jeder beliebigen Sprache erfolgen. Ein Teilnehmer in Riga bearbeitet z. B. das Fragenprogramm in lettischer Sprache, während die Auswertung im Masterprogramm durch die Personalleitung in London in englischer Sprache (oder in Paris in französischer Sprache usw.) erfolgt. Dabei kann das anwendende Unternehmen entscheiden, auf welcher mentalen Grundlage ausgewertet werden soll. Umgekehrt wird ein Unternehmen in Lettland, das einen IT-Mitarbeiter aus Großbritannien einstellen möchte, diesem das englische Fragenprogramm vorlegen und die Auswertung (Gutachten, Weiterentwicklungspläne, Coachingpläne usw.) für sich in Lettisch und für den Teilnehmer in Englisch produzieren.

6.7 Auswertung

Das so genannte Masterprogramm ist das zentrale Trägersystem und die Auswertungsplattform für alle *DNLA*-Verfahren. Das anwendende Unternehmen (siehe auch unter Qualitätskriterien) kann sämtliche Auswertungen in eigener Regie durchführen. Die Daten (Antworten) von Teilnehmern werden automatisch in das zentrale oder dezentrale Datenbanksystem auf dem Rechner des Anwenders gespeichert.

Vorbedingung für die korrekte Erstellung eines Gutachtens ist die Auswahl der »richtigen« Branche, die aus bis zu 149 Branchen (in Abhängigkeit vom jeweiligen Verfahren) ausgesucht werden kann. Des Weiteren kann, in Abhängigkeit zum gewählten Verfahren, aus bis zu 1000 Untergruppierungen ausgewählt werden. Weitere Vorgaben können sein: Befähigungsnachweise, besondere Erfahrungen, Qualifikationen, Qualifikationsbereiche, Sonderkenntnisse in einem bestimmten Berufsbereich, Sprachkenntnisse usw.

6.8 Qualitätskriterien

Im Gegensatz zu anderen Verfahren werden bei *DNLA* grundsätzlich Reliabilitäts- und Validitätskoeffizienten nicht selbst ermittelt. Alle Angaben in diesen Bereichen sind durch ein unabhängiges, wissenschaftlich anerkanntes Institut – *Evalue (Institute of Business Psychology and Evaluation, Add-On-Institut an der Universität Lüneburg)* – ermittelt, überprüft und analysiert worden.

Der Einsatz von *DNLA* beim Anwenderunternehmen wird nur für bestimmte Führungskräfte zugelassen und überwacht. Diese müssen entsprechende fachliche Voraussetzungen durch Ausbildung/Studium mitbringen und ein Anwendertraining mit anschließender Prüfung durchlaufen. Voraussetzung sind strenge Anforderungen an persönliche und fachliche Kompetenzen (Erfahrungen und Kenntnisse im Bereich Eignungsdiagnostik) sowie die von der DIN 33430 geforderten Kriterien.

Zu *DNLA* gehört ein umfassender technischer Support (bis hin zur Netzwerkunterstützung) direkt durch die Programmentwickler sowie eine 24-Stunden-Hotline, auch an Sonn- und Feiertagen für technische Fragen und Unterstützung bei Ergebnisinterpretationen.

Objektivität

Die Teilnehmer bearbeiten das Fragenprogramm unter vergleichbaren Bedingungen. Es wird kein Zeitdruck ausgeübt, und es werden keine Zeiten gemessen, außer bei bestimmten Leistungstests, die fakultativ dazugewählt werden können, wie Logiktest, Sprachentest usw. Ein Höchstgrad an Objektivität wird dadurch erzielt, dass die verwendeten Fragen vom

System automatisch für die berufliche Situation ausgewählt werden, damit der Mitarbeiter mit einfachen Aufgaben entsprechend formulierte Fragen erhält und das Vorstandsmitglied entsprechend andere. Im Expertensystem erfolgt die Auswertung über die Verknüpfung an Profile, die exakt auf die Position des Teilnehmers abgestimmt sind. Dabei werden nicht nur die beruflichen Voreinstellungen feingetunt, sondern auch Besonderheiten der Unternehmenskultur berücksichtigt. Fehlauswertungen, durch willkürliche Interpretationen oder Manipulationen durch den Anwender, werden unterbunden. Im Gutachten wird auf jeder Seite im *Header* angezeigt, welche Vorgaben der Auswertende gewählt hat. Zufällige Varianten oder Irrtümer sind somit ausgeschlossen. Der Anwender kann z. B. keine Auswertung durchführen, ohne dass vom System aufgezeichnet wird, wer die Kriterien für die wichtige Profilvorgabe gewählt hat. In einem besonders geschützten Teil der Datenbank werden alle Vorgaben (nicht manipulierbar) gespeichert. Die Analysen erfolgen also auf höchstem Niveau, wenn es um Objektivität geht. Ein Eingriff in die wissenschaftlich überprüften Algorithmen und Regeln ist niemals durch Dritte möglich.

Reliabilität

Die ermittelten Messungen erreichen zu unterschiedlichen Zeitpunkten und bei den gleichen Personen einen hohen Grad an Zuverlässigkeit. Zu berücksichtigen ist, dass sich nicht nur die Tagesform, sondern auch die individuelle Stresssituation und das berufliche Umfeld auf die Ergebnisse auswirken können. Darum werden durch *DNLA* bei jeder Auswertung auch die Stresswerte ermittelt. Sie sind wichtige Indikatoren für den Grad der Zuverlässigkeit der gerade erstellten Gutachten. Ein Teilnehmer z. B., der gerade einen schweren, selbst verschuldeten Unfall hatte, gleichzeitig große finanzielle Sorgen hat, um seinen Arbeitsplatz besorgt ist und obendrein die Trennung vom Lebenspartner durchmacht, wird nicht bewertet. Das Gutachten kann ja nicht valide sein. Bei *DNLA* kann er zu einem späteren Zeitpunkt erneut teilnehmen, ohne dass weitere Kosten entstehen. Entsprechende Hinweise für den Anwender werden in jeder Auswertung ausgedruckt. Manipulationen, Einflüsse durch bestimmte Umstände des Umfeldes sind bei *DNLA* auf Grund der voll computergestützten Anwendung ausgeschlossen.

Zu den Daten: Reliabilitäten von 1.0 wären einerseits wünschenswert, andererseits aber problematisch, denn die gemessene Dimension wäre so stabil, dass sich durch Training oder Coaching kaum Einfluss auf den Teilnehmer erzielen ließe.

- *Beispiele im Bereich DNLA-Soziale Kompetenz: Cronbachs Alpha,* Stichprobe N = 4.989; Eigenverantwortlichkeit .71, Leistungsdrang .75, Selbstvertrauen .72, Kontaktfähigkeit .80, Auftreten .79, Einsatzfreude .70, Statusmotivation .71, Kritikstabilität .82, Emotionale Grundhaltung .71, Flexibilität .71, Arbeitszufriedenheit .72.

- *Beispiele im Bereich DNLA-Management:* Autorität .79, Delegation .68, Einbeziehung .71, Legitimation .77, Leistungsforderung .67, Mitarbeiterentwicklung .73, Selbstvertrauen .80, Verantwortung für Mitarbeiter .67, Einfluss .79, Identifikation .77, Image .73, Kommunikationsbereitschaft .71, Konfliktverhalten .74, Konsensbildung .71, Kooperation .73, Machtverhalten .79, Personenorientierung .72, Teamarbeit .73, Anspruchsniveau .76, Informationsverhalten .68, Entscheidungsfreude .77, Innovation .73, Qualitätsbewusstsein .68, Risikoverhalten .76, Systematik .73.

Validität

Zu den Außenkriterien, an denen die Qualität des Verfahrens gemessen wird, gehören bei *DNLA*: »Fleiß«, »Teamverhalten«, »Potenzial für Weiterentwicklung«, »Qualität der Arbeit«, »Erneute Einstellung«, »Potenzial für Führungsqualität«, »Termintreue«, »Innovation, »Ablauforganisation«, »Verbesserungsvorschläge«, »Produktivität« und »Einhaltung von Kostenvorgaben (Kostenbewusstsein)«. Bei *DNLA* sind diese Außenkriterien übrigens fester Bestandteil der Verfahren, weil die Vorgesetzten vor der Auswertung ihre Einschätzung eines Mitarbeiters im Expertensystem (zur Schulung ihres eigenen Beurteilungsvermögen) eingeben.

Normierung

Alle *DNLA*-Verfahren, die in den verschiedenen Ländern im Einsatz sind, sind entsprechend normiert. Im Auswertungsprogramm kann der Anwender selbst entscheiden, welches Normierungsverfahren er anwenden will. Wenn er z. B. einen polnischen, italienischen oder englischen Mitarbeiter am Verfahren teilnehmen lassen will, kann er statt der deutschen Normierung, die Standard ist, z. B. die englische wählen. Die vom Anwender vorgewählte Normierung wird zwangsweise bei den Gutachten ausgedruckt, damit eine Fehlbewertung unterbunden wird.

Validitäten Einzelfaktoren! (In der wissenschaftlichen Studie weitere 30 Tabellen mit vergleichbaren Werten) N = 1066			
Spalte 2 = Fleiß Spalte 3 = Teamverhalten Spalte 4 = Qualität der Arbeit			
Dimension	**2**	**3**	**4**
Eigenverantwortung	.51	.32	.46
Leistungsdrang	.46	.54	.56
Selbstvertrauen	.54	.22	.40
Motivation	.49	.26	.39
Kontaktfähigkeit	.43	.50	.50
Auftreten	.43	.54	.50
Einfühlungsvermögen	.15	.38	.17
Einsatzfreude	.55	.27	.44
Statusmotivation	.28	.10	.22
Initiative	.19	.03	.13
Kritikstabilität	.37	.57	.56
Emot. Grundhaltung	.38	.45	.49
Selbstsicherheit	.39	.57	.58
Flexibilität	.23	.38	.34

Validitäten Einzelfaktoren! N = 802 Korrelationen: Leistungsbeurteilung Vorgesetzte	
Spalte 2 = Korrelationen nach beruflichen Ebenen und Führungstätigkeiten	
Dimensionen	**2**
Autorität	.34
Delegation	.37
Einbeziehung	.35
Legitimation	.06
Leistungsforderung	.36
MA-Entwicklung	.46
Selbstvertrauen	.44
Verantwortung für MA	.48
Einfluss	.43
Identifikation	.40
Image	.35
Kommunikationsbereitschaft	.40
Konfliktverhalten	.40
Konsensbildung	.33
Kooperation	.42
Machtverhalten	.38
Person. Orientierung	.34
Teamarbeit	.39
Anspruchsniveau	.41
Informationsverhalten	.41
Entscheidungsfreude	.46
Innovation	.43
Qualitätsbewusstsein	.55
Risikoverhalten	.50
Systematik	.56

6.9 Ausbildung und Akkreditierung

Zu den dreitägigen Vorbereitungsseminaren können sich nur Anwender (Personalverantwortliche aus Unternehmen, Trainer, Psychologen, Coaches) anmelden, die nachweislich über umfassende Erfahrungen und Kenntnisse im Bereich Eignungsdiagnostik verfügen. Vor der Anmeldung reicht der Anwender entsprechende Unterlagen ein (Zeugnisse, Arbeitszeugnisse, Kursbescheinigungen, Trainingsbescheinigungen, Diplome, Empfehlungen, Mitgliedsbescheinigungen in fachrelevanten Organisationen und Ähnliches). Bei der Zulassung folgt *DNLA* den Anforderungen des *Q-Pool 100 e.V.* nach Prof. Dr. *Walter Simon.*

6.10 Schnuppertest und Vertrieb

Alle Testverfahren können von Unternehmen, Psychologen, Coaches, Trainern und Beratungsunternehmen kostenlos angefordert werden.

SMP – Software für Management und Personalentwicklung GmbH
Rugenkamp 32
59302 Oelde
Fon: +49 (0) 52 45 / 85 81 81
Fax: +49 (0) 52 45 / 85 81 82
E-Mail: *mail@dnla.de*
Internet: *www.dnla.com, www.gmp.de*

Über den Autor

Horst Veith, geschäftsführender Gesellschafter von *SMP,* ist seit mehr als 20 Jahren als Unternehmensberater im *Human Resources Management* tätig. Zu den Kunden gehören namhafte mittelständische Unternehmen und internationale Konzerne im Food- und Nonfoodbereich, Automobilwerke und Banken in Europa. Als Leiter eines Teams, bestehend aus IT-Spezialisten, Statistikern, Mathematikern, Psychologen, Soziologen und Pädagogen, ist er verantwortlich für die Konzeption und Entwicklung wissensbasierter Systeme. Diese Verfahren übernehmen für eine Reihe von Fachgebieten die Aufgaben (oder Teilaufgaben) von Experten und stellen damit Wissen zur Verfügung, das der Anwender wie von einem »Expertenteam vor Ort« abrufen kann.

7. Das Enneagramm

Walter Simon

7.1 Theoretische Quellen

Das *Enneagramm* passt im streng wissenschaftlichen Sinne nicht in den Rahmen dieses Buches. Es handelt sich hierbei zwar um ein Persönlichkeitsmodell, aber eines, dem die Fundierung moderner Wissenschaft fehlt. Es ist kein Verfahren, das die Gütekriterien der DIN 33430 erfüllt oder das mit anderen in diesem Buch vorgestellten Verfahren vergleichbar wäre.

2000 Jahre alte Geschichte

Die Ursache hierfür liegt in seiner langen, etwa 2000 Jahre währenden Geschichte, die ihren Ursprung in den Hochkulturen Vorderasiens hat. Darin liegt aber auch ein besonderer Reiz, denn die Menschheitserfahrung vergangener Jahrhunderte ist in alle Wissenschaften eingeflossen, auch in die Psychologie. So gesehen ist das *Enneagramm* eines der ältesten der bekannten Persönlichkeitsmodelle, wenn man einmal von den astrologischen Deutungen von Sternzeichen absieht. Wegen dieser alle anderen Persönlichkeitsmodelle überragenden Langlebigkeit und des Interesses bestimmter Bevölkerungsschichten, aber auch aus Gründen der Vollständigkeit, wird es hier beschrieben.

> Das *Enneagramm* hat eine leicht spirituelle Einfärbung, die sich aus seiner Geschichte und Verbreitung vor allem in kirchlichen Kreisen erklärt. Da es urheberrechtlich nicht geschützt ist, kann es von jedermann frei genutzt werden. Auch das mag zu seiner starken Verbreitung beigetragen haben.

Intuition und Empirie

Erkenntnistheoretisch bewegt sich das *Enneagramm* im Spannungsfeld zwischen Intuition und Empirie, so *Marion Küstenmacher* in ihrem Beitrag zur ersten Auflage dieses Buches. Natürlich gebührt der analytischen Empirie das Primat; sie bildet das Fundament aller Wissenschaften. Will man aber von der Einzelerhebung menschlicher Eigenschaften zur Totalität der Persönlichkeit aufsteigen, so generiert man im Test bestenfalls klassifikatorische Oberbegriffe, aber nie solche, die »den« Menschen abbilden. Darum verwendet das *Enneagramm* den phänomenologischen Ansatz, wie er in diesem Buch in Teil A beschrieben wurde, und zwar mit der analytischen Vertiefung bzw. Kontrolle mittels Fragebogen.

Wie andere Persönlichkeitsmodelle auch verzichtet das *Enneagramm* auf Wertungen im Sinne von guten oder schlechten Persönlichkeiten. Vielmehr hat jeder Mensch, jedes Verhalten seine guten und schlechten Seiten. Das *Enneagramm* versteht sich als ein Instrument, das Antworten auf diese und ähnlich lautende Fragen geben soll:

- Was sind die bestimmenden Merkmale meiner Persönlichkeit?
- Was kann ich tun, um meine Persönlichkeit positiv zu entwickeln?
- Wie wirke ich auf mein Lebensumfeld positiv ein?
- Wie wirke ich auf andere?
- Was ist mein Gegenüber für ein Mensch?

7.2 Historischer Abriss

Die Geschichte des *Enneagramms* besteht noch aus vielen Fragezeichen. Es schöpft aus jüdischen, christlichen und islamischen Quellen. Den Ziffern eins bis neun wurde von einigen Gelehrten des Altertums magische Bedeutung zugeschrieben. Als Folge hiervon entstanden entsprechende Figuren oder Zeichen, die man *Enneagramme* (= griechisch: *ennea* = neun; *gramma* = Zeichen oder Figur) nennt. Von islamischen Mystikern, den Sufis, soll es als eine Art Geheimlehre bewahrt und fortgeschrieben worden sein.

Verschiedene Quellen

1916 wurde das *Enneagramm* von dem kaukasischen Weisheitslehrer *Georg Iwanowitsch Gurdjieff* (1877–1949) im Abendland eingeführt. Andere Quellen schreiben das *Enneagramm* in seiner heutigen Gestalt dem bolivianischen Psychologen *Oscar Ichazo* (*1931) zu. Dieser behauptet, das Modell von einer geheimen Sufi-Mysterienschule übernommen zu haben. Der amerikanische Jesuitenorden tat ein Übriges, indem er das *Enneagramm* als »Psychoplacebo« in die Seelsorge einbrachte.

Von 1971 ab fand das *Enneagramm* Eingang in die persönlichkeitspsychologische Diskussion und wurde Gegenstand der psychologischen Forschung, vor allem in den USA. Im Laufe der Zeit haben sich zwei Grundrichtungen herausgebildet:

- eine Gruppe, die es im christlich-spirituellen Kontext nutzt, und
- eine zweite Gruppe, die es mit dem empirischen Wissen der modernen Psychologie zu verknüpfen versucht.

Das *Enneagramm* gibt es in mehreren Varianten, je nach Zweck und Herkunft, kirchlich oder weltlich. In der Literatur taucht vereinzelt der Begriff »Business-*Enneagramm*« auf. Leider gab auch die beste Suchmaschine darüber keine weitere Auskunft.

7.3 Beschreibung des Verfahrens

An der Peripherie eines Kreises befinden sich im Abstand von jeweils 40 Grad neun Punkte, die im Uhrzeigersinn von eins bis neun durchnummeriert sind, wobei neun der »obere« Ausgangspunkt ist. Die Punkte drei, sechs und neun sind durch ein Dreieck miteinander verbunden, die Punkte zwei, vier, eins, sieben, fünf und acht durch einen unregelmäßigen sechseckigen Stern. Das Kreissymbol soll die Ganzheit des Menschen symbolisieren.

Neun Persönlichkeiten

Die neun Spitzen stehen symbolisch für die neun Persönlichkeiten, die in jedem Menschen schlummern. Es handelt sich hierbei um abgrenzbare Verhaltensmuster, die sich – und das zeigen die Verbindungslinien – gegenseitig beeinflussen. Manche fördern andere, während einige eher negativ wirken. Obwohl alle neun Typen anteilig im Menschen vertreten sind, gibt es aber einen Haupttyp, der die Persönlichkeit prägt.

Die Terminologie ist höchst uneinheitlich. Der Leser möge sich nicht wundern, wenn er in verschiedenen Büchern auf unterschiedliche Begriffe stößt, die aber inhaltlich in die gleiche Richtung gehen.

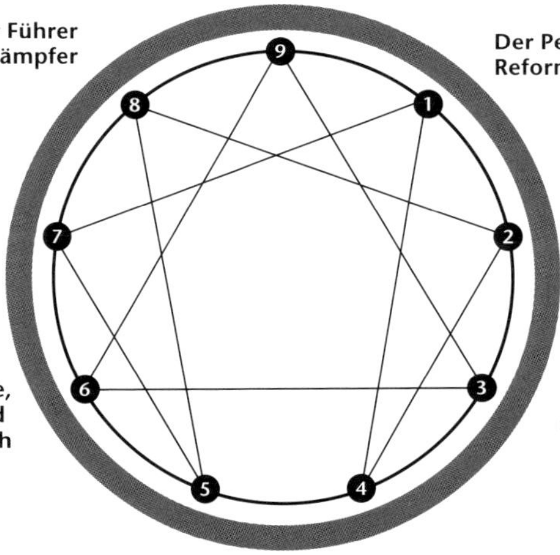

Die neun Persönlichkeiten nach dem Enneagramm

Typen

- *Typ 1 – Der Reformer oder Perfektionist:* Positiv ist seine Orientierung an Idealen und Prinzipien, seine Fähigkeit zum Urteilen und seine Lust an Verbesserungen. Negativ fallen seine Intoleranz und sein Perfektionismus auf.

- *Typ 2 – Der Helfer oder Fürsorgliche:* Das ist jemand, der Anteil am Leid anderer nimmt, treu und hilfsbereit ist. Andererseits vernachlässigt er sich oft und lässt sich zum Märtyrer machen.

- *Typ 3 – Macher oder Statusmensch:* Dieser Typ steht gerne im Mittelpunkt, ist ehrgeizig und zielgerichtet. Dem steht ein gewisser Hang zu Eitelkeit und Orientierung am Äußeren gegenüber.

- *Typ 4 – Künstler oder Romantiker:* Hier verbinden sich Fantasie und Kreativität mit Emotionen, leider aber auch Depressionen mit Realitätsflucht.

- *Typ 5 – Denker oder Beobachter:* Dieser Persönlichkeitstyp hat einen großen Wissensdurst, analytische Fähigkeiten und ein gutes Zuhörvermögen. Sein Hang zur Introvertiertheit und Detailversessenheit schlägt aber negativ zu Buche.

- *Typ 6 – Loyaler oder Fragender:* Dieser Persönlichkeitstyp ist vertrauenswürdig und kooperativ, ein geborener Teamworker. Diese Stärke wird durch seinen Hang zu Ängsten und seine Autoritätsgläubigkeit geschwächt.

- *Typ 7 – Vielseitiger oder Abenteurer:* Das ist ein Mensch voller Energie, sehr vielseitig und charismatisch, mit Hang zu Extremen und zu impulsiven Handlungen.

- *Typ 8 – Führer oder Boss:* Der typische Führer hat ein großes Selbstbewusstsein, liebt Herausforderungen und führt gern andere Menschen. Diese Eigenschaften gehen aber oft mit Dominanz und Aggressivität einher.

- *Typ 9 – Friedliebender oder Harmonischer:* Das ist ein beliebter Mensch mit ruhiger Ausstrahlung, der für Harmonie sorgt. Andererseits neigt er dazu, sich zurückzuziehen und andere zu idealisieren.

Triaden Die neun *Enneagramm*-Typen werden zu drei Hauptgruppen – den so genannten Triaden – zusammengefasst. Demnach gibt es eine Gruppe

- der Herztypen (Helfer, Macher, Künstler),
- der Kopftypen (Denker, Loyale, Abenteurer) und
- der Bauchtypen (Führer, Friedliebende, Perfektionisten).

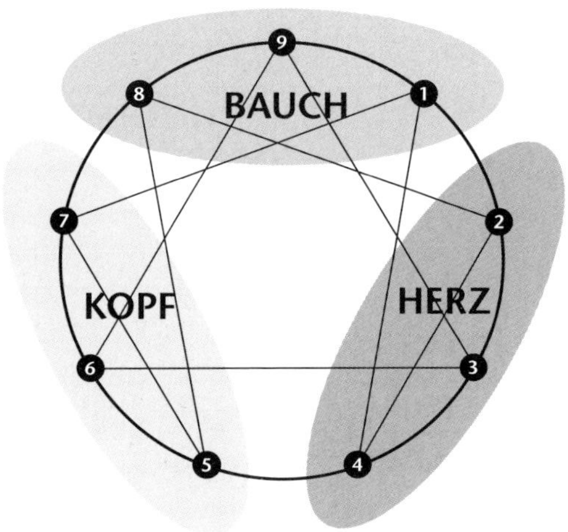

Die drei Energiezentren

Geht man nun in die Tiefe, wird den drei Zentren ergänzend je ein Grundtrieb zugeordnet: sexuell, sozial, selbsterhaltend. Die Grundtriebe stellen sozusagen den unveränderbaren Grundbegriff unseres Wesens dar. Je nach Lebenslage setzt jeder einzelne Typ diese Unterfunktionen ein. Im Berufsleben wird man hauptsächlich den sozialen, in der Partnerschaft den sexuellen und in den Augenblicken des Alleinseins den selbsterhaltenden Part ausleben.

Persönlichkeitsentwicklung

Entwicklungsrichtungen

Das *Enneagramm* hat eine gewisse Dynamik, die sich aus der Verknüpfung der Eckpunkte ergibt. Für jeden der neun Idealtypen ist eine Entwicklung in zwei Richtungen möglich, und zwar entlang den Linien des *Enneagramm*-Symbols. Das heißt, dass bestimmte Haltungsmerkmale dieser benachbarten Typen Einfluss auf die dazwischen liegende Zahl nehmen, z. B. die 1 und 3 auf die 2, sich also in ihr widerspiegeln.

Bei der ersten Entwicklungsrichtung, der *Integrationsrichtung*, bewegt sich ein Persönlichkeitstyp zu den positiven Eigenschaften jenes Typs, der als nächster Punkt auf der Integrationslinie liegt. Dieser *Enneagramm*-Typ wird dann auch Integrationspunkt genannt. Beispiel: Die eher introvertierte Fünf orientiert sich an der Durchsetzungsfähigkeit der Acht.

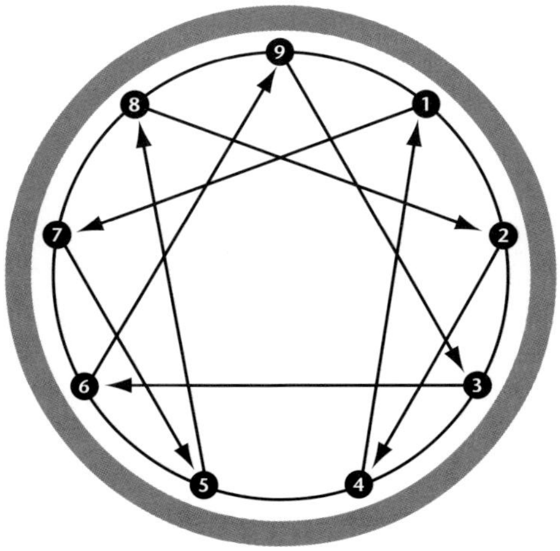

Integrationsrichtungen

Die zweite Entwicklungsrichtung wird als *Desintegrationsrichtung* bezeichnet. Dies bedeutet, dass ein *Enneagramm*-Typ zu den negativen Eigenschaften des Typs hin tendiert, der als Nächstes auf der Desintegrationslinie liegt, die sich in der umgekehrten Richtung der Integrationslinie befindet. Dieser *Enneagramm*-Typ wird dann auch Desintegrationspunkt genannt. Beispiel: Die wissbegierige Fünf orientiert sich an der Dominanz der Acht.

Flügeltypen

Ähnliches gilt für die so genannten Flügeltypen (auch Tendenztypen). Hierbei handelt es sich jeweils um die beiden »benachbarten« Typen eines Persönlichkeitstyps im *Enneagramm*. Jeder *Enneagramm*-Typ besitzt somit genau zwei Flügeltypen. So sind zum Beispiel die Flügeltypen zum Typ 2 die 1 und die 3.

Unter Stress verwandelt sich jeder Typ in denjenigen, der auf der Verbindungslinie in Pfeilrichtung am nächsten liegt: 3 in 9, 9 in 6, 6 in 3; 1 in 4, 4 in 2, 2 in 8 usw. Unter sicheren Rahmenbedingungen bewegen wir uns gegenläufig: 7 in 5, 5 in 8 usw. Je nachdem, welcher Flügeltyp stärker ausgeprägt ist, ergeben sich verschiedene Varianten des Haupttyps.

Bei der Beschreibung der neun Persönlichkeitstypen handelt es sich um Idealtypen. In der Realität wird jeder der neun *Enneagramm*-Typen durch seine Flügeltypen mitgeprägt. Häufig ist einer der beiden Flügeltypen stärker ausgeprägt, so dass sich ein Mischtyp aus dem Haupttyp und seinem stärkeren Flügel ergibt. Das erklärt sicherlich auch, warum man bei der Analyse den Eindruck hat, dass man selbst von allem etwas ist und sich nicht voll und ganz mit einem Typ identifizieren kann.

Eigenschaften bzw. Verhaltensweisen der neun Grundtypen

Jeder der neun Typen verkörpert weitere Eigenschaften positiver und negativer Art. Aus der Summe dieser Eigenschaften und aus ihren Verbindungen untereinander kann jeder Mensch sein Persönlichkeitsprofil erkennen, das man umgangssprachlich »Charakter« nennt. Der Begriff Charakter ist somit allgemeiner, weitläufiger gefasst als die enneagrammspezifischen Bezeichnungen. Das System des *Enneagramms* hat für diese Eigenschaften seine eigenen Begriffe, die in der nachfolgenden Tabelle auf Seite 212 und 213 in der ersten Spalte aufgeführt sind. Im Einzelnen verbergen sich hinter ihnen diese Eigenschaften bzw. Verhaltensweisen:

- *Selbstbild:* Jedem Charaktertyp wird im *Enneagramm* ein so genanntes Selbstbild zugeteilt, eine Art Überschrift, mit der der jeweilige Typ umschrieben wird.

- *Vermeidung:* Es handelt sich um Gegebenheiten, die zu meiden, zu umgehen, abzuwehren sich die neun *Enneagramm*-Typen nachhaltig bemühen. Es sind zugleich die Kehrseiten der als attraktive Versuchungen gemeinten Fallen.

- *Versuchung:* Hierbei handelt es sich um eine Art innerer Veranlagung, die dazu beiträgt, uns für ein bestimmtes Verhalten zu entscheiden.

- *Abwehrmechanismus:* Dies ist ein Begriff aus der Psychoanalyse, der die menschlichen Reaktionen bezeichnet, die es dem Ich ermöglichen, Wünsche und Forderungen des Es vom Bewussten in das Unterbewusste gelangen zu lassen, z. B. die so genannte Sublimierung, die Rationalisierung, die Identifikation, die Reaktionsbildung und die Verdrängung.

- *Wurzelsünden* sind im *Enneagramm* die christlich beeinflussten Umschreibungen für die negativen Leidenschaften. Es handelt sich um emotionale Fixierungen.

- *Falle (Sackgasse):* Hierbei handelt es sich um Versuchungen, die letztlich der Persönlichkeitsentwicklung nicht nutzen.

- *Einladung (Berufung):* Sie steht den Fallen gegenüber. Einladungen helfen, einen Ausgleich zu finden.

- *Geistesfrucht:* Dieses ist ein archaisch wirkender Ausdruck dafür, wie eine gelungene spirituelle Arbeit mit dem *Enneagramm* empfunden wird.

- *Idealisierung:* Das ist eine verinnerlichte Geschichte, die alles gut und richtig erscheinen lässt und somit über das, was wirklich vor sich geht, hinwegtäuscht.

- *Redestil:* Damit ist das durch die Persönlichkeit geprägte kommunikative Grundmuster gemeint.

Es gibt weitere solcher Verhaltensmerkmale der *Enneagramm*-Typen, auf die hier aber nicht vertiefend eingegangen werden soll.

	Typ 1 Perfektionist	Typ 2 Helfer	Typ 3 Macher	Typ 4 Künstler	Typ 5 Denker
Selbstbild	Ich habe Recht	Ich helfe	Ich habe Erfolg	Ich bin anders	Ich blicke durch
Vermeidung	Ärger	Bedürftigkeit	Versagen	Gewöhnlichkeit	Leere
Versuchung	Vollkommenheit	Helfen	Tüchtigkeit (Effizienz)	Echtheit, (Authentizität)	Wissen
Abwehrmechanismus	Reaktionskontrolle	Unterdrückung	Identifikation	Künstlerische Sublimierung	Rückzug (Segmentierung)
Wurzelsünde	Zorn	Stolz	Lüge (Betrug)	Neid	Habsucht
Falle (Sackgasse)	Empfindlichkeit	Schmeichelei (Gefälligkeit)	Eitelkeit (Äußerlichkeit)	Schwermut (Melancholie)	Geiz
Einladung (Berufung)	Wachstum	Freiheit (Gnade)	Hoffnung	Ursprünglichkeit	Weisheit
Geistesfrucht	heitere Gelassenheit (Geduld)	Demut	Wahrhaftigkeit (Ehrlichkeit)	Ausgeglichenheit (Balance)	Objektivität
Idealisierung (Ich bin gut, wenn ich ... bin)	ehrlich, fleißig, ordentlich	liebevoll, selbstlos, hilfsbereit	erfolgreich, kompetent, effektiv	originell, sensibel, kultiviert	weise, klug, rezeptiv
Redestil	belehrend, moralisierend	schmeichelnd, beratend	werbend, begeisternd	lyrisch, lamentierend	erklärend, systematisierend

Tabellarische Übersicht über die Enneagramm-Typen (S. 212 und 213)

7.4 Verfahren in der Praxis

Wie alle potenzialanalytischen Verfahren dient das *Enneagramm* vor allem der Auseinandersetzung mit der eigenen Persönlichkeit, mit Stärken und Schwächen sowie der Zuordnung von typbedingten Eigenschaften. Das kann einzeln oder in Gruppen geschehen.

Gern und viel wird es von Selbsterfahrungsgruppen oder im Zusammenhang mit Feedback-Übungen in Seminaren zur Persönlichkeitsentwicklung genutzt. Dies geschieht oft in Verbindung mit Elementen aus der Gestalttherapie, der Transaktionsanalyse oder auch der Neuro-Linguistischen Programmierung (NLP).

Im Kontext von Beruf und Karriere kann es Coachingmaßnahmen und die Mediation von Konflikten unterstützen. Die typologische Zuordnung

	Typ 6 Loyaler	Typ 7 Abenteurer	Typ 8 Führer	Typ 9 Harmonischer
Selbstbild	Ich tue meine Pflicht	Ich bin glücklich	Ich bin stark	Ich bin zufrieden
Vermeidung	Fehlverhalten	Schmerz	Schwachheit	Konflikt
Versuchung	Sicherheit	Idealismus	Gerechtigkeit	Sich-Herabsetzen
Abwehr-mechanismus	Projektion	Rationalisierung	Leugnung	Betäubung
Wurzelsünde	Furcht (Angst)	Unmäßigkeit (Völlerei)	Schamlosigkeit (Unkeuschheit)	Faulheit
Falle (Sackgasse)	Feigheit, Waghalsigkeit	Planung	Vergeltung	Trägheit (Bequemlichkeit)
Einladung (Berufung)	Glaube (Vertrauen)	Realismus	Erbarmen (Wahrheit)	Liebe
Geistesfrucht	Mut	Nüchternheit (nüchterne Freude)	Unschuld	Tat
Idealisierung (Ich bin gut, wenn ich ... bin)	treu, gehorsam, loyal	optimistisch, fröhlich, nett	gerecht, stark, überlegen	gelassen, harmonisch, ausgeglichen
Redestil	warnend, begrenzend	schwatzhaft, Geschichten erzählend	herausfordernd, demaskierend	monoton, abschweifend

von Menschen oder Mitarbeitern lässt den Einsatz im Rahmen von teamfördernden Maßnahmen sinnvoll erscheinen.

Am häufigsten aber wird das *Enneagramm* zur Klärung und Harmonisierung zwischenmenschlicher Beziehungen genutzt, zur Partnerschaftspflege oder als ein Baustein zur Lösung von Konflikten.

7.5 Durchführung

Da das *Enneagramm* im Gegensatz zu allen anderen Persönlichkeitsmodellen frei verfügbar ist, beansprucht es keine Urheberrechte und wird von keiner Stelle offiziell vertrieben. Das hat für den Interessenten den Vorteil, dass er eine Typbestimmung schnell und einfach im Internet vornehmen kann. *Enneagramm*-Analysen einschließlich automatischer Auswertung finden sich auf verschiedenen Internetseiten, so z. B.:

- *http://neher.piranho.de/EnneagrammTypTest.html*
- *www.harald-diehm.de/enneagramm-test.htm*
- *www.newmind.de/enneag.htm*

Als praktikabel hat sich die *Enneagramm*-Software E.P.I. 4.0 erwiesen. Sie kann gegen eine Schutzgebühr von 49 Euro unter folgender Anschrift bezogen werden: *Enneagramm*-Software, Brüder-Grimm-Straße 37, 60385 Frankfurt am Main. Die nachfolgenden Fragen stammen aus diesem Programm, ebenso die Abbildungen der Auswertung.

Fragebeispiele aus der Software

12 Fragebeispiele von 125 Fragen aus der CD-Verson von E.P.I. 4.0:

- Ich habe fast immer mehrere interessante und mich begeisternde Dinge vor.
- Vor zu viel emotionalem Engagement gehe ich auf Distanz oder ziehe mich am liebsten in meine Privatsphäre zurück.
- Ich bin häufig argwöhnisch, was mir begegnende Menschen wohl im Schilde führen.
- Berufliches Ansehen und Erfolg sind mir in meinem Leben besonders wichtig. Zorn und Wut drücke ich meist offen und spontan aus.
- Es gibt mir ein gutes Gefühl, wenn ich anderen Menschen hilfreich zur Seite stehen kann.
- Oft rechne ich bei zukünftigen Ereignissen mit dem Schlimmsten.
- Ich fühle mich geehrt, wenn meine Freunde und Bekannte meinen Rat und meine Hilfe brauchen.
- Ich möchte das Leben leidenschaftlich, mit größtmöglicher Intensität in all seinen Höhen und Tiefen erleben.
- Ich lege in Bezug auf meine Kleidung und meine jeweilige Umgebung großen Wert auf stilvollen, erlesenen Geschmack.
- Ich versuche nach Möglichkeit, mich nicht zu sehr festzulegen, um mir so meine Handlungsalternativen offen zu halten.
- Es fällt mir sehr schwer, Nein zu sagen.
- Ich versuche, selbst möglichst perfekt zu sein beziehungsweise erwarte das auch oft von anderen Menschen.

7.6 Auswertung

Die Software E.P.I. 4.0 ermöglicht einige Auswertungen, von denen die typmäßige Bestimmung die wichtigste ist. Die nachfolgende Abbildung bezieht sich auf die exemplarische Testperson dieses Buches. Obwohl es sich beim *Enneagramm* um kein streng normiertes Verfahren handelt, kommt es zu ähnlichen Ergebnissen wie z. B. *INSIGHTS* oder *DISG* (vgl. hierzu Teil C des Buches).

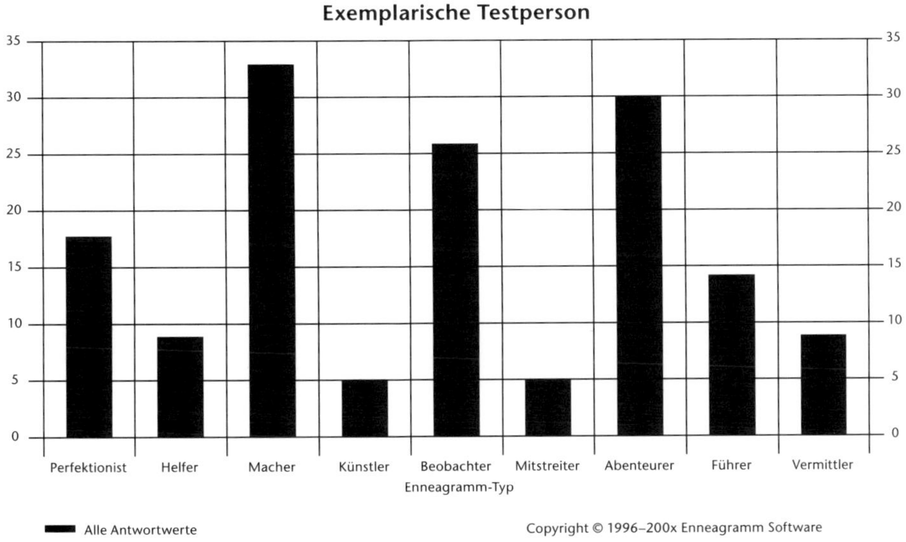

Enneagramm-Typenprofil der exemplarischen Testperson dieses Buches

7.7 Qualitätskriterien

Ob das *Enneagramm* irgendwann einmal einer empirischen Analyse hinsichtlich Validität, Objektivität und Reliabilität unterzogen wurde, konnte nicht festgestellt werden. Wahrscheinlich kann es die Anforderungen an ein modernes persönlichkeitspsychologisches Testinstrument nicht erfüllen.

Bei dem *Enneagramm*-Typen-Test (ETT) des Psychologen *Markus Becker* aus dem Jahre 1991 soll es sich um ein wissenschaftlich seriöses und empirisch fundiertes Verfahren handeln. Sein aus 115 Fragen bestehender Test erreicht einen ausreichend hohen »Stabilitätsindex« (Reliabilität) von über 0,8.

Er erfasst also nicht nur kurzfristige Stimmungen, sondern die dauerhaften »typischen« Eigenschaften eines Menschen. *»Im Vergleich mit dem weit verbreiteten und allgemein anerkanten ›Freiburger Persönlichkeitsiventar‹ (FPI-R) zeigt sich, dass der ETT sehr genau die Eigenschaften erfasst, mit denen die neun Muster beschrieben werden (positive Validitätsprüfung)«*, so *Küstenmacher* in der ersten Auflage dieses Buches (Seite 120).

Dieses Verfahren kann unter *www.markus-berthold.de/kommunikation/persoenlichkeitstest/ennea/index.htm* im Internet kostenlos durchgeführt werden. Allerdings beschränkt sich die Auswertung auf die Darstellung des Neuner-Netzes mit seinen jeweiligen Ausprägungen.

7.8 Ausbildung und Akkreditierung

Keine Lizenzierung

Es gibt keine zentralen, offiziell lizenzierten Ausbildungsstellen für das *Enneagramm*. Die Einführung erfolgt an vielen Volkshochschulen, in kirchlichen Bildungseinrichtungen, Klöstern, aber auch bei freien Seminaranbietern. Ein Blick in eine Internet-Suchmaschine verhilft zu einem schnellen Überblick.

7.9 Vertrieb

- Ökumenischer Arbeitskreis *Enneagramm* e.V., Eveline Schmidt, Ententeich 8, 29225 Celle, Fax: +49 (0) 51 41 / 4 68 37 (ca. 600 Mitglieder)
- *Enneagramm*-Software, Brüder-Grimm-Straße 37, 60385 Frankfurt am Main, *www.enneagrammsoftware.de*
- Institut für personenzentrierte *Enneagramm*-Arbeit, Dipl.-Psych. Hans Neidhardt, Moltkestr. 18, D-69469 Weinheim, *www.hans-neidhardt.de*
- *Enneagramm* Forum Schweiz (ein Zusammenschluss von *Enneagramm*-Trainern), Dr. Samuel Jakob, Haldenstraße 132, CH-5728 Gautschi, E-Mail: *samuel.jakob@bluewin.ch*
- The *Enneagramm* Company (ein Seminaranbieter), Neueggstr. 8, CH-9212 Arnegg, E-Mail: *members.aol@com/eeneacomp*

Literatur

Baron, Renee & Wagele, Elizabeth: *Das Enneagramm leichtgemacht. Entdecken Sie das System der neun Archetypen.* Mit Typentest. Darmstadt: Schirner, 2005.

Becker, Markus: *Enneagramm-Typen-Test.* München: Claudius, 2004.

Ebert, Andreas & Rohr, Richard (Hrsg.): *Das Enneagramm – Die 9 Gesichter der Seele.* München: Claudius, 2002.

Gruhl, Monika: *Das Enneagramm – Strategien für die eigene Entwicklung.* Freiburg: Herder, 2005.

Küstenmacher, Marion: »Das Enneagramm.« In: Schimmel-Schloo, Martina u. a.: *Persönlichkeits-Modelle,* Offenbach: GABAL, 2005.

Schimmel-Schloo, Martina, Seiwert, Lothar J. & Wagner, Hardy (Hrsg.): *Persönlichkeits-Modelle – Die wichtigsten Modelle für Coaches, Trainer und Personalentwickler: Alpha Plus, Biostruktur-Analyse, DISG, Enneagramm, H.D.I., Insights MDI, Interplace, LIFO, MBTI, TMS.* Mit CD-Rom. Offenbach: GABAL, 2005.

Über den Autor

Prof. Dr. rer. pol. *Walter Simon* studierte an der *Hochschule für Wirtschaft und Politik* in Hamburg, später an der *Johann-Wolfgang-von-Goethe-Universität* in Frankfurt am Main sowie an der *Sophia-Universität* in Tokio Wirtschafts- und Sozialwissenschaften mit den Abschlüssen Dipl.-Sozialwirt und Dipl.-Soziologe. 1979 wurde er bei der *AEG-Telefunken* Mitarbeiter der Management-Weiterbildung. 1981 gründete er das *Innovationsteam für Produktion und Wirtschaft GmbH (IPW-Training und Consulting GmbH)* mit Sitz in Bad Nauheim, aus dem später die *Business Training University/Corporate University Center* hervorging. Er zählt zu den bekannteren deutschen Wirtschaftstrainern. Von 1985 bis 2001 nahm *Simon* Lehraufträge und Gastprofessuren an in- und ausländischen Hochschulen wahr und war Lehrstuhlinhaber für *Human Resources Management* an der *Fachhochschule Wiesbaden.* Er schrieb 150 Artikel und 15 Bücher zu gesellschafts- und personalpolitischen Themen. Er ist Mitglied im *Q-Pool 100,* der offiziellen Qualitätsgemeinschaft internationaler Wirtschaftstrainer und -berater e.V. Zu seinen Kunden gehören mittlere und große Unternehmen, Bundes- und Länderministerien, Krankenhäuser, Verbände, Stadtverwaltungen, Forschungseinrichtungen, Politiker des In- und Auslandes.

8. Das Herrmann Brain Dominance Instrument (HBDI)[1] und das Whole-Brain-Modell

Jacqueline Geist

8.1 Historische Entwicklung und Übersicht

Das bislang im deutschsprachigen Raum als *H.D.I.* bekannte Instrument wird seit Anfang 2006 mit der international einheitlichen Bezeichnung *Herrmann Brain Dominance Instrument (HBDI)* geführt.

> Das *HBDI* ist eine zentrale Anwendung des *Herrmann Dominanz Modells*, des so genannten *Whole-Brain-Modells*. Es besteht aus einem Fragebogen, dessen Auswertung zeigt, in welchem Maße eine Person bestimmte Denkweisen bevorzugt, nutzt oder vermeidet, es erstellt eine Denkstilanalyse.

Metaphorik der Gehirnfunktion

Das *Herrmann Modell* arbeitet mit einer metaphorischen Ableitung der Funktionen unseres Gehirns. Benannt ist das Modell nach seinem Entwickler *Ned Herrmann,* einem Amerikaner, der viele Jahre bei *General Electric* für die Führungskräfteentwicklung verantwortlich war. *Roland Spinola* führte das Modell Anfang der 80er-Jahre im deutschsprachigen Raum ein. 1988 wurde das *Herrmann Institut* gegründet; es ist seit 2001 unter dem Namen *Herrmann International Deutschland* als Teil der globalen *Herrmann Gruppe* zuständig für die Zertifizierung, die Auswertung von *HBDI*-Fragebögen und die Beratung von Unternehmen im Einsatz von *Whole-Brain-Thinking* in Deutschland, Österreich und der Schweiz.

---

1 HBDI™ ist ein eingetragenes Warenzeichen.

8.2 Theoretische Quellen und Verwandtschaften

Das Modell gründet auf den Ergebnissen der Gehirnforschung und bietet eine metaphorische Darstellung der Gehirnfunktionen. Basis des Modells sind die Erkenntnisse zweier Gehirnforscher: *Roger Sperry* und *Paul D. MacLean. Roger Sperry* erhielt für seine Forschungen über die unterschiedliche Arbeitsweise der beiden Großhirnhemisphären den Nobelpreis; später forschten zahlreiche andere Wissenschaftler weiter in diese Richtung. Es gibt eine gesicherte Wissensbasis über die spezifischen Eigenarten der beiden Großhirnhemisphären.

Eine weitere wesentliche Theorie über die Arbeitsweise unseres Gehirns stellte *Paul D. MacLean* mit seinem *Triune Brain* auf: Neocortex, limbisches System (*MacLean* führte den Begriff »limbisch« ein) und Reptiliengehirn (Stammhirn) bilden eine entwicklungsgeschichtlich gewachsene »Dreieinigkeit«.

Linke und rechte Großhirnhemisphäre

Unterschiedliche Arten zu denken und damit auch wahrzunehmen, zu artikulieren und zu kommunizieren haben in unterschiedlichen Teilen unseres Gehirns ihren Ausgangspunkt. Die linke Hälfte des Großhirns (linke Hemisphäre) ist für die Mehrzahl aller Menschen führend für Sprache, logisches Denken und kritische Vernunft. Hier arbeiten wir eher Schritt für Schritt, analysieren und können mit Zahlen und Begriffen umgehen. Die rechte Gehirnhälfte übernimmt die Führung, wenn es darum geht, mit Mustern, Bildern, Visionen und nonverbalen Ideen umzugehen. Emotionen, die aus dem limbischen System kommend das Großhirn über die rechte Gehirnhälfte erreichen, werden eher dort verarbeitet, wir können Musik empfinden, und unser Unterbewusstsein scheint sich ebenfalls eher der rechten Gehirnhälfte zu bedienen.

Zwei- bis dreihundert Millionen Nervenfasern verbinden über den so genannten Balken *(Corpus Callosum)* die beiden Hemisphären und sorgen für eine sehr schnelle Verknüpfung aller Informationen. Das bedeutet, dass wir das Zusammenspiel der unterschiedlichen Denk- und Verhaltenspräferenzen nicht als getrennte Prozesse empfinden. Man könnte sich zwei Partner vorstellen, die sich die jeweiligen Aufgaben zuspielen, für die sie besser geeignet sind.

Ned Herrmann war Physiker und hat sich neben seiner Tätigkeit als Manager in einem multinationalen Konzern auch als Sänger, Maler und Bildhauer einen Namen gemacht. Diese selten gleichzeitig auftretenden Begabungen haben ihn dazu gebracht, immer wieder über unterschiedliche »Dominanzen« im Denken und Verhalten von Menschen nachzudenken und zu forschen. So entstand das Modell, das seit Beginn der 80er-Jahre eingesetzt wird.

Die bahnbrechenden Ergebnisse der Gehirnforschung der letzten Jahrzehnte haben viele Fachleute in anderen Arbeitsgebieten dazu angeregt, sich mit dem menschlichen Denken und seinen faszinierenden Möglichkeiten zu beschäftigen. Daraus sind Ansätze für ein verbessertes Verstehen menschlicher Kommunikation, für kreative Problemlösungen und für die Zusammenarbeit im Team entwickelt worden.

8.3 Gliederung

Bei der Lösung von Problemen ist die Unterscheidung zwischen links- und rechtshemisphärischem Denken etabliert und bekannt. Eine linkshemisphärische Präferenz wird als analytisch, logisch und sequenziell, eher Schritt für Schritt vorgehend, beschrieben, während rechtshemisphärische Denker als eher intuitiv, spontan, konzeptionell und nicht-linear charakterisiert werden.

Das Herrmann Modell

Das *Herrmann Modell* berücksichtigt diese Erkenntnisse über den Aufbau und die Funktionsweise des Gehirns und nutzt sie als Metapher. Das Modell baut damit auf anerkanntem Wissen und Erkenntnissen auf, was seine Akzeptanz und seinen nachhaltigen Einsatz fördert. Die großen Funktionszentren ordnet es vier verschiedenen Kategorien zu:

- der linke und der rechte Modus repräsentieren die beiden Gehirnhemisphären und ihre Funktionen,
- der obere und der untere Modus bezeichnen das Großhirn, den Cortex, und das limbische System mit ihren jeweiligen Eigenschaften.

> Das Grundmodell berücksichtigt vier Quadranten, die mit A, B, C und D bezeichnet werden. Jedem Quadranten werden bestimmte Eigenschaften und Schlüsselbegriffe zugeordnet. Dabei beansprucht das Modell keine anatomische Genauigkeit. Ähnlich wie eine Landkarte, die die Landschaft modellhaft abbildet, liefert es einen Orientierungsrahmen über Denkstile.

Ned Herrmann nennt das Modell aus diesem Grunde metaphorisch. Sein Ziel war nicht die exakte Abbildung gehirnphysiologischer Strukturen, sondern vielmehr die Analogie zum Gehirnaufbau, um die Art und Weise, wie wir denken und damit auch handeln, verständlich zu machen.

Metaphorisches Modell

Die Besonderheit dieser metaphorischen Darstellung liegt in den vielfältigen Einsatzbereichen und der Möglichkeit, andere Perspektiven situativ einzunehmen. *Ned Herrmann* nennt dies *Whole-Brain-Thinking:* das Bewusstsein für die eigenen sowie für die von anderen präferierten Denkstile, verbunden mit der Einstellung zu lernen, situativ außerhalb des bevorzugten Denkstils zu denken und zu agieren.

Das *HBDI* ist eine der vielen Anwendungsmöglichkeiten des *Herrmann Modells,* es erlaubt die Visualisierung der bevorzugten Denkstile einer Person oder einer Gruppe von Menschen.

8.4 Das HBDI – Grundpräferenzen und Dimensionen

Jeder Mensch hat Denk- und Verhaltenspräferenzen, die für ihn typisch sind und die er bevorzugt. Sie sind Ausdrucksweise seiner Einmaligkeit und bestimmen, wie er kommuniziert, lernt und lehrt, Entscheidungen trifft, mit anderen Menschen zusammenarbeitet und sich im Rahmen seiner Möglichkeiten entwickelt. Diese Präferenzen haben sich auf der Grundlage der angeborenen Eigenheiten, durch das Elternhaus, die Ausbildung und die soziale Umgebung entwickelt.

Die Art und Weise, wie wir an eine Aufgabe herangehen, unsere Kreativität einsetzen oder mit anderen Menschen kommunizieren, ist gekennzeichnet durch die Denkweisen, die wir bevorzugen: Während der eine z. B. eine Situation sorgfältig analysiert und dann eine logische und rationale Entscheidung trifft, hat ein anderer die gleiche Situation als Gesamtbild vor Augen und trifft seine Entscheidung intuitiv. Beide tun dies aus der Erfahrung heraus, mit ihrer jeweiligen Methode erfolgreich zu sein.

Physiologisches Instrument

Das *HBDI* ist ein physiologisch basiertes Instrument. Es zeigt nicht nur die persönliche Präferenz für linkshemisphärisches (realistisches) oder rechtshemisphärisches (intuitives) Denken auf, sondern berücksichtigt auch kognitiv-intellektuelles (oberer Modus) und limbisches, umsetzungsorientiertes Denken (unterer Modus).

Für über zwei Millionen Menschen weltweit wurde ein *HBDI*-Profil erstellt. Es zeigt die jeweilige einzigartige Kombination der Denkpräferenzen. Es wird sowohl für einzelne Personen als auch für Paare oder Gruppen erstellt. Das Profilergebnis kann mit einer Aufgabe, einem Berufswunsch, einer privaten oder beruflichen Situation (z. B. einem Konflikt oder einer Aufgabe in einem Team) verglichen werden, woraus sich Hinweise auf erfolgreiches Handeln ableiten lassen.

- Kompetenz = Präferenz x (Ausbildung, Training, Erfahrung)

Das Profil zeigt bevorzugte Denkweisen, die man auch als Potenzial, Talent oder persönliche Präferenz bezeichnen kann, keine Kompetenzen. Wachstum erfolgt durch Förderung vorhandener Talente. Kompetenzen und Fähigkeiten entstehen im Zusammenspiel von Präferenzen und unserem Einsatz in Studium, Lernen, Training, Erfahrung, Fleiß usw.

Wertfreie Profile

Es gibt keine guten und schlechten Profile. Jedes Profil ist wertfrei, es hat aber weitreichende Konsequenzen. So wird ein Mensch mit einem sehr geringen Wert im Quadranten A Aufgaben, die einen hohen analytischen Anteil aufweisen, eher aus dem Wege gehen, was oft unbewusst geschieht. Andererseits wird ein Mensch mit einem hohen A-Wert gerne »den Dingen auf den Grund« gehen, kritisch hinterfragen, Fakten prüfen oder rechnen.

Menschen mit einem hohen B-Wert brauchen Sicherheit, Struktur und Ordnung, sie sind oft zuverlässig und bringen Projekte voran. Wenn Sie dagegen einem Menschen begegnen, dessen Arbeitsplatz einem einzigen Chaos gleicht und der sich dabei auch wohlfühlt und keine Schwierigkeiten hat zu finden, was er sucht, dann hat er vermutlich einen geringeren Wert im B-Quadranten. Da die Summe aller vier Quadrantenwerte gleich groß ist – es handelt sich um eine relative Verteilung –, wird dieser Mensch möglicherweise eine hohe Ausprägung im D-Quadranten haben, die es ihm erlaubt, viele Ideen zu produzieren, auch wenn viele davon nicht realisiert werden.

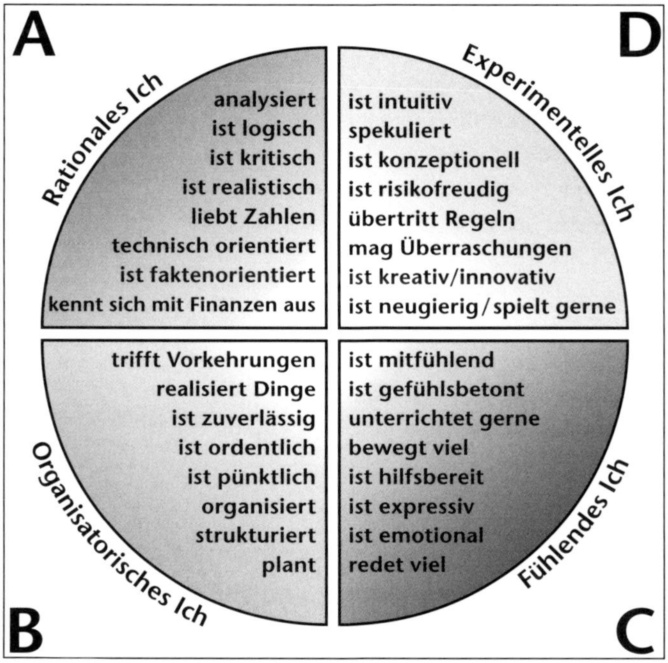

Die vier Quadranten – unsere vier unterschiedlichen Ichs

Jede Person besitzt alle vier unterschiedlichen Ichs, in der Regel mit unterschiedlich starken Ausprägungen. Bildhaft kann man sich dies so vorstellen: Wir alle haben mindestens eine »Lieblingswerkstatt«, in der wir uns bevorzugt aufhalten, in der uns die Tätigkeiten am leichtesten von der Hand gehen. Aber wir befinden uns im Umfeld von vier Werkstätten, und immer wieder lohnt es sich – mit vielleicht etwas mehr energetischem Aufwand und dem klaren Bewusstsein, dass es nützlich ist –, eine der anderen Werkstätten zu besuchen, damit wir erfolgreich an einem »Ganzen« arbeiten können. Forschungen verdeutlichen, dass jede Person in der Lage ist, sich in weniger bevorzugte Quadranten zu begeben und Fähigkeiten zu erwerben, um vorhandene Potenziale zu ergänzen und um die Denkstile anderer zu erkennen und anzusprechen.

Profiltypen

Um Profile besser miteinander vergleichen zu können, werden sie zu Profiltypen zusammengefasst. Eine 1 steht für eine hohe Präferenz (= Dominanz) im jeweiligen Quadranten, eine 2 für Nutzung und eine 3 für geringe Präferenz, die, bei sehr geringen Werten, bis zur Vermeidung reichen kann. Die Profiltypen werden in der Reihenfolge A, B, C, D mit den jeweiligen Ausprägungen 1–3 gekennzeichnet. In der folgenden Abbildung sind vier

Profile mit einer unterschiedlichen Anzahl von Dominanzen enthalten. Das Profil des Profiltyps 1222 weist eine Dominanz im Quadranten A auf, das Profil 2113 besitzt zwei in den Quadranten B und C, das Profil des Typs 1311 drei in A, C und D und das Profil des Typs 1111 vier Dominanzen in A, B, C und D.

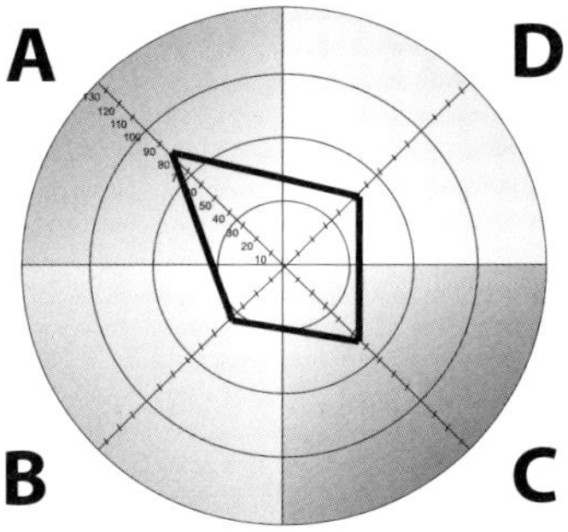

Profiltyp 1222

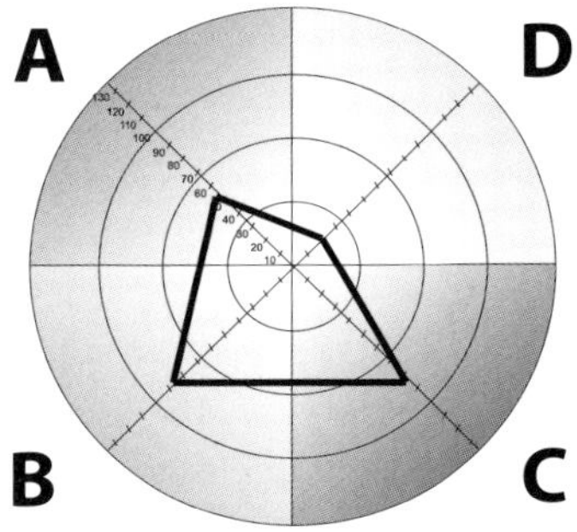

Profiltyp 2113

Beispielprofile

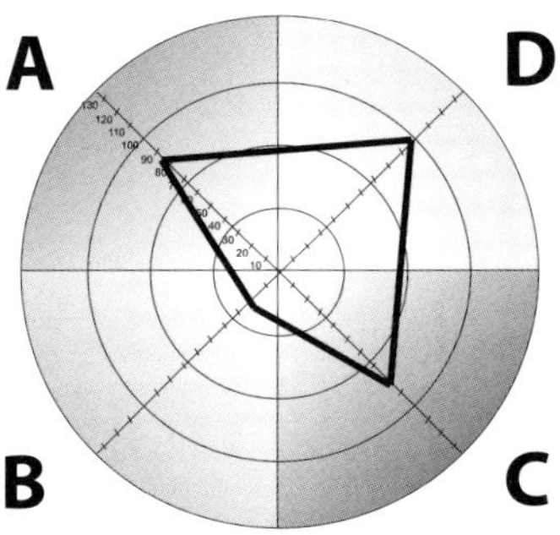

Profiltyp 1311

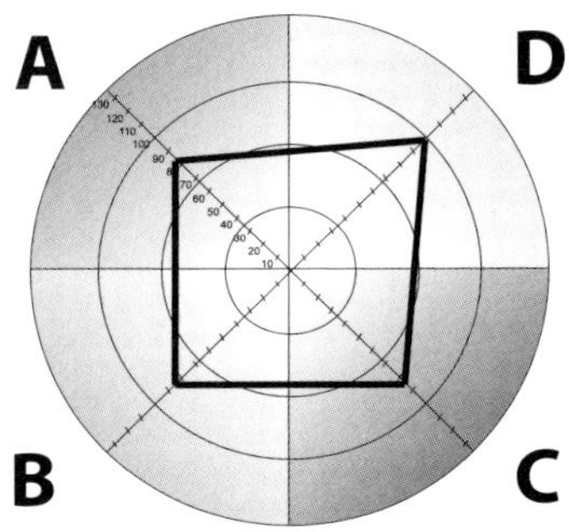

Profiltyp 1111

Die Individualität von Personen lässt sich ausschließlich anhand der individuellen Kombination der Merkmale und Eigenschaften der Person definieren. Sie ist wegen der großen Anzahl von Kombinationsmöglichkeiten nicht in einfache Raster einzuordnen. So hat eine Person des Profiltyps 1222 selbstverständlich mehr Ähnlichkeit mit einer Person desselben Profiltyps als z. B. mit einer Person des Typs 1221. Jedoch besteht wegen der verschiedenen Kombinationsmöglichkeiten von Merkmalen und Eigenschaften auch innerhalb eines Profiltyps eine Vielfalt von Denkstilen.

Der qualifizierte Einsatz des *HBDI*-Profils setzt deshalb das individuelle Interpretieren und Erläutern durch einen zertifizierten Experten voraus. Die Grundtypen liefern einen ersten Orientierungsrahmen, die Detailinformationen des zur Auswertung gehörenden Datenblattes die Kombination von Merkmalen.

8.5 Das HBDI in der Praxis

Das *Herrmann Modell* und seine Anwendungen können in allen Bereichen eines Unternehmens eingesetzt werden. Es stellt die Grundlage für ein professionelleres Denken und Handeln bei Personen, Teams, Abteilungen, in der Organisation und der Unternehmenskultur bis hin zum Markt dar. Seine Philosophie integriert die einzelnen Aspekte wie eine übergreifende Klammer.

Whole-Brain-Thinking und das *HBDI* machen es möglich, verschiedene Fragestellungen zu reflektieren:

- *Individuum:* Wer bin ich, was kann ich, was macht mich einmalig und wo liegen meine Möglichkeiten, um beruflich und privat erfolgreich und zufrieden zu werden?

- *Team:* Welche Position habe ich in meinem Team, welche Aufgaben decke ich darin ab, worin liegt meine einmalige Rolle im Team?

- *Abteilung/Bereich:* Was zeichnet unseren Bereich / unsere Abteilung innerhalb des Unternehmens aus, wo bestehen Schnittstellen?

- *Unternehmen:* In welcher Unternehmenskultur agieren wir? Welche Veränderungen oder Entwicklungen sind für das Erreichen unserer spezifischen Ziele notwendig?

- *Markt:* Welche Anforderungen stellt der Markt an uns?

Auf der individuellen Ebene stellen Unternehmen nach dem Einsatz oftmals fest, dass ihre Mitarbeiter, sind sie sich einmal der vorherrschenden Denkstile bewusst, umso mehr bereit sind, ihre Fähigkeiten in weniger bevorzugten Quadranten situativ zu verbessern sowie toleranter und mit mehr Verständnis auf andere zuzugehen. Die Entwicklung der Stärken steht im Vordergrund, dennoch ist es sinnvoll zu lernen, situativ in anderen Bereichen zu agieren, damit uns diese nicht als »Gegenwind« bei unseren Erfolgen behindern.

Aus den vielfältigen Einsatzmöglichkeiten werden exemplarisch drei dargestellt: Personalentwicklung, Teamentwicklung und Vertriebsoptimierung.

Personal-entwicklung

Das *HBDI* wird in Unternehmen im Bereich der Persönlichkeitsentwicklung, in der Karriereberatung, bei der Stellenbesetzung und im Coaching unterstützend eingesetzt. Die richtige Person in der richtigen Funktion zu etablieren, ist Voraussetzung für Unternehmenserfolg und eine wesentliche Aufgabe von Führungskräften und Personalentwicklern.

Das *HBDI* ist kein Instrument, das für Auswahlentscheidungen entwickelt wurde, es ergibt kein »objektives Bild« der Person, sondern eine Selbsteinschätzung. Der Vergleich von Anforderungen und Berufswünschen mit dem Profil kann dennoch in Auswahlprozessen wertvolle Unterstützung als Dialog- und Reflexionsrahmen bieten. Der Anspruch des objektiven »Messens«, »Vergleichens« und »Bewertens« von verschiedenen Kandidaten und den geforderten Anforderungen geht jedoch am Anspruch des Modells vorbei.

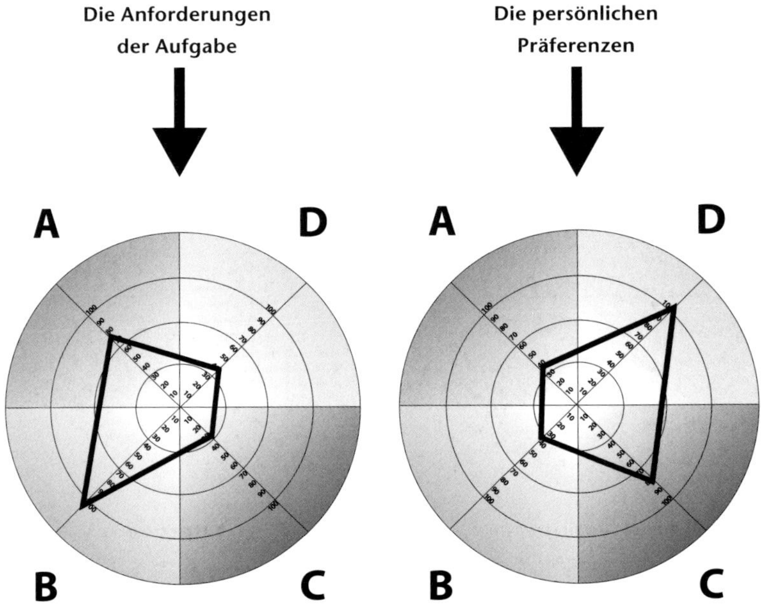

Personal-entwicklung

Team-entwicklung

Ein Haupteinsatzgebiet für das *HBDI* ist der Bereich Teambildung und Teamentwicklung. Das *Herrmann Modell* erzeugt Transparenz, wo Komplexität herrscht. Der *Whole-Brain*-Ansatz verdeutlicht Potenziale von Teams.

Zeichnet man die Profile mehrerer Menschen auf ein Profilblatt, so entsteht das Gruppenprofil. Diese Darstellung erlaubt es, auf einen Blick die Zusammensetzung einer Gruppe zu erkennen.

Homogene Gruppen sind für Aufgaben geeignet, bei denen die Anforderungen klarer definiert sind; weniger für komplexe Tätigkeiten.

Sobald die Aufgabe oder das Projekt an Komplexität zunimmt, bringt eine heterogene Gruppe wegen des Synergiepotenzials größere Vorteile – aber eine solche Gruppe ist sicher schwerer zu führen. Die Erfahrung zeigt, dass Manager mit eher ausgeglichenem Profil dabei einen Vorteil haben. Sie werden sozusagen von jedem Quadranten als »einer von uns« anerkannt, ohne dass sie die Verhaltensweisen dieses Quadranten »vorspielen« müssen.

Das *HBDI*-Teamprofil (eine besondere Auswertungsform) zeigt differenziert Teamelemente und -defizite auf, es unterstützt das Team bei der wertschätzenden Klärung seiner Kommunikation, bei der Konfliktbewältigung, Kreativität und Innovation. Es veranschaulicht Synergiepotenziale und fördert den *Whole-Brain*-Ansatz im Team durch ein ganzheitliches Vorgehen.

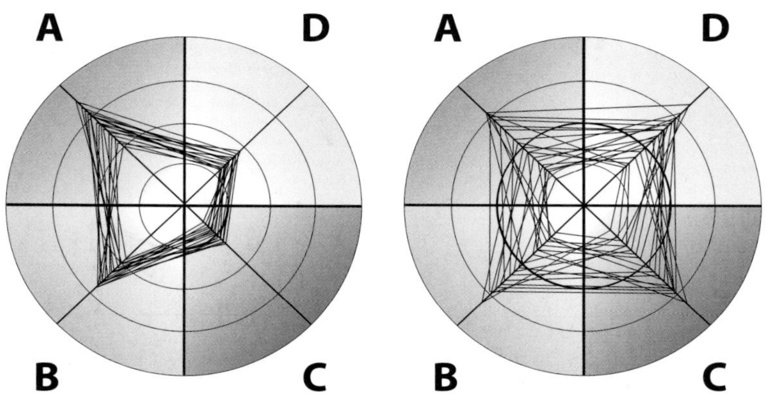

Eine homogene Fachgruppe

Ein heterogenes *Whole-Brain*-Team

Team-entwicklung

Vertriebs-optimierung

Der Einsatz des *HBDI* im Vertriebskontext setzt an der erfolgreichen Vertriebspersönlichkeit und einem ganzheitlichen Verkaufsprozess an. In Verkaufstrainings werden die Verkäufer in der Anwendung des *HBDI* und damit im Umgang mit ihren Kunden sensibilisiert, denn wenn es gelingt, die Individualität des Kunden zu erkennen, kann der Verkaufserfolg gesteigert werden. Dabei gehört Kompetenz im Bereich Kommunikation zu den Voraussetzungen für den Erfolg. Unser *HBDI*-Profil bestimmt in entscheidender Weise, wie wir kommunizieren – sowohl auf der Verkäufer- wie auch auf der Käuferseite. Potenziell ist dabei der Austausch innerhalb eines Quadranten oder eines Modus einfacher. Je unterschiedlicher oder gegensätzlicher die bevorzugten Denkstile sind, desto stärker müssen wir uns anstrengen, um nicht am Interesse des anderen vorbei zu kommunizieren oder sogar Konflikte zu vermeiden.

Kauf eines Autos

A Möchte Leistungsdaten sehen. Schaut auf Verbrauchswerte. Prüft Wiederverkaufswert und Gebrauchtwagenpreis. Vergleicht diese Werte genau mit anderen Fabrikaten. Möchte wissen, wie alles funktioniert. Vergleicht Wartungsintervalle. Interessiert sich für technisch hochwertige Fahrzeuge.	Achtet auf die ästhetischen Qualitäten: **B** Form, Farbe, Design. Interessiert an Neuigkeiten. Sucht sein »Traumauto«. Ist eher bereit zu experimentieren. Geht Risiken ein. Typischer Erst-Käufer eines neuen Modells. Hat langfristige Pläne.
Interessiert an Sicherheitseinrichtungen und Lebensdauer. Praktische Details: Anzahl der Türen, Größe des Kofferraums, Tankfüllung, Reichweite, Schließanlage. Hat sich vorher »schlau« gemacht und weiß, was er will. **C**	Wichtig ist, wie sich das Auto »anfühlt«, wie bedienerfreundlich es ist. Möchte sein Auto »lieben«. Wird durch Freundlichkeit von Verkauf und Service beeinflusst. Kauft aufgrund der Empfehlung eines Freundes. **D**

Käuferverhalten im *Whole-Brain*-Modell

8.6 Durchführung

Der Fragebogen besteht aus 120 Fragen; zum Ausfüllen benötigt man ca. 20 bis 30 Minuten. Im Fragebogen werden unterschiedliche Aspekte –

z. B. Merkmale der Arbeit, persönliche Merkmale, paarweise Eigenschaftsbeschreibungen (der Denkstil in bestimmten Situationen), Fakten- und Einschätzungsfragen – erfasst. Das *HBDI* wird derzeit in 17 Sprachen angeboten.

Der Fragebogen kann im Internet oder in Papierform ausgefüllt werden. Den Zugangscode erteilt *Herrmann International* oder ein zertifizierter Netzwerkpartner. In der Regel erfolgt die Auswertung und der Ausdruck der Profile bei *Herrmann International;* der Zugang zur Auswertungssoftware kann zertifizierten Experten zur Verfügung gestellt werden.

Die Software ermöglicht das Verwalten und Organisieren der Fragebögen, die Abfrage von Daten und Statistiken in geschützten Bereichen.

8.7 Auswertung

Die Auswertung wird in Form eines grafischen Profils dargestellt (siehe dazu Abbildungen auf Seite 232). Das grafische Profil zeigt den Überblick und die generelle Verteilung auf dem *Whole-Brain*-Modell sowie die Verlagerung des Profils in bestimmten Situationen, das so genannte Backup-Profil (gestrichelte Linie). Die zweite Seite des Profils enthält die Details der Auswertung.

Differenzierung in den Quadranten

In welcher Tiefe die Person im ersten Schritt einsteigt, entscheidet sie selbst gemeinsam mit ihrem zertifizierten Berater oder Trainer. Welche Bereiche in welchen Quadranten die für sie typischen Kombinationen liefern, ist eine entscheidende Differenzierung, die weit über die vier Dimensionen A, B, C und D hinausgeht. In unseren Trainings wird auf diese Differenzierung sehr viel Wert gelegt, denn eine Person mit einem hohen Wert im D-Quadranten mag künstlerisch und kreativ sein, während eine andere Person mit einem ähnlich hohen Wert die eher strategische, konzeptionelle und ganzheitliche Seite des Bereiches D bevorzugt. Obwohl beide Personen ähnliche Präferenzen in den vier Quadraten haben können, sind sie z. T. durch völlig unterschiedliche Aspekte geprägt.

Das Auswertungspaket enthält neben den beiden farbigen Auswertungsblättern vier erläuternde Broschüren und weitere praktische Unterlagen zum Einsatz im Gespräch oder Training. Das *HBDI* liefert noch weitere Darstellungen.

Weitere Darstellungen

- Das *Durchschnittsprofil* ist die arithmetische Mittelung der Werte einzelner Profile. Zum Beispiel kann jemand, der einen Beruf ergreifen will, durch Vergleich seines Profils mit dem typischen Berufsprofil Entscheidungsgrundlagen gewinnen.

- Das *Gruppenprofil* kann für zwei und mehr Personen bis zu großen Teams erstellt werden. Es werden z. B. Potenziale für Leistungen, für Synergien oder Konflikte, für bevorzugte Kommunikationswege deutlich. Bei Gruppen kann man erkennen, wie homogen oder heterogen sie aufgebaut sind.

- Das *Teamprofil* ist eine spezifische Zusammenstellung von Profilelementen. Es enthält u.a. Aussagen zum Präferenzverlauf einer Gruppe, das Durchschnittsprofil, das Gruppenprofil, die Verlagerung der Denkpräferenzen in bestimmten Situationen (Backup), die persönlichen Merkmale und die Merkmale der Arbeit des Teams. Es wird in Teamentwicklungen und zur Simulation von Teamkonstellationen genutzt.

- *ProForma-Profile* liefern ein breites Anwendungsspektrum der *Whole-Brain*-Metapher. Mit ihnen werden analysierte, angenommene oder vorgegebene Eigenschaften und Merkmale z. B. von Personen, Aufgaben, Texten und Unternehmenskulturen dargestellt, diskussionsfähig gemacht und Zusammenhänge verdeutlicht.

Auswertung und Interpretation des HBDI-Profils der exemplarischen Testperson dieses Buches

Das Profil (durchgezogene Linie) der Testperson auf Seite 232 zeigt ein mit 56 Prozent stärker zum rechten Modus tendierendes Denken, d. h., bildhaftes, intuitiv-rechtshemisphärisches Denken wird bevorzugt. Mit 52 Prozent zeigt die Person eine leichte Tendenz zum oberen Modus, dem eher intellektuell-konzeptionellen und gestaltenden Denkstil. Das nahezu ausgeglichene Profil entspricht dem Profiltyp 1211 (1 = Präferenz, 2 = Nutzung, 3 = Vermeidung).

Personen mit einem solchen Profil besitzen typischerweise die Neigung zu vielseitigen Tätigkeiten. Sie haben im Gegensatz zu Personen mit ein oder zwei Präferenzen eine ganzheitliche, zu verschiedenen Denk- und

Verhaltensstilen neigende Vorgehensweise: eher Generalist als Spezialist. Die Person wird tendenziell gerne zwischen den unterschiedlichen vier Denkstilen – je nach Anforderungen der Situation – wechseln. Tätigkeiten, die eine solche Person bevorzugt, sollten idealerweise in ihrem Verlauf alle Quadranten fordern und somit eine vielfältige Herausforderung darstellen. Auf Dauer in einem bestimmten Modus zu verweilen, entspricht nicht der natürlichen Tendenz der Person, für ein sehr ganzheitliches und ausgeglichenes Bild zwischen Fakten, Form und Routine, Fühlen, Fantasie und Kreativität zu sorgen.

Profil bei Führungsaufgaben

Typischerweise finden wir ein solches Profil in integrierenden Funktionen: Führungsaufgaben, bei denen unterschiedliche Spezialisten mit verschiedenen Denkstilen integriert werden, oder Themen, die ein interdisziplinäres Zusammenarbeiten notwendig machen, liegen im Vorzugsbereich dieser Person. Ihr dürfte es leicht fallen, sich situativ auf unterschiedliche Gegebenheiten einzustellen und den entsprechenden Denkstil für eine gewisse Zeit verstärkt einzusetzen. Damit ist sie für ihr Umfeld allerdings auch schwerer greifbar als Personen mit stärkeren Präferenzen, die klarer in Erscheinung treten.

Die Person gilt als sehr umgänglich, weil sie generell mit unterschiedlichen Personen und ihren Eigenheiten sowie verschiedenen Situationen klarkommt. Wir finden solche Personen oft in Moderations- und Integrationsfunktionen. Das Vermitteln zwischen Menschen mit unterschiedlichen Denkstilen ist eine der Stärken der Testperson.

Die Vielseitigkeit kann sich unter Umständen als »Schattenseite« erweisen, wenn die Herausforderung besteht, Entscheidungen schnell zu treffen. Typischerweise »durchläuft« die Person gedanklich alle vier Quadranten – quasi im ganzheitlichen Abwägen des Für und Wider. Dieser Prozess kann mehr Zeit in Anspruch nehmen, wobei die Entscheidungen am Ende ganzheitlich sind, gewissermaßen »Hand und Fuß« haben. Aufgrund ihrer Vielseitigkeit unterliegt die Person der Tendenz, zu viele »Bälle« gleichzeitig in der Luft zu halten, sich vielleicht zu verzetteln und von den für sie spannenden Möglichkeiten überfordert zu werden. Im Laufe der Entwicklung, sobald sie das Bewusstsein für ihre Muster erkannt hat, wird die Person lernen, sich selbst hierin zu führen.

Das Backup-Profil (gestrichelte Linie), das sich aus dem einzigen »Forced-Choice«-Bereich des Fragebogens ergibt, zeigt die etwaige Verlagerung des bevorzugten Denkstils in bestimmten Situationen. In diesem Falle wird eine leichte Veränderung sichtbar. Der Bereich des Zwischenmenschlich-Intuitiven wird dann etwas weniger wichtig; Kreativität, Freiraum und auch logisch-rationales Vorgehen und analytisches Erfassen der Situation und Fakten treten etwas stärker in den Vordergrund.

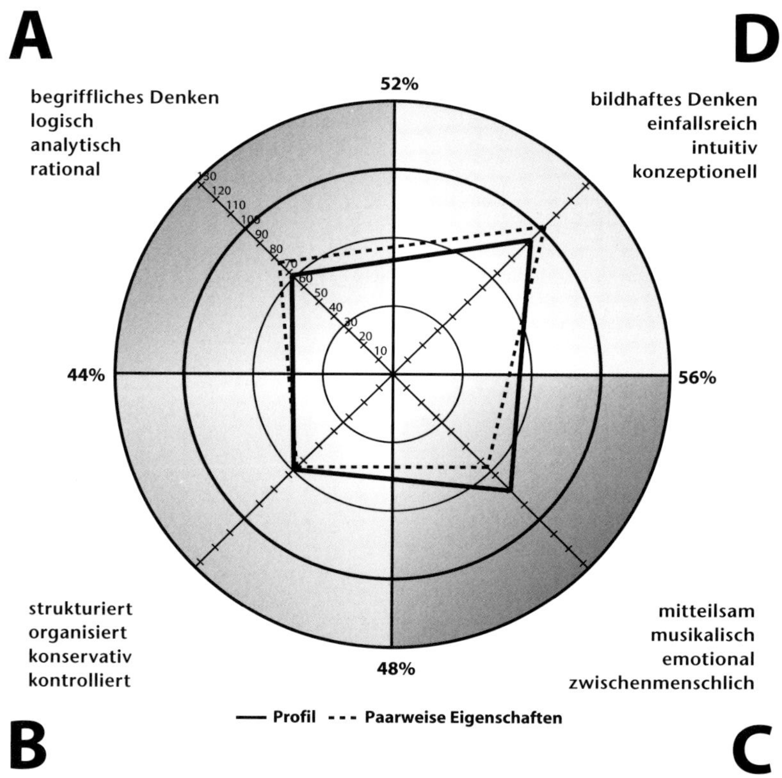

Profilauswertung der exemplarischen Testperson

Das ebenfalls zur Auswertung gehörende Datenblatt (hier nicht dargestellt) zeigt dem erfahrenen Anwender die individuelle Kombination der Persönlichkeitsmerkmale der Person sowie weitere Ergebnisse der Auswertung, die im Gespräch im Detail erläutert werden.

Die Quadranten im Einzelnen

- *A-Quadrant:* Unter »Persönliche Merkmale« gibt die Person an, dass sie rationales, logisches und analytisches Denken bevorzugt, d. h., tendenziell müssen Aufgaben und Herangehensweisen für diese Person »Sinn« machen, sie analysiert die Hintergründe und Ursachen von Sachverhalten und macht sich »schlau«. Andere

Merkmale des blauen Quadranten, die sich mehr mit Zahlen, mathematischen Zusammenhängen oder finanziell-technischen Aspekten beschäftigen, stehen weniger im Vordergrund.

- *B-Quadrant:* Die Fähigkeit zu organisieren, zu planen und Aufgaben in einer gewissen Struktur anzugehen, liegt der Person. Sie beschreibt sich weniger als »Macher«, der detailliert, konservativ oder schrittweise an Aufgaben herangeht, denn als jemand, der Projekte bis zum Ende durchdenkt, ganzheitlich sieht und dann organisiert und strukturiert abarbeitet.

- *C-Quadrant:* Die Person besitzt einen guten Zugang zu intuitiven und sprachlichen Aspekten. Die Freude an Sprache und der gute Umgang mit Kommunikation auf unterschiedlichen Ebenen liegt ihr. Darüber hinaus kommt es ihr eher auf die konzeptionell-intuitiven Eigenschaften und ein ganzheitlich-kreatives Erspüren und Vermitteln von Informationen als auf die zwischenmenschlichen Belange an; emotional geprägte Beziehungen und Kontakte stehen nicht im Vordergrund.

- *D-Quadrant:* Kreativität ist das Merkmal, das die Person als ihr stärkstes ausgewählt hat. Das Gestalten und der Freiraum im Entwickeln von Problemlösungen dürften der Person liegen. Die hohe Intuition, das ganzheitliche Vorgehen, die vielfältige Ausprägung hilft ihr dabei. Komplexe Aufgaben mit großem Gestaltungsspielraum werden von der Person bevorzugt. Innovationen, das konkrete Umsetzen von Details, Routinen und die Integration stehen hier weniger im Vordergrund.

Kommunikationsstil

Der bevorzugte Kommunikationsstil der Person ist das Einbeziehen von anderen, wobei die Person ihre Überlegungen aufgrund ihres Überblicks über das Ganze und ihre Ideen einfließen lässt.

Die bevorzugten Problemlösungsstrategien der Person finden sich in der Visualisierung und im freien Brainstorming auf der Basis von Intuition, wobei die Person Probleme gerne im Team und unter Einbeziehung von anderen löst. Sie ist kein Freund von strikten Abläufen, Daten und Fakten; technische Genauigkeit sowie Dokumentationen und Planung stehen nicht im Vordergrund.

Bei der Entscheidungsfindung zieht die Person alle Möglichkeiten, auch versteckte, in Betracht, setzt ihre Vorstellungskraft voll ein und berücksichtigt andererseits, wie ihre Entscheidungen auf andere wirken. Sie übersieht es dabei möglicherweise, Abläufe zu verfolgen und sich um Fakten und Details zu kümmern.

8.8 Qualitätskriterien

Die Validität des *HBDI* wurde während seiner Entwicklung von unabhängigen Fachleuten des Non-Profit-Instituts *EduMetrics* und der *Alpine Media* überprüft; die Ergebnisse wurden bei der Weiterentwicklung des Fragebogens laufend berücksichtigt. In *Ned Herrmanns* erstem Buch *The Creative Brain* (deutsch: *Kreativität und Kompetenz)* hat *C. Vic Bunderson* ein ausführliches Kapitel über die ursprüngliche Validierung des *HBDI* veröffentlicht. Als Teil eines fortlaufenden Validierungsprojekts hat *Herrmann International* mehrere psychometrische Studien über das *HBDI* in Auftrag gegeben. Einige Auszüge werden hier dargestellt. Die folgenden Ausführungen beruhen auf den Originaltexten der beauftragten Organisation, die auf Wunsch zur Verfügung gestellt werden.

Validität

Die Validität beschränkt sich meist auf einen einzelnen Aspekt des Instruments. Ein hoher Validitätswert weist darauf hin, dass *HBDI*-Teilnehmer sich darauf verlassen können, dass die Ergebnisse ihres Tests und die Art und Weise, wie diese Ergebnisse interpretiert und angewendet werden, wirklich »valide«, also gültig sind. Demnach reflektieren die erzielten Werte in hohem Grade ihre tatsächlich vorhandenen Präferenzen – im Einklang mit der *Whole-Brain*-Theorie, die hinter dem *HBDI* steht.

Validierung aus dem Jahr 2000

Die von *EduMetrics* und *AMC* im Jahr 2000 durchgeführte Validierung (Sample 254 000 Ergebnisse) zeigt eine hohe strukturelle Validität des *HBDI*. Die Studie bestätigt die Validitätsansprüche für folgende Bereiche:

1. Die vier getrennten Quadranten des Ganzhirn-Modells, d. h. das *HBDI*, messen weiterhin vier unterschiedliche Gruppen von Präferenz und Vermeidung. Diese Gruppierungen sind kongruent mit den vier *Herrmann*-Quadranten.

2. Die bipolare Struktur der Quadranten A und C sowie der Quadranten B und D weist darauf hin, dass hohe Werte im A-Quadranten mit geringen Werten im C-Quadranten korrelieren (und umgekehrt) und dass hohe Werte im B-Quadranten mit niedrigen Werten im D-Quadranten korrelieren (und umgekehrt).

3. Mittels der *Schmid-Leiman*-Methode kommt man zum Schluss, dass das *HBDI* weiterhin sowohl eine höhere Links-Rechts-Struktur darstellt als auch die bi-polare untere Ordnungsstruktur des A-Quadranten vis-à-vis des C-Quadranten sowie des B-Quadranten vis-à-vis des D-Quadranten.

Die statistische Analyse des Teams weist auf eine hohe Konsistenz bezüglich der *inneren Reliabilität* hin mit Koeffizienten für die vier Quadranten von .71 bis .82.

Diese Ergebnisse legen den Schluss nahe, dass die Inhalte des *HBDI* den vom Instrument gemessenen Werten entsprechen. Der Bericht von *Coffield* stellt Folgendes fest: *»Interne Befunde weisen darauf hin, dass HBDI™ psychosometrisch gültig ist; neuen Untersuchungen steht zudem eine enorme internationale Datenbank zur Verfügung.«*

Zusammenfassend lässt sich sagen: Trotz der Internationalisierung des *HBDI* ist die bipolare und links-rechts orientierte Struktur intakt geblieben und die Bedeutung der Anhäufungen von Präferenzgruppen, wie sie von *Herrmann International* dokumentiert und gelehrt werden, ist weiterhin gültig und muss berücksichtigt werden.

Validierung aus dem Jahr 2004

Zwei weitere Validierungstests, basierend auf Daten des Jahres 2004, zeigen ähnliche Ergebnisse. *EduMetrics* und *Alpine Media* führten Faktoranalysen anhand von englischen und französischen Daten aus dem Jahr 2004 durch. Die englischen Ergebnisse zeigen eine hohe Korrelation mit den Ergebnissen aus dem Jahr 2000. Die französischen Ergebnisse bestätigen zudem auch das cerebrale Links-Rechts-Schema.

Externe Validität

Im Jahr 2005 fand eine ausführliche Sichtung einschlägiger Literatur statt (erhältlich auf Anfrage), ein weiterer Nachweis für externe Validität. *EduMetrics* hat 768 Bezugnahmen gesammelt, die entweder das *HBDI* zitieren oder Präferenzsysteme ähnlich der *HBDI*-Kriterien propagieren. *EduMetrics* vergleicht das *HBDI* mit – und stellt es in Kontrast zu – verwandten Theorien und Messmethoden von Präferenzen, Persönlichkeit und ähnlichen

Attributen, die wichtige individuelle Unterschiede messen und darstellen. *EduMetrics* hat in diesen Unterlagen einen eindrucksvollen Grad an Übereinstimmung ermittelt: Dieselben Präferenzhäufungen, die von *HBDI* entdeckt und gemessen wurden, finden sich wieder in den Arbeiten und Instrumenten anderer Forscher und Wissenschaftler. Diese Ähnlichkeit bestätigt die Kernvalidität der zugrunde liegenden bipolaren Präferenzhäufungen.

Entscheidungssituationen des realen Lebens

Weiterhin erlaubt eine solche externe Validität den Vergleich zwischen dem persönlichen *HBDI* und dem »wirklichen Leben«. In dieser Beziehung kommt das *HBDI* den tatsächlichen Vorlieben eher auf die Spur als vergleichbare Instrumente. Es führt in ein breites Spektrum von Situationen, in denen Menschen sich entscheiden müssen, wo sie ihre Zeit und Energie investieren wollen, z. B. Schulfächer, Aspekte der Arbeit, Auswahl von beschreibenden Adjektiven, Hobbys, Fragen nach der Risikobereitschaft, Ordnungsliebe und Adhoc-Situationen. Außerdem erlaubt das *HBDI* oft mehrere Wahlmöglichkeiten anstatt einer Zwangsauswahl zwischen einem vorgegebenen Antwortpaar – und kommt den Entscheidungssituationen des wirklichen Lebens damit sehr nahe.

Reliabilität

Da sich persönliche Präferenzen über die Zeit verändern, kann die Test-Retest-Reliabilität von Instrumenten teilweise gering ausfallen. Trotz dieser allgemeinen Tendenz sind die *HBDI*-Ergebnisse vergleichsweise sehr beachtlich:

Zuverlässigkeit (Reliabilität) von Wiederholungsmessungen / Jahr 2000				
Gesamt N = 343	A–A 0,937	B–B 0,915	C–C 0,940	D–D 0,932

Die Validierungsforschung wird derzeit fortgesetzt. Ergebnisse werden im Laufe des Jahres 2006 erwartet und veröffentlicht, sie lagen bei Drucklegung des Buches noch nicht vor.

Zusammenfassung

Zusammenfassend kann festgestellt werden, dass jüngere Validierungsuntersuchungen der unabhängigen Unternehmen *EduMetrics* und *Alpine*

Media dem *Herrmann Brain Dominance Instrument* weiterhin eine hohe Validität und Re-Test-Reliabilität attestieren.

8.9 Ausbildung und Akkreditierung

Dreiteilige Ausbildung

Voraussetzung für die Zertifizierung ist das Absolvieren eines dreiteiligen Ausbildungsprozesses. Die Teilnehmer sind überwiegend erfahrene Führungskräfte, Personalentwickler, Trainer und Berater. Die Zertifizierung besteht aus folgenden Teilen:

- Nach Anmeldung erhält der Teilnehmer Unterlagen zur Vorbereitung auf das Seminar. Außerdem wird ein Vorabgespräch mit einem *HBDI*-Experten geführt.

- In dem zweitägigen Zertifizierungsseminar erwirbt der Teilnehmer Kenntnisse, mit denen er das *HBDI* in seinem beruflichen Kontext einsetzen kann. Die Workshops sind gleichzeitig Prototyp für die Art und Weise, wie das *HBDI* im Trainings- / Seminarkontext eingesetzt werden kann. Es stellt eine Kombination aus Vermittlung von aktuellem Know-how zum Einsatz des Instruments und Erleben der Anwendungsmöglichkeiten dar. Der Teilnehmer erwirbt Hintergrundwissen und lernt in Gruppenarbeiten, aktiv mit dem *HBDI* zu arbeiten.

- Der Teilnehmer wird bei der anfänglichen Umsetzung in der Praxis begleitet. Nach Abschluss einer Praxisarbeit und nach Unterzeichnung der Zertifizierungsvereinbarung erhält der Teilnehmer sein persönliches *HBDI*-Zertifikat.

Um eine hohe Qualität der Ausbildung und des Einsatzes zu sichern, arbeiten Zertifizierte zum Erhalt des Zertifikates aktiv mit dem *HBDI* oder besuchen regelmäßige Veranstaltungen zum Erfahrungsaustausch oder demonstrieren den Einsatz in weiteren Praxisanwendungen. *Herrmann International* bietet für Zertifizierte weitere Zusatzausbildungen und Erfahrungsaustausch sowie Unterstützung bei der Integration in die jeweiligen Kontexte (Personal-, Organisationsentwicklung, Training, Führung, Strategie usw.) an.

In einer weiteren Zusatzqualifikation (Level 2) werden das Teamprofil und der professionelle Einsatz für Teams und Teamentwicklung gelehrt.

8.10 Vertrieb

Herrmann International Deutschland ist Teil der weltweit agierenden *Herrmann International-Gruppe* und Repräsentant und Ansprechpartner für Unternehmen, Trainer und Consultants in Zentraleuropa. Darüber hinaus bestehen in einzelnen weiteren Ländern in Europa lizenzierte Partnerunternehmen. Der Vertrieb der Leistungen im deutschsprachigen Raum erfolgt über *Herrmann International* und über mehr als 700 zertifizierte Personen (Trainer, Consultants, Funktionsträger in Unternehmen), die mit *Herrmann International* zusammenarbeiten.

Herrmann International Deutschland GmbH & Co KG
Oderdinger Straße 12
D-82362 Weilheim
Fon: +49 (0) 88 1 / 92 49 56-0
Fax: +49 (0) 88 1 / 92 49 56-56
E-Mail: *info@hbdi.de*
Internet: *www.hbdi.de*

Literatur

Herrmann, Ned: *Kreativität und Kompetenz. Das einmalige Gehirn.* Fulda: Paidia-Verlag, 1991.

Herrmann, Ned: *Das Ganzhirn-Konzept für Führungskräfte. Welcher Quadrant dominiert Sie und Ihre Organisation?* Wien: Ueberreuter, 1997.

Schimmel-Schloo, Martina, Seiwert, Lothar J. & Wagner, Hardy (Hrg.): *Persönlichkeits-Modelle. Die wichtigsten Modelle für Coaches, Trainer und Personalentwickler: Alpha Plus, Biostruktur-Analyse, DISG, Enneagramm, H.D.I., Insights MDI, Interplace, LIFO, MBTI, TMS.* Mit CD-ROM. Offenbach: GABAL, 2005.

Spinola, Roland & Peschanel, Frank D.: *Das Hirn-Dominanz-Instrument.* Speyer: GABAL, 1988 (vergriffen).

Über die Autorin

Jacqueline Geist, Diplom-Kauffrau mit den Ausbildungsschwerpunkten Strategische Unternehmensführung sowie Arbeits- und Organisationspsychologie, ist geschäftsführende Gesellschafterin von *Herrmann International, Zentraleuropa.* Seit sie 1994 in den USA die ersten Projekte gemeinsam mit *Ned Herrmann* durchführte, bilden das *HBDI* und die daraus entwickelten *Whole-Brain*-Prinzipien eine wesentliche Grundlagen ihrer Arbeit in der Unternehmensberatung in Markt- und Strategieprojekten und in *Human Resource*-Themen und Veränderungsprojekten. Der Beratungsfokus der Autorin liegt in der Begleitung komplexer Veränderungsprozesse. Als Train-the-Trainer-Expertin verantwortet *Geist* die Einführung der *Whole-Brain*-Ansätze bei Kunden und die internationale Zertifizierung. Die Autorin ist Lehrbeauftragte an Business Schools und Universitäten in Europa.

9. INSIGHTS MDI by Scheelen[1] – Verhalten, Werte, Fertigkeiten

Regina J. Euteneier und Frank M. Scheelen

9.1 Historischer Abriss des Modells

INSIGHTS MDI (Management Development Instrument) ist ein System von insgesamt 20 diagnostischen Verfahren zur Bestimmung der Verhaltens- und Wertepräferenzen, das von der *INSIGHTS International Deutschland GmbH* exklusiv angeboten wird. Die *INSIGHTS MDI* Verhaltenspotenzialanalyse basiert auf *C. G. Jung* und dem so genannten *DISG-* bzw. *MBTI*-Persönlichkeitsprofil (siehe die Darstellung dieser Modelle, Seite 159 und Seite 299) und stellt gleichzeitig eine Weiterentwicklung dar: Es werden mehr Persönlichkeitsbereiche erfasst, und diese werden differenzierter analysiert. Die Werteanalyse (Motive und Werte) beruht auf den Theorien und Modellen von *Eduard Spranger.*

9.2 Theoretische Quellen und Verwandtschaften

Zentrales Anliegen der Persönlichkeitsforschung seit der Antike ist die Erklärung, Vorhersage und Veränderung menschlichen Verhaltens. Immer wieder wird die Frage diskutiert, ob Verhalten stärker genetisch oder stärker umweltbedingt determiniert ist.

---

1 INSIGHTS MDI®, INSIGHTS MDI-Potenzial Analyse® (POT), INSIGHTS MDI – Persönliche Einstellungen, Interessen und Werte® (PIW), INSIGHTS-Verkaufs-Strategie-Indikator® (VSI), INSIGHTS-Arbeitsstellenanalyse® und INSIGHTS-TriMetrix-Arbeitsstellenanalyse® sind eingetragene Warenzeichen.

Auch für *Carl Gustav Jung* standen diese Aspekte im Mittelpunkt des Forschungsinteresses. Er ging von drei psychologischen Funktionen aus, die für alle Menschen gelten: Denken versus Fühlen, Wahrnehmung versus Intuition und Extraversion versus Introversion. Die weitere Entwicklung dieses typologischen Ansatzes wurde durch *Jolande Jacobi* (1996) vorangetrieben. Das Ergebnis ihrer Arbeiten sind acht Persönlichkeitstypen, auf die im Folgenden näher eingegangen wird.

Vier Verhaltensstile

Darüber hinaus liegt der *INSIGHTS-Potenzial Analyse* das Persönlichkeitsmodell des amerikanischen Psychologen *William Moulton Marston* (1986) zugrunde. *Marston* hat in seinem Buch *The Emotions of Normal People* ein Konzept mit vier Verhaltensstilen entwickelt, wobei er davon ausging, dass alle Menschen über diese vier Dimensionen verfügen, sie jedoch in unterschiedlicher Intensität ausleben. Nach *Marston* sind es zwei Haupteinflussfaktoren, die das menschliche Verhalten bestimmen:

- zum einen die Art und Weise, wie die äußere Umgebung wahrgenommen wird, nämlich als eher günstig oder eher ungünstig, und
- zum anderen, wie eine Person aus ihrer inneren Einstellung heraus auf diese Umgebung reagiert, nämlich entweder eher aktiv oder eher passiv.

Die Wahrnehmung der äußeren Umgebung bedingt eine Ausrichtung zwischen den beiden Polen Aufgaben- und Menschenorientierung, die innere Einstellung kann auch als extravertiert und introvertiert beschrieben werden. Hier lassen sich einige Parallelen zur Persönlichkeitstypologie von *C. G. Jung* finden, der etwa zeitgleich mit *Marston* seine Arbeit über *Psychologische Typen* veröffentlichte.

Der erste Fragebogen, der die unterschiedliche Stärke aller vier Dimensionen berechnet hat, wurde von *Marstons* Mitarbeiter *Walter Clarke* an der *Columbia Universität* erstellt. Im Laufe der Zeit gab es zahlreiche Weiterentwicklungen, von denen die Arbeiten von *Bill Bonnstetter* zu den umfassendsten zählen. Dazu gehören auch seine umfangreichen Forschungsarbeiten zur konkreten Anwendung des Verfahrens in der beruflichen Praxis. Diese Forschungen beinhalten vertiefte Studien über verwandte Systeme, wie z. B. den *MBTI (Myers Briggs Typen Indikator), Wilson Leaming (16 PF)* und andere.

60 Persönlichkeitsprofile

Große Aufmerksamkeit schenkte *Bill Bonnstetter* der Weiterentwicklung der grafischen Darstellungen der vier Dimensionen und den Textvarianten der individuellen Reports. Durch die Kombination dieser Modelle können 60 individuelle Persönlichkeitsprofile erfasst werden. Mit *INSIGHTS MDI* können bis zu 384 Typen differenziert werden, zu deren schriftlicher Darstellung 19 200 Textbausteine zur Verfügung stehen. Ein einziges Modell würde nicht ausreichen, um die Persönlichkeit eines Menschen ausreichend zu erfassen und abzubilden. Dem *INSIGHTS*-Modell liegt eine Synthese dieser verschiedenen Typologien zugrunde. Es baut deren Stärken aus und vermeidet viele der Schwachpunkte.

Die Weiterentwicklung und Aktualisierung des deutschsprachigen Verfahrens wurde von *Bill Bonnstetter* und *Frank M. Scheelen* vorangetrieben und in der aktuellen *INSIGHTS MDI* Version 3, die seit Februar 2006 im Einsatz ist, umgesetzt.

Eine grundlegende Auffassung zu Verhaltensvorhersagen, der im *INSIGHTS*-Modell Rechnung getragen wird, soll noch erwähnt werden: Menschliches Verhalten hängt von zwei großen Komplexen ab: der Person und der Situation. Die zentrale Bedeutung der Verhaltensvorhersage kommt daher der Wechselwirkung von Person und Situation zu. *INSIGHTS MDI* ist eines der wenigen Diagnosesysteme, das diesen sowohl in der Wissenschaft als auch in der Praxis noch immer vernachlässigten Bereich der Situation abdeckt.

9.3 Gliederung der verschiedenen Verfahren

Zur Gruppe von *INSIGHTS MDI* gehören inzwischen 20 verschiedene Verfahren. Die wichtigsten werden nachfolgend ausführlicher besprochen.

INSIGHTS MDI-Potenzialanalyse (POT)

Die Potenzialanalyse ermittelt das Potenzial und die persönlichen Verhaltenspräferenzen eines Mitarbeiters. Es gibt davon drei unterschiedliche Versionen, jeweils für Management und Mitarbeiter, Manager und Verkaufsmitarbeiter.

INSIGHTS MDI-Leadership-Check V3 Basic / Sales / Executives

Der Leadership-Check gibt umfassendes Feedback über die Führungsfähigkeiten eines Kandidaten. Neben der Potenzialanalyse beinhaltet dieses Verfahren sowohl die Darstellung der Ausprägung von Motiven und Wertvorstellungen (siehe *PIW*) als auch die daraus resultierenden Verhaltenspräferenzen.

INSIGHTS MDI – Persönliche Einstellungen, Interessen und Werte (PIW)

Mit dem *PIW* werden die Ausprägungen von sechs Grundmotiven im theoretischen, ökonomischen, ästhetischen, sozialen, individualistischen und traditionellen Bereich gemessen. Diese häufig nicht direkt sichtbaren Wertvorstellungen und Motive bestimmen unser gesamtes Handeln und unsere Ziele. Die Motive eines Menschen zu kennen hilft zu verstehen, *warum* jemand etwas tut. Kenntnisse seiner Erfahrungen, Referenzen und Ausbildung zeigen uns darüber hinaus, *was* er tun kann. Die Informationen über seine Verhaltenspräferenzen zeigen, *wie* er sich im Arbeitsumfeld verhält. Die theoretischen Grundlagen des *INSIGHTS PIW* basieren auf den »Lebensformen« von *Eduard Spranger.*

INSIGHTS Verkaufs-Strategie-Indikator (VSI)

Der *Verkaufs-Strategie-Indikator (VSI)* stellt eine objektive Analyse der vorhandenen Kenntnisse erfolgreicher Verkaufsstrategien dar. Er beantwortet die Frage: »Kann die betreffende Person verkaufen?« Die Fähigkeit zum Verkaufen basiert auf einer Verbindung von Fachwissen und diversen verhaltensbasierten Persönlichkeitseigenschaften. Der *VSI* misst das Wissen um die erfolgreichen Verkaufsstrategien.

INSIGHTS-Arbeitsstellenanalyse (ASA)

Die Arbeitsstellenanalyse setzt sich mit den Anforderungen der Arbeitsplatzsituation auseinander. Hinsichtlich der Situation können Tätigkeitsanforderungen erfasst werden, die eine bestimmte (Berufs-)Situation an eine Person stellt. Dabei werden die Anforderungen im Sinne der oben genannten Typen formuliert. Das Ergebnis lässt sich grafisch auf dem *INSIGHTS*-Rad abbilden und ermöglicht, auf einen Blick die Übereinstimmung oder eine Diskrepanz mit den Verhaltensdispositionen einer Person festzustellen.

INSIGHTS-TriMetrix-Arbeitsstellenanalyse

Während die *ASA* die von einer Person erwarteten oder erwünschten Arbeitsplatzanforderungen erhebt, kann durch die *TriMetrix-Arbeitsstellenanalyse* die Ausprägung bezüglich der 23 relevantesten Jobmerkmale einer Person erfasst werden. Des Weiteren werden auch noch die Motivationskultur (6 Faktoren) und Verhaltensdimensionen (8 Faktoren) erhoben.

Mit den gewonnenen Informationen kann die Übereinstimmung (Passung) einer Person mit einer Arbeitsstelle abgeglichen werden. Darüber hinaus lässt sich der eventuelle Trainingsbedarf ermitteln, und Arbeitsplatzgestaltungsmaßnahmen können abgeleitet werden.

Bei der zweiten Version, der *INSIGHTS-TriMetrix-Arbeitsstellenanalyse Plus*, werden zusätzlich Interviewfragen zu jedem der drei Abschnitte im Report formuliert, basierend auf den erhobenen Informationen.

9.4 Beschreibung des Verfahrens

Das Verfahren setzt sich aus verschiedenen Komponenten zusammen. Neben der Darstellung der vier Farb-Quadranten (Rot – Gelb – Grün – Blau) gemäß dem Modell nach *Marston* werden die persönlichen Verhaltensstile in acht Grund-Verhaltenstypen *(Jung; MBTI)* unterteilt.

8 Verhaltenstypen

Diese acht gemessenen Verhaltenstypen sind:

- *Direktor:* ergebnisorientiert, zielstrebig
- *Motivator:* marktorientiert, unabhängig
- *Inspirator:* kontaktorientiert, flexibel
- *Berater:* teamorientiert, kooperativ
- *Unterstützer:* beziehungsorientiert, geduldig
- *Koordinator:* produktorientiert, diszipliniert
- *Beobachter:* qualitätsorientiert, präzise
- *Reformer:* kontrollorientiert, perfektionistisch

Die acht *INSIGHTS*-Typen

© INSIGHTS International Deutschland

Diese acht Grundtypen werden in 60 Mischtypen verfeinert, die auf dem *INSIGHTS*-Rad dargestellt werden. Die Feststellung der jeweiligen Verhalteneigenschaften erfolgt auf zweierlei Weise: Einmal werden persönliche Präferenzen und Ressourcen ermittelt, über die eine Person verfügt; zum anderen kann festgestellt werden, in welchem Umfang jemand diese Ressourcen bei seiner aktuellen Arbeitstätigkeit einbringt.

Anhand der ermittelten vorhandenen Ressourcen können für Zwecke der Personalauswahl die wahrscheinliche Arbeitszufriedenheit und – damit zusammenhängend – der voraussichtliche Arbeitserfolg festgestellt werden. Für Zwecke der Personalentwicklung wird aufgezeigt, wo Bedarf an Coaching- oder Trainingsmaßnahmen besteht und ganz konkret, in welchen Bereichen dieser Bedarf liegt.

Die Erfahrung zeigt, dass bei einem Mitarbeiter, der sich voll in seine Arbeit einbringt, mit hoher Arbeitszufriedenheit, hoher Gesundheit, geringen Fehlzeiten und geringer Fluktuation gerechnet werden kann.

Basisstil und adaptierter Stil

Natürliche und praktizierte Verhaltensweisen

Das Verfahren identifiziert zwei grundlegende Verhaltensstile. Im Report wird einerseits der Basisstil und andererseits der adaptierte Stil abgebildet. Das Basisverhalten oder auch der Basisstil ist das natürliche Verhalten, das ein Mensch von seiner Anlage her – ohne äußere Einflussnahme – in seinen Beruf einbringen könnte. Der adaptierte Stil hingegen beschreibt das Verhalten in einem definierten Umfeld und zeigt diejenigen Verhaltensweisen, die man selbst momentan in seinem Beruf für zweckmäßig hält und praktiziert. Die Kenntnis der eigenen natürlichen Präferenzen ermöglicht es, sich ein Arbeitsumfeld zu schaffen bzw. zu suchen, in dem man seine volle Leistungsfähigkeit ausschöpfen kann. Damit lässt sich eine wesentliche Grundlage für die Entstehung von Arbeitszufriedenheit schaffen.

Jobmerkmale

Der Bereich Jobmerkmale, der einen eigenen Teil in den *INSIGHTS*-Reports einnimmt, gibt Auskunft über Erfahrungen, Wissen und Kompetenzen, über die eine Person verfügt. Die für eine berufliche Tätigkeit wichtigsten 23 Jobmerkmale wurden herausgefiltert und finden sich zum Beispiel im

TriMetrix-Report einzeln grafisch dargestellt. Es handelt sich hierbei um Faktoren, die im Unterschied zu anderen Persönlichkeitsbereichen gelernt und trainiert, und somit ausgebaut, werden können.

Ressourcen sichtbar machen

Ziel der Erhebung der Jobmerkmale ist es, die bei einer Person vorhandenen Ressourcen sichtbar zu machen und gleichzeitig diese verfügbaren Persönlichkeitseigenschaften mit den spezifischen Arbeitsplatzanforderungen abzugleichen. Maßnahmen der Personalentwicklung können dadurch gezielt auf die Ressourcen einer Person zugeschnitten werden. Bei Stellenbesetzungen ist es das Ziel, die Positionen so passgenau wie möglich zu besetzen.

Im zugrunde liegenden Kompetenzmodell wurden aus 280 ermittelten Jobmerkmalen die 23 herausgefiltert, die die größte Relevanz für den Arbeitsbereich besitzen. Je nach Tätigkeitsfeld entsteht ein bestimmtes Ranking der geforderten Eigenschaften. Diese 23 Kernkompetenzen sind:

1 Selbstmanagement	13 Flexibilität
2 Problemlösung	14 Zielerreichung
3 Permanentes Lernen	15 Planung und Organisation
4 Erlebnisorientierung	16 Einfluss auf andere
5 Persönliche Verantwortlichkeit	17 Diplomatie und Taktgefühl
6 Andere führen	18 Fähigkeit zu Eigeninitiative
7 Verantwortlichkeit für andere	19 Objektives Zuhören
8 Konzeptuelles Denken	20 Zwischenmenschliche Fähigkeiten
9 Entscheidungsfindung	21 Konfliktmanagement
10 Andere fördern	22 Kundenorientierung
11 Belastbarkeit	23 Emphatie
12 Teamwork	

Passung von Persönlichkeit und Anforderungen

Eine möglichst hohe Übereinstimmung zwischen der Persönlichkeit eines Mitarbeiters oder zukünftigen Mitarbeiters und den Anforderungen einer Arbeitsstelle herzustellen ist eine zentrale Aufgabe des Unternehmens und eine notwendige Voraussetzung für Arbeitserfolg und Arbeitszufriedenheit. Fehlen diese beiden Komponenten, ist in den meisten Fällen die Ursache in mangelnder Übereinstimmung zwischen Potenzial und Anforderungen zu finden. Dabei wären sowohl die Über- als auch die Unterforderung einer Person kontraproduktiv.

Die Passung herstellen

INSIGHTS MDI versetzt ein Unternehmen in die Lage, diese Passung herzustellen. Wurde zum Beispiel die Ausprägung der 23 Jobmerkmale mittels *TriMetrix* festgestellt, können Unternehmen diese sofort mit den gewünschten Persönlichkeitseigenschaften abgleichen und somit die Passung einer Person in Bezug auf eine bestimmte Position auf objektive Weise beurteilen.

Mitarbeiter, bei denen eine hohe Passung vorliegt, werden sehr wahrscheinlich langfristig eine hohe Arbeitszufriedenheit empfinden, was dazu beiträgt, die Fluktuation zu vermindern und Kosten zu reduzieren. Damit ist eine wichtige Voraussetzung für Unternehmens- und Arbeitserfolg gegeben.

Persönliche Interessen, Einstellungen und Werte (PIW)

Mit dem *INSIGHTS*-Verfahren *PIW* werden sechs grundlegende Handlungsmotive von Menschen erfasst: Sie beschreiben, welche Ziele für eine Person handlungsleitend sind und wie sie motiviert werden kann, etwas zu tun.

- *Theoretisches Motiv:* intellektuelle Prozesse und hohe Fachkompetenz
- *Ökonomisches Motiv:* Unternehmertum und Nutzenorientierung
- *Ästhetisches Motiv:* Selbsterfüllung und Harmonie
- *Soziales Motiv:* Selbstlosigkeit und anderen helfen wollen
- *Individualistisches Motiv:* Führung und Leadership
- *Traditionelles Motiv:* Sinn im Leben finden

Sinn, Motive und Wertestrukturen

Diese Typologisierung basiert auf den Arbeiten und Entdeckungen des Motivationsforschers *Eduard Spranger.* Sinn im Leben, Motive und Wertestrukturen haben großen Einfluss auf unser Verhalten. Man kann so weit gehen zu sagen, dass Verhalten nur zu verstehen ist, wenn man über eine fundierte Kenntnis der dazugehörigen Motivstruktur eines Menschen verfügt. So erscheint es z. B. wenig sinnvoll, einen Verkäufer mit nur gering ausgeprägtem ökonomischem Motiv einzustellen, auch wenn er von seinen Verhaltenspräferenzen scheinbar ideal auf die Tätigkeitsbeschreibung passen würde.

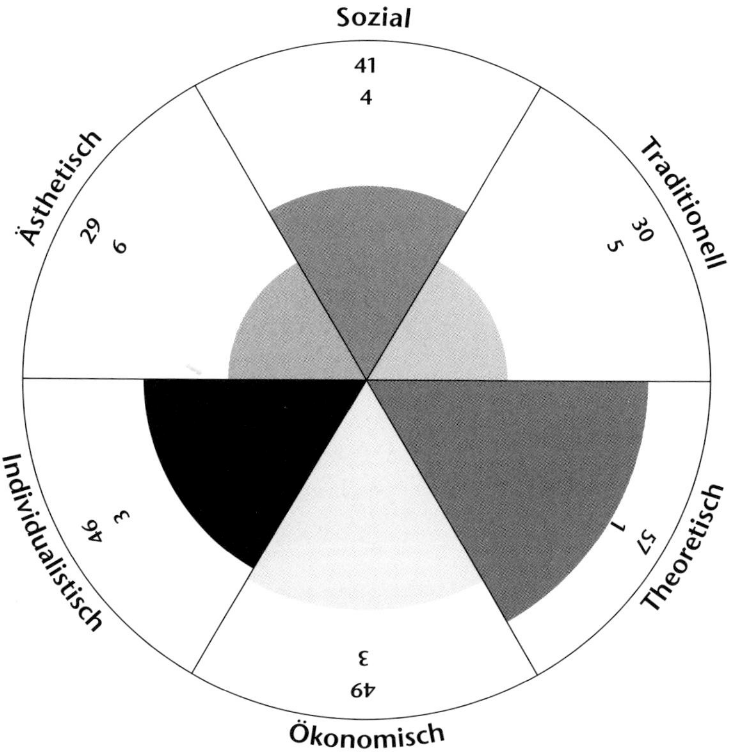

PIW (Persönliche Interessen, Einstellungen und Werte);
Ergebnisse der exemplarischen Testperson dieses Buches
© INSIGHTS International Deutschland

9.5 Das Verfahren in der Praxis

INSIGHTS MDI erfasst, wie auch alle anderen Messverfahren, nicht die gesamte Persönlichkeit, sondern nur einen definierten Verhaltensausschnitt. Persönlichkeits-Messverfahren, die für sich in Anspruch nehmen, eine Persönlichkeit ganzheitlich zu messen, sind als unseriös einzustufen. Es gibt mehrere tausend Messverfahren für die unterschiedlichsten Anwendungsbereiche. Die meisten von ihnen erfassen diverse Eigenschaften. Ein einzelnes Verfahren, das mehrere zehntausend Eigenschaften misst, dürfte weder entwickelbar noch durchführbar sein.

Es kommt daher darauf an, denjenigen Verhaltensausschnitt aus der Gesamtpersönlichkeit zu messen, der für einen bestimmten Anwendungszweck relevant ist. *INSIGHTS MDI* beschränkt sich dabei auf Eigenschaften, die für berufliche Tätigkeiten wichtig sind. Daher enthält die Interpretation keine Aussagen zu anderen Bereichen oder zu Eigenschaften, die keinerlei berufliche Relevanz haben, also z. B. zu therapeutischen Fragestellungen, Rehabilitationszwecken, Schuleignungsdiagnostik und forensischen Aussagen.

Die von *INSIGHTS MDI* gelieferten Informationen sind nicht Selbstzweck. Sie sollen Personen Hilfestellungen geben, ihr Verhalten so zu steuern, dass sie ihre Ziele unter verschiedenen Bedingungen erreichen.

Menschen agieren dann am besten, wenn ihr Handeln bzw. Verhalten mit ihren persönlichen Präferenzen im Einklang steht. Dies kann geschehen, indem sie sich entweder bestimmte zu ihnen passende Situationen (z. B. Arbeitsstelle) suchen, indem sie sich Ressourcen aneignen, die ihnen das erfolgreiche Bewältigen von bisher zu schwierigen Anforderungen erlauben, oder indem eine Arbeitsstelle personenorientiert umgestaltet wird. Diese Ziele werden erreicht, indem der Ist-Zustand mit Hilfe von *INSIGHTS MDI* erfasst wird und durch Beratung, Coaching und / oder Training entsprechende Optimierungsprozesse in Gang gesetzt werden.

Die Kenntnis einer bestimmten Eigenschaft sagt über das beobachtbare Verhalten zunächst noch wenig aus. Eine Bewertung, ob eine Eigenschaft für sich genommen »gut« oder »schlecht« oder ein Mensch »geeignet« oder »ungeeignet« ist, ist nicht sinnvoll und wäre ethisch auch nicht zu verantworten.

Verhalten ist situationsabhängig

Menschliches Verhalten hängt sowohl von der Person als auch von der Situation ab. Daher sollte die Situation bekannt sein, um Verhaltensvorhersagen machen zu können. Jemand, der sehr introvertiert ist, würde in der Situation »Verkauf von Werbemitteln« wahrscheinlich nicht optimal platziert sein. In der Situation »Reparatur technischer Anlagen« hingegen ist Introversion ein Faktor, der den Erfolg sogar begünstigen könnte. *INSIGHTS MDI* kann beides auf neutrale Weise feststellen und Vorschläge machen, welcher Arbeitsplatz (= welche Situation) am besten zu einer bestimmten Person passt und umgekehrt. Solche Personen auszuwählen, deren Verhaltenseigenschaften in definierten Situationen Erfolg bedingen, ist eine Hauptaufgabe des Unternehmens.

Die Interpretation der Analysen kann durch Mitarbeiter der *INSIGHTS International Deutschland GmbH* oder von akkreditierten Partnern durchgeführt werden. Die Partner wurden dafür in entsprechenden Seminaren geschult und sind mit allen Komponenten des Verfahrens vertraut.

Einsatz in unterschiedlichen Situationen

Mit *INSIGHTS MDI* kann festgestellt werden, über welche Ressourcen im Bereich der Fertigkeiten und Erfahrungen ein Mitarbeiter verfügt. Dem wird gegenübergestellt, welche Fertigkeiten für eine bestimmte Fähigkeit (im Sinne von Kompetenz) erforderlich sind. Somit stellt das Instrument eine wichtige Entscheidungshilfe in folgenden Bereichen dar:

- Personalauswahl
- Personalentwicklung
- Stellenbesetzung
- Arbeitsplatzdefinition
- Potenzialfeststellung
- Teamzusammenstellung
- Karriereberatung
- Trainings und Coachings

Die vorhandenen Ressourcen der Mitarbeiter können optimal eingesetzt und Defizite gezielt abgebaut werden.

Anwendungsbereiche

Selbstselektion – Arbeitsplatzwahl

Am Anfang eines Tätigkeitsprozesses steht die Entscheidung einer Person, sich bei einem Unternehmen zu bewerben oder nicht. Diese erste Entscheidung hängt von der Person des Bewerbers oder der Bewerberin ab, weniger vom Unternehmen, daher spricht man auch von *Selbstselektion.* Unternehmen sind bestrebt, diesen Selbstselektionsprozess zu beeinflussen, indem sie sich so präsentieren, dass sich nur geeignete Personen bewerben und nicht geeignete davon absehen. Kandidaten erhalten in Bewerbungsgesprächen jedoch häufig nur wenig relevante Informationen, um ihre Interessen und Fähigkeiten mit den Anforderungen der Arbeitstätigkeit entsprechend vergleichen zu können. Tritt eine Bewerberin oder ein Bewerber mit einer ungenauen, eventuell falschen Erwartungshaltung in ein Unternehmen ein, sind damit Bedingungen für geringe Arbeitszufriedenheit und eine hohe Fluktuation geschaffen. Das ist weder im Sinne des Unternehmens noch der Bewerber. Studien, bei denen die *INSIGHTS-Arbeitsstellenanalyse* eingesetzt wurde – wie z. B. bei der im Jahre

2000 durchgeführten Untersuchung der Erfolgsfaktoren bei Beratern eines Finanzdienstleisters – haben gezeigt, dass es spezifische Erfolgsprofile für diese Tätigkeit gibt, die wiederum mit bestimmten Ausprägungen bei den Ergebnissen korrespondieren.

Verkauf

Speziell zur Feststellung von vorhandenen Verkaufsfertigkeiten kann der *Verkaufs-Strategie-Indikator (VSI)* eingesetzt werden. Der *VSI* wurde über einen Zeitraum von zwei Jahren entwickelt und ausgestaltet. Die erste Entwicklungsphase diente dazu, aktuelle Verkaufssituationen zu identifizieren, die als Basis zur Messung des Verkaufswissens in jedem einzelnen Teil des Verkaufsprozesses dienen sollten. Zu Beginn wurden 64 Situationen identifiziert und mit mehr als 600 Verkäufern getestet. Die gewonnenen Ergebnisse führten zur Entwicklung der endgültigen Version, die über 54 Fragen verfügt. Der *VSI* hat sich seit Jahren zur Selektion von Verkaufstalenten bewährt. Der Nutzer erhält ein klares Bild im Hinblick auf die Kenntnisse der erfolgreichen Strategien in Verkaufsprozessen einer Person. Diese wichtige Information macht dabei nur eine Komponente des Verkaufserfolgs aus: Das Verhalten, die Einstellung, persönliche Motive und Werte sind ebenfalls wesentlich für langfristigen verkäuferischen Erfolg.

Personalauswahl

Auch im Bereich der Personalauswahl spielen Verhaltensstile und Werte des Individuums eine wesentliche Rolle. Die Bedeutsamkeit dieser Faktoren für die Personalauswahl kann umso mehr zum Tragen kommen, je klarer ein Unternehmen seine Ziele formuliert hat. An dieser Stelle überschneiden sich Organisationsentwicklung, Personalauswahl und -entwicklung. Der Grad der Übereinstimmung der Interessen des Individuums mit den Organisationsinteressen kann mit *INSIGHTS MDI* festgestellt werden. Auch hier ist als Konsequenz von einer verminderten Fluktuation und höherer Arbeitsleistung auszugehen.

Personalentwicklung

Die Kenntnis der Verhaltenspräferenzen, der treibenden Werte und Handlungsmotive von Mitarbeitern kann eine wertvolle Hilfe zur Integration in und Bindung an das Unternehmen sein. Ebenso stellt sie wesentliche Eckpfeiler für die Verzahnung von Personal- und Organisationsentwicklung dar. Diese Bereiche werden in der Praxis nach wie vor häufig getrennt betrachtet. In vielen Fällen wird zwar von der Bedeutung der Mitarbeiter für den Unternehmenserfolg und somit der Bedeutung der Personalauswahl gesprochen. Bei genauerer Betrachtung lässt sich jedoch erkennen, dass es sich hierbei vorwiegend um ein nach außen transportiertes Bild handelt, das der Imagepflege dient, aber unternehmensintern zu wenig umgesetzt wird.

Arbeitstätigkeit Die neuere arbeitspsychologische Forschung ist bestrebt, Arbeitszufriedenheit und Leistung nicht als nebeneinanderstehende, sondern als zusammenhängende Konstrukte zu integrieren. So soll die Leistungsmotivation nicht per se als hoch oder niedrig gemessen werden; vielmehr hängt die Höhe ihrer Ausprägung bei einem Individuum davon ab, ob die Tätigkeit einer Person den Interessen und Fertigkeiten derselben entspricht. Mit den *INSIGHTS-MDI*-Tools: *Arbeitsplatzanalyse, Potenzialanalyse* und *Persönliche Interessen und Werte* lässt sich diese angestrebte ganzheitliche Sicht der Personalentwicklung erreichen.

Outplacement Verlässt ein Mitarbeiter das Unternehmen, können dessen Interessen und Werte bei der Neuorientierung eine wertvolle Hilfe sein. Beratungsunternehmen, die im Bereich Outplacement tätig sind, versuchen anhand der Interessen und Verhaltenspräferenzen einer Person, Tätigkeiten zu finden, deren Anforderungen sich höchstmöglich mit diesen decken. Hier wird auch deutlich, dass Interessen und Werte als zeitlich stabile, personenspezifische Faktoren aufgefasst werden können und nicht durch die Situation bedingt sein müssen, sondern lediglich von ihr mitbeeinflusst werden. Durch qualifizierte Outplacementberatung kann ein ganz entscheidender Grundstein für den Berufserfolg eines Mitarbeiters und damit auch für Unternehmenserfolg gelegt werden.

9.6 Durchführung

Ablauf *INSIGHTS MDI* wird als computerunterstützter Fragebogen und als Internetversion eingesetzt. Die Durchführung ist sehr einfach. Es werden Eigenschaftswörter in Vierergruppen vorgegeben, die nach persönlichen Präferenzen markiert werden müssen. Die Durchführung dauert zwischen 10 und 20 Minuten, beim *Verkaufs-Strategie-Indikator* und *TriMetrix* etwa 45 Minuten. Die Auswertung und Generierung des Reports beansprucht nur wenige Minuten. Der Analysetext des Reports wird von der Software generiert. Dies gewährleistet eine maximale Objektivität in der Verfahrensdurchführung und -auswertung. Die Ergebnisse liegen sofort vor und sind einfach, klar und eindeutig formuliert.

Die Fragebogen der verschiedenen Verfahren können am Computer mit einer Software oder internetgestützt bearbeitet werden. Es besteht auch die Möglichkeit, eine Papier-und-Bleistift-Version auszufüllen, ausgenommen bei *TriMetrix,* welches nur als Online-Verfahren möglich ist. Die Durchführung, die je nach Raum bzw. Computeranzahl einzeln oder in Gruppen erfolgen kann, ist damit orts- und zeitunabhängig.

2. Von den übrigen Aussagen wählen Sie diejenige, die Sie in Ihrem Arbeitsumfeld **AM WENIGSTEN** beschreibt, und kreisen dafür die 4 ein.
3. Für die übrigen zwei Aussagen kreisen Sie einen Wert von 2 oder 3 ein. **Bitte verwenden Sie jeden Wert nur einmal.**

1 spontan	1	2	3	4
umgänglich, zufrieden	1	2	3	4
positiv, nicht zweifelnd	1	2	3	4
friedlich, ruhig	1	2	3	4

BEISPIEL

0 spontan	1	2	(3)	4
umgänglich, zufrieden	(1)	2	3	4
positiv, nicht zweifelnd	1	2	3	(4)
friedlich, ruhig	1	(2)	3	4

4 respektvoll, Respekt zeigend	1	2	3	4
bahnbrechend, forschend, unternehmerisch	1	2	3	4
optimistisch, zuversichtlich	1	2	3	4
entgegenkommend, hilfsbereit	1	2	3	4

Auszug aus dem *INSIGHTS MDI*-Fragebogen

9.7 Auswertung

Die Auswertung erfolgt durch die Software. Somit sind Auswertungsfehler ausgeschlossen und es besteht Interpretationseindeutigkeit. Je nach durchgeführtem Verfahren wird ein Report generiert, der zwischen 10 und 30 Seiten textliche und grafische Erläuterungen enthält.

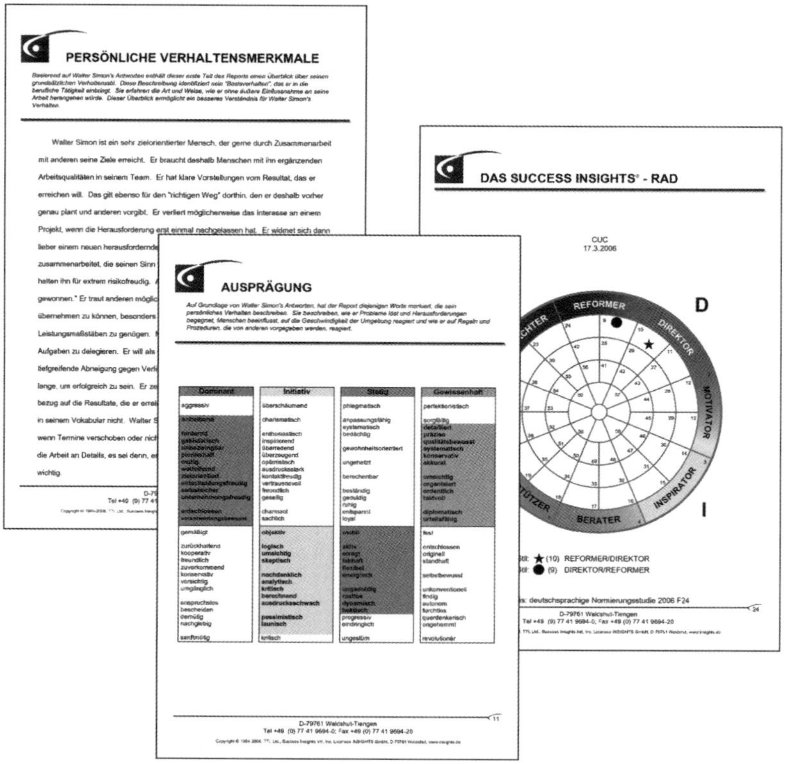

Auszug aus dem Ergebnisreport der exemplarischen Testperson dieses Buches

Die Ergebnisinterpretation (Feedback an den jeweiligen Probanden) wird außerdem durch die telefonische Hotline der *INSIGHTS International Deutschland GmbH* unterstützt.

Die Akzeptanz der *INSIGHTS MDI*-Verfahren bei den Probanden ist außerordentlich hoch. Dieser Faktor ist Voraussetzung für eine partnerschaftlich orientierte Beratung. Nur unter dieser Bedingung kann maximaler Nutzen erzielt werden.

9.8 Qualitätskriterien

Objektivität

Die Objektivität der *INSIGHTS MDI*-Verfahren ist als sehr hoch einzuschätzen, da die Durchführung nur durch eigens dafür geschulte Berater erfolgt und die Auswertung sowie Interpretation computergestützt sind.

Reliabilität

Seit dem Einsatz des Verfahrens im deutschsprachigen Raum wurde die Reliabilität in verschiedenen Studien erhoben. Die *INSIGHTS-Potenzial Analyse V3* wurde zuletzt Ende 2005 neu normiert. Dazu wurden fast 17 000 Datensätze aus dem deutschsprachigen Raum ausgewertet. Die Zuverlässigkeit der Messung liegt im Durchschnitt bei .8. Damit ist erneut belegt, dass dieses Verfahren eine hohe Messzuverlässigkeit besitzt.

Validität

In den vergangenen Jahren wurden Validierungsstudien durchgeführt, deren Ziel es war, die *INSIGHTS*-Verhaltensaussagen anhand verschiedener Stichproben auf ihre Gültigkeit zu überprüfen. In *Warburtons* Studie (1995 / 2000) wurde die Vorhersagefähigkeit des Verhaltens von 92 Mitarbeitern aus dem mittleren Management durch die *INSIGHTS*-Analyse bestätigt.

Auch wurde die Übereinstimmung mit anderen bewährten eignungsdiagnostischen Verfahren überprüft und bestätigt. In einer dritten Untersuchung mit einer Stichprobe von 150 Managern konnte mit *INSIGHTS*-Analysen das Auftreten oder Ausbleiben bestimmter Reaktionen (Arbeitszufriedenheit, körperliche Gesundheit, psychische Gesundheit, Fluktuation) vorhergesagt werden. Eine umfassend dokumentierte Studie (n = 132), die in Zusammenarbeit mit einem Unternehmen in der Finanzdienstleistungsbranche durchgeführt wurde, ergab eine prognostische Validität von .42 in Bezug auf die Job-Performance (= Umsatzzahlen) der Finanzberater. Diese und weitere Untersuchungen zur Validität sind im *INSIGHTS Handbuch zur empirischen Forschung und praktischen Anwendung* dokumentiert.

Normierung

Die *INSIGHTS MDI*-Verfahren sind alle deutsch normiert und validiert. Insbesondere die Normierung wird kontinuierlich im Abstand von zwei bis drei Jahren erneuert.

Aufgrund dieser Werte ermöglicht *INSIGHTS MDI* die objektive, zuverlässige und gültige Messung bestimmter Verhaltenseigenschaften und Handlungsmotive und ist damit ein leicht handhabbares und treffsicheres Diagnoseverfahren.

9.9 Ausbildung und Akkreditierung

In einer dreitägigen *INSIGHTS MDI*-Akkreditierung (Ausbildung) erwerben Personalberater, Personalentwickler, Trainer und Berater die Fähigkeit, die Verfahren für Rekrutierung, Personalentwicklung, Trainings usw. einzusetzen. In den Akkreditierungsseminaren wird an realen Analysen und Fallbeispielen die Interpretation eingeübt. Ergänzend dazu werden umfangreiche Handbücher zur Verfügung gestellt.

Auch nach der erfolgreichen Teilnahme an einem Akkreditierungskurs wird fortlaufend Unterstützung bei der Ergebnisinterpretation durch die telefonische Hotline der *INSIGHTS International Deutschland GmbH* angeboten. Zusätzlich bietet das Unternehmen noch spezielle Ausbildungsmodule, wie beispielsweise Train-the-Trainer-Ausbildungen zu den Themen: »Management Kompetenz – 11 Schritte«, »Beziehungsintelligenz – die sieben Schritte zum Verkaufserfolg« und »Teambildung« an. Die Lehrinhalte werden abhängig vom jeweiligen Modul an drei bis zehn Tagen unterrichtet und geübt. Zu diesen Inhalten werden jeweils umfangreiche Powerpoint-Präsentationen und audiovisuell aufbereitete Arbeits- und Schulungsunterlagen ausge-händigt.

9.10 Schnuppertest

Bei der *INSIGHTS International Deutschland GmbH* können von allen Verfahren Musteranalysen angefordert werden. Es besteht auch die Möglichkeit, ein Verfahren persönlich zu Testzwecken durchzuführen. Unter *www.insights.de* finden sich alle notwendigen Informationen.

9.11 Vertrieb

Marktpräsenz und Lizenzierung

INSIGHTS MDI ist seit 1990 auf dem deutschen Markt im Einsatz und seit 1984 bereits auf dem internationalen und amerikanischen Markt vertreten. Es gibt ca. 450 lizenzierte *INSIGHTS*-MDI-Berater in Deutschland, der Schweiz und Österreich, weltweit etwa 4000. Bisher wurden weltweit fünf Millionen Analysen erstellt, davon 500 000 im deutschsprachigen Raum. Die Verfahren sind in zwölf Sprachen erhältlich.

Für Beratungs- und Dienstleistungsunternehmen besteht die Möglichkeit, sich akkreditieren zu lassen und die Verfahren direkt ihren Kunden anzubieten. Es können jedoch auch Kunden (HR-Verantwortliche, Recruiter, etc.) eine Akkreditierung absolvieren und *INSIGHTS MDI* autonom und direkt anwenden.

INSIGHTS International Deutschland GmbH
Frank M. Scheelen
Klettgaustr. 21
79761 Waldshut-Tiengen
Fon: +49 (0) 77 41 / 96 94 0
Fax: +49 (0) 77 41 / 96 94 20
E-Mail: *info@scheelen-institut.de*
Internet: *www.insights.de*

Literatur

Christiani, A. & Scheelen, F. M.: *Stärken stärken.* München: Moderne Industrie, 2002.

Detroy, E. N. & Scheelen, F. M.: *Jeder Kunde hat seinen Preis.* Düsseldorf: Metropolitan, 2004.

Fank, M.: *Kompetenzmanagement.* Köln, 2004.

Fitzek, D.: *Kompetenzbasiertes Management.* St. Gallen, 2002.

Hasebrook, J., Zawacki-Richter, O. & Erpenbeck, J. (Hrsg.): *Kompetenzkapital. Verbindungen zwischen Kompetenzbilanzen und Humankapital.* Frankfurt/Main: Bankakademieverlag, 2004.

Jacobi, J.: *Die Psychologie von C. G. Jung. Eine Einführung in das Gesamtwerk.* Frankfurt/Main: Fischer, 1977.

Jung, C. G. & Jung, L.: *Typologie.* München: dtv, 2001.

Marston, W.: *Emotions Of Normal People.* Routledge, 1999.

Rosenstiel, L. v., Pieler, D. & Glas, P.: *Strategisches Kompetenzmanagement. Von der Strategie zur Organisationsentwicklung in der Praxis.* Wiesbaden: Gabler, 2004.

Scheelen, F. M.: »Verkaufsmanagement – Die richtigen Mitarbeiter einstellen.« In: *Sales Profi* 12, 1996, S. 42–44.

Scheelen, F. M.: »Das Rätsel des Erfolgs.« *Cash* 3, 1999, S. 110.

Scheelen, F. M. & Butler, J.: *Managementkompetenz.* Landsberg: mvg, 2000.

Scheelen, F. M.: *Menschenkenntnis auf einen Blick.* Landsberg: Moderne Industrie, 2000.

Scheelen, F. M.: *So gewinnen Sie jeden Kunden.* Landsberg: Redline, 2005.

Scheelen, F. M.: »Wer passt auf welchen Platz.« In: Wolfgang Clement (Hrsg.): *Top Job 2006. Top-Arbeitgeber im deutschen Mittelstand.* Landsberg: Redline, S. 66-70.

Spranger, E.: *Lebensformen.* Tübingen: Niemeyer, 1966.

Spranger, E.: Maßstäbe: *Perspektiven des Denkens.* Düsseldorf: Schwann, 1983.

Tracy, B. & Scheelen, F. M.: *Personal Leadership.* Landsberg: mvg, 2005.

Über die Autoren

Regina J. Euteneier ist Dipl.-Psychologin mit dem Schwerpunkt Arbeits- und Organisationspsychologie. Sie ist zuständig für Qualitätssicherung bei der *Scheelen AG* und war zuvor mehrere Jahre als Personalberaterin für ein internationales Unternehmen tätig. Schwerpunkt ihrer Arbeit sind die Konzeption und Durchführung von Management-Audits und Potenzialbeurteilungen, Karriereberatung, Coachings zur Entwicklung beruflicher Perspektiven. *Euteneier* ist seit mehreren Jahren freiberufliche Trainerin und Coach.

Frank M. Scheelen ist Unternehmer, Business Coach, Autor, Speaker, Gründer und Kopf der *Scheelen AG* und der *INSIGHTS International Deutschland GmbH.* Basis der individuellen Beratungs-, Trainings- und Coachingprogramme sind die in Europa exklusiv vertriebenen Diagnosetools *INSIGHTS MDI* und das neue kompetenzbasierte Persönlichkeitsmessverfahren *ASSESS by Scheelen.* Der Autor hilft, die Lücken zwischen Unternehmensanforderungen und berufsrelevanten Kompetenzen zu erkennen und entsprechend zu agieren. Namhafte Unternehmen nutzen sein Know-how zur langfristigen Erfolgsoptimierung. Seit Mai 2005 ist er Präsident des *Q-Pool 100,* der offiziellen Qualitätsgemeinschaft internationaler Wirtschaftstrainer und Berater e.V., sowie Mitglied zahlreicher Organisationen, u.a. des *Clubs 55,* der Gemeinschaft europäischer Marketing- und Verkaufsexperten, und der *Deutschen Gesellschaft für Angewandte Typologie (DGAT).*

10. LEA – Leadership Effectiveness Analysis

Rolf Rüttinger

10.1 Theoretische Quellen

Entwickelt und weltweit vertrieben von der *Management Research Group* in Portland, Maine, USA, ist die *LEA Leadership Effectiveness Analysis* eine schriftliche Stichprobe führungsrelevanter Verhaltensweisen.

> Ziel der *LEA* ist es, einer Führungskraft dabei zu helfen, besser als bisher zu erkennen, wie ihr Führungsstil zu der jeweiligen Führungssituation (Aufgabe, Strategie, Mitarbeiter, Ergebnisdruck, Klima, gelebte Kultur u. Ä.) passt.

Diese Analyse ist zweifellos aufschlussreich und interessant; wichtiger sind jedoch die praktischen Konsequenzen, die daraus gezogen und in einem Aktionsplan zusammengefasst werden.

Kein (Persönlichkeits-)Test

LEA ist kein Test und schon gar kein Persönlichkeitstest. Bei *LEA* kann man nicht wie bei einem Leistungstest mit einem feststehenden *Cut-off* »durchfallen« (z. B. durch negative Aussagen wie: »Ein Intelligenzquotient von unter 100 bedeutet relativ zur Vergleichsgruppe eine unterdurchschnittliche Intelligenz«).

Da Führungskräfte mit eventuell völlig konträren Persönlichkeitszügen (Introversion, Extraversion, emotionale Stabilität, Sensibilität u. Ä.) unter dem Strich zu gleich guten oder schlechten Ergebnissen mit ihren Mitarbeitern kommen, ist die Persönlichkeit einer Führungskraft bei der *LEA* nicht von unmittelbarem Interesse.

Beobachtbares Verhalten

Was zählt ist das, was eine Führungskraft tut bzw. unternimmt, also das auch von anderen beobachtbare Verhalten. Diese Konzentration auf das Verhalten ist auch darauf zurückzuführen, dass sich die Persönlichkeit eines Menschen, wenn überhaupt, nur langfristig, unter günstigen Umständen und durch einen erhebliche Beratungsaufwand verändern lässt.

Führungsverhalten dagegen – z. B. gegenüber leicht desorientierten Mitarbeitern größere Klarheit in Bezug auf die Strategie, die Ziele, die Prioritäten und Erwartungen in einer Abteilung herstellen – lässt sich ohne Aufwand kurzfristig verändern.

LEA mit ihren 22 Verhaltensdimensionen basiert nicht auf einem theoretischen Modell darüber, wie man »idealerweise« oder »richtig« zu führen hat, was aufgrund des situativen Aspekts jeglicher Führung auch irreal wäre. Effektives Verhalten (»die richtigen Dinge tun« versus »die Dinge richtig tun«) ist dabei definiert als das dynamische und komplexe Zusammenspiel unterschiedlicher Verhaltensweisen in einer konkreten Führungssituation. So führt z. B. jemand, der viel an seine Mitarbeiter delegiert, in diesem Punkt vielleicht effizient, mit Sicherheit aber nicht effektiv, wenn den Mitarbeitern gleichzeitig Erwartungen unklar sind und sie nicht wissen, worauf es eigentlich ankommt.

10.2 Historischer Abriss der LEA

Von der Idee her basiert die *LEA* auf einer umfassenden Sammlung effektiver, zielführender Führungsverhaltensweisen, die zur Definition von ursprünglich 35 Verhaltensdimensionen bzw. Skalen führte, welche später auf 22 reduziert werden konnten. Entscheidendes Kriterium bei der Auswahl der Skalen war ihre Trennschärfe, d. h., sie überlappen sich inhaltlich nicht.

Dabei ergaben sich Mitte der 1990er-Jahre zwei Grundtendenzen beim Führen von Mitarbeitern: Management und Leadership, die als zwei Seiten einer Medaille fungieren.

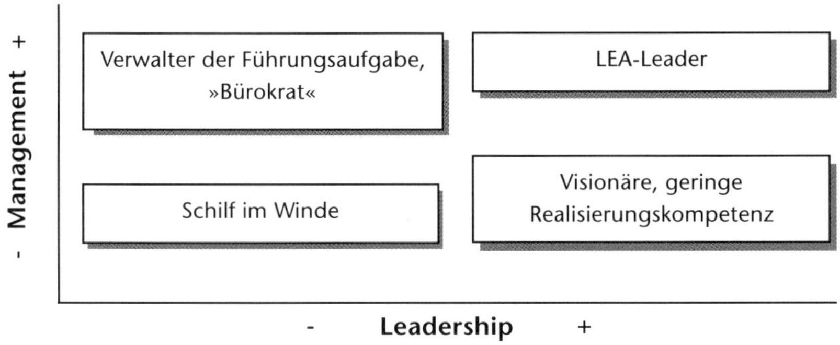

Management

Management konzentriert sich eher aufgabenorientiert auf das Erbringen von Leistung. Schlimmstenfalls kommt es zu einem bloßen Verwalten der Führungsaufgabe, bei dem im Sinne des »Abarbeitens« von Aufgaben kein inspirierender Funke auf die Mitarbeiter überspringt.

Leadership

Leadership dagegen ist eher beziehungsorientiert und lebt von der Qualität des Einflusses, den die Führungskraft auf ihr Umfeld ausstrahlt. Gerade in turbulenten Zeiten wird versucht, den Mitarbeitern Sicherheit zu geben, einen realistischen Optimismus zu entwickeln, anderen zu helfen, sich persönlich und fachlich neu auszurichten und dafür zu sorgen, dass das Licht am Ende des Tunnels sichtbar bleibt. Oder:

Leader Inspiriert und moderiert den Wandel *(Inspirational Leadership)*

\+

Manager Kümmert sich um Ergebnisse und die Details der Zielrealisierung *(Performance Management)*

***LEA* Leader** *Managing the dream*

Obwohl häufig beklagt wird, dass viele Organisationen zu stark gemanagt und zu wenig geführt seien, bedarf es einer umfassenden Situationsanalyse, um zu erkennen, in welchen Bereichen die Schwerpunkte zu setzen sind. In einem Team hochkarätiger Entwickler beispielsweise, die über Jahre an einem Projekt arbeiten und Unsicherheiten, Rückschläge und Spannungen auszuhalten haben, dürfte Leadership im Vordergrund stehen. Eine Gruppe von Anfängern im Bereich *Operations* auf Leistung zu bringen, macht konsequentes *Performance Management* nötig.

Die *LEA* wurde bisher weltweit ca. 60 000-mal in unterschiedlichen Kontexten eingesetzt.

10.3 Gliederung

LEA als diagnostisches System umfasst folgende Instrumente:

LEA Self Der Fragebogen *LEA Self* führt zum *Selbstbild* einer Führungskraft. Der Aufbau des Bogens gewährleistet, dass ein »Frisieren« *(Faking)* der Antworten in Richtung sozialer oder rollenspezifischer Erwünschtheit praktisch ausgeschlossen ist.

LEA Observer Mit dem *LEA-Self*-Bogen korrespondiert der *Beobachter*-Bogen *LEA Observer*, mit dessen Hilfe Mitarbeiter, Kollegen und der Chef (360°) ihre Eindrücke über eine Führungskraft wiedergeben.

LEA Strategy Mit *LEA Strategy* werden *zukünftige Anforderungen* an die Führungskraft erhoben. Ausgangspunkt aller Überlegungen in dieser Richtung ist idealerweise die aktuelle Business-Strategie eines Unternehmens.

LEA Composite Profile Die *Sammelauswertungen LEA Composite* informieren über gemeinsame Verhaltensprägungen einer Gruppe von Führungskräften. Sinnvoll sind diese Auswertungen im Zusammenhang mit Führungsstilanalysen, Entwicklungsbedarfsanalysen und Teamentwicklungen von Management-Teams.

10.4 Beschreibung des Verfahrens

Gegliedert nach sechs Management- und Leadership-Funktionen misst die *LEA* die Verhaltensintensität in folgenden Dimensionen:

- Visionen entwickeln
- Zustimmung und Unterstützung gewinnen
- Visionen realisieren
- Realisierung sichern
- Ergebnisse erzielen
- Teamverhalten

Visionen entwickeln

Wie entwickelt eine Führungskraft Visionen, Ideen und neue Realitäten? Wie plant sie, wie geht sie vor?

Traditionsbewusstsein: Wie weit gibt eine Führungskraft der Vergangenheit, gemachten Erfahrungen und der Organisationstradition Einfluss auf Planung und gegenwärtige sowie zukünftige Entscheidungen?
Innovation: Wie weit ist eine Führungskraft in der Lage, Aufgaben und Dinge aus einem jeweils neuen Blickwinkel zu betrachten und sich veränderten Bedingungen anzupassen?
Fachwissen: Wie weit legt eine Führungskraft Wert auf detaillierte Information (Spezialist versus Generalist) und auf eine fachmännische Rolle?
Eigenständigkeit: Wie weit fühlt sich eine Führungskraft wohl, Entscheidungen aus sich heraus und unabhängig zu treffen, und wie weit will sie ihr eigenes Urteil zur Grundlage von Entscheidungen machen?
Strategie: Wie weit geht eine Führungskraft die Dinge breit, komplex und langfristig an?

Zustimmung und Unterstützung gewinnen

Wie bewegt eine Führungskraft Mitarbeiter und Kollegen dazu, hinter ihrer Vision zu stehen und sie bei der Zielerreichung zu unterstützen?

Überzeugung: Wie weit vermag eine Führungskraft Ideen zu verkaufen, zu überzeugen und andere für ihren Standpunkt zu gewinnen?
Kontakt: Wie weit kann sich eine Führungskraft an unterschiedliche soziale Situationen anpassen und sich in diesen wohlfühlen?
Begeisterung: Wie weit kann eine Führungskraft andere emotional ansprechen und »mitreißen«?
Zurückhaltung: Wie weit zeigt eine Führungskraft (die eigenen) Gefühle bzw. hält diese unter Kontrolle?

Visionen realisieren

Wie geht eine Führungskraft die konkrete Realisierung der Visionen, Ziele und Aufgaben an?

Struktur: Wie weit vertraut eine Führungskraft auf Grundsätze, Verfahren, Regeln, Methoden und Organisation, um sicherzustellen, dass Arbeiten erledigt werden?
Pragmatik: Wie weit zieht eine Führungskraft Befriedigung aus der Beschäftigung mit kurzfristigen Tagesarbeiten?

Kommunikation: Wie weit kommuniziert eine Führungskraft ihre Erwartungen klar und legt Wert darauf, andere zu informieren und informiert zu halten?
Delegation: Wie weit überträgt eine Führungskraft anderen Verantwortung und Autonomie für wichtige Aufgaben?

Realisierung sichern

Wie stellt eine Führungskraft sicher, dass Tätigkeiten und Aufgaben konsequent und erfolgreich erledigt und abgeschlossen werden?

Kontrolle: Wie weit behält eine Führungskraft den Fortgang von Arbeiten und Arbeitsergebnissen im Auge, um sicherzustellen, dass Aufgaben adäquat und in der vorgegebenen Zeit durchgeführt werden?
Feedback: Wie weit gibt eine Führungskraft Feedback über Leistung und Arbeitsergebnisse?

Ergebnisse erzielen

Wie übernimmt eine Führungskraft Führung und wie übt sie Einfluss aus? Wie handelt sie entschieden und bestimmt? Wie setzt sie Erwartungen, um etwas zu bewegen und Ergebnisse zu erzielen?

Führungsbereitschaft: Wie weit fühlt sich eine Führungskraft wohl, die Führung auszuüben und andere zu beeinflussen? Und wie weit ist sie bereit, Führung und Führungsverantwortung zu übernehmen?
Durchsetzungsvermögen: Wie weit zeigt eine Führungskraft die Tendenz zu Konkurrenz, Durchsetzung und Gewinnen-Wollen?
Zielstrebigkeit: Wie weit betont eine Führungskraft Ergebnisse, Output und Leistungsstandards?

Teamverhalten

Inwieweit agiert die Führungskraft als Teamplayer, auch über die eigene Organisationseinheit hinaus? Inwieweit bindet sie Mitarbeiter in Entscheidungen ein? Inwieweit lässt sie sich von der Positionsautorität hierarchisch Überlegener beeindrucken?

Kooperation: Wie weit ist eine Führungskraft bereit, sich an den Bedürfnissen und Interessen anderer zu orientieren?
Konsens: Wie weit zieht eine Führungskraft die Meinungen anderer als Input und Teil des Entscheidungsprozesses heran?
Autorität: Wie weit ist eine Führungskraft bereit, sich an die Meinungen der Personen in der Hierarchie anzupassen und diese als Quelle für Information, Entscheidung und Richtung anzunehmen?

Einfühlsamkeit: Wie weit ist eine Führungskraft in der Lage und gewillt, sich in andere einzufühlen?

Der Wert in *einer* Verhaltensdimension ist zwar interessant, sollte aber tunlichst nicht überinterpretiert werden. Denn der diagnostische Reichtum der *LEA* erschließt sich erst durch die Vernetzung der insgesamt 22 Werte. Erkennbar werden z. B. bei Werten, die sich gegenseitig verstärken, durchgehende Verhaltenstendenzen. Bei Werten dagegen, die sich konterkarieren, wird deutlich, dass Verhalten häufig in sich widersprüchlich ist und keineswegs simplen Klischees und falschen Analogien entspricht. Methodische Ursache dieser Differenziertheit des *LEA*-Feedbacks ist der Umstand, dass die Verhaltensdimensionen trennscharf sind, d. h. sich inhaltlich nicht überlappen.

10.5 Verfahren in der Praxis

Selektion von Führungskräften

Bei der Besetzung von Führungspositionen werden Kandidaten in Bezug auf ihr Führungsverhalten (*Performance Management* und *Inspirational Leadership*) überprüft. Methodische Voraussetzung für diesen Einsatz der *LEA* ist eine Analyse der Führungssituation, d.h. einer Identifikation der schwerpunktmäßigen Führungsaufgaben, die sich im Rahmen einer spezifischen Führungsposition stellen.

Selektion von Jobs

Klassisches Recruitment bedeutet, für einen bestimmten Job den besten Kandidaten zu finden. Sollten mehrere Jobs zur Verfügung stehen, trägt die *LEA* im Sinne des Talent-Managements dazu bei, das Talent einer Führungskraft zu erkennen und einen passenden Job zu finden, auf dem ihre Kompetenz und ihr Engagement voll zum Tragen kommen.

Individuelle Beratung / Coaching

Die *LEA*-Ergebnisse sind eine gute und differenzierte Standortbestimmung und Ausgangsbasis dafür, mit einer Führungskraft eine persönliche Strategie in Richtung eines wirkungsvolleren Führungsverhaltens zu entwickeln. Details werden dabei im Rahmen eines Aktionsplans festgeschrieben, der zeitnah und kontrolliert realisiert wird.

Team-Coaching

Die *LEA*-Werte eines Managementteams (u. a. als 360°-Feedback) zeigen die Bereiche auf, in denen es sich im Sinne einer gesteigerten Effektivität des Teams anbietet, die Schlagzahl zu erhöhen.

Potenzial-Analyse

LEA führt zu fundierten Aussagen darüber, wo jemand auf dem Weg vom Spezialisten zur Führungskraft steht und welche On- und Off-the-Job-Entwicklungsmaßnahmen sinnvoll sind.

10.6 Durchführung / Ablauf

Die Items in den *LEA*-Fragebögen funktionieren nach einem modifizierten normativ-ipsativen Forced-Choice-Format. Das klingt komplizierter, als es ist. Hier ein Beispiel:

<table>
<tr><th></th><th>TRIFFT ZU</th><th>TRIFFT BEDINGT ZU</th></tr>
<tr><td colspan="3">Wenn ich Mitarbeiter überprüfe,</td></tr>
<tr><td>a. bin ich taktvoll.
b. stelle ich Forderungen.
c. gebe ich mich leicht zufrieden.</td><td>⑤ 4
5 4
5 4</td><td>3 2
3 2
3 ②</td></tr>
<tr><td colspan="3">Jede Frage besteht aus einem einführenden Satz und drei alternativen Aussagen, die den Satz vervollständigen. Bitte wählen Sie zwei dieser drei Möglichkeiten aus, die Sie am besten beschreiben. Treffen Sie Ihre Wahl bitte wie folgt: Lesen Sie die drei Aussagen zunächst und wählen Sie dann diejenige, die für Sie oder Ihren Ansatz Ihrer Meinung nach zutrifft. Entscheiden Sie dann, wie sehr Sie davon überzeugt sind.</td></tr>
<tr><td colspan="3">1. In der Spalte »Trifft zu« umkreisen Sie für diese Aussage:
• die 5, wenn diese Aussage besonders charakteristisch für Sie ist, oder
• die 4, wenn diese Aussage von den drei Möglichkeiten am ehesten zutrifft, Sie aber nicht ganz dieser Meinung sind.</td></tr>
<tr><td colspan="3">Wenden Sie sich nun den beiden anderen Aussagen zu und entscheiden Sie, welche auf Sie oder Ihre Meinung bedingt zutrifft. Entscheiden Sie auch hier, wie sehr Sie davon überzeugt sind.</td></tr>
</table>

2. In der Spalte »*Trifft bedingt zu*« umkreisen Sie:
   - die **3**, wenn diese Aussage Ihren Ansatz relativ genau beschreibt, *oder*
   - die **2**, wenn diese Aussage nur die bessere der beiden noch zur Wahl stehenden Optionen ist.

Für ein aussagekräftiges Feedback ist es wichtig, dass Sie für jede Frage eine der Alternativen wählen und in der Kategorie »*Trifft zu*« entweder mit 5 oder 4 bewerten. Anschließend wählen Sie eine zweite Option und bewerten Sie in der Kategorie »*Trifft bedingt zu*« entweder mit 3 oder 2. Eine der drei Alternativen lassen Sie unberücksichtigt.

Die dritte Alternative, die nicht eingekreist wird, wird ebenfalls ausgewertet als diejenige, die am wenigsten infrage kommt. Dieses Format gibt nicht nur Aufschluss über die Reihenfolge, in der Alternativen bevorzugt werden, sondern informiert auch über die Stärke der jeweiligen Präferenz.

Die *LEA* ist als Papierversion und online verfügbar.

10.7 Auswertung

Jeder Teilnehmer erhält auf der Basis des *LEA Self* einen 23-seitigen *Leadership Self Report* mit

- seinem *LEA*-Profil,
- einem zweiseitigen Gutachten und
- Hinweisen auf Entwicklungsmöglichkeiten.

Bei der folgenden Auswertung für die exemplarische Testperson dieses Buches fällt die abweichende Bewertung im Vergleich zu anderen Verfahren auf (vgl. hierzu Teil C des Buches).

05/10/2006
Rüttinger Consultants
Exemplarische Testperson

LEADERSHIP EFFECTIVENESS ANALYSIS

Zusammenfassung der Ergebnisse

niedrig | eher niedrig | mittel | eher hoch | hoch

Skala: 10 20 30 40 50 60 70 80 90 96+

Visionen entwickeln	
Traditionsbewusstsein	60%
Innovation	70%
Fachwissen	80%
Eigenständigkeit	85%
Strategie	75%

Zustimmung und Unterstützung gewinnen	
Überzeugung	30%
Kontakt	15%
Begeisterung	20%
Zurückhaltung	90%

Visionen realisieren	
Struktur	55%
Pragmatik	55%
Kommunikation	25%
Delegation	50%

Realisierung sichern	
Kontrolle	45%
Feedback	20%

Ergebnisse erzielen	
Führungsbereitschaft	70%
Durchsetzungsvermögen	40%
Zielstrebigkeit	20%

Teamverhalten	
Kooperation	35%
Konsens	80%
Autorität	80%
Einfühlsamkeit	95%

Auswertung für die exemplarische Testperson des Buches

Auswertung für die Testperson

In der nachfolgenden Aufstellung sind die wichtigsten Punkte zusammengefasst, die sich aus der Interpretation Ihrer eigenen Antworten ergeben haben. Diese Informationen werden aus der Analyse sehr hoher und sehr niedriger Werte in verschiedenen Kombinationen gewonnen. Sollten Sie Informationen vermissen, so deutet dies lediglich darauf hin, dass die analysierten Werte für eine bestimmte Interpretation keinen Wert über 70 Prozent oder unter 40 Prozent erreicht haben. Lesen Sie die nachfolgende Zusammenfassung sorgfältig durch und markieren Sie die Aussagen, die auch Ihrer Ansicht nach auf Ihr Führungsverhalten zutreffen, aber ebenso solche, die Sie für Ihre persönliche Weiterentwicklung besonders beachten wollen. So beschreiben Sie sich selbst, so werden Sie möglicherweise von Ihren Beobachtern gesehen.

Visionen entwickeln

- Sie sind ein introvertierter Problemlöser, der auf der Grundlage umfangreicher persönlicher Erfahrungen und Fachkenntnisse unabhängige Entscheidungen fällt.
- Sie bitten andere um deren Beiträge und verwenden diese Informationen zur Entscheidungsfindung. Sie sind aber in der Lage, die letzte Entscheidung unabhängig und selbstständig zu treffen.
- Sie respektieren die Meinungen und Ansichten von Autoritätspersonen und sind bereit, diese in Ihre Entscheidungen einzubeziehen. Dennoch zeigen Sie Selbstvertrauen, indem Sie Entscheidungen selbstständig fällen.
- Sie sind bereit Probleme zu lösen, erwarten aber, dass andere Ihre Lösungen in die Tat umsetzen, ohne von Ihnen dazu aufgefordert und motiviert werden zu müssen.

Zustimmung und Unterstützung gewinnen

- Sie sind reserviert und distanziert und wirken wenig freundlich oder umgänglich. In Gesellschaft gehören Sie nicht zu denjenigen, die die Initiative ergreifen.
- Sie sind zurückhaltend und tun sich im lockeren Umgang mit Kollegen eher schwer.
- Sie geben sich sehr geschäftsmäßig und zeigen Gefühle nur selten. Sie sind eher reserviert und zurückhaltend als spontan.
- Nur selten überzeugen Sie andere von Ihren Ideen und Ansichten, indem Sie selbstsicher auftreten oder freundlich und extravertiert auf sie zugeben.

Visionen realisieren

- Sie lassen Ihre Mitarbeiter in Ruhe, weil Sie glauben, dass sie schon fragen werden, wenn sie etwas brauchen.

- Sie kommunizieren auf ruhige, besonnene Art, die bei anderen kaum Begeisterung oder Zustimmung auslöst. Sie teilen anderen nur mit, was sie unbedingt wissen müssen, statt einen freien Informationsfluss zu fördern.
- Sie sind zurückhaltend, sowohl was die Menge der Informationen betrifft als auch die Art, in der Sie sie weitergeben.
- Sie vertreten durchaus eigene Ansichten, lassen sie aber nicht verlauten. Sie erwarten eher, dass andere sie erraten.

Realisierung sichern

- Sie geben anderen nur zögerlich Feedback und formulieren, was auch immer Sie sagen, positiv und aufmunternd, niemals kritisch und abwertend. Sie neigen dazu, Konflikte zu vermeiden.
- Sie geben anderen wenig Feedback über ihre Leistungen. Ihre Haltung dabei ist zurückhaltend, reserviert und kontrolliert und schmälert das ohnehin schon reduzierte Feedback in seiner Wirkung noch.
- Sie sind nicht sehr kommunikativ. Sie geben Informationen nicht weiter, machen Erwartungen nicht klar und geben anderen kein Feedback darüber, ob ihre Leistungen den Erwartungen entsprochen haben oder nicht.

Ergebnisse erzielen

- Sie gehen auf die Bedürfnisse, Gefühle und Empfindungen Ihrer Mitarbeiter ein und treiben sie nur ungern zu höheren Leistungen an.
- Sie sind, was die Leistungen Ihrer Mitarbeiter angeht, eher zurückhaltend und sorglos. Sie erwarten, dass andere hohe Leistungen erzielen, ohne dazu angetrieben oder motiviert werden zu müssen.
- Sie legen wenig Wert darauf, herausfordernde Ziele zu setzen. Sie ignorieren Leistungsprobleme oder weichen ihnen aus. Sie lassen Ihre Mitarbeiter selten wissen, wie ihre Leistungen bewertet werden.
- Sie sind eher nachlässig, wenn es um Leistungsstandards geht. Sie achten darauf, Ihre Mitarbeiter nicht mit Informationen über Vorhaben oder Erwartungen zu überschütten.

Teamverhalten

- Sie sind nicht besonders gesellig oder kontaktfreudig. Sie nehmen aber aufrichtig an den Gefühlen anderer teil und helfen aus, wenn eine Beziehung erst einmal besteht.
- Sie haben echtes Interesse an den Bedürfnissen und Gefühlen anderer, halten sich aber zurück, wenn es darum geht, diese Anteilnahme auch zu zeigen.
- Sie nehmen Anteil an den Gefühlen anderer, haben aber eher Mühe, Ihre Anteilnahme auch kundzutun.
- Sie haben einen rationalen, logischen, analytischen Ansatz, den Sie mit echter Anteilnahme mit den Bedürfnissen und Empfindungen anderer vereinbaren können.

Über dieses Kurzgutachten hinaus bekommt jeder Teilnehmer das *LEA*-Handbuch (mit 80 Seiten), das detaillierte Beschreibungen der Verhaltensdimensionen einschließlich der potenziellen Vor- und Nachteile hoher und niederer Werte in den einzelnen Dimensionen enthält. Weiterhin werden Maßnahmenvorschläge angeboten, wie das Verhalten gegenüber dem Vorgesetzten, den Kollegen und Mitarbeitern effektiver gestaltet werden kann. Diese Vorschläge können herangezogen werden, wenn es um das Entwickeln eines persönlichen Aktionsplans geht.

10.8 Qualitätskriterien

Test-Retest-Reliabilität

Bei zwei separaten Studien, durchgeführt mit einem Zeitabstand von 14 Tagen, lagen die Test-Retest-Koeffizienten im Schnitt bei .77 bzw. .78.

Validität

Zum Kriterium der Validität gibt es insgesamt fünf Studien, deren umfangreichste die Daten *(LEA Self)* von 24 454 Einzelpersonen umfasste. Eine Differenzierung erfolgte anhand von sieben verschiedenen Führungsebenen in neun verschiedenen betrieblichen Funktionsbereichen. Hier die wichtigsten Ergebnisse:

- Der Aufstieg im Unternehmen bringt es mit sich, dass sich die Schwerpunkte des konkreten Führens verschieben. Führungsbereitschaft, Überzeugung, Delegation und Zielstrebigkeit / Ergebnisorientierung werden immer stärker betont, während die Werte in Kooperation, Struktur und Fachwissen sinken.

- Angehörige unterer Führungsebenen rangieren höher in Autorität und niederer in Strategie und Eigenständigkeit.

- Professionals im technisch-fachmännischen Bereich, also z. B. Entwickler, haben höhere Werte in Strategie und Eigenständigkeit, während weniger Autoritätsgläubigkeit praktiziert wird.

- Führungskräfte aus den Bereichen Marketing und Verkauf neigen dazu, Überzeugung und Begeisterung deutlich zu betonen, während das Interesse an Struktur bzw. Ordnung eher gering ist.

- Manager aus dem Bereich Personal / HR zeichnen sich aus durch hohe Werte in Einfühlsamkeit und Kontakt, während Durchsetzungsvermögen keine große Rolle spielt.

Die Vorhersagegültigkeit der *LEA* wurde anhand einer Stichprobe von 6146 Führungskräften überprüft, die an einem 360°-Feedback-Prozess teilgenommen hatten. Dabei ergab sich, dass die Beobachter-Ratings (Boss, Kollegen und Direct-Reports) in allen 22 Verhaltensdimensionen signifikant übereinstimmten mit den Selbsteinschätzungen der Führungskräfte. Das wiederum belegt, dass der *LEA*-Fragebogen *(Self)* über eine hohe Vorhersagegültigkeit hinsichtlich des Erfolgs einer Führungskraft verfügt.

Normierung Die *LEA* gibt es zurzeit in 12 verschiedenen Sprachen, darunter eine chinesische Version. Die Auswertung beruht auf länderspezifischen Normen, die z. B. in Deutschland mit Hilfe einer Eichstichprobe von 1792 (Januar 2005) deutschen Führungskräften gewonnen wurde. Dadurch wird vermieden, dass deutsche Manager anhand amerikanischer Normen bewertet werden, was sicher zu einer Verzerrung der Ergebnisse führen würde und darüber hinaus nicht fair wäre.

Itemanalyse Mit allen Fragebogen, die in unterschiedlichen Sprachen im Einsatz sind, wurde eine Itemanalyse durchgeführt, um sicherzustellen, dass der jeweilige Fragebogen das misst, wonach das amerikanische Original fragt.

10.9 Ausbildung und Akkreditierung

In *LEA* lizenziert werden ausschließlich interne Berater und Trainer im Unternehmen eines Endanwenders. Eine Linzenzierung freier, externer Berater ist leider nicht möglich.

Je nach Vorkenntnissen führen wir ein ein- bis zweitägiges Lizenzierungsseminar durch, dessen eigentlicher Schwerpunkt es ist, *LEA*-Profile mit ihren vielfältigen Vernetzungen »lesen« und interpretieren zu können. Darüber hinaus wird differenziert auf den Kontext eingegangen, in dem *LEA* im Unternehmen eingesetzt wird.

Im Hintergrund steht eine »goldene« Regel, die sich in vielen Jahren bewährt hat: Niemand wird mit seinen *LEA*-Ergebnissen allein gelassen. Mit *jedem LEA*-Teilnehmer findet ein Gespräch statt.

10.10 Kontakt

Als Lizenznehmer der *MRG Management Research Group* arbeitet *Rüttinger Consultants* seit mehr als 15 Jahren mit diesem auf die Entwicklung diagnostischer Verfahren spezialisierten Unternehmen eng zusammen. Wir vertreiben *LEA* und setzen dieses Instrument auch ständig in unserer eigenen Beratungspraxis ein.

Rüttinger Consultants
Management- und Organisationsentwicklung
Kirchplatz 9A
D-82049 Pullach
Fon: +49 (0) 89 / 7 93 81 41
Fax: +49 (0) 89 / 7 93 43 60
E-Mail: *info@ruettinger-consultants.de*
Internet: *www.ruettinger-consultants.de*

Literatur

Beach, William: *Linking Leadership Effectiveness to Bottom-Line Results.* Presentation given at the American Society for Training and Development International Conference & Exposition in May, 1997. William Beach, James J. Lomac of MRG, and Archie Meyers of Crawford & company were co-presenters. 1997.

Croom, William, Mahoney, James & Mahoney, F. Carl: *FactorAnalysis and 16PF Correlates of the LEA.* Portland, Maine: Management Research Group, 1995.

Kabacoff, Robert: *LEA: Technical Considerations.* Portland, Maine: Management Research Group, 1998.

Kabacoff, Robert: *Gender differences in organizational leadership: A large sample study.* Paper presented at the Annual Conference of the American Psychological Association, San Francisco, CA, 1998.

Kabacoff, Robert: *Leadership, Management Level and Job Function: A large sample study.* Paper presented at the Annual Conference of the American Psychological Association, Boston, MA, 1999.

Kabacoff, Robert: *Gender Differences in the Corporate Boardroom.* Paper presented at the Annual Conference of the American Psychological Association, Washington, DC, 2000.

Mahoney, James: *Psychological Origins of the Leadership Effectiveness Analysis*. Portland, Maine: Management Research Group, 1993.

Mahoney, James & Mahoney, F. Carl: SDQ: *Predicting Leadership Performance*. Portland, Maine: Management Research Group, 1994.

Mahoney, James & Mahoney, F. Carl: CEOs *Are Different*. Portland, Maine: Management Research Group, 1994.

Mahoney, James & Mahoney, F. Carl: *Growing Effective CEOs and Senior Managers*. Portland, Maine: Management Research Group, 1994.

Mahoney, F. Carl & Beach, William: *The Link Between Leadership Effectiveness and Bottom-line Results*. Interchange, 4th Quarter 1995. Portland, Maine: Management Research Group, 1995.

Mahoney, James & Mahoney, F. Carl: *MRG Questionnaire Design: A hybridized approach to psychological test development*. Portland, Maine: Management Research Group, 1996.

Naddaff, Tricia: *The Four Filters for Assessing Leadership Effectiveness*. Portland, Maine: Management Research Group, 1998.

Sawyer, Cornelia & Kabacoff, Robert: *MRG's Unique Approach to Questionnaire Design*. Portland, Maine: Management Research Group, 1998.

Über den Autor

Dipl.-Psych. *Rolf Rüttinger* ist Managing-Partner der *Rüttinger Consultants*, die seit über 30 Jahren spezialisiert sind auf Management Development und Talent Management. Beruflicher Schwerpunkt ist die individuelle Beratung von Führungskräften mit dem Ziel, deren Effektivität zu steigern. Der Autor hat sieben Fachbücher veröffentlicht, die sich mit unterschiedlichen Aspekten der Organisationspsychologie und der Selbstentwicklung beschäftigen.

11. Die LIFO-Methode[1]

René Bergermaier und Reiner Czichos

11.1 Theoretische Quellen und Verwandtschaften

Die *LIFO*-Methode (*LIFO* steht für *Lebensorientierung*) wurde von *Stuart Atkins* und *Allan Katcher* als Selbsteinschätzungsverfahren entwickelt. Sie beruht auf den Theorien von *Erich Fromm, Carl Rogers* und *Peter Drucker.*

Erich Fromm

Auf *Erich Fromm* (1947) gehen die vier Verhaltensorientierungen bzw. -stile und das Stärken-Schwächen-Paradoxon (Schwächen als übertriebener Einsatz von Stärken) zurück. Der Ansatz von Fromm, dass jede Person alle vier Stile mehr oder weniger ausgeprägt in Form von Stilmischungen verwendet, wurde weiterentwickelt.

Carl Rogers

Von *Carl Rogers* (1951) wurde das Konzept der Gleichförmigkeit von Absicht (welche Absichten wir in Situationen haben), Verhalten (wie wir glauben, dass wir uns verhalten) und Wirkung (welche Wirkung unserer Meinung nach unser Verhalten auf andere hat) in der Kommunikation herangezogen. *Rogers* spricht dann von kongruenter Kommunikation, wenn Werte, Tonfall, Betonungen, Mimik mit unseren Gefühlen, Wünschen, Sehnsüchten, Verlangen und Absichten übereinstimmen. In diesem Fall wird die Kommunikation als ehrlich, leicht zu verstehen, ernsthaft und mit Integrität wahrgenommen. Ebenfalls Niederschlag in der *LIFO*-Methode fand *Carl Rogers'* Ansatz der gegenseitigen Wertschätzung als wichtige Voraussetzung für Veränderungsprozesse von Menschen.

1 LIFO® ist ein eingetragenes Warenzeichen.

Peter Drucker

Peter Drucker (1955) liefert in seinem Buch *The Practice of Management* mit Stärkenmanagement und Stärkenentwicklung zwei weitere Elemente für die *LIFO*-Methode. Diese besagen, dass erfolgreiche Führungskräfte zielorientiert Stärken und Ressourcen einsetzen, den Fortschritt in Richtung Zielerreichung messen und den Ressourceneinsatz entsprechend steuern. Sie inspirieren und begeistern ihre Mitarbeiter für ihre Aufgabe, indem sie ihre Stärken betonen. Als Führungskraft muss man, so *Drucker,* die Stärken der Mitarbeiter managen und entwickeln.

Stuart Atkins und *Allan Katcher* haben durch eigene Forschungen die Ausformulierung von *Fromms* Theorien hinsichtlich der zu stark negativen Beschreibung bei nicht-produktivem Einsatz von Stärken sowie der vier Grundstile und der Stilmischungen noch modifiziert. Sie haben mehrere hundert Items statistisch überprüft und 72 herausgefiltert sowie validiert.

Auch haben sie ihren Ansatz in Zusammenhang mit anderen Systemen und Modellen zu Führungsverhalten, Kommunikationsformen, Verkaufstechniken, Teambildung etc. gebracht, z. B. *MBTI,* Situatives Führen, Teamrollen von *Belbin, FIRO Element B,* Transaktionsanalyse, *Enneagramm, Berkeley Personality Profile, Mastenbroek* etc. Die Verknüpfung sehen sie als wertvolle Ergänzung der *LIFO*-Methode und als Mehrwert für den Kunden.

11.2 Kurzer historischer Abriss des Modells

Kontext humanistische Psychologie

Die *LIFO*-Methode ist im Zusammenhang mit der humanistischen Psychologie zu sehen und wurde 1963 mit der Zielsetzung entwickelt, das Leistungsmanagement und die Leistungsbeurteilung zu verbessern.

Der zuerst entwickelte Lebensorientierungs-Fragebogen ist sowohl im beruflichen als auch im privaten Kontext heranzuziehen. Die später entwickelten Fragebögen sind in einem beruflichen Kontext oder innerhalb eines spezifischen theoretischen Kontextes zu betrachten. Beispiele hierfür sind Verkaufsstile, Führungsstile, Lehrstile, Lernstile und Stress-Management-Stile.

> Die *LIFO*-Methode wurde 1977 internationalisiert und ist heute in mehr als 30 Ländern vertreten. Weltweit gibt es mehr als 4000 aktive Lizenznehmer (Trainer, Berater, Coaches),

und mittlerweile haben mehr als 8 Millionen Menschen die *LIFO*-Methode für sich eingesetzt.

Die größte Nachfrage außerhalb der USA zeigt sich in Japan mit 60 000 bis 70 000 Anwendungen im Jahr; das größte Wachstum weist China auf.

Deutscher Markt

Auf den deutschen und österreichischen Markt kam die *LIFO*-Methode im Jahre 1989. Bisher wurden in Deutschland und Österreich über 100 000 Analysen durchgeführt, davon allein im Jahr 2005 mehr als 13 000; Tendenz steigend. Am häufigsten kam der Lebensorientierungs-Fragebogen zur Anwendung, gefolgt von den Fragebögen Führungsstile und Verkaufsstile, Stress-Management-Stile, Stile einer anderen Person, Führungsstile einer anderen Person sowie Lehrstile Trainer und Lernstile.

Das erste Lizenztraining in Deutschland fand 1990 statt. Von den bisher mehr als 700 in Deutschland und Österreich lizenzierten Trainern, Beratern und Coaches wenden knapp die Hälfte die *LIFO*-Methode regelmäßig an.

11.3 Gliederung

Mittels Fragebogen werden die Verhaltensstile der Person und das Ausmaß, in dem sie eingesetzt werden, gemessen. Der Fragebogen hilft dabei, ein besseres Verständnis der eigenen Verhaltensstile und Stärken sowie der anderer zu gewinnen und leicht besprechbar zu machen.

Fragebogen

Der Fragebogen besteht aus 18 Aussagen mit jeweils vier Halbsätzen, d. h. insgesamt 72 Items. Die Halbsätze beschreiben immer einen der vier Grundstile. Sie sind jeweils nach dem Grad ihres Zutreffens mit 4 (am meisten zutreffend), 3, 2 und 1 (am wenigsten zutreffend) vom Ausfüller einzuschätzen.

Die eine Hälfte der Aussagen bezieht sich auf günstige Bedingungen und die andere auf ungünstige (Stress und Konflikt). Damit wird dem Umstand Rechnung getragen, dass sich viele Menschen in Stress- und Konfliktsituationen anders als unter günstigen Bedingungen verhalten.

Bei der Item-Konstruktion wurde darauf geachtet, dass gleiche soziale Erwünschtheit gegeben ist, d. h., dass man grundsätzlich gleich leicht oder gleich schwer einem Item zustimmen kann. Ferner wurden bei der Formulierung der Items verständliche, umgangssprachliche und einprägsame Begriffe verwendet. Diese sind beschreibend, bringen jedem Verhaltensstil die gleiche Wertschätzung entgegen und ermöglichen es, die *LIFO*-Verhaltensstile und die dahinter liegenden Beweggründe leicht zu erkennen.

Ein weiteres Differenzierungsmerkmal innerhalb des Fragebogens ist die Unterscheidung nach Absicht, Verhalten und Wirkung sowie die möglichen Hintergründe für die Unterschiede hierbei. Weitere Subtests gibt es nicht. Es gibt jedoch unterschiedliche Fragebögen, um verschiedenen Rollen Rechnung zu tragen (Verkauf, Führung etc.).

11.4 Beschreibung des Verfahrens

Grundlegende Verhaltensstile / Grundpräferenzen

Die *LIFO*-Grundstile sind

- Leistung *(Unterstützend/Hergebend)*
- Aktivität *(Bestimmend/Übernehmend)*
- Vernunft *(Bewahrend/Festhaltend)*
- Kooperation *(Anpassend/Harmonisierend)*

Während bei den Begriffspaaren der erste Begriff (z. B. *Unterstützend)* die produktive Ausprägung darstellt, ist der zweite Begriff (z. B. *Hergebend)* die Übertreibung, d. h. die nichtproduktive Ausprägung.

Die Zielsetzung und die zugrunde liegende Fragestellung bei den *LIFO*-Grundstilen, die jeder Mensch mehr oder weniger bevorzugt, ist unterschiedlich. So werden bei dem Stil *Unterstützend/Hergebend* Ideale und Werte verfolgt, und die zentrale Fragestellung ist die nach dem Warum (was ist der Sinn, der Zweck oder der Wert, der damit verfolgt werden soll). Analog ist die Betrachtungsweise bei den anderen drei *LIFO*-Stilen (s. Seite 279).

Die *LIFO*-Methode spiegelt auch die klassische Differenzierung zwischen der Nähe zu Aufgaben und der Nähe zu Personen wider. Während Personen mit dem *LIFO*-Grundstil *Bestimmend/Übernehmend* und *Bewah-*

Übersicht über die *LIFO*-Stile und die Zielsetzung

rend/Festhaltend die Aufgabe und die darauf bezogene Zielsetzung in den Mittelpunkt stellen, stellen Personen mit *Unterstützend/Hergebend* und *Anpassend/Harmonisierend* den Menschen in den Mittelpunkt.

Zeitperspektive

Die Motive und die Bedürfnisse eines Grundstils sind auch relevant in Bezug auf die Zeitperspektive. Diese ist bei Personen mit dem bevorzugten *LIFO*-Stil *Bestimmend/Übernehmend* kurz, denn es gibt viele Möglichkeiten, die man sofort beim Schopfe packen muss. Gleiches gilt für Personen mit dem Stil *Anpassend/Harmonisierend,* da sie stets offen sein müssen, um auf die Bedürfnisse der anderen einzugehen und die eigenen Bedürfnisse zu befriedigen.

Anders bei Personen mit dem bevorzugten *LIFO*-Stil *Unterstützend/Hergebend*, die ihre Werte und Ideale verfolgen und einen langen Zeithorizont haben. Werte gibt man nicht von jetzt auf gleich auf. Gleiches gilt für *Bewahrend/Festhaltend.*

Wichtig bei der *LIFO*-Methode ist, dass die Anwender keine Bewertung erfahren, dass sie sich ihrer Stärken bewusst werden und eine hohe Motivation entwickeln, um sich mit den Situationen auseinanderzusetzen, bei denen sie ihre schwächer ausgeprägten Verhaltensstile stärker einsetzen können.

Zur besseren Übersicht haben wir für die Grundstile jeweils die Bedürfnisse und die Stärken sowie ihre Übertreibungen, also die Schwächen, in einer Abbildung zusammengefasst (s. Seite 282).

Absicht, Verhalten und Wirkung

Das Differenzierungsmerkmal »Absicht, Verhalten und Wirkung« hilft, den Kommunikationsprozess und das Kommunikationsverhalten bewusst zu machen und Feedback über die Kommunikationseffektivität zu geben. So führen gleiche Ergebnisse bei den Grundstilen von verschiedenen Personen aufgrund der unterschiedlichen Ausprägung von Absicht, Verhalten und Wirkung zu verschiedenen Interpretationen.

Ursachen für Unterschiede zwischen Absicht und Verhalten sind in Einschränkungen unterschiedlicher Form zu sehen (Erziehung; Situation; Umfeld; kürzlich erfolgte Veränderung, z. B. Job, häusliches Umfeld, Heirat/Scheidung; physischer, psychischer Zustand). Die beiden grundsätzlichen Fragen sind dabei: Was verhindert, dass ich mich nicht so verhalte, wie ich es beabsichtige? Was führt zu dem Verhalten, obwohl es nicht meiner Absicht entspricht?

Die Wirkungsebene wird aus dem Feedback, das die Person über sich bekommt oder auf sich projiziert, gespeist. Unterschiede zwischen Verhalten und Wirkung sind bei vorhandenem Feedback aufgrund von kulturellen Hintergründen gegeben (ähnliches Verhalten führt zu unterschiedlicher Wirkung, z. B. in Japan, Italien, Deutschland) oder werden durch Wunschverhalten oder befürchtetes Verhalten hervorgerufen. Unterschiede zwischen Absicht und Wirkung liegen mehr in den Rollen (Wie möchte ich gesehen werden?) und widersprüchlichen Zielen (Erfolg erarbeiten, Kampf vermeiden) sowie in widersprüchlichen Ausprägungen bei Absicht, Wunschverhalten oder befürchtetem Verhalten.

Unterstützend / Hergebend

Bedürfnisse

Zugänglicher und wertvoller Mensch sein · Geschätzt, verstanden, akzeptiert werden · Wissen, dass Ideale nicht verloren gehen

Stärken

Bewundert, unterstützt die Leistung anderer · Stellt hohe Ansprüche an sich und andere · Vertraut und glaubt anderen · Hilft anderen und nimmt sie in Schutz

Schwächen

Gibt unnötige Hilfe und Ratschläge · Ist enttäuscht und kritisch · Wenn er keinen Wert sieht, packt er nicht an · Lässt sich zu stark auf andere ein

Anpassend / Harmonisierend

Bedürfnisse

Liebenswerter, beliebter Mensch sein · Jeder soll mit dem Ergebnis zufrieden sein · Gelegenheiten nutzen, anderen zu gefallen

Stärken

Feines Gespür für Gefühle und Bedürfnisse · Gestaltet Beziehungen noch positiver · Reagiert flexibel, keine festgefahrenen Muster · Vermittelt bei gegensätzlichen Meinungen

Schwächen

Scherzt gerne, auch wenn es unangebracht ist · Hält eigene Ansichten zurück, passt sich an · Verbringt Zeit gerne in Sitzungen und gemütlichen Zusammenkünften

Bewahrend / Festhaltend

Bedürfnisse

Objektiv und vernünftig sein · Risiken vermeiden und beseitigen · Schaden gar nicht entstehen lassen

Stärken

Analysiert, interpretiert und schafft Fakten · Begründet seine Meinung, zeigt Alternativen · Methodisch, sauber, umsichtig, abwägend · Maximiert, was bereits vorhanden ist

Schwächen

Verliebt in Fakten, verliert Interesse anderer · Verwirrt durch zu viele Wahlmöglichkeiten · Kontrolle durch Systeme, Strukturen · Akzeptiert ungern Neues

Bestimmend / Übernehmend

Bedürfnisse

Aktiver und fähiger Mensch sein · Hindernisse überwinden · Noch andere Möglichkeiten sehen

Stärken

Übernimmt Führung, bestimmender Einfluss · Gibt Gefühl dringender Wichtigkeit · Freut sich an Herausforderungen · Sucht verborgene Widerstände

Schwächen

Dominiert und unterbricht andere, verhört · Schafft Unsicherheits-Atmosphäre · Nimmt riskante, unnötige Herausforderungen an · Verfolgt Neues auf Kosten des Laufenden

Bedürfnisse, Stärken und Schwächen der vier *LIFO*-Stile

Stilkombinationen

Die *LIFO*-Methode betont die Stilvielfalt. Aus diesem Grunde verwendet sie zur Verhaltensbeschreibung nicht die Einzelstile, sondern die gesamten Stilkombinationen aus allen vier Stilen und die Intensität ihrer Ausprägung. Damit ergeben sich nicht nur 4, 16 oder 32 verschiedene Verhaltensmuster, sondern ein Vielfaches davon.

Obwohl eine Person eine Präferenz für einen bestimmten Stil zeigt, sind die anderen Stile vorhanden, und es gilt, sie zu berücksichtigen. Dies wird nachfolgend an der Kombination von zwei Grundverhaltensstilen kurz skizziert. Dabei wird von einer hohen Ausprägung der *LIFO*-Stile Aktivität *(Bestimmend/Übernehmend)* und Vernunft *(Bewahrend/Festhaltend)* unter günstigen Bedingungen ausgegangen.

Bei der Einschätzung der Situation und dem daraus resultierenden Verhalten spielt die Zeitperspektive (lang: Grundstil »Vernunft«, kurz: Grundstil »Aktivität«) eine Rolle. Die Denk- und Vorgehensweise bei dieser Stilkombination wird in der nachstehenden Beschreibung deutlich.

Beschreibung der exemplarischen Testperson

Beschreibung unter günstigen Bedingungen
Die Person ist stark aufgabenorientiert und in ihrer Aussage präzise. Sie ist organisiert, logisch, praktisch und geht datengestützt vor. Wärme, Mitgefühl für andere und allgemeine Kommunikation liegt dagegen nicht in ihrem primären Fokus. Sie sucht ihr Wissen durch Forschung und Lektüre zu vertiefen. Sie plant und überprüft alles sorgfältig und will Risiken minimieren. Ist das geschafft, geht sie mit voller Kraft an die Umsetzung. Wenn gute und relevante Erfahrung vorliegt, wird der Planungsteil niedrig ausfallen und schnell gehandelt werden. Für Veränderungen und neue Methoden ist sie empfänglich, wenn frühere Vorgehensweisen überholt sind und nicht mehr die gewünschten Ergebnisse zeigen. Der übertriebene Einsatz ist charakterisiert durch zu strengen und fordernden Umgang anderen gegenüber. Auch zeigt sich zu wenig Delegation oder Einbezug von anderen bei der Planung oder bei großen Entscheidungen ebenso wie zu wenig Ermutigung oder Interesse an der Entwicklung anderer.

Es ist leicht zu erkennen, dass man nun zumindest noch den vernachlässigten Stil (niedrigster Punktwert) betrachten muss, um das Bild abzurunden. Ist z. B. der Stil *Anpassend/Harmonisierend* nur gering ausgeprägt, legt die Person wenig Wert auf eine ausgleichende, sensitive, empathische Art und auf harmonische Beziehungen zu anderen, auf Kompromisse und auf Ausgleich. Ist dagegen der Stil *Unterstützend/Hergebend* gering ausgeprägt, so kommt die Betrachtung der Rahmung, des Austauschs, der Ziele, des Nutzens und der Entwicklung der Gruppe und der Organisation zu kurz.

Die *LIFO*-Methode geht von folgenden Prinzipien des Verhaltens und der Kommunikation aus: Unsere Verhaltensmuster (die Kombination von

Verhaltensstilen) sind primär das Ergebnis bisherigen Lernens und gewonnener Erfahrungen; sie bilden die Quelle unserer Stärken. Sie können noch produktiver eingesetzt werden, wenn wir sie voll verstehen und entwickeln. Unsere Stärken sind jedoch nicht immer und in allen Situationen hilfreich. Wenn wir unsere Stärken übertrieben einsetzen, können sie auch ins Gegenteil umschlagen, und es entstehen Nachteile, die wir in der Regel nicht wahrhaben wollen. Unsere bevorzugte Orientierung bzw. ihre Kombination ist verhältnismäßig stabil; sie kann jedoch mit ausreichender Motivation, Selbstdisziplin und Übung selbst geändert werden.

Typologisierung von Persönlichkeit / Teamrollen

Stilübertreibungen

Bei der Weiterentwicklung unserer Stärken ist es zunächst wichtig, sich der eigenen Stärken bewusst zu werden und sie zu akzeptieren. Die nächsten, schwierigeren Schritte sind,

- seine Stärken zu vermehren (d. h. die Stärken und Stile anderer herauszufinden und diese zu nutzen, um bessere Entscheidungen zu treffen und Vorurteile zu vermeiden),
- den eigenen vernachlässigten *LIFO*-Stil zu üben (in Situationen mit geringem Risiko auszuprobieren, auszubauen und die Stärken dieses Stils zu verwenden) sowie
- Stärken zu verbinden (d. h. herausfinden, wie das Gegenüber am liebsten angesprochen werden will und dies auch zu tun).

Am schwierigsten ist es, die eigenen Stilübertreibungen zu kontrollieren (d. h. sich darüber klar zu werden, welche Situationen und welches Verhalten anderer den übertriebenen Einsatz der eigenen Stärken hervorruft und wie die Ursachen behoben werden können). Diese Reihenfolge entspricht dem Schwierigkeitsgrad, der mit einer Veränderung im persönlichen Verhalten verbunden ist.

Kein Idealprofil

Das Wesentliche des *LIFO*-Ansatzes ist zu lernen, bereits vorhandene Stärken weiterzuentwickeln und mit ihnen umzugehen. Es geht nicht darum, diese Stärken im Hinblick auf festgeschriebene Normen oder Ausprägungen zu bewerten. Es gibt kein ideales *LIFO*-Stil-Profil. Es gibt auch kein ideales Profil z. B. für Führungskräfte oder Verkäufer. Die Anforderungen und Erwartungen an die Personen in ihrem jeweiligen spezifischen Umfeld und in den konkreten Situationen sind sehr unterschiedlich. Jeder Verhaltensstil lässt sich positiv umsetzen. Man kann sich auf die Problemlösung konzentrieren, ohne sich mit dem komplizierten Prozess von persönlicher Veränderung befassen zu müssen. Ziel ist es deshalb nicht, sich ändern zu müssen, sondern jeden einzelnen Stil oder auch alle Stile je nach Situation effizient einzusetzen.

Die einzelnen Verhaltensstile selbst spiegeln persönliche Ziele und Grundeinstellungen wider. Will z. B. jemand mit dem Grundstil »Aktivität« als aktiver und fähiger Mensch angesehen werden, gilt für die Person der Grundsatz: *»Wenn ich will, dass etwas geschieht, muss ich dafür sorgen, dass es geschieht.«*

Die Dimensionen

Neben dem Lebensorientierungs-Fragebogen gibt es weitere Fragebögen, die auf Rollen / Situationen ausgerichtet sind. So kann ein Verkäufer gelernt haben, in seiner Rolle ein Verhaltensmuster zu nutzen, das er in anderen Situationen nicht anwendet. Ähnliches gilt für die Rolle als Führungskraft oder in Lernsituationen etc. Es ist einfacher für den Teilnehmer im Training, Coaching oder Beratungsgespräch, wenn er statt einer verbalen Rahmung der Rolle entsprechende Fragebögen vor sich sieht, welche die spezifische Situation bzw. Aufgabenstellungen beschreiben, in der sich ein Verkäufer, eine Führungskraft, ein Lernender oder ein Trainer befindet.

Neben dem *LIFO*-Standard-Set (Handbuch und Lebens-Orientierungs-Fragebogen) und dem *LIFO*-Verkaufsstile-Set (Handbuch Verkaufsstile und Verkaufsstile-Fragebogen), die auch separat angeboten werden, gibt es noch verschiedene anwendungsspezifische Fragebögen: Führungsstile und Führungsstile einer anderen Person, Lehrstile Trainer, Lernstile, Stress-Management-Stile, Stile einer anderen Person. Alle Fragebögen sind auch in elektronischer Form verfügbar. Darüber hinaus sind derzeit die Fragebögen Team-Stile und Zeitmanagement-Stile in der Erprobung.

11.5 Das Verfahren in der Praxis

Die *LIFO*-Methode hilft Trainern, Beratern und Coaches, auf die Wahrnehmung ihrer Teilnehmer bzw. Coachees einzugehen, ein Verständnis bei gleicher Sprache und je nach Anforderung in unterschiedlicher Interpretationstiefe herzustellen, die unterschiedlichen Rollen zu berücksichtigen und anhand der damit verbundenen Stilvielfalt aufzuzeigen, dass durchaus verschiedene Stile aktiviert werden können. Darüber hinaus hilft die *LIFO*-Methode, Gründe für unterschiedliches Lernverhalten in Trainingsgruppen herauszufinden und verbessertes Lernen herbeizuführen. Grundlage für die Anwendungen ist die Selbsteinschätzung, aber auch die Fremdeinschätzung.

Anwendungsvielfalt

Die *LIFO*-Methode stellt die Basis für eine große Anwendungsvielfalt dar. Sie wird als Baustein in Seminaren eingesetzt: z. B. bei Führungsthemen; beim Coaching (bei Ausbildung zum Coach und bei Coaching-Maßnahmen); in der Teambildung; für Schnittstellen und effektive Zusammenarbeit; in Verkaufssituationen (Kundensprache und -signale, eigene Blockaden, Vertragsabschluss); um Kommunikationsmuster des / der anderen zu erkennen und zu befriedigen; für die Persönlichkeitsentwicklung im Unternehmen und im privaten Umfeld; für die eigene Berufs- und Karriereentwicklung bzw. -förderung und um andere besser dabei zu unterstützen; für die Kreativität; im Projektmanagement (effektives Projektteam gestalten, schwierige Projektsituationen lösen oder gar nicht erst entstehen lassen); im Konflikt- und Krisenmanagement; zur Begleitung von Veränderungsprozessen; bei Fragen zur Unternehmenskultur; um Stressmanagementstrategien für sich und andere bewusst umzusetzen; für Zeit-, Selbst- und Lebensmanagement; um Gründe für unterschiedliches Lern- und Lehrverhalten in Trainingsgruppen herauszufinden und verbessert zu lernen; für eine Moderation, die auf die Stilvielfalt abgestellt ist; um komplexe Veränderungsprozesse leichter zu steuern, da sich Vorhersagen über das zu erwartende Verhalten treffen lassen.

Ferner wird die *LIFO*-Methode als Diskussionsgrundlage bei der Mitarbeiterauswahl (Anforderungsprofile für zu besetzende Positionen erarbeiten; Klärung, welches Stilprofil im Team noch fehlt und welche Bewerber dem Anforderungsprofil entsprechen) und bei Placementgesprächen sowie bei Assessmentcentern herangezogen.

Durch die Nutzung unterschiedlicher Fragebögen kann kontextbezogen differenzierter und bei Anwendung mehrerer Bögen pro Person deutlich komplexer gearbeitet werden; der Trainer, Berater oder Coach wird der Individualität des Einzelnen besser gerecht. Nachfolgend werden beispielhaft die Situationen bzw. Themen Führung, Verkauf, Personalauswahl und Teamentwicklung beschrieben.

Führung

Zur Beschreibung der Führungsstile gibt es einen speziellen Fragebogen, der den Kontext der Führungsaufgaben widerspiegelt: Ziele vereinbaren und umsetzen; Delegieren, Mitarbeiter einbinden; Kommunikation, Feedback geben; Mitarbeiter motivieren; Gruppe zusammenhalten und steuern; Mitarbeiter entwickeln und coachen.

Der Führungsstile-Fragebogen ist ausgerichtet auf den Einsatz in Führungsseminaren und im Coaching mit dem Ziel, die Führungskräfte für ihren eigenen Verhaltensstil innerhalb der Führungsaufgaben und dabei gleichzeitig für Verhaltensstile ihrer Mitarbeiter zu sensibilisieren, die Mitarbeiter stilgerecht zu führen, zu entwickeln und zu coachen. Ferner bietet der Einsatz die Chance, den Führungskräften bei der Übertragung von Aufgaben sowie bei der Teamzusammenstellung zu helfen.

Mit dem Fragebogen *LIFO*-Führungsstile einer anderen Person bekommt die Führungskraft Feedback über ihr Führungsverhalten durch Mitarbeiter, Kollegen und Vorgesetzte. Dieser Fragebogen kann auch im Verfahren des 360-Grad-Feedbacks eingesetzt werden.

Durch die gleichzeitige Anwendung des Lebensorientierungs-Fragebogens sowie des Führungsstile-Fragebogen können mit der Führungskraft die Rollenvielfalt sowie die daraus resultierenden unterschiedlichen Anforderungen bearbeitet werden. Dabei sieht sie ihre unterschiedlich genutzten Stärken für die Rolle Manager (Lebensorientierungs-Fragebogen) und Führungskraft (Führungsstile-Fragebogen).

Verkauf Zur Beschreibung der Verkaufsstile gibt es einen speziellen Fragebogen, der den kommunikativen Kontext des Verkaufsprozesses widerspiegelt: allgemeines Verhalten Kunden gegenüber; Verkaufsstrategie; überzeugende Kunden- und Nutzenargumentation; Einwandbehandlung; Verkaufsverhandlung; Verkaufsabschluss.

Der Verkaufsstile-Fragebogen eignet sich vor allem für Mitarbeiter mit externen Verkaufsaufgaben, kann aber auch für Mitarbeiter mit internen Kunden (interne Verkäufer) angewendet werden. Beim Einsatz in Seminaren und im Coaching wird der Verkäufer für seine Verkaufsstile sensibilisiert und erlernt die stilgerechte Verkaufsgesprächsführung sowie stilgerechtere Kundenpräsentationen. Auch die Ausrichtung der Kundenansprache und des Marketings kann über die Differenzierung der Stile gefördert werden. Zur Bearbeitung der Rollenvielfalt ist die Anwendung verschiedener Fragebögen hilfreich.

Personalauswahl Weder die *LIFO*-Methode noch irgendein anderes Verfahren zur Messung von Verhaltensstilen ist ein Eignungsdiagnostikinstrument und sollte auch nicht vorgeben, ein solches zu sein. Dennoch ist die *LIFO*-Methode im Gesamtprozess der Personalauswahl und Karriereberatung vielseitig einsetzbar. Es beginnt mit der Stellenspezifikation und den Anforderungen an den Job, einschließlich der Vorstellungen des bestehenden Vorgesetzten und unter Berücksichtigung des bestehenden Teams.

Macht man im zweiten Schritt die Interviewer von Bewerbern mit der *LIFO*-Methode vertraut, wird die Qualität der Fragen sowie der gezielten Beobachtung der Verhaltensweisen der Bewerber deutlich verbessert. Dies gilt auch bei der Schulung der Beobachter von Assessmentcentern. Außerdem wird die Gefahr des Phänomens »Schmitt stellt Schmittchen ein« deutlich reduziert.

Zu guter Letzt können die Fragebogen Lebensorientierung, Verkaufsstile oder Führungsstile auch direkt durch den Bewerber ausgefüllt werden. Welcher Fragebogen geeignet ist, richtet sich nach den Anforderungen an die Funktion. Über Feedback an den Bewerber ist die Methode noch zusätzlich als nachhaltiges Personalmarketinginstrument heranzuziehen.

Der Bereich der Personalentwicklung und Karriereberatung ist für die *LIFO*-Methode ein großes und wachsendes Anwendungsfeld. Die Frage, welcher Job zur Person und deren Stärken passt, sowie die Frage, ob eine Firmenkultur/-ausrichtung für die Person hilfreich oder hinderlich ist, sind primär.

Teamentwicklung

Im Rahmen der Teamentwicklung wird der Fragebogen Lebensorientierung für jedes Teammitglied angewandt. Für den Vorgesetzten kann zusätzlich der Teamstile-Fragebogen herangezogen werden. In Seminaren und in der Team-Supervision werden die Teammitglieder bezüglich der unterschiedlichen Stärken der Kollegen im Team sensibilisiert. Dies führt zu einem besseren Verständnis untereinander und kann dazu beitragen, Konflikte schneller erkennen bzw. bearbeiten zu können. Je nach Homogenität oder Heterogenität der Verhaltensstile im Team gelten unterschiedliche Mechanismen für die Nutzung der Ressourcen im Team.

Bei Projektteams oder festen Teams, die erst kurz zusammenarbeiten, hilft die *LIFO*-Methode, sich schneller kennen und schätzen zu lernen und die unterschiedlichen Stärken für das Team zu nutzen. Gleiches gilt aber auch für feste Arbeitsteams, die schon lange zusammenarbeiten. Mit dem Fragebogen *LIFO*-Stile einer anderen Person können Feedbackprozesse im Team unterstützt werden.

11.6 Durchführung

Abhängig von der spezifischen Situation trifft der Trainer, Berater oder Coach die Entscheidung, welcher oder welche der vorhandenen Fragebögen verwendet werden soll(en). Es erfolgt eine Einführung der Person, die den Fragebogen ausfüllen soll; diese dauert abhängig vom Stil des Trainers, Beraters oder Coachs 10–30 Minuten.

Die Unterlagen bestehen aus einem bzw. mehreren Fragebögen und einem Handbuch. Ein Fragebogen kann für die eigene oder für eine andere Person ausgefüllt werden. Alle Fragebögen stehen sowohl als Papier-und-Bleistift- wie auch als Onlineversion zur Verfügung.

Die Anwendung der *LIFO*-Methode ist einfach. Der Klient wird gebeten, in das leere Kästchen vor jeder der vier Satzergänzungen die Ziffer 4, 3, 2 oder 1 in der Reihenfolge der Zustimmung einzutragen. Die Ziffer 4 entspricht ihm am meisten und die Ziffer 1 am wenigsten. Jede Ziffer für die vier Satzergänzungen darf nur ein einziges Mal verwendet werden. Das Ausfüllen des Fragebogens dauert 15 Minuten.

Die Auswertung dauert zwei bis drei Minuten und erfolgt in Form einer Addition der Bewertungszahlen per Hand, in der Onlineversion geschieht sie automatisch unmittelbar nach Absenden des Fragebogens in Form einer Auswertungsseite und einer Stilebeschreibung, beim Lebens-Orientierungs-Fragebogen in Form eines computerisierten Berichts. Dieser dient als Hintergrundinformation, da bei der *LIFO*-Methode der Dialog und nicht ein fertiger Bericht im Vordergrund steht.

Interpretation

Die Interpretation kann zusammen mit einem lizenzierten Trainer, Berater oder Coach sofort nach dem Ausfüllen des Fragebogens im Einzelgespräch oder innerhalb der Gruppe erfolgen. Werden *LIFO*-Fragebögen in Seminaren ausgefüllt, genügt es zumeist, mit den Teilnehmern anhand ihrer Zahlenwerte bzw. ihres Stile-Profils darüber zu sprechen, wie sie sich unter günstigen und unter ungünstigen Bedingungen sehen. In den meisten Fällen werden die Ergebnisse transparent gemacht, und im weiteren Verlauf des Seminars, bei Übungen etc., kommt man immer wieder auf sie zurück.

11.7 Auswertung

Auf dem Auswertungsblatt befinden sich zwei Zeilen mit den Summenwerten »günstige Bedingungen« und »ungünstige Bedingungen«. Die Ergebniswerte bei einem *LIFO*-Fragebogen einer Zeile streuen von 9 bis 36, wobei die Summe der Ergebniswerte stets 90 beträgt.

Der höchste Wert kennzeichnet den bevorzugten *LIFO*-Stil. Bevorzugt heißt, dass die Person diesen Stil gerne und häufig anwendet; er hat ihr bisher Erfolg gebracht. Je höher der Wert bei dem bevorzugten Stil und je größer die Differenz zwischen diesem und dem zweithöchsten Wert, umso mehr verlässt sie sich auf diesen Stil.

Der zweithöchste Wert kennzeichnet den stellvertretenden *LIFO*-Stil. Diese ersten zwei Stile sind in Kombination zueinander zu interpretieren, da sonst die Gefahr des einseitigen »Schubladen-Interpretierens« gegeben ist. Die Betrachtung der Stilmischung dieser zwei Stile sagt viel mehr über die Person aus als die des reinen bevorzugten Verhaltensstils. Der Stil mit der niedrigsten Punktzahl ist der vernachlässigte, was aber keineswegs heißt, dass diese Verhaltensweisen nicht verwendet werden. Es zeigt vielmehr, dass die Person in diesen Verhaltensweisen nicht geübt ist oder sie diese eher als unangenehm empfindet. Es müssen alle vier Stile in der Kombination zueinander gesehen werden, erst dann erhält man das Gesamtbild eines Profils.

Person 1

	U/H	B/Ü	B/F	A/H
Absicht	10	9	7	3
Verhalten	5	10	9	7
Wirkung	6	8	8	8
Summen +	21	27	24	18

	U/H	B/Ü	B/F	A/H
Absicht	8	9	11	5
Verhalten	6	9	7	6
Wirkung	7	9	6	7
Summen +	21	27	24	18

Absicht–Verhalten–Wirkung unter günstigen Bedingungen

Hinzu kommt die Interpretationsebene bezüglich der Unterscheidung zwischen Absicht, Verhalten und Wirkung. Immer dann, wenn innerhalb eines Stils zwischen den drei Ebenen drei und mehr Punkte Differenz bestehen (z. B. *Unterstützend/Hergebend;* günstige Bedingungen, Absicht: 10, Verhalten: 5, Wirkung: 6), lohnt es sich, dies vertiefend herauszuarbeiten.

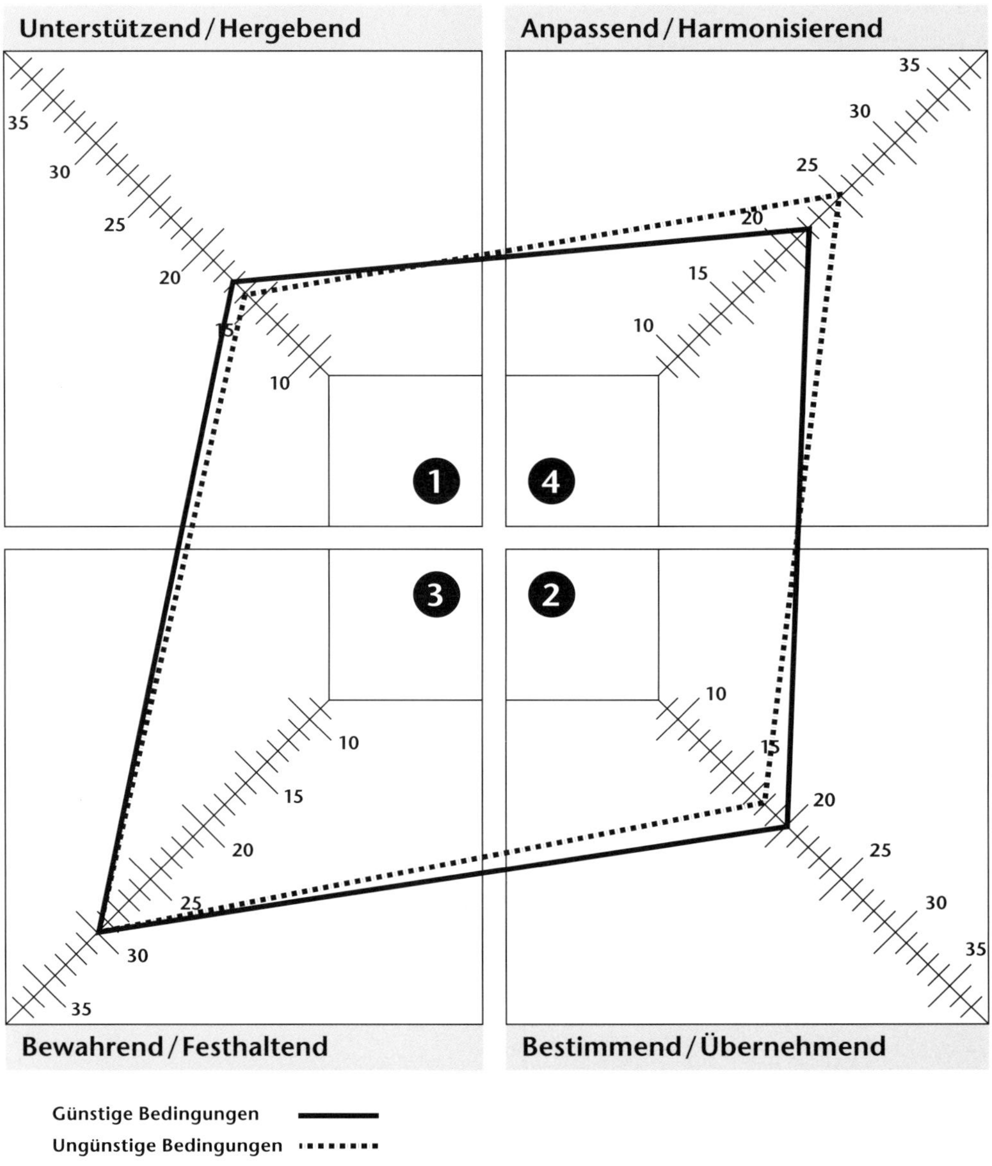

Grafische Darstellung der Testperson unter günstigen und ungünstigen Bedingungen

Die Zahlenreihe unter »ungünstigen Bedingungen« ist genauso auszuwerten wie die Werte unter »günstigen Bedingungen«. Die Unterschiede zwischen den beiden zeigen auf, in welchem Ausmaß sich das Verhalten verändert, wenn sich die Situation verändert. Sind die jeweiligen Summenwerte unter beiden Bedingungen gleich hoch, zeigt das, dass die Person zu ihren Stilen Vertrauen hat und sie auf die gleichen Stärken zurückgreift, die ihr schon unter günstigen Bedingungen Erfolg bringen. Wenn man allerdings immer auf die gleichen Stärken zurückgreift, bedeutet das auch, dass man nicht alle Möglichkeiten, die das Profil bietet, nutzt.

Die grafische Aufbereitung kann auf einen Blick in unterschiedlicher Form erfolgen; im Beispiel wurden die Werte der exemplarischen Testperson dieses Buches herangezogen. Es können sowohl die Grafiken als auch die Zahlenwerte für das Interpretationsgespräch verwendet werden.

Interpretationsgespräch

Das Interpretationsgespräch dauert in der Regel zwischen 20 und 90 Minuten und wird zwischen dem Klienten und dem lizenzierten Trainer, Berater oder Coach geführt. Die Ergebnisse sind in verständlicher, anschaulicher und wertfreier Form in Bezug zu den *LIFO*-Verhaltensstilen zu bringen.

Es ist wichtig, die Interpretation als *Tour Guide* zu begleiten und den Klienten bei der Interpretation der Ergebnisse sowie bei den Überlegungen, ob er sich und was er verändern möchte, zu helfen. Der Klient ist und bleibt der Experte. Auch die Transaktionsanalyse sagt: *»The power is in the client!«* Das Ziel der *LIFO*-Methode ist, die zwischenmenschlichen Beziehungen zu verbessern, und das soll der Trainer, Berater oder Coach durch sein Verhalten bereits demonstrieren.

In Seminaren können Teilnehmer nach einer zwei- bis dreistündigen Einführung die Stile und die Stilmischungen beschreiben und sie bei sich und anderen Personen erkennen. Vorteilhaft bei der *LIFO*-Methode ist die einfache Auswertung. Das sofortige gemeinsame »Anschauen« der Stile-Profile unter günstigen und unter ungünstigen Bedingungen sowie die Stufen der Stärkenentwicklung machen dem Teilnehmer seine Verhaltensstile schnell deutlich.

11.8 Qualitätskriterien

Das Einhalten von testtheoretischen Kriterien wie Objektivität, Reliabilität und Validität sind bei jeder Form von Test sinnvoll und notwendig. Bei Tests stehen Sollkriterien – »richtig« oder »falsch«, »geeignet« oder »nicht geeignet« – im Vordergrund, weshalb meist Kontrollfragen eingebaut sind, in der Hoffnung, dass der Klient dies nicht merkt.

Interventions-instrumente

Bei der *LIFO*-Methode wie auch bei vielen anderen Verhaltensstilanalysen geht es aber nicht um »richtig« und »falsch« oder »gut« und »schlecht«; Persönlichkeitsanalysen sind keine Tests und sollten auch nicht vorgeben, solche zu sein. Es sind Interventionsinstrumente. Die Verhaltensstilanalysen sollen die Präferenzen der Befragten messen. Der Klient selbst soll in die Lage versetzt werden, im Umgang mit seinen Verhaltenspräferenzen und der anderer effektiver zu werden.

Die testtheoretischen Kriterien sind somit nicht das Entscheidende; bedeutsamer ist, dass z.B. die *LIFO*-Methode bisher mehr als acht Millionen Menschen angewandt haben.

Objektivität

Die Objektivität hat bei der *LIFO*-Methode, wie auch bei anderen Verhaltensstilanalyseverfahren, primär damit zu tun, wie gut die Qualität der Lizenzausbildung und die Fundiertheit des Lizenznehmers, also des Trainers, Beraters oder Coaches, ist.

Reliabilität

Bei der Entwicklung der *LIFO*-Methode wurden mehrere Gruppen von Personen (30 bis 60) nach sechs bis zwölf Monaten wiedergetestet. Die Test-Retest-Reliabilität betrug .60 bis .68 für die Gruppen, wobei die Personen zwischenzeitlich keine Information über die *LIFO*-Methode erhalten hatten. Bei starker Ausprägung einzelner *LIFO*-Stile lagen die Werte bei .9. Ähnliche Ergebnisse wurden von *Allan Katcher* bei Berechnung von *Cronbachs Alpha*-Koeffizient berichtet (1989).

Bei einer Studie mit 56 Trainern und Personalentwicklern in Deutschland (*Bergermaier* 1997) wurden bei dem Lernstile-Fragebogen nach mehreren Jahren Test-Retest-Reliabilitäten zwischen .72 (*Unterstützend/Hergebend;* günstige Bedingungen) und .53 *(Anpassend/Harmonisierend;* ungünstige Bedingungen) sowie ein *Cronbach-Alpha*-Koeffizient zwischen .83 (*Unterstützend/Hergebend;* günstige Bedingungen) und .65 (*Bewahrend/Festhaltend;* ungünstige Bedingungen) festgestellt.

Eine weitere Studie mit 49 Trainern und Personalentwicklern in Deutschland (*Bergermaier* 2005), in der zwei Versionen des Lebensorientierungs-Fragebogens miteinander verglichen wurden, ergab eine hohe Konsistenz zwischen diesen. Der *Cronbach-Alpha*-Koeffizient lag sowohl unter günstigen als unter ungünstigen Bedingungen für alle Stile deutlich über .80 (von .82 bis .91).

Validität

Bezüglich der Gültigkeit berichtet *Allan Katcher* (1981) von einer Stichprobe von 392 Managern und Spezialisten aus 56 bestehenden Teams in den USA, bei der eine Überprüfung der Übereinstimmung zwischen Selbstbeschreibungen der Teilnehmer mit Hilfe des *LIFO*-Fragebogens und den Aussagen, wie sie von anderen wahrgenommen wurden, vorgenommen wurde. Dabei zeigte sich auf einer Zehn-Punkte-Skala ein Durchschnittswert von 8,2 (1 entsprach: kein Zusammenhang; 10 entsprach: absolute Übereinstimmung).

Ferner wurde bei über 1000 Managern hauptsächlich aus dem amerikanischen Bankenbereich (*Katcher,* 1982) festgestellt, dass sich im Fragebogen »Blind-Reports« 94 Prozent der Personen eindeutig darin wiederfinden konnten.

Ebenfalls in Richtung Validität weist eine Studie an der norwegischen Universität Trondheim (*Bertheussen* 1996), wo erste Versuche gemacht wurden, Trainings auf die Lernstile der Teilnehmer auszurichten, um das Lernvermögen zu steigern. Am Ende eines jeden Tages wurde festgestellt, was und wie viel gelernt worden war. Das Ergebnis war, dass die Lernleistung höher liegt, wenn der eigene Lernstil sowie der Lehrstil des Trainers bekannt ist und darauf eingegangen wird.

Eine weitere Facette im Bezug auf die Implikationen hinsichtlich des Lernvermögens spricht eine Studie in Australien an, die das Schulsystem, das man im Leben durchläuft, von der Vorschule bis zur Universität in Bezug auf Grundschule (N: Lehrer 83; Schüler 439) und weiterführende Schulen (N: Lehrer 88; Schüler 745) betrachtet hat. Es wurde dabei festgestellt, dass die verwendeten Lehr- und Lernstile innerhalb einzelner Stufen nicht aufeinander abgestimmt und darüber hinaus die Lehrstile zwischen den Schulsystemen unterschiedlich waren (*Renfrew* 2002).

Normierung

Die *LIFO*-Methode geht davon aus, dass man mit unterschiedlichen Verhaltensstilkombinationen gleich erfolgreich sein kann. Teams mit verschiedenen Verhaltensstilen sind effektiver als solche mit identischen.

Normen nach Berufsgruppen, Geschlecht, Alter etc. sind daher nicht sinnvoll, was wir nachfolgend beispielhaft darstellen.

Trotz kultureller Unterschiede konnten die vier *LIFO*-Stile in allen Ländern, in denen die Methode zum Einsatz kommt, eindeutig festgestellt werden. Bei kanadischen, amerikanischen, englischen und deutschen Managern zeigen sich ähnliche Ausprägungen. Die am häufigsten angewendeten Stile sind hierbei eine Kombination aus »Aktivität« *(Bestimmend/Übernehmend)* und »Vernunft« *(Bewahrend/Festhaltend)*. Nicht so im japanischen Umfeld, wo sich anhand einer Befragungsgröße von 17 000 männlichen Personen zeigte, dass der bevorzugte Stil am häufigsten *Unterstützend/Hergebend* war, gefolgt von *Bewahrend/Festhaltend*. *Bestimmend/Übernehmend* ist hier am seltensten der bevorzugte Stil; dies schlägt sich auch in der Häufigkeit von Trainings zum Durchsetzungsvermögen nieder.

Beobachtbares Verhalten zu beschreiben und nicht Eigenschaften zu verwenden, wurde von *Atkins* und *Katcher* bei der *LIFO*-Methode bewusst angestrebt, da »Eigenschaften« bei Dritten unterschiedliche Bilder auslösen. Sie sind sowohl zwischen als auch innerhalb von Kulturen aufgrund von Erfahrungen, Herkunft, Sprache-Codes etc. recht unterschiedlich belegt. Was für Länder gilt, stimmt auch für Firmen. Hier dominieren ebenfalls bestimmte Stile. Pauschal lässt sich das jedoch nicht für eine Branche ausdrücken.

11.9 Ausbildung und Akkreditierung

Erfahrene Trainer, Berater, Coaches und Personalentwickler können sich zum *LIFO*-Analysten ausbilden lassen und eine Lizenz erwerben. Manchmal erfolgt die Ausbildung im Rahmen einer Trainer- bzw. Berater-Ausbildung. Das *LIFO*-Lizenztraining dauert fünf Tage (drei Tage, anschließend Praxis und dann nochmals zwei Tage). Es wird als offenes Training oder *inhouse* von *LPC LIFO Products & Consulting* in Zusammenarbeit mit Kooperationspartnern *(consulting & training network, Deutsche Telekom, TOP Business, MCH Management Center Hamburg, VIP Consulting/Österreich)* durchgeführt.

Lizenz-Seminare

Beim *LIFO*-Lizenz-Seminar lernen die Teilnehmer die Philosophie, die umfangreichen Arbeitsmaterialien und die einzelnen Fragebögen kennen und die Interpretation beherrschen. Es wird ferner auf die vielfältigen Anwendungsmöglichkeiten der Methode anhand von Beispielen und Übungen eingegangen.

Die Teilnehmer werden in die Lage versetzt, die Methode als Instrument klienten-, ziel- und anwenderorientiert in ihren Seminaren bzw. Arbeitssituationen als Modul oder als Ganzes einzusetzen. Darüber hinaus haben sie die Gelegenheit, praktische Erfahrung zu sammeln und sich hierüber mit den anderen Teilnehmern auszutauschen. Sie erleben aber auch ihr eigenes Verhaltensmuster unter günstigen Bedingungen sowie unter Stress- und Konfliktbedingungen und lernen, es im Umgang mit anderen erfolgreicher einzusetzen.

Die *LIFO*-Lizenz ist auf die Person bezogen und nicht auf Dritte übertragbar. Sie ist unbegrenzt gültig, wobei aus Qualitätsüberlegungen heraus die Lizenz dann ruht, wenn innerhalb von zwei Jahren der einzelne Trainer, Berater oder Coach die *LIFO*-Methode bei weniger als 100 Personen zur Anwendung gebracht hat. In diesem Fall kann die Lizenz über einen Refresherkurs oder andere Aktivitäten, sich mit der Methode zu beschäftigen (Publikationen, Benutzerkonferenz), reaktiviert bzw. aktiv gehalten werden.

11.10 Schnuppertest

Ein Schnuppertest kann auf Anfrage durchgeführt werden.

11.11 Vertrieb / Service

Repräsentant für Deutschland und Österreich:
Dr. René Bergermaier
LIFO Products & Consulting (LPC)
Nymphenburger Straße 148
80634 München
Fon: +49 (0) 89 / 16 06 50
Fax: +49 (0) 89 / 16 17 11
E-Mail: *Rene.Bergermaier@lifoproducts.de*
Internet: *www.lifoproducts.de*

Lizenzierte Trainer, Berater und Coaches können über *LPC* Fragebögen und Materialien erhalten. Telefonische Hilfen sowie Antworten auf Fragen erhalten die Lizenznehmer durch *LPC* oder durch die Kooperationspartner.

Service für Anwender und Kunden: Die *LIFO*-Homepage bietet aktuelle Materialien, Neuerungen, einen geschützten Kundenbereich und ein Forum für Publikationen. In Deutschland gibt es jährlich eine Benutzerkonferenz, einen *LIFO-Award* (Preis für beste Anwendungen und Ideen etc.) sowie einen *LIFO-Publication Award*. Jährlich finden Benutzerkonferenzen in verschiedenen Ländern sowie eine weltweite Konferenz statt (z. B. in 2005 in New York; 2006 in Kyoto, 2007 in Antwerpen).

Literatur

Atkins, S.: *The name of your game.* Beverly Hills: Ellis & Stuart, 1981.

Bergermaier, R.: *Test-Retest-Reliablität des LIFO-Lernstile-Fragebogens.* München: Unveröffentlichte Studie, 1997.

Bergermaier, R.: *Paralleltest-Reliabilität zweier Versionen des LIFO-Lebensorientierungs-Fragebogens.* München: Unveröffentlichte Studie, 2005.

Bertheussen, B.: *Matching learning styles and teaching styles.* Trondheim: Persönliche Kommunikation, 1996.

Blanchard, K. & Johnson, S.: *Der 1 Minuten Manager.* Reinbek: Rowohlt, 2002.

Czichos, R.: *Profis managen sich selbst. Das LIFO-Buch für Ihr persönliches Stärkenmanagement.* München und Basel: Reinhardt, 2001.

Czichos, R. & Bergermaier, R.: *Typologien und LIFO-Methode.* München: Arbeitspapier zum *LIFO*-Lizenz-Seminar, 1994.

Drucker, P.: *The Practice of Management.* New York: Harper & Brothers Publishers, 1955.

Fromm, E.: *Man for Himself. An Inquiry into the Psychology of Ethics.* New York: Rinehart & Winston, 1947.

Kastner, M.: *Neue Selbstständigkeit in Organisationen.* München: Rainer Hampp, 2003.

Katcher, A.: »Applying the *LIFO*-Method to organizational effectiveness.« In: *Industrial Training International,* London, 1976, S. 189–191.

Katcher, A.: »Reducing waste and misuse of manpower with *LIFO*-Methods and -management.« In: *Industrial Training International,* London, 1976, S. 138–141.

Katcher, A.: *Correspondence of the LIFO survey results with the perception of others.* Van Nuys, CA: Unpublished Study, 1981.

Katcher, A.: *Congruence of blind reports and self perception on self scored LIFO survey results.* Van Nuys, CA: Unpublished Study, 1982.

Katcher, A.: *The initial development of the LIFO survey.* Van Nuys, CA: Persönliche Kommunikation, 1989.

Katcher, A. & Pasternak, K.: *Managing Your Strengths.* Philadelphia: Xlibris Corporation, 2003.

Renfrew, P.: *Teaching and learning styles, teacher behaviour orientation and school culture – school pilot, primary and secondary schools.* Munich: BCon and *LIFO* Agent Meeting, Worldwide and German User Conference, 2002.

Rogers, C. R.: *Client centered therapy.* Boston: Houghton Mifflin Co, 1951.

Rogers, C. R.: *Entwicklung der Persönlichkeit: Psychotherapie aus der Sicht eines Therapeuten.* Stuttgart: Klett-Cotta, 1992.

Sarges, W. & Wottawa, H.: Handbuch wirtschaftspsychologischer Testverfahren. Lengerich: Pabst Science Publishers Verlag, 2005.

Über die Autoren

Dr. René Bergermaier studierte Elektrotechnik, Wirtschaftsingenieurwesen sowie Organisationspsychologie und promovierte zum Thema Mitarbeiterbefragung. Er war Fulbright-Stipendiat in USA und *Summer Fellow* am *Center for Creative Leadership.* Nach langjähriger Tätigkeit als Personalleiter in multinationalen Hightech-Unternehmen gründete er 1987 zusammen mit Prof. Dr. *Ingwer Borg* das Beratungsunternehmen *HRC GmbH,* ferner das Beratungsunternehmen *LPC LIFO Products & Consulting.* Seine Schwerpunkte sind: Steuerung von Unternehmen und Veränderungsprozessen in Unternehmen mit Hilfe von Mitarbeiterbefragungen sowie Veränderungsunterstützung auf individueller und Gruppenbasis mit Hilfe der *LIFO*-Methode. *René Bergermaier* ist seit 1989 der *LIFO*-Agent für Deutschland und Österreich.

Dr. Reiner Czichos studierte in München Volkswirtschaftslehre und Soziologie; er promovierte zum Thema Konfliktmanagement. Seit über 25 Jahren ist er in Training und Unternehmensberatung tätig. 1991 gründete er sein Beratungsunternehmen *ctn consulting & training network*. Seine Schwerpunkte sind: Changemanagement, Accountmanagement, NLP, Organisations- und Personalentwicklung sowie Visualisierungstechniken. *Reiner Czichos* ist *LIFO*-Lizenztrainer.

12. Myers-Briggs Typenindikator (MBTI)[1] – Profilierung durch Persönlichkeit

Thomas Lorenz und Stefan Oppitz

12.1 Theoretische Quellen und Verwandtschaften

Der *Myers-Briggs Typenindikator* basiert auf der Theorie der psychologischen Typen des Schweizer Arztes und Psychoanalytikers *Carl Gustav Jung*, der seine Typentheorie im Jahre 1921 veröffentlichte. Jung geht davon aus, dass jeder gesunde Mensch angeborene Neigungen und Präferenzen hat, die sich auf die psychischen Prozesse des Wahrnehmens und des Urteilens beziehen.

Zwei Arten des Wahrnehmens

Der Mensch kann laut *Jung* auf zwei gegensätzliche Arten wahrnehmen, entweder als sensitive Empfindung oder als Intuition. Ähnliches gilt auch für das Fällen von Urteilen, das durch die Prozesse des Denkens oder Fühlens ausgeführt wird, die sich eher fakten- oder beziehungsorientiert zeigen. Hinzu kommt, dass diese psychischen Prozesse mit unterschiedlicher Energieausrichtung vollzogen werden: entweder extra- oder introvertiert. Die Grundfunktionen Denken, Fühlen, sensitives Empfinden und Intuition haben unterschiedliche Ausrichtungen, je nachdem ob der psychische Prozess in der Außen- oder Innenwelt stattfindet. Daraus ergeben sich typische Persönlichkeitsbilder, die jeweils gewisse Verhaltensmuster widerspiegeln und einen Persönlichkeitstypus ergeben. Je nach Typ weist jede Person im Verhalten gewisse Präferenzen auf, die sie dazu veranlassen, die eine der anderen Funktion vorzuziehen.

1 Myers-Briggs Type Indicator® und MBTI® sind eingetragene Warenzeichen des Myers-Briggs Indicator Trust. Einführung in Typen™ ist ein eingetragenes Warenzeichen des Myers-Briggs Type Indicator Trust.

12.2 Historischer Abriss des Modells

Katharine Myers (1875–1968) und ihre Tochter *Isabel Briggs Myers* (1897–1980) zogen die Theorie *Jungs* bereits vor dem Zweiten Weltkrieg in den USA zur Beschreibung von Persönlichkeitsunterschieden heran und entwickelten sie weiter.

Neben den von *Jung* beschriebenen mentalen Funktionen, die für den bevorzugten psychischen Prozess des Wahrnehmens oder Entscheidens stehen, legten *Myers* und *Briggs* ihr Augenmerk auf die Orientierung dieser Prozesse in der Außenwelt und ergänzten so die Theorie in 40-jähriger Forschung.

16 Persönlichkeitstypen

Auf diese Weise entstand ein Modell mit den insgesamt 16 Persönlichkeitstypen des *Myers-Briggs Type Indicator.* Diese Typen werden in der Regel durch eine Kombination von 4 Buchstaben, z. B. ENTJ, beschrieben. Durch die verschiedenen Typen ist es nun möglich, schnell und einfach Persönlichkeitsunterschiede zu erkennen und die Entwicklungsmöglichkeiten eines Menschen zu erarbeiten. Nach der Überprüfung der Reliabilität und Validität des Instruments Anfang der 60er-Jahre wurde es offiziell für die Verwendung im akademischen Bereich von den *Educational Testing Services* freigegeben.

12.3 Gliederung

Der *MBTI* wurde ursprünglich in den USA mit einer Gruppe von Amerikanern weißer Hautfarbe und mittleren Einkommens entwickelt. Die Annahme, dass kulturelle Einflüsse den Ausdruck der Typen unterschiedlich zur Geltung bringen, hat dazu geführt, dass inzwischen speziell für den europäischen Raum eine einheitliche *MBTI*-Version entwickelt wurde. Diese wird dem Anspruch vieler Kunden gerecht, als standardisiertes Instrument multinational einsetzbar zu sein, da sie in Englisch, Deutsch, Niederländisch, Französisch, Schwedisch, Dänisch, Spanisch, Italienisch und Norwegisch erhältlich ist.

> Die Version *MBTI Step I* enthält 88 Items, die in einer klaren, neutralen und unvoreingenommenen Sprache formuliert sind, damit der Zugang zu ihnen nicht durch überflüssigen Fachjargon erschwert wird. Auf diese Weise ist der *MBTI* einer breiten Bevöl-

kerungsschicht zugänglich, da er von Personen unterschiedlichen Alters und Bildungsniveaus ausgefüllt werden kann.

Wertneutralität

Die Items bestehen aus Fragen und den so genannten Wortpaar-Items. Diese sind wertneutral und ausgeglichen und verhindern, dass Teilnehmer versuchen, die Fragen der Optionen aus einer konkreten Erfahrung oder Situation heraus zu beantworten bzw. zu wählen, was das Ergebnis beeinflussen könnte. Darüber hinaus ermöglicht die Wertneutralität, dass keine Optionen ausgewählt werden, die als gesellschaftlich akzeptabler gelten könnten. Aus diesem Grund handelt es sich bei den Items nicht um logische Gegensatzpaare – wie faul / fleißig –, sondern um psychologische Gegensatzpaare – wie entschlossen / warmherzig.

Wenn ein noch differenzierteres Persönlichkeitsprofil erstellt werden soll, bietet *Step II* eine detailliertere Lösung; er ist an den europäischen Kultur- und Sprachraum angepasst und in den oben genannten Sprachen erhältlich. Neben den 88 Items aus *Step I* bietet *Step II* weitere 77 Items und kommt so insgesamt auf 165. *Step II* hilft, die Unterschiede zwischen den einzelnen Typen zu verdeutlichen. Zusätzlich zu den Präferenzen, die schon durch *Step I* ermittelt werden, kommen zu jeder Präferenz noch mal fünf Facetten hinzu. Das heißt, es werden 20 Verhaltensaspekte betrachtet, die sich in das *Step I*-Modell integrieren lassen. Diese Facetten geben Aufschluss über Persönlichkeitsunterschiede und verdeutlichen, wie man seine jeweilige Präferenz lebt bzw. wo man sich gegebenenfalls außerhalb seiner Präferenz bewegt.

Beispiel Testperson

Nachfolgend ein Beispiel aus dem *MBTI Step II* der exemplarischen Testperson dieses Buches (s. Seite 302). Sie bezieht sich auf die Fragestellung: »Wie gehe ich mit der Außenwelt um – erlebt diese mich eher geordnet und strukturiert oder flexibel und spontan?«. Die Testperson bevorzugt eher einen geordneten und geplanten Stil.

12.4 Beschreibung des Verfahrens

Der *MBTI* misst Neigungen bzw. Präferenzen, die sich darauf beziehen, wie Menschen bevorzugt Informationen wahrnehmen und sammeln und wie sie aufgrund dieser Informationen Schlussfolgerungen ziehen und Entscheidungen treffen. Wahrnehmung und Entscheidungsfindung können bei jedem Persönlichkeitstyp unterschiedlich sein.

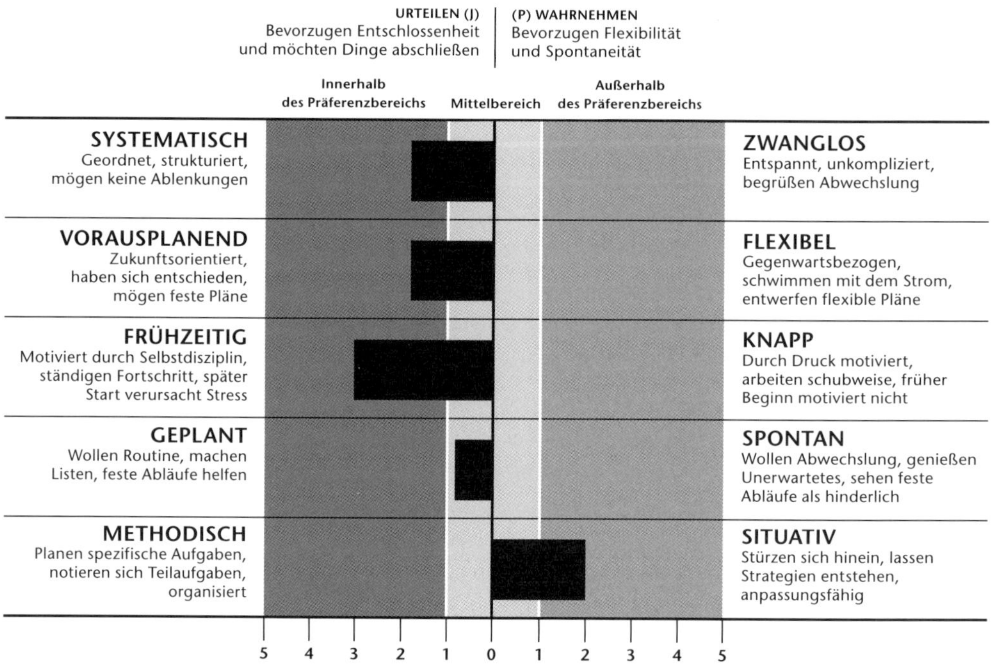

Auszug aus den Ergebnissen der exemplarischen Testperson

Präferenz Der Begriff der Präferenz beschreibt also, auf welche Weise Menschen bevorzugt etwas tun. Dadurch weiß man, wie man wahrscheinlich in bestimmten Situationen reagieren wird. Es wird möglich, die eigene Persönlichkeit zu erkennen und weiterzuentwickeln und auch andere Menschen besser zu verstehen.

Das Instrument unterscheidet vier Präferenz- oder Gegensatzpaare, deren Ausprägung zwar jeder Mensch nutzt, aber in unterschiedlicher Intensität. Diese Gegensatzpaare, die so genannten Dichotomien, bestehen aus den Polen: Extraversion (E) und Introversion (I), Sensitives Empfinden (S) und INtuition (N), *Thinking*/Denken (T) und Fühlen (F), *Judging*/Urteilen (J) und *Perceiving*/Wahrnehmen (P).

Die vier Dimensionen beziehen sich auf folgende Fragen:

4 Dichotomien

1. *Extraversion (E) und Introversion (I):* Woher beziehe ich meine Energie, wohin lenke ich meine Aufmerksamkeit – nach außen oder innen?

2. *Sensitives Empfinden (S) und Intuition (N):* Wie nehme ich meine Umwelt wahr, wie nehme ich Daten auf – mit Aufmerksamkeit fürs Detail oder mit Blick für den großen Zusammenhang?

3. *Thinking/Denken (T) und Fühlen (F):* Was ist die Grundlage für meine Entscheidungen – mein Denken oder mein Fühlen?

4. *Judging/Urteilen (J) und Perceiving/Wahrnehmen (P):* Wie gehe ich mit der Außenwelt um – erlebt diese mich eher geordnet und strukturiert oder flexibel und spontan?

Erste Dimension

Menschen mit einer Präferenz für Extraversion handeln und reagieren schnell, ohne lange nachzudenken. Sie bringen sich mit ihren Ideen spontan in Diskussionen ein und entwickeln diese durch immer neue Beiträge weiter. Von ihrem Umfeld werden sie als gesellig und anregend erlebt und interessieren sich für viele Themenbereiche. Im beruflichen Kontext sind sie oft die treibende Kraft. Sie können sich für ihre Themen begeistern, ohne dabei die Offenheit für ihr Umfeld zu vernachlässigen. Nach außen gerichtete Menschen

- finden leicht Kontakt, brauchen Beziehungen,
- entscheiden und handeln schnell und überlegen oft später,
- suchen die Kommunikation in der Gruppe und
- konzentrieren sich auf die Außenwelt.

Personen mit einer Präferenz für Introversion beschäftigen sich dagegen sehr mit ihrer Innenwelt. Sie beziehen ihre Energie aus den eigenen Gedanken, Ideen und Empfindungen. Diese Menschen können gut allein sein, bevorzugen ihre Privatsphäre und suchen Kontakt vornehmlich zu kleineren Gruppen.

Introvertierte denken über Dinge nach, um sie zu verstehen, sie reflektieren ausgiebig und wägen ab, bevor sie handeln. Sie bevorzugen die Beschäftigung mit ihren eigenen Interessen. Initiative ergreifen sie dann, wenn ihnen ein Thema besonders am Herzen liegt. In der Kommunikation bevorzugen sie den schriftlichen Austausch, in Besprechungen bringen sie ihre Ideen mit Worten ein, die sie vorher genau bedacht haben. Nach innen gerichtete Menschen

- wirken eher zurückhaltend und ruhig,
- behalten ihre Gefühle für sich,

- überlegen zuerst und handeln erst danach und
- konzentrieren sich auf ihre Innenwelt.

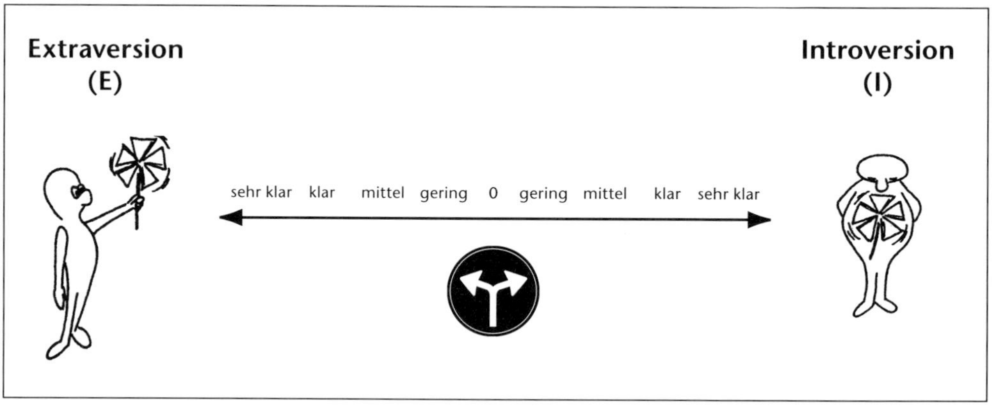

Extraversion versus Introversion

Zweite Dimension

Personen mit einer Präferenz für Empfinden setzen bei der Wahrnehmung alle Sinne ein. Sie bevorzugen es, Informationen exakt aufzunehmen, sie beobachten genau und erfassen die Details. Dabei legen sie besonderen Wert auf Fakten, beziehen sich auf ihre Erfahrungen und setzen auf Bewährtes.

Sie konzentrieren sich auf die Realität und streben eine praktische Vorgehensweise an. Wichtig ist ihnen, Theorien auf ihre Anwendbarkeit hin zu überprüfen. Sie schätzen es, wenn Sachverhalte nachvollziehbar und eindeutig sind. Ihre Schlussfolgerungen treffen sie nach intensiver Überlegung und verlassen sich dabei auf ihre Erfahrung. Menschen mit dieser Präferenz

- fragen nach messbaren Fakten und Details,
- betrachten Situationen realistisch und konkret,
- suchen pragmatische, umsetzbare Lösungen,
- gehen nutzenorientiert vor und leben in der Gegenwart.

Intuitive nutzen ihren »sechsten« Sinn. Sie bevorzugen es, Informationen auf anregende Art und Weise aufzunehmen. Sie erfassen eher den Gesamtzusammenhang und mögen allgemeine Konzepte. Sie verlassen gerne vorgegebene Wege und vertrauen auf ihre Ahnung und Vorstellungskraft.

Sie schätzen neue und ungewöhnliche Ideen und konzentrieren sich auf Möglichkeiten, die die Zukunft bietet. Menschen mit dieser Präferenz legen Wert auf die theoretischen Hintergründe und verweisen gerne auf Allgemeingültiges. In Veränderungen sehen sie die Chance, sich neuen Herausforderungen zu stellen und innovativ zu sein. Intuitive

- sehen die großen Zusammenhänge,
- betrachten und prüfen die Möglichkeiten,
- schätzen Kreativität und Inspiration und
- machen sich Gedanken über die Zukunft.

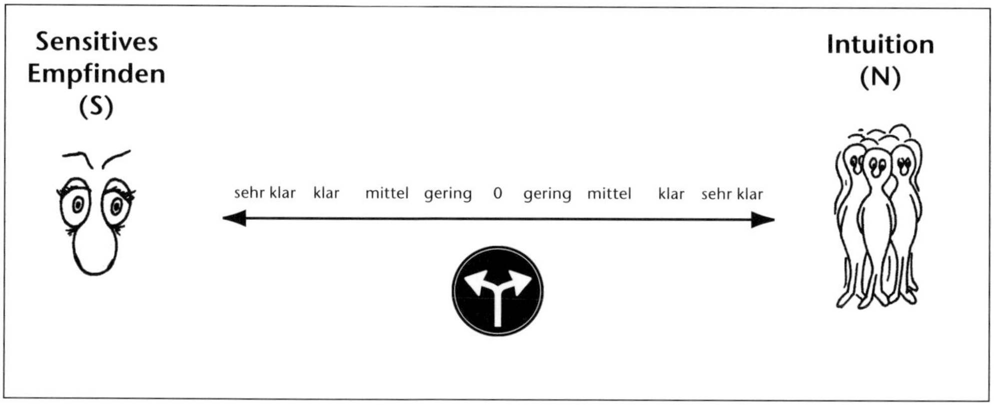

Sensitives Empfinden versus Intuition

Dritte Dimension

Personen mit einer Präferenz für Denken entscheiden analytisch. Sie entscheiden mit dem Kopf, betrachten das Für und Wider und bedenken die logischen Konsequenzen ihres Vorgehens. Dabei streben sie entschlossen nach Objektivität und wenden Regeln und Prinzipien an, wenn es darum geht, einen Entschluss zu fassen.

Menschen mit dieser Präferenz konzentrieren sich mehr auf die Aufgaben als auf zwischenmenschliche Beziehungen; sie bemühen sich, ihre Gefühle zu kontrollieren. Sie achten auf Fairness und Gleichbehandlung und suchen Situationen, die sie nach dem Ursache-Wirkungs-Prinzip analysieren und objektiv bewerten können. Diese Menschen

- folgen analytisch dem Kausalprinzip (Ursache-Wirkung),
- handeln vernünftig und logisch nachvollziehbar,
- legen Wert auf die Gleichbehandlung aller,
- erkennen schnell, was nicht stimmt, und finden rasch Fehler.

Personen mit einer Präferenz für Fühlen entscheiden gefühlsmäßig. Sie sind einfühlsam, versetzen sich in die Lage des anderen und zeigen Verständnis. Bei ihren Entscheidungen bedenken sie eigene und fremde Werte und berücksichtigen die Bedürfnisse anderer.

Sie suchen nach zwischenmenschlicher Harmonie und bedenken bei Entscheidungen genau, welche Auswirkungen dies auf andere hat. Ihre Gefühle bringen sie mit Freude zum Ausdruck. Sie zeigen Anerkennung und Wertschätzung und lassen sich durch persönliche »Echtheit« überzeugen. Sie tendieren dazu, Entscheidungen eher subjektiv zu treffen, und berufen sich auf ihre persönlichen Werte. Menschen mit dieser Präferenz

- nehmen Bewertungen aufgrund ihrer Überzeugungen vor,
- schätzen harmonische Beziehungen,
- streben nach Fairness und individueller Behandlung,
- zeigen sich gefühlvoll und nehmen Anteil.

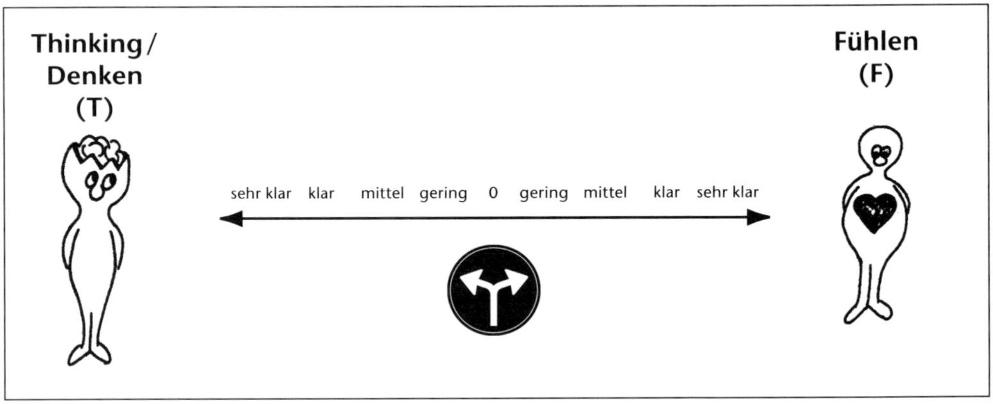

Denken versus Fühlen

Vierte Dimension

Personen mit einer Präferenz für »Urteilen« benötigen für ihren Lebensstil ein gewisses Maß an Planung und Strukturen. Sie gehen systematisch und methodisch vor und konzentrieren sich auf die Ziele und Ergebnisse. Sie bevorzugen es, Aufgaben zu organisieren, und möchten diese methodisch zum Abschluss zu bringen.

Menschen mit dieser Präferenz schätzen es, wenn Dinge entschieden sind. Entsprechend zeichnen sie sich durch Entscheidungsfreude aus. Plötzlich auftretende Stresssituationen versuchen sie zu vermeiden, indem sie planerisch vorgehen. Das bedeutet, sie

- schätzen eindeutige Entscheidungen,
- bevorzugen geregelte Abläufe und planen im Voraus,
- stehen ungern unter Zeitdruck und
- möchten das Leben im Griff haben.

Personen mit einer Präferenz für »Wahrnehmen« sind an neuen Erfahrungen interessiert. Sie schätzen Flexibilität und spontanes Vorgehen, halten sich Lösungsmöglichkeiten offen und möchten möglichst viele Aspekte einbeziehen. Aufgaben beenden sie gerne kurz vor Fristende; in sich verändernden Situationen beweisen sie ihre Anpassungsfähigkeit.

Sie wollen das Leben erleben und verstehen, statt es zu steuern. Ihre Energie schöpfen sie aus Spontaneität und Einfallsreichtum, gerade auch in plötzlich auftretenden Stressmomenten. Sie genießen den Prozessverlauf und vermeiden es, Dinge unter Zeitdruck zu erledigen. Menschen mit dieser Präferenz

- halten sich Alternativen offen,
- schätzen Spontaneität und Flexibilität,
- schöpfen Energie aus Zeitrdruck,
- erleben Stress positiv und genießen die Momente im Leben.

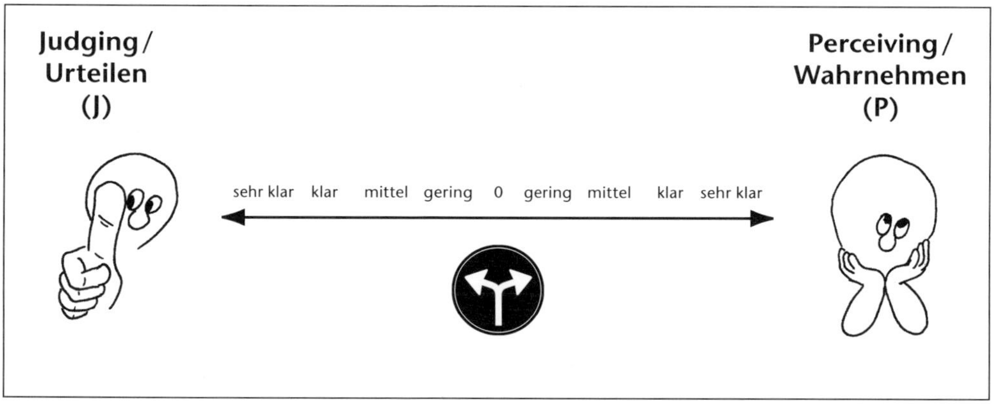

Urteilen versus Wahrnehmen

Aus diesen Präferenzpaaren ergibt sich dann ein Vier-Buchstaben-Code, je nachdem auf welcher Seite der Dimension die Präferenz liegt. So entstehen 16 Persönlichkeitstypen, die sich in ihren Verhaltensmustern und Denkweisen unterscheiden. Anschaulich dargestellt werden diese 16 Typen als *MBTI*-Haus, in dem jeder Typ einem Raum zugeordnet wird.

Das MBTI-Haus

Dieses Haus verdeutlicht zweierlei:

1. Mit der eigenen Positionierung in einem der Räume hat die Person sozusagen auch gleichzeitig den Ort gefunden, an dem sie sich bevorzugt aufhält, quasi ein Zimmer nach ihrem Geschmack, in dem sie sich wohlfühlt, sich erholen, neue Energie tanken kann.

2. Durch das *MBTI*-Haus wird auch deutlich, dass keiner nur in seinem Raum verbleiben muss. Jeder kann in ein anderes Zimmer gehen, sich also auch außerhalb des bevorzugten Bereiches bewegen. Der *MBTI* presst also niemanden in eine Schublade, sondern hilft bei der Positionierung und der Entfaltung im gesamten Haus der Persönlichkeitstypen.

Die 16 Persönlichkeitstypen als Buchstaben-Codes

Wenn man seinen Persönlichkeitstyp in Form des Vier-Buchstaben-Codes kennt, kann man viel über sich selbst erfahren, aber auch lernen, den Umgang mit seinen Mitmenschen zu verbessern. Der *MBTI* versteht sich also als ein Entwicklungsinstrument, das Menschen Möglichkeiten eröffnet, sowohl mit ihrem privaten als auch mit ihrem beruflichen Umfeld besser umzugehen. Dabei macht der *MBTI* eine Aussage hinsichtlich des Wahrnehmens und Entscheidens. Um die bevorzugte Nutzung der Wahrnehmungs- oder Entscheidungsebene eines jeden Typs zu bestimmen, nutzt der *MBTI* die so genannte Typendynamik, in der sich für die Rangfolge der Präferenzen aus diesen beiden Ebenen vier Funktionen herauskristallisieren: (1) die dominante Funktion, (2) die Hilfsfunktion, (3) die Coaching-Funktion und (4) die inferiore Funktion, die sich gegenseitig ausbalancieren. Die Bedeutung der Funktionen lässt sich gut an dem Beispiel eines Flugzeugs verdeutlichen.

Die dominante Funktion

Die dominante Funktion steuert eine Persönlichkeit am deutlichsten; sie wird durch den Piloten repräsentiert. Er fliegt das Flugzeug und bestimmt Kurs, Geschwindigkeit, Pausen, Regeleinhaltung und -überschreitung. Nach *Jung* setzen Menschen bevorzugt entweder den mentalen Prozess des Entscheidens oder des Wahrnehmens ein. Die dominante Funktion ist somit der Teil unserer Person, den wir am differenziertesten nutzen und der auch in aller Regel Quell unserer Motivation und Richtung im Handeln ist. Menschen setzen die dominante Funktion bevorzugt in dem Bereich ein, aus dem sie ihre Energie beziehen, also aus der Außenwelt oder aus ihrer Innenwelt.

Die sekundäre Funktion

Die sekundäre Funktion wird durch den Co-Piloten repräsentiert. Dieser liest die Flugkarten, achtet mit auf den Flugverkehr und »unterstützt« den Piloten beim Lenken des Flugzeugs. Da ein Mensch bei seinen Handlungen immer beide Aspekte – Wahrnehmen und Urteilen – benötigt, unterstützt die sekundäre Funktion, auch Hilfsfunktion genannt, die dominante. Ist also die erste Funktion auf das Wahrnehmen ausgerichtet, »kümmert« sich die zweite um das Urteilen – oder umgekehrt. Pilot und Co-Pilot sind die beiden, die das Flugzeug – mit jeweils eigenen Aufgabenbereichen – auf jeden Fall aber zusammen gut und sicher fliegen. Gleichzeitig kann der Co-Pilot quasi unbemerkt von den Passagieren den Flug übernehmen, wenn der Pilot andere Aufgaben hat oder sich ausruht, beide sind also ein aufeinander eingespieltes Team.

Die tertiäre Funktion

Die tertiäre Funktion ist vergleichbar mit einem auszubildenden Piloten, der theoretisch schon fliegen kann, praktisch aber noch nicht. Das legt nahe, dass diese Funktion noch entwicklungsbedürftig ist. Die tertiäre Funktion wird deshalb auch Coaching-Funktion genannt und hilft dabei, neben dem guten Zusammenspiel der beiden Piloten die Persönlichkeit differenzierter zu nutzen und zu reifen. Im Alltag führt dies bei Menschen, die sich in ihrer Lebensmitte befinden, oft zu neuen Ausrichtungen und zur Annahme bisher nicht entdeckter Interessen.

Die vierte Funktion

Die vierte oder inferiore Funktion spiegelt das Verhalten eines Säuglings wider, der mit Sicherheit während eines längeren Flugs irgendwann einmal schreit, die Passagiere damit fürchterlich nervt, aber nicht so leicht ruhig gestellt werden kann – zumindest so lange, bis er von selbst einschläft.

Wir wissen oft nicht viel über diese vierte und damit am wenigsten bevorzugte (inferiore) Funktion bei uns selbst. Nach der *Jungschen* Psychologie liegt das Inferiore eher im persönlich Unbewussten. Es beinhaltet oft das, was ein Mensch an sich selbst nicht wahrnehmen will, was seinem Ideal-Ich nicht entspricht, ja ihm oft sogar widerspricht. Nicht selten geschieht es, dass man gerade diese unbewussten Merkmale vorwurfsvoll auf andere Menschen überträgt, die diese Eigenschaften bei sich einfach zulassen. Gelingt es, die inferiore Funktion bewusster wahrzunehmen, und ist man bereit, sie quasi versöhnt zu begrüßen, so birgt sie eine große Chance zur persönlichen Entwicklung. Die inferiore Funktion kommt oft bei starkem Stress zum Vorschein. Sie äußert sich dann oft unreif und negativ.

12.5 Das Verfahren in der Praxis

Gerade die inhaltliche Tiefe der Typendynamik wird von vielen als nachhaltiges Erlebnis bei der Beschäftigung mit der eigenen Person erlebt. Durch die bewusstere Auseinandersetzung mit der Rangfolge der eigenen Präferenzen und deren bevorzugtem Einsatz in Alltagssituationen kann man den *MBTI* in vielen Bereichen einsetzen. Bezogen auf das berufliche Umfeld kann der Indikator optimal in den folgenden Feldern eingesetzt werden:

- Führung und Managemententwicklung
- Vertrieb und Kundenorientierung
- Teamentwicklung
- Konfliktlösung
- Arbeitsmethodik und Lernen

Führung und Management-entwicklung

Um erfolgreich führen zu können, müssen Führungskräfte sich in Selbstwahrnehmung und Reflexion üben, da ihr Verhalten und ihr Führungsstil sich erheblich auf die Motivation, das Engagement und die Loyalität der Mitarbeiter auswirkt. Indem Führungskräfte ihren durch den *MBTI* ermittelten Persönlichkeitstypus kennen, können sie ihre individuellen Stärken und Entwicklungsbereiche identifizieren.

In Führungssituationen kommt es häufig vor, dass unterschiedliche Werte, Erwartungen, Interessen und Bedürfnisse miteinander kollidieren. In diesem Fall entstehen typische Konfliktsituationen im Betrieb. Wenn man als Führungskraft seine Präferenzen kennt, kann man jedoch lernen, diese auf die Interessen und Erwartungen seiner Mitmenschen einzustellen. Dies ermöglicht der Führungskraft sich so zu verhalten, dass die eigenen Bedürfnisse nicht immer in den Mittelpunkt gestellt werden, sondern die Werte und Interessen der Mitarbeiter. Diese sollten auch in Feedbackprozessen miteinbezogen werden. »Feedback geben« ist der Performance-Treiber Nummer eins. Führungskräfte steigern die individuelle Performance ihrer Mitarbeiter, indem sie Feedbackprozesse organisieren und so für den unmittelbaren Austausch zwischen Vorgesetzten und Mitarbeitern sorgen. Das Wissen über die durch den Persönlichkeitstypus gekennzeichnete Individualität kann zu einem erfolgreichen Feedback einen erheblichen Beitrag leisten. Auf diese Weise kann die Kommunikation zwischen Führungskräften und Mitarbeitern enorm verbessert und ein reibungsloser Ablauf zur gemeinsamen Zielerreichung gewährleistet werden.

Insbesondere in der Form der Einzelbegleitung (Coaching) von Führungskräften bietet der *MBTI* eine detaillierte und sehr tief gehende Analyse für die Managemententwicklung. So ist insbesondere zur Standortbestimmung zu Beginn eines Coachings das Instrument hervorragend geeignet, beschreibt es doch die eigene Position und hilft, den eigenen Stil zu benennen und zu reflektieren. Führungskräfte werden sich so ihrer Stärken bewusst und erkennen, wie sie mit energie- / kräftezehrenden Situationen oder Aufgaben bewusster umgehen können. Hinweise zum Entscheidungsstil, zur Konflikt- und Kommunikationsverbesserung oder zum Umgang mit Veränderungen runden die Aspekte der eigenen Entwicklung dabei ab und sind Basis für intensive Coaching- oder Entwicklungsgespräche.

Vertrieb und Kundenorientierung

Entsprechend den jeweiligen Werten, Erwartungen, Interessen und Bedürfnissen möchten die unterschiedlichen Persönlichkeitstypen in Kaufsituationen auf differenzierte Art und Weise überzeugt werden. Wenn man einschätzen kann, was für ein Persönlichkeitstyp der Käufer ist, kann man als Verkäufer sein Angebot so abstimmen, dass die Bedürfnisse des Gegenübers genau angesprochen werden und eine Kaufentscheidung herbeigeführt wird.

Teamentwicklung

Das Lösen von Aufgaben erscheint oft einfacher, wenn ein Team aus gleichen Typen besteht, da die Situation dann auf die gleiche Weise wahrgenommen wird. Meist ist jedoch in diesem Fall die Problemlösung ineffektiv. Bei der Arbeit im Team muss gelernt werden, seine eigenen Werte, Erwartungen, Interessen und Bedürfnisse unterzuordnen, wenn diese der optimalen Lösung von Aufgaben nicht zuträglich sind. Das heißt aber auch, die Bedürfnisse und das Anderssein der anderen Teammitglieder zu akzeptieren. Optimale Lösungen können gefunden werden, wenn die Problemstellung aus völlig unterschiedlichen Blickwinkeln betrachtet wird. Daraus folgt, dass ein Team dann am effektivsten arbeitet, wenn es aus möglichst vielen unterschiedlichen Menschen mit unterschiedlichen, sich ergänzenden Präferenzen besteht. Durch diese Unterschiedlichkeit entsteht aber wiederum das Risiko, dass Konfliktsituationen erwachsen, die die Effizienz und Effektivität des Teams negativ beeinflussen.

Konfliktlösung Obwohl Konflikte verschiedene Ursachen haben können, gibt die Kombination aus den Dimensionen T/F und J/P besonders gut Aufschluss über den Entstehungsgrund und die Reaktion auf eine Konfliktsituation. Die folgende Tabelle liefert einen Anhaltspunkt dafür, wie unterschiedlich Konflikte wahrgenommen werden können.

Umgang mit Konflikten	
TJ	TP
• *Grund für Konflikte:* Umgang mit / durch Autorität • *gewünschtes Ergebnis:* rationale Konfliktlösung • *Emotionen:* bestreiten, dass es welche gibt • *Eindruck auf andere:* unbeeindruckt oder aggressiv • *zufrieden, wenn* der Konflikt vorbei ist	• *Grund für Konflikte:* fehlendes / enttäuschtes Vertrauen • *gewünschtes Ergebnis:* Prozess- oder Verfahrensverbesserung • *Emotionen:* ausschließen • *Eindruck auf andere:* Advocatus Diaboli • *zufrieden, wenn* das Ergebnis analysiert werden kann
FJ	FP
• *Grund für Konflikte:* unterschiedliche Überzeugung • *gewünschtes Ergebnis:* intakte Beziehungen • *Emotionen:* sind Bestandteil des Konfliktes • *Eindruck auf andere:* sucht Kommunikation und Harmonie • *zufrieden, wenn* es keinen bitteren Nachgeschmack gibt	• *Grund für Konflikte:* unterschiedliche Wertevorstellungen • *gewünschtes Ergebnis:* respektvoller Umgang, Zuhören • *Emotionen:* werden akzeptiert • *Eindruck auf andere:* berücksichtigt Werte und Bedenken anderer • *zufrieden, wenn* es eine offene Aussprache gibt

Personalauswahl Im Gegensatz zu Traittheorien sagt der *MBTI* nichts über die Stärke von Persönlichkeitseigenschaften oder deren Qualität aus. Denn es geht ja darum, welche Bereiche bevorzugt werden, nicht welche Fähigkeiten jemand besitzt. Niemand soll durch den *MBTI* in seinen Möglichkeiten eingeschränkt werden. Aus diesem Grund gilt es als unethisch im Sinne der *Best Practice,* das Instrument zur Personalauswahl heranzuziehen. Die Werte, die bei der Durchführung des *MBTI* zustande kommen, geben keine Auskunft darüber, wie stark ein Merkmal ausgeprägt ist, sondern lediglich, mit welcher Klarheit eine Person dem jeweiligen Pol der Dichotomie zugeordnet werden kann.

12.6 Durchführung/Ablauf und Auswertung

Der *MBTI* wird in insgesamt sechs Phasen durchgeführt: Auftragsklärung, Ausfüllen des Fragebogens, Selbsteinschätzung, Bericht über den Typus, Ermittlung des Best-Fit-Typus und Anbindung an verschiedene Anwendungsbereiche.

1. Auftragsklärung

Eingangs muss geklärt werden, warum der *MBTI* eingesetzt werden soll. Der *MBTI* hat sich als Entwicklungsinstrument bewährt. Der *MBTI* kann immer dann als Methode genutzt werden, wenn es sich um Fragestellungen der Führung, der Teamentwicklung, des Vertriebs, des Konfliktmanagements und der Kommunikationsentwicklung handelt. Wenn sich aber bei der Auftragsklärung herausstellt, dass Persönlichkeitsmerkmale (Traits) ermittelt werden sollen, ist er dafür nicht geeignet, weil er sich mit der Bestimmung von Typen beschäftigt.

2. Fragebogen

Wichtig ist, vor der Durchführung sicherzustellen, dass der Teilnehmer weiß, warum der *MBTI* durchgeführt wird, dass die Ergebnisse vertraulich behandelt werden, und dass er freiwillig daran teilnimmt. Um mögliche Vorbehalte der Teilnehmer im Vorfeld auszuräumen, sollte der *MBTI* kurz beschrieben werden. Dabei sollte auch verdeutlicht werden, dass es sich bei dem Instrument nicht um einen Test handelt, es also keine richtigen oder falschen Antworten gibt, sondern es ein Indikator ist, der Menschen hilft, sich besser einzuschätzen und weiterzuentwickeln.

Beim Ausfüllen des *MBTI* gibt es kein Zeitlimit, die meisten Teilnehmer brauchen jedoch im Durchschnitt 20 bis 30 Minuten, um die Fragen zu beantworten. Nach dem Ausfüllen wird der Fragebogen entsprechend ausgewertet, und es ergibt sich der Typ als sogenannter Vier-Buchstaben-Code, der Ausprägung der Präferenz über die vier beschriebenen Dimensionen.

Neben dem unmittelbaren Ausfüllen im Rahmen einer Veranstaltung besteht auch die Möglichkeit, den Teilnehmern den Frage- und Antwortbogen per Post zuzusenden. In diesem Fall füllt der Teilnehmer den Bogen aus und schickt ihn zur Auswertung an den Berater zurück.

Außer der Paper-Pencil-Version kann der *MBTI* auch elektronisch bearbeitet werden. In diesem Fall bekommt der Teilnehmer eine Datei zugeschickt, die die Fragen und Antworten enthält. Diese Datei wird per E-Mail an ein spezielles Auswertungssystem geschickt. Der Berater kann sich dann schon nach kurzer Zeit über eine Homepage die Auswertung als Bericht herunterladen und an den Teilnehmer weitergeben.

3. Selbsteinschätzung

Nachdem der Antwortbogen ausgefüllt und ausgewertet worden ist, steht jedem Teilnehmer ein persönliches Feedbackgespräch zu. Darin bespricht der Berater mit dem Teilnehmer den *MBTI.* Außerdem bekommt der Teilnehmer die Möglichkeit sich selbst einzuschätzen. Dadurch wird die Akzeptanz für das Fragebogenergebnis deutlich erhöht, weil die Teilnehmer sich meistens richtig in die Buchstabenkategorien einordnen, die auch durch den ermittelten Typ identifiziert werden.

4. Bericht über den Typ

Die Selbsteinschätzung wird dann mit dem ermittelten Typ des Antwortbogens verglichen, um den so genannten Best-Fit-Typ zu ermittelten.

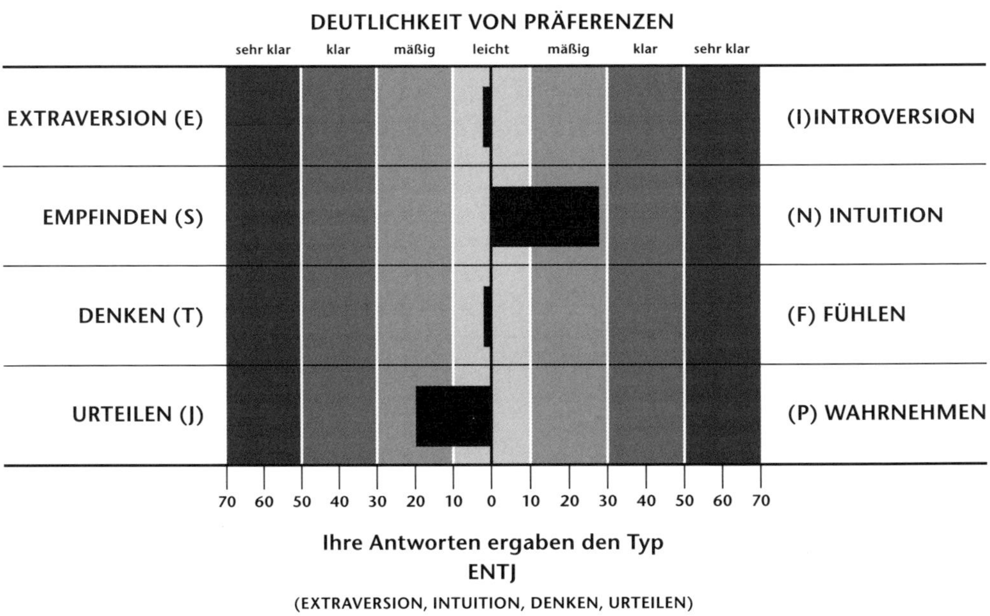

Ausschnitt aus den Ergebnissen der exemplarischen Testperson des Buches. Ein detailliertes Best-Fit-Gespräch wurde aus organisatorischen Gründen nicht geführt.

Die Person – in diesem Falle die exemplarische Testperson des Buches – erhält eine Übersicht über das Ergebnis und erfährt, dass sie der Typ ENTJ ist, also eine Präferenz für Extraversion, Intuition, Denken *(Thinking)* und Urteilen *(Judging)* hat. Das Fragebogenergebnis und die Selbsteinschätzung des Teilnehmers bilden nun die Basis für die abschließende Validierung des Best-Fit-Typs (vgl. hierzu Teil C des Buches).

5. Best-Fit-Typ

Der Best-Fit-Typ entspricht dem Persönlichkeitstyp, der laut dem Teilnehmer am besten auf ihn zutrifft. Dies spiegelt die essenzielle Annahme des *MBTI* wider, dass jeder Mensch sich selbst am besten kennt und sich daher auch am besten selber einschätzen kann. Die Bestimmung des Best-Fit-Typus erfolgt im persönlichen Feedbackgespräch zwischen dem qualifizierten *MBTI*-Berater und dem Teilnehmer.

Auch wenn die Frage- und Antwortbögen auf dem Postweg zugesandt worden sind, darf das persönliche Feedbackgespräch auf keinen Fall ausbleiben. Daraus folgt, dass die Ergebnisse nicht auf dem Postweg zurückgesandt werden dürfen.

6. Anbindung

In Anlehnung an die Auftragsklärung wird anschließend die Anwendung des *MBTI* in bestimmten Kontexten und Anwendungsbereichen näher erläutert. Hier wirkt der *MBTI* als methodische Unterstützung und kann insbesondere durch seine klare Sprache Verbindungen aufzeigen und benennen.

12.7 Qualitätskriterien

Um zu vermeiden, dass Teilnehmer beim Ausfüllen des Fragebogens durch bestimmte eigene Erfahrungen und Situationen oder gesellschaftliche Normen und Werte beeinflusst werden, nutzten *Myers* und *Briggs* bereits bei der Konstruktion bestimmte Qualitätskriterien, z.B. den Einsatz der psychologischen Gegensatzpaare als ein *Forced-Choice*-Verfahren, dass dem dichotomen (zweipoligen) Aufbau der Jungschen Theorie entspricht, sowie eine klare, wertneutrale Sprache. Darüber hinaus wurde in weltweit über 4000 Studien überprüft, ob die Reliabilität und Validität des *MBTI* gewährleistet sind.

Reliabilität

Obwohl es natürlich Faktoren gibt, die die Reliabilität des Instruments beeinflussen können – wie Berechnungs- und Auswertungsfehler, Zeit zwischen den Messzeitpunkten oder Störungen des Teilnehmers während der Auswertung –, ist die Reliabilität des *MBTI* gewährleistet. Die Split-Half-Reliabilität für die paneuropäische Studie mit ca. 2500 Probanden liegt für alle vier Dichotomien im guten und ausgezeichneten Bereich. Das Gleiche trifft auf die Werte des *Cronbach-Alpha*-Koeffizienten zu. Auch hier liegen die Werte für alle Dichotomien im guten bzw. ausgezeichneten Bereich. Dies gilt ebenso für die Betrachtung der Versuchspersonen aus dem deutschsprachigen Raum (r zwischen .75 und .87). Aufgrund der Test-Retest-Werte, die in den USA und Europa ermittelt wurden, konnte für den *MBTI* eine entsprechend eindeutige Reliabilität in diesem Bereich nachgewiesen werden. Die Wahrscheinlichkeit, beim erneuten Ausfüllen des Fragebogens wieder demselben Buchstaben-Code zugeordnet zu werden, liegt bei beträchtlichen 82–87 Prozent.

Validität Um die Validität nachzuweisen, werden weltweit immer wieder Studien durchgeführt. Zum Beispiel wird genauer betrachtet, ob der durch den Fragebogen ermittelte Vier-Buchstaben-Code mit dem »Best-Fit-Typus« einer Person überstimmt. Es finden sich über 72 Prozent aller Teilnehmer in dem durch den Fragebogen ermittelten Typ voll wieder. Nur weniger als 7 Prozent sehen eine Abweichung ihres »Best-Fit-Typus« in mehr als einem Buchstaben. Darüber hinaus beweisen Studien, die den *MBTI* mit anderen psychometrischen Instrumenten vergleichen, immer wieder, dass die Messergebnisse des Instruments signifikant in die von der Theorie erwartete Richtung weisen. Auch Studien zum Thema Typ und Beruf erbrachten signifikante Validitätswerte und stützen die Aussagen des *MBTI*.

In Deutschland ist der *MBTI* eines der am häufigsten eingesetzten Instrumente innerhalb von Organisationen, und seine Reliabilität und Validität sind entsprechend dokumentiert. Die deutschsprachige Stichprobe besteht dabei im Querschnitt aus überwiegend männlichen, berufstätigen Personen und ist damit nicht einer nationalen Stichprobe gleichzustellen. Hinsichtlich der psychometrischen Qualität entsprechen die ermittelten Ergebnisse aber den Vergleichsgruppen anderer nationaler Stichproben.

12.8 Ausbildung und Akkreditierung

Um die Qualität des Instruments zu gewährleisten, ist der Einsatz des *MBTI*-Instruments lizenzierten Personen vorbehalten. Im deutschsprachigen Bereich führt die *A-M-T Management Performance AG* die Lizenzierung durch. Die Ausbildung wendet sich an alle, die sich für den Einsatz des Instruments qualifizieren wollen. Der Teilnehmerkreis besteht aus externen Trainern, Beratern, Coaches und internen Spezialisten der Personalentwicklung oder Weiterbildung sowie aus Führungskräften.

Mit der *MBTI*-Ausbildung erhalten die Teilnehmer einen reflektierten Einblick in Persönlichkeitstheorien und Typenforschung sowie Anwendungssicherheit bei der Platzierung des *MBTI* und der Gestaltung von Feedbackgesprächen. Den erfolgreichen Abschluss der Lizenzierung belegt das personengebundene Zertifikat zur zeitlich unbegrenzten Nutzung des Instruments.

Lizenzierung

Die Lizenzierung besteht aus zwei Workshopteilen und einer Feldstudie. Der Workshop besteht aus Übungen, Gruppenarbeiten, Vortrag und Präsentationen. An die ersten drei Trainingstage schließt sich eine Feldstudie der Teilnehmer an, um das Instrument in der Praxis anzuwenden. Ein zweiter Workshopteil mit zwei Trainingstagen dient der Reflexion, der Vertiefung der Inhalte und Anwendungsfelder. Bei bestimmten Thementagen werden verschiedene Einsatzbereiche des *MBTI* vertiefend betrachtet. Darüber hinaus werden Alumni-Tage veranstaltet, an denen lizenzierte Anwender die Möglichkeit haben, Erfahrungen mit dem *MBTI* in der Praxis auszutauschen.

Um Interessierte und Lizenzierte über den *MBTI* zu informieren, versendet die *A-M-T AG* regelmäßig einen Newsletter und stellt auf ihrer Homepage Materialien wie Folien und Übungen zur Verfügung. Bücher und ein Film, der verschiedene Persönlichkeitstypen darstellt, ermöglichen einen zusätzlichen Einblick in die Welt des *MBTI*.

12.9 Schnuppertest

Um sich einen persönlichen Eindruck des *MBTI* zu verschaffen, gibt es die Möglichkeit, sich anhand der Beschreibungen der vier Dimensionen selbst einzuschätzen und sein Verhalten im Alltag zu beobachten. Regelmäßig werden auch Möglichkeiten zum Kennenlernen auf Veranstaltungen, bei Vorträgen oder Messen angeboten.

12.10 Vertrieb

A-M-T Management Performance AG
Südstraße 7
42477 Radevormwald
Fon +49 (0) 21 95 / 92 69 00
Fax +49 (0) 21 95 / 92 69 01
E-Mail: *performance@a-m-t.de*
Internet: *www.a-m-t.de*

Literatur

Briggs Myers, Isabel, Mary H. McCaulley, Naomi L. Quenk et al.: *MBTI Manual – A Guide to the Development and Use of the Myers-Briggs Type Indicator.* CPP, 3. Aufl. 1998.

Briggs Myers, Isabel: *Einführung in Typen.* CPP, 1998.

Klimmer, Matthias & Neef, Martina: *Einsatz von Persönlichkeitstypen in der Wirtschaft.* Fachhochschule Mannheim, 2004.

Krebs Hirsh, Sandra & Kummerow, Jean M.: *Einführung in Typen innerhalb von Organisationen.* CPP, 1998.

Lorenz, Thomas, & Oppitz, Stefan: *30 Minuten für Profilierung durch Persönlichkeit – Auf der Basis des Myers-Briggs Type Indicator (MBTI) Instruments.* Offenbach: GABAL, 2004

Über die Autoren

Thomas Lorenz ist Performance-Consultant. Er setzt sich seit Jahren in Deutschland dafür ein, Improving Performance als neue Kompetenz der Bildungsarbeit in der beruflichen Weiterbildung einzuführen. Er ist Vorstandsvorsitzender der 1988 von ihm gegründeten *A-M-T Management Performance AG,* die im Jahre 2000 von der *ASTD* im Rahmen des Award-Programms mit der *Excellence in Practice Citation* geehrt wurde. Im Bereich Leadership lizenziert der Diplom-Ökonom Trainer für die Anwendung des *MBTI* und bietet ein Führungsprogramm an, in dem Performance und Leadership zusammengeführt werden.

Stefan Oppitz ist Unternehmensberater. Als Mitglied des Vorstandes der *A-M-T Management Performance AG* beobachtet er seit Jahren die Entwicklungen der amerikanischen Berater- und Bildungsszene. Seinen *Master of Education* schloss er in den USA ab. Hier begegnete er auch erstmals dem *MBTI* und dem 360-Grad-Feedback-Instrument *Benchmarks.* Als Berater setzt er Improving-Performance-Konzepte in Unternehmen um, wobei er sich für die Vertiefung des Return on Investment-Gedankens engagiert. Das Thema Leadership ist für ihn multikulturell ausgeprägt.

13. Occupational Personality Questionnaire (OPQ32)

Carsten Stiel

13.1 Theoretische Quellen und Verwandtschaften

Der *OPQ* ist ein berufsbezogener Fragebogen, der den individuellen Verhaltensstil einer Person erfasst. Messgegenstand sind die individuellen Verhaltenspräferenzen im beruflichen Kontext und die damit einhergehenden Gedanken und Gefühle. Es werden mit dem Fragebogen weder Verhaltensresultate noch Wissensinhalte oder kognitive Fähigkeiten erfasst. Die Messung der Verhaltenspräferenzen geschieht auf dem Wege einer strukturierten und standardisierten Selbstbeschreibung.

> Ausgehend von der vielfach empirisch belegten und inzwischen kaum mehr bestrittenen Annahme, dass individuelle Persönlichkeitsmerkmale eine wesentliche Voraussetzung für (erfolgreiches) berufliches Verhalten sind, erhebt der *OPQ* den Anspruch, diese Merkmale umfassend und detailliert zu erfassen.

Tradition eigenschaftstheoretischer Ansätze

Wissenschaftshistorisch steht der *OPQ* in der Tradition eigenschaftstheoretischer Ansätze und bildet in seiner Faktorenstruktur die sog. *Big Five* ab (*Matthews & Stanton* 1994). Der Entwicklung des *OPQ* lag zunächst die Frage zugrunde, welches überhaupt die für berufliches Verhalten maßgeblichen persönlichkeitsbezogenen Merkmale sind. Diese Frage wurde jedoch nicht durch Bezug auf eine einzelne Persönlichkeitstheorie beantwortet, sondern bezog unterschiedliche theoretische Ansätze, vor allem aber empirische Erkenntnisse, mit ein.

Der *OPQ* beschreibt den individuellen Verhaltensstil in 32 Verhaltensbereichen (Skalen). Diesen Skalen liegt ein allgemeineres Modell zugrunde, welches die Persönlichkeit in drei Hauptbereiche – zwischenmenschliches Verhalten, Denkstil, Emotionen – unterteilt. Diese drei werden von einem vierten Bereich untermauert: Motivation und Dynamik.

13.2 Historischer Abriss des Modells

Die erste Version des *OPQ* wurde 1984 publiziert (*SHL* 1984). Vorausgegangen war ein umfangreiches, ca. dreijähriges Forschungsprojekt, an dem unter der Leitung von *SHL* über 50 Unternehmen aus verschiedenen Branchen beteiligt waren. Leitprinzipien für die Entwicklung und Anwendung des *OPQ* waren folgende:

Leitprinzipien

- *Berufsbezogenheit:* Der *OPQ* ist für den Einsatz in der berufsbezogenen Diagnostik konstruiert. Er enthält ausschließlich solche Inhalte, die in diesem Kontext aussagekräftig und akzeptabel sind. Auf klinische oder abstrakte Konstrukte wird verzichtet.
- *Umfassende Beschreibung:* Der *OPQ* liefert eine umfassende und detaillierte Beschreibung berufsrelevanter Persönlichkeitsmerkmale. Er ist generell einsetzbar und nicht auf bestimmte Branchen oder Positionen beschränkt.
- *Professionelle Anwendung:* Der *OPQ* ist ein komplexes und anspruchsvolles Instrument, zu dessen verantwortungsvoller und nutzbringender Anwendung eine spezielle Qualifikation notwendig ist. Diese vorausgesetzt, kann der OPQ von Personalfachleuten mit unterschiedlichem fachlichen Hintergrund genutzt werden.
- *Psychometrische Qualität:* Der *OPQ* entspricht den an diagnostische Verfahren angelegten allgemeinen Gütekriterien. Diese werden fortlaufend überprüft. Das Instrument selbst wird regelmäßig aktualisiert und an sich verändernde Bedingungen und Anforderungen angepasst.

Unter Berücksichtigung gebräuchlicher Fragebogen (u. a. *MMPI, CPI, EPI, 16 PF),* der aktuellen wissenschaftlichen Literatur zum Zusammenhang zwischen Persönlichkeitsmerkmalen und beruflichem Verhalten sowie Repertory-Grid-Interviews mit Personalfachleuten und Verantwortlichen entstand ein 30 Skalen umfassender Fragebogen. Diese erste Fassung des *OPQ* gab es in zwei Versionen: der *OPQ 4.2* war nach dem *Forced-Choice-*

Prinzip aufgebaut, während die normative Version *OPQ 5.2* in einer fünfstufigen Likert-Skala zu bearbeiten war. Die erste deutschsprachige Version des *OPQ* (*Forced-Choice*-Version) erschien im Jahre 1984.

Revision Zwischen 1994 und 1999 wurde der *OPQ* einer eingehenden Revision unterzogen. Die Hauptziele waren dabei die Verbesserung der psychometrischen Qualitäten (Reliabilität / interne Konsistenz einiger Skalen, Unabhängigkeit der Skalen) sowie die Erhöhung der Augenscheinvalidität durch den Verzicht auf Skalen mit begrenzter Aussagekraft und die Hinzunahme neuer Skalen. Der im Jahre 1999 publizierte und heute aktuelle *OPQ32* umfasst 32 Skalen (*SHL* 1999). Er ist in 22 Sprachen verfügbar und wird in mehr als 40 Ländern weltweit eingesetzt. Die deutschsprachige Version des *OPQ32 (Forced-Choice)* haben mehr als 15 000 Teilnehmer unterschiedlichster Branchen bearbeitet. Die aktuelle deutschsprachige Gesamtnorm umfasst N = 7.029 Personen. Seit 2006 existiert neben der ipsativen zudem eine normative Version des *OPQ32* in deutscher Sprache.

13.3 Gliederung

Der *OPQ* stellt auf 32 Skalen den individuellen Verhaltensstil einer Person dar. Jede dieser 32 Skalen ist durch 13 Aussagen (Items) operationalisiert. Das bedeutet, dass der Fragebogen insgesamt 416 Aussagen umfasst. Diese sind in 104 Viererblocks gegliedert.

Dem *OPQ* liegt ein ipsatives Antwortformat zugrunde. In jedem Block muss der Teilnehmer entscheiden, welche der vier Aussagen am meisten und welche am wenigsten auf ihn zutrifft. Auf Seite 323 oben sind beispielhaft zwei dieser Viererblocks abgebildet.

Ipsatives Format Das ipsative Format bietet gegenüber dem normativen zwei wesentliche Vorteile: Es ist deutlich weniger anfällig gegenüber Selbstdarstellungs- / Verfälschungstendenzen, und das resultierende Persönlichkeitsprofil differenziert deutlicher zwischen den mehr und den weniger präferierten Verhaltensweisen. Es entsteht ein charakteristischeres Bild der Person. Ipsative Fragebogen weisen auf der anderen Seite eine etwas geringere Reliabilität auf (*Clemans* 1966; *Baron* 1996).

Der Fragebogen ist immer komplett zu bearbeiten. Es können keine einzelnen Skalen herausgezogen und gesondert bearbeitet werden. Für spezielle opq32

1	A	Ich übe offen Kritik	am meisten	am wenigsten
	B	Ich bin gern viel beschäftigt	am meisten	am wenigsten
	C	Ich probiere neue Aktivitäten aus	am meisten	am wenigsten
	D	Ich halte Vorschriften ein	am meisten	am wenigsten
2	A	Ich suche den direkten Vergleich mit anderen	am meisten	am wenigsten
	B	Ich sehe immer die positiven Seiten einer Sache	am meisten	am wenigsten
	C	Ich steuere gern die Arbeit eines Teams	am meisten	am wenigsten
	D	Ich berate mich oft mit anderen	am meisten	am wenigsten

Auszug aus dem *OPQ*

Personen- bzw. Berufsgruppen stehen eigene (kürzere) Varianten des *OPQ* zur Verfügung: für Vertriebs- und Servicetätigkeiten der *CCSQ (Customer Contact Styles Questionnaire)* (*SHL* 1997) und für gewerbliche Tätigkeiten der *WSQ (Work Styles Questionnaire)* (*SHL* 1988). Diese beschränken sich inhaltlich auf die Verhaltensbereiche, welche für die jeweilige Anwendergruppe am relevantesten sind.

13.4 Beschreibung des Verfahrens

Wie einleitend erwähnt, ist mit dem *OPQ* der Anspruch verknüpft, die berufsbezogene Persönlichkeit umfassend und auch im Detail differenziert abzubilden. Persönlichkeit im Sinne des *OPQ* ist auf den typischen Stil des Einzelnen bezogen, sich zu verhalten, zu denken und zu fühlen. Entsprechend dem Grundmodell teilt sich die Ergebnisdarstellung des *OPQ* in drei Hauptbereiche: zwischenmenschliches Verhalten, Denkstil sowie Emotion und Motivation.

Zwischenmenschliches Verhalten

Der Bereich zwischenmenschliches Verhalten beleuchtet die Art und Weise, wie eine Person den Kontakt zu anderen Menschen gestaltet, wie sie mit anderen kooperiert, wie selbstsicher sie in sozialen Situationen auftritt und wie sie sich gegen Widerstände durchsetzen kann.

Die Skalen dieses Bereiches geben Hinweise auf folgende Fragestellungen:

- Wie interagiert die Person mit ihrem sozialen Umfeld?
- Welchen Kommunikationsstil pflegt sie?
- Wie wird sich die Person wahrscheinlich im Team verhalten?

Zwischenmenschliches Verhalten		
Unterbereich	Skala	Bedeutung
Durchsetzung	Überzeugend	Verkauft gern und verhandelt geschickt; nimmt gern Einfluss auf die Meinung anderer
	Führend	Übernimmt Verantwortung im Team; leitet und managt; gibt gern den Ton an
	Direkt	Sagt die eigene Meinung frei heraus; spricht Widerspruch offen aus; scheut sich nicht, Kritik klar zu äußern
	Unabhängig	Geht eigene Wege; möchte eigene Vorstellungen umsetzen; ist bereit, sich gegen Mehrheitsentscheide zu behaupten
Kontakt	Gesellig	Kontaktfreudig und lebhaft; unterhält gern; steht gern im Mittelpunkt der Aufmerksamkeit
	Anschlussfreudig	Ist gern mit anderen zusammen; legt Wert auf Gemeinschaft; ist gern Teil einer Gruppe
	Selbstsicher	Fühlt sich unbefangen in Gesellschaft Fremder; erlebt sich als sicher auf formellem Parkett
Einfühlung	Zurückhaltend	Spricht nicht gern über eigene Errungenschaften; ist zurückhaltend mit eigenen Erfolgen
	Kooperativ	Berät sich ausgiebig und gern mit anderen; bezieht andere bei Entscheidungen ein; trifft ungern Entscheidungen allein
	Fürsorglich	Bringt anderen Verständnis entgegen; ist sehr rücksichtsvoll und hilfsbereit; bietet anderen Unterstützung an

Denkstil Der Denkstil behandelt die Frage, wie eine Person an die Lösung von Aufgaben herangeht, wie sie die Arbeit organisiert, wie detailorientiert sie vorgeht, wie flexibel sie auf Veränderung reagiert, wie kreativ sie mit Aufgaben umgeht.

Die Skalen in diesem Bereich geben Hinweise auf folgende Fragestellungen:

- Welche Herangehensweise wählt jemand bei der Analyse und Lösung von Problemen?
- Wie stellt er sich auf neue Gegebenheiten und wechselnde Anforderungen ein?
- Wie organisiert er sich und seine Arbeit?

Denkstil		
Unterbereich	Skala	Bedeutung
Analyse	Datenorientiert	Arbeitet gern mit Zahlen; analysiert gern statistische Informationen; entscheidet auf Basis von Fakten und Daten
	Kritisch bewertend	Hinterfragt und bewertet Informationen kritisch; erkennt oft Schwachstellen und Fehler in Argumenten oder Plänen
	Verhaltensorientiert	Möchte die Motive und das Verhalten anderer verstehen; analysiert gern andere Menschen
Flexibilität	Traditionell	Arbeitet bevorzugt nach bewährten Methoden; orientiert sich an traditionellen Ansätzen
	Konzeptionell	Interessiert sich für Theorie; denkt vernetzt; diskutiert gern über abstrakte Inhalte
	Innovativ	Ist gern kreativ; entwickelt neue Ideen; ersinnt einfallsreiche Lösungen
	Abwechslung suchend	Mag Abwechslung und häufige Veränderungen; probiert gern Neues aus; führt ungern Routinearbeiten aus
	Anpassungsbereit	Stellt sich auf unterschiedliche Menschen ein; passt sich im Verhalten an die jeweilige Situation an
Struktur	Vorausdenkend	Setzt langfristige Ziele; denkt weit voraus; betrachtet Dinge aus strategischer Sicht
	Detailorientiert	Kümmert sich um Details; arbeitet systematisch; ist bestrebt, sich gut zu organisieren
	Gewissenhaft	Misst termingerechter Erledigung hohen Stellenwert bei; bleibt an Aufgaben dran, bis sie abgeschlossen sind
	Regeln folgend	Hält sich gern an vorgeschriebene Abläufe; schätzt klare Vorgaben; betrachtet Regeln als verbindlich

Emotion und Motivation

Im Bereich Emotion und Motivation werden das Selbstmanagement am Arbeitsplatz und verschiedene arbeitsbezogene Motivationsquellen erfasst, wie gut eine Person mit Stress umgehen kann, wie groß ihr Ehrgeiz ist, hohe Ziele zu erreichen, und wie dynamisch sie an die Lösung von Aufgaben herangeht.

Die Skalen in diesem Bereich geben Hinweise auf folgende Fragestellungen:

- Wie geht eine Person mit Belastungen, Kritik und Fehlschlägen um?
- An welchen Zielen orientiert sie sich?

Emotion und Motivation		
Unterbereich	Skala	Bedeutung
Selbstmanagement	Entspannt	Kann gut abschalten und sich entspannen; fühlt sich generell ruhig und unbeschwert
	Besorgt	Ist vor wichtigen Terminen nervös; sorgt sich vor wichtigen Ereignissen, dass etwas schiefgehen könnte
	Robust	Ist schwer zu verletzen; kann einiges einstecken; lässt sich durch Kritik nicht erschüttern
	Optimistisch	Erwartet, dass Dinge ein gutes Ende nehmen; blickt optimistisch in die Zukunft; hat eine positive Grundhaltung
	Vertrauensvoll	Vertraut auf die guten Absichten anderer; verlässt sich auf das, was andere sagen
	Emotional kontrolliert	Hält Emotionen zurück; vermeidet es, Stimmungen nach außen zu zeigen
Motivation	Dynamisch	Ist gern viel beschäftigt; steckt voller Energie und Tatendrang; ist aktiv und vital
	Wettbewerbsorientiert	Wird durch Wettbewerb motiviert; will andere übertreffen; nimmt Herausforderungen an; verliert nicht gern
	Erfolgsorientiert	Ehrgeizig und karriereorientiert; steckt sich hohe Ziele; erwartet viel von sich selbst
	Entschlussfreudig	Entscheidet schnell; zieht rasch eigene Schlussfolgerungen; geht in Entscheidungssituationen auch Risiken ein

13.5 Verfahren in der Praxis

Der *OPQ* dient zur Unterstützung sämtlicher diagnostischer Prozesse bei personalbezogenen Entscheidungen. Teilnehmer sind Fach- und Führungskräfte aus allen Branchen und Bereichen der Wirtschaft und nichtkommerzieller Organisationen. Da sich der Fragebogen auf das Selbstbild in arbeitsbezogenen Kontexten bezieht, ist eine gewisse Erfahrung mit dem Arbeitsleben Voraussetzung für einen nutzbringenden Einsatz des *OPQ*. Bei (Fach-)Hochschulabsolventen oder Berufseinsteigern mit abgeschlossener Ausbildung ist diese Voraussetzung erfüllt. Zur Auswahl von Auszubildenden oder zur Berufswahlberatung von Schülern ist der *OPQ* weniger geeignet. In den nachfolgend genannten Bereichen wird der *OPQ* erfolgreich eingesetzt: Personalauswahl, Platzierungsentscheidungen, Personalentwicklung, Outplacement und Coaching.

Personal-auswahl

Der *OPQ* liefert im Bereich der Personalauswahl eine Fülle erfolgsrelevanter Informationen über einen Bewerber, die ohne ein solches Instrument nur schwer zu gewinnen sind. Seine maximale Aussagekraft gewinnt der *OPQ* in Kombination mit einem strukturierten Interview. Je nachdem, welche Kriterien bei der Auswahlentscheidung berücksichtigt werden, sollten zudem Fähigkeitstests, interaktive Übungen oder auch Fallstudien zum Einsatz kommen. Grundsätzlich kann und darf ein Persönlichkeitsfragebogen aber nie das alleinige Auswahlinstrument sein!

Ein besonderes Problem beim Einsatz von Persönlichkeitsfragebogen in Auswahlsituationen stellen Selbstdarstellungstendenzen aufseiten des Bewerbers dar. Persönlichkeitsfragebögen basieren immer auf Selbstbeschreibung. Somit liegt es in der Hand des Bewerbers, sich wahrheitsgemäß oder aber gemäß eines (vermuteten) Idealbildes zu beschreiben. Im *OPQ* sind hierzu einige Sicherungen eingebaut: Die Konsistenzskala gibt Hinweise auf ein widersprüchliches Antwortverhalten; die Länge des Fragebogens macht es unmöglich, sich über den gesamten Fragebogen hinweg konsistent zu verstellen; im obligatorischen Feedbackgespräch werden Angaben des Bewerbers im Fragebogen hinterfragt. Durch das ipsative *(Forced-Choice-)*Fragebogenformat ist der Bewerber gezwungen, sich u. U. gegen allgemein wünschenswerte Antworten zu entscheiden. Das schließt die Selbstbeschreibung im Sinne eines Wunschbildes weitestgehend aus (*Baron* 1996).

Bei Platzierungsentscheidungen kommt es auf die individuelle Passung der persönlichen Voraussetzungen des Mitarbeiters mit den Anforderungen

Platzierungsentscheidungen

der Tätigkeit an. Die Entscheidung für eine Tätigkeit mit konzeptionellem oder eine mit vertriebsorientiertem Schwerpunkt ist häufig nicht so sehr eine Frage der fachlichen Qualifikation oder der grundsätzlichen intellektuellen Voraussetzungen, sondern dessen, was einem Mitarbeiter von seinem Verhaltens- und Arbeitsstil her liegt. Hier liefert der *OPQ* in differenzierter Weise Informationen, die eine Platzierungsentscheidung erleichtern und Fehlentscheidungen unwahrscheinlicher machen.

Personalentwicklung

In der Personalentwicklung ist die Persönlichkeit zugleich Grenze und Ressource individueller Veränderungsprozesse. Einen Mitarbeiter auf eine Tätigkeit hin entwickeln zu wollen, die im Widerspruch zu seinen grundsätzlichen Verhaltenspräferenzen steht, ist mühsam, also ressourcenaufwendig, und langfristig wenig erfolgversprechend. Wenn aber der Erwerb zusätzlicher Kompetenzen und Qualifikationen an der eigenen Motivationslage und dem individuellen Arbeitsstil orientiert ist, so wird dies vom Mitarbeiter als persönlicher Gewinn wahrgenommen und kann eine höhere Leistungsfähigkeit zur Folge haben. Mit Hilfe des *OPQ* wird herausgearbeitet, was dem Mitarbeiter bei seiner Arbeit wichtig ist und welche Aufgabenbereiche ihm liegen. Zudem liefert der *OPQ* für eine gezielte Maßnahmenplanung eine Fülle von Anhaltspunkten. Spezielle Auswertungsoptionen (Entwicklungsplaner) verdeutlichen die Bedeutung der eigenen Verhaltenspräferenzen in Hinblick auf berufliche Kompetenzen *(Competencies)* und zeigen konkrete Maßnahmen auf, wie diese entwickelt werden können.

Outplacement

Kommt es zu einer Trennung, so bieten einige Unternehmen den ausscheidenden Mitarbeitern im Rahmen einer Outplacement-Beratung Unterstützung bei der Suche nach einer neuen Stelle an. Auch hier ist der Einsatz berufsbezogener Persönlichkeitsfragebögen von großem Nutzen für das Unternehmen und den Mitarbeiter: Das Unternehmen kann durch eine fundierte Beratung und einen fairen Prozess Schäden für das Image und das Arbeitsklima vermeiden; der Mitarbeiter wird unterstützt, ein seinen Neigungen entsprechendes Betätigungsfeld zu finden.

Coaching

Ein wesentliches Element von Coaching-Maßnahmen ist die Einleitung von Selbstreflexionsprozessen aufseiten des Klienten. Der *OPQ* unterstützt dies außerordentlich effektiv. Der Coach selbst kann sich mit Hilfe des *OPQ* ein sehr differenziertes Bild des Klienten verschaffen. Das Profil liefert ihm zudem Informationen, auf welche persönlichen Ressourcen der Klient bei der Problembewältigung zurückgreifen kann, wo Hindernisse liegen und Maßnahmen ansetzen können.

13.6 Durchführung

Der *OPQ* steht in der deutschen Version in folgenden Durchführungsmodi zur Verfügung:

1. *Papier und Bleistift:* Der Teilnehmer bedient sich zur Bearbeitung des Fragebogens eines (mehrfach verwertbaren) Aufgabenheftes und eines Antwortbogens, auf dem er seine Antworten ankreuzt. Die Auswertung erfolgt nach der Eingabe der Angaben auf dem Antwortbogen in den Computer mittels einer speziellen Software.
2. *PC-Version:* Der Teilnehmer nimmt die Bearbeitung am Bildschirm vor und gibt seine Antworten direkt in den Computer ein. Die Auswertung erfolgt wie bei der Papier-und-Bleistift-Variante durch eine Software.
3. *Online:* Mit Hilfe eines individuellen Passwortes erhält der Teilnehmer Zugang zum *SHL*-eigenen Onlinesystem. Der Fragebogen wird per Internet am Bildschirm bearbeitet. Die Auswertung erfolgt ebenfalls über das Onlinesystem.

Der Fragebogen ist in allen drei beschriebenen Modi inhaltlich identisch. Die Bearbeitungsdauer ist nicht zeitlich begrenzt. Erfahrungsgemäß benötigen Teilnehmer zwischen 45 und 70 Minuten für die Bearbeitung.

Die Durchführung – z. B. die Vergabe des Passwortes bzw. die Bestellung der Aufgabenhefte – und die Auswertung des *OPQ* erfolgen durch geschulte Administratoren. Der Teilnehmer wertet den Fragebogen nicht selbst aus und kann die Auswertung nicht selbstständig aus dem Computer bzw. dem Onlinesystem abrufen. Administratoren sind entweder Mitarbeiter von *SHL*, wenn der Auftraggeber den Büro-Service nutzt, oder eine in der Anwendung der Software bzw. des Onlinesystems unterwiesene Person aus dem Unternehmen (Self-Service).

13.7 Auswertung

Standardisierte Werte

Das *OPQ*-Profil gibt einen umfassenden Überblick über alle individuellen Ausprägungen des Teilnehmers. Die Ergebnisse werden in Form eines standardisierten Wertes dargestellt. Das bedeutet, dass die Antworten des Teilnehmers zu den Antworten einer repräsentativen Vergleichsgruppe in Beziehung gesetzt und im Verhältnis zu dieser dargestellt werden.

Jede Merkmalsausprägung des Teilnehmers wird auf einer Zehner-Skala (Standard-Ten) dargestellt. Die Werte 5 und 6 entsprechen dabei einer mittleren Merkmalsausprägung relativ zu der gewählten Vergleichsgruppe. Werte größer als 6 weisen auf eine stärkere Präferenz für das jeweilige Verhalten hin. Entsprechend bedeuten Werte kleiner als 5, dass dieses Verhalten weniger stark präferiert wird als von der Mehrheit der Vergleichsgruppe.

Das *OPQ*-Profil liefert eine Beschreibung typischer Merkmale einer Person im arbeitsbezogenen Kontext. Damit sind zunächst einmal noch keinerlei Wertungen verbunden. Bewertungen sind immer nur möglich vor dem Hintergrund spezifischer Anforderungen. Fehlt eine Definition dieser Anforderungen, ist jedes Profil genauso gut oder schlecht wie jedes beliebige andere.

Auf den folgenden Seiten 331 bis 333 werden die typischen Merkmale der exemplarischen Testperson dieses Buches abgebildet (vgl. hierzu Teil C des Buches).

Das *OPQ*-Profil ist eine sehr komprimierte Form der Ergebnisdarstellung. Neben dem Profil gibt es eine Reihe weiterer Auswertungsoptionen für verschiedene Anwendungszwecke, die bei der Interpretation des Ergebnisses und dem Finden passender Formulierungen unterstützen.

13.8 Qualitätskriterien

Orientierung an wissenschaftlichen Kriterien

Bei der Entwicklung des *OPQ* war die Orientierung an wissenschaftlichen Qualitätskriterien eines der Leitprinzipien. Um sicherzustellen, dass der *OPQ* höchsten Qualitätsstandards auch dauerhaft gerecht wird, werden fortlaufend Studien zur Validität des Instrumentes und zur internationalen Einsetzbarkeit durchgeführt. Diese Studien werden sowohl von *SHL* als auch von unabhängigen Wissenschaftlern vorgenommen und die Ergebnisse in namhaften Fachzeitschriften publiziert sowie im regelmäßig erscheinenden *Validation Review* von *SHL* zusammengefasst. In regelmäßigen Abständen – alle drei bis fünf Jahre – werden die der Auswertung zugrunde liegenden Normen aktualisiert. Von besonderer Bedeutung, und im angelsächsischen Raum gesetzlich vorgeschrieben, ist der Nachweis, dass ein Instrument keine gesellschaftliche Gruppe benachteiligt oder ihr Vorteile verschafft. Mit einer entsprechenden EU-Richtlinie und dem

ZWISCHENMENSCHLICHES VERHALTEN		1 2 3 4 5 6 7 8 9 10		
9	verkauft und verhandelt nicht gern, drängt andere selten zur Meinungsänderung, gibt anderen Raum, ihr Urteil zu bilden	Überzeugend	verkauft gern und verhandelt geschickt; nimmt gern Einfluss auf die Meinung anderer	Durchsetzung
5	überlässt bereitwillig anderen die Führung; sagt anderen nicht gern, was sie tun sollen	Führend	übernimmt Verantwortung im Team; leitet und managt; gibt gern den Ton an	Durchsetzung
7	spricht die eigene Meinung selten offen aus; hält sich mit Kritik an anderen zurück	Direkt	sagt die eigene Meinung frei heraus; spricht Widerspruch offen aus; scheut sich nicht, Kritik klar zu äußern	Durchsetzung
3	ist bereit, sich nach dem Konsens zu richten; kann sich gut Mehrheitsentscheidungen unterordnen	Unabhängig	geht eigene Wege; möchte eigene Vorstellungen umsetzen; ist bereit, sich gegen Mehrheitsentscheide zu behaupten	Durchsetzung
5	ist ruhig und reserviert; steht nicht gern im Mittelpunkt der Aufmerksamkeit	Gesellig	kontaktfreudig und lebhaft; unterhält gern; steht gern im Mittelpunkt der Aufmerksamkeit	Kontakt
4	legt Wert darauf, Zeit für sich allein zu haben; zieht sich gern zurück	Anschlussfreudig	ist gern mit anderen zusammen; legt Wert auf Gemeinschaft; ist gern Teil einer Gruppe	Kontakt
7	fühlt sich befangen in Gesellschaft Fremder; fühlt sich im vertrauten Kreis und in weniger formellen Situationen wohler	Selbstsicher	fühlt sich unbefangen in Gesellschaft Fremder; erlebt sich sicher auf formellem Parkett	Kontakt
4	trägt eigene Stärken und Errungenschaften offen weiter; spricht über persönliche Erfolge	Zurückhaltend	spricht nicht gern über eigene Errungenschaften; ist zurückhaltend mit eigenen Erfolgen	Einfühlung
1	ist es gewohnt, sich nicht mit anderen zu beraten; trifft Entscheidungen am liebsten allein	Kooperativ	berät sich gern mit anderen; bezieht andere bei Entscheidungen ein; trifft ungern Entscheidungen allein	Einfühlung
5	beschränkt Anteilnahme und Unterstützung auf ausgewählte Personen; wahrt Distanz zu Problemen anderer	Fürsorglich	bringt anderen Verständnis entgegen; ist sehr rücksichtsvoll und hilfsbereit; bietet anderen Unterstützung an	Einfühlung

Persönlichkeitsprofil der exemplarischen Testperson des Buches

DENKSTIL

Wert	Niedrige Ausprägung	Skala (1 2 3 4 5 6 7 8 9 10)	Hohe Ausprägung	Bereich
9	gründet Entscheidungen lieber auf Erfahrungen und persönliche Einschätzung als auf die Analyse von Zahlen und Daten	Datenorientiert	arbeitet gern mit Zahlen; analysiert gern statistische Informationen; entscheidet auf Basis von Fakten und Daten	Analyse
8	findet es unnötig, Informationen und Argumente kritisch zu prüfen; neigt dazu, Schwachstellen und Fehler zu übersehen	Kritisch bewertend	hinterfragt und bewertet Informationen kritisch; erkennt oft Schwachstellen und Fehler in Argumenten oder Plänen	Analyse
5	hinterfragt selten die Gründe für das Verhalten von anderen; ist wenig geneigt, psycholog. Hintergründe zu analysieren	Verhaltensorientiert	möchte die Motive und das Verhalten anderer verstehen; analysiert gern andere Menschen	Analyse
2	bevorzugt neuartige Ansätze; hat ein Faible für progressive Methoden; löst sich gern von traditionellen Vorstellungen	Traditionell	arbeitet bevorzugt nach bewährten Methoden; orientiert sich an traditionellen Ansätzen	Flexibilität
5	bevorzugt praxisorientierte Ansätze über theoretische Problemstellungen; ist wenig an Theorien interessiert	Konzeptionell	interessiert sich für Theorie; denkt vernetzt; diskutiert gern über abstrakte Inhalte	Flexibilität
3	knüpft lieber an Vorschläge von anderen an, als selbst kreative Ideen oder originelle Lösungen zu entwickeln	Innovativ	ist gern kreativ; entwickelt neue Ideen; ersinnt einfallsreiche Lösungen	Flexibilität
6	mag Routine; findet Veränderungen eher störend; ist bereit, sich wiederholende Tätigkeiten auszuführen	Abwechslung suchend	mag Abwechslung und häufige Veränderungen; probiert gern Neues aus; führt ungern Routinearbeiten aus	Flexibilität
3	verhält sich unabhängig von der Situation gleichbleibend; verhält sich gleich im Umgang mit unterschiedlichen Personen	Anpassungsbereit	stellt sich auf unterschiedliche Menschen ein; passt sich im Verhalten an die jeweilige Situation an	Flexibilität
5	konzentriert sich auf die Dinge, die unmittelbar anstehen; denkt weniger langfristig und strategisch	Vorausdenkend	setzt langfristige Ziele; denkt weit voraus; betrachtet Dinge aus strategischer Sicht	Struktur
6	verliert sich nicht im Detail; geht bei Arbeiten weniger systematisch und organisiert vor; macht ungern Detailarbeit	Datailorientiert	kümmert sich um Details; arbeitet systematisch; ist bestrebt, sich gut zu organisieren	Struktur
10	misst der genauen Einhaltung von Fristen eher geringe Bedeutung bei; kann auch einmal etwas unerledigt lassen	Gewissenhaft	misst termingerechter Erledigung hohen Stellenwert bei; bleibt an Aufgaben dran, bis sie abgeschlossen sind	Struktur
4	ist bereit, sich über Regeln hinwegzusetzen, um Ziele zu erreichen; fühlt sich nicht unbedingt an Vorgaben gebunden	Regeln folgend	hält sich gern an vorgeschriebene Abläufe; schätzt klare Vorgaben; betrachtet Regeln als verbindlich	Struktur

EMOTION & MOTIVATION

Wert	niedrige Ausprägung	Skala (1 2 3 4 5 6 7 8 9 10)	hohe Ausprägung	Bereich
8	fühlt sich oft angespannt und unruhig; kann schlecht abschalten und entspannen	Entspannt	kann gut abschalten und sich entspannen; fühlt sich generell ruhig und unbeschwert	Selbstmanagement
3	bleibt vor wichtigen Terminen gelassen; behält bei wichtigen Ereignissen die Ruhe	Besorgt	ist vor wichtigen Terminen nervös; sorgt sich vor wichtigen Ereignissen, dass etwas schiefgehen könnte	Selbstmanagement
6	ist empfindlich gegenüber Kritik; reagiert sensibel auf unfaire Töne und harte Bemerkungen	Robust	ist schwer zu verletzen; kann einiges einstecken; lässt sich durch Kritik nicht erschüttern	Selbstmanagement
8	versucht, Erfolgschancen realistisch zu sehen; sieht die negativen Seiten einer Sache; blickt verhalten in die Zukunft	Optimistisch	ist zuversichtlich, dass Dinge ein gutes Ende nehmen; blickt optimistisch in die Zukunft; hat eine positive Grundhaltung	Selbstmanagement
8	verlässt sich nicht gern auf andere; lässt sich nicht leicht etwas vormachen; ist anderen gegenüber eher misstrauisch	Vertrauensvoll	vertraut auf die guten Absichten anderer; verlässt sich auf das, was andere sagen	Selbstmanagement
4	zeigt Gefühle und Stimmungen nach außen; bringt Emotionen offen zum Ausdruck	Emotional kontrolliert	hält Emotionen zurück; vermeidet es, Stimmungen nach außen zu zeigen	Selbstmanagement
7	arbeitet lieber in gleichmäßigem Tempo; verausgabt sich nicht gern	Dynamisch	ist gern viel beschäftigt; steckt voller Energie und Tatendrang; ist aktiv und vital	Motivation
4	steht nicht gern in Konkurrenz zu anderen; vermeidet Wettbewerbssituationen; Teilnehmen ist wichtiger als Gewinnen	Wettbewerbsorientiert	wird durch Wettbewerb motiviert; will andere übertreffen; nimmt Herausforderungen an; verliert nicht gern	Motivation
9	steckt sich lieber sicher erreichbare als sehr ehrgeizige Ziele; stellt die eigene Karriere nicht in den Mittelpunkt des Lebens	Erfolgsorientiert	ehrgeizig und karriereorientiert; steckt sich hohe Ziele	Motivation
3	nimmt sich Zeit, um Schlussfolgerungen zu treffen; ist sehr vorsichtig und bedächtig mit Entscheidungen	Entschlussfreudig	entscheidet schnell, zieht rasch eigene Schlussfolgerungen; geht in Entscheidungssituationen auch Risiken ein	Motivation
8	hat den Fragebogen wenig konsistent bearbeitet	Konsistent	hat den Fragebogen konsistent bearbeitet	
		1 2 3 4 5 6 7 8 9 10	OPQ32 Deutsche Normgruppe 2006	

Persönlichkeitsprofil der exemplarischen Testperson des Buches (Seite 332 und 333) (sich zum Zeitpunkt des Erscheinens dieses Buches in Vorbereitung befindlichen) Antidiskriminierungsgesetz wird dieses Thema auch in Deutschland größere Bedeutung erlangen.

Objektivität Objektivität wird erreicht durch Standardisierung. Im Falle des *OPQ* bedeutet das:

- *Standardisierung der Durchführung* durch eindeutige und ausführliche Instruktionen, die auch während der Bearbeitung aufgerufen werden können, sowie durch Beispielaufgaben.

- *Standardisierung der Auswertung* durch eine einheitliche Auswertungssoftware.

- *Standardisierung der Interpretation* durch eine klare Definition der Inhalte, die Verwendung angemessener Normdaten und Kenntnisse über Möglichkeiten und Grenzen der Interpretationen, wie sie in der Anwenderschulung vermittelt werden.

Reliabilität Allgemein sind Koeffizienten im Bereich .65 bis .85 wünschenswert. Ein zu niedriger Koeffizient könnte bedeuten, dass eine Skala kein einheitliches oder stabiles Merkmal erfasst. Ein zu hoher Koeffizient kann bedeuten, dass die Items in ihrer Bedeutung sehr eng gefasst sind und alle im Wesentlichen den gleichen Aspekt eines bestimmten Merkmals erfassen. Wenn man ein und dieselbe Frage häufig wiederholt, erhält man einen sehr hohen Reliabilitätskoeffizienten; die Aussagekraft der dazugehörigen Skala ist allerdings sehr gering.

Die Reliabilitätskennwerte (Interne Konsistenz) der 32 *OPQ*-Skalen liegen zwischen .62 und .88. Drei Skalen weisen Konsistenzwerte < .7 auf: *unabhängig, kritisch bewertend, dynamisch.* Praktisch bedeutet dies, dass bei der Interpretation dieser Skalen deren unterschiedliche inhaltliche Facetten deutlicher berücksichtigt werden müssen. Die durchschnittliche Konsistenz beträgt .77. Für einen Fragebogen im ipsativen Format ist dies außerordentlich hoch (*Saville & Willson* 1991).

Interne Konsistenz (N = 3306), *Cronbachs Alpha*			
Überzeugend	.85	Abwechslung suchend	.70
Führend	.84	Anpassungsbereit	.79
Direkt	.73	Vorausdenkend	.79
Unabhängig	.66	Detailorientiert	.71
Gesellig	.82	Gewissenhaft	.77
Anschlussfreudig	.73	Regeln folgend	.82
Selbstsicher	.77	Entspannt	.75
Zurückhaltend	.83	Besorgt	.88
Kooperativ	.71	Robust	.73
Fürsorglich	.70	Optimistisch	.80
Datenorientiert	.81	Vertrauensvoll	.81
Kritisch bewertend	.62	Emotional kontrolliert	.83
Verhaltensorientiert	.77	Dynamisch	.66
Traditionell	.75	Wettbewerbsorientiert	.80
Konzeptionell	.76	Erfolgsorientiert	.76
Innovativ	.84	Entschlussfreudig	.78

Die Kennwerte für die 32 Skalen im Einzelnen

Validität

Zum *OPQ* existiert mittlerweile eine derartige Fülle von Validitätsstudien, dass an dieser Stelle allenfalls eine Übersicht über einige wesentliche Befunde gegeben werden kann. Einige Untersuchungen wurden als rein wissenschaftliche Studien unter kontrollierten Bedingungen durchgeführt, einige von Anwendern im Rahmen der operativen Arbeit mit dem *OPQ*. Zudem wurde der *OPQ* auch von anderen Anbietern zur Untersuchung der eigenen Instrumente verwendet. Leser, die an Untersuchungen zu speziellen Fragen interessiert sind, mögen sich direkt an *SHL* wenden.

Konstruktvalidität

Eine Vielzahl von Studien wurde durchgeführt, um die theoretische Einordnung der *SHL*-Skalen zu untersuchen. Generell zeigten sich hohe Korrelationen zwischen *OPQ*-Skalen und den Skalen anderer Instrumente, die ähnliche Inhalte abbilden. Bedeutsam sind vor allem Zusammenhänge mit anderen bekannten Instrumenten oder wissenschaftlich anerkannten Persönlichkeitsmodellen, die hier kurz dargestellt werden sollen.

- *OPQ und 16 PF:* In mehreren Studien konnten deutliche statistische Zusammenhänge zwischen *OPQ*-Skalen und inhaltlich ähnlichen Skalen des *16 PF* (*Cattell* 1995) nachgewiesen werden. Beispielsweise korreliert die *16 PF*-Skala *Soziale Kompetenz* hoch mit der *OPQ*-Skala *Selbstsicher, 16 PF-Privatheit* mit *Emotional kontrolliert, 16 PF-Perfektionismus* mit *Detailorientiert*, and *16 PF-Offenheit für Veränderung* (niedrige Werte) mit *Traditionell*. Sämtliche Skalen des *16 PF* können sehr gut durch inhaltlich entsprechende *OPQ*-Skalen erfasst werden. Umgekehrt finden einige *OPQ*-Skalen keine Entsprechung im *16 PF*, und zwar *Verhaltensorientiert, Anpassungsbereit, Dynamisch, Wettbewerbsorientiert* und *Entschlussfreudig* (*SHL* 2006).

- *OPQ und MBTI:* Auch wenn der *Myers-Briggs Typenindikator (MBTI)* eine gänzlich andere theoretische Basis hat als der *OPQ*, so gibt es doch einige inhaltliche Zusammenhänge. Es konnten einige hohe Korrelationen zwischen den Grundneigungen im *MBTI* und bestimmten *OPQ*-Skalen festgestellt werden, so zwischen *MBTI-Extraversion* und den *OPQ*-Skalen *Gesellig* und *Selbstsicher, MBTI-Feeling* mit *Fürsorglich, MBTI-Judgement* mit *Detailorientiert* und *Gewissenhaft* sowie *MBTI-Sensing* mit *Traditionell* und *Innovativ*. Keine Entsprechungen im *MBTI* konnte für die *Emotionale Stabilität* erfassenden *OPQ*-Skalen *Entspannt, Besorgt, Robust* festgestellt werden.

  Auch auf der Typen-Ebene finden sich Zusammenhänge zwischen den Instrumenten. So erbrachten Varianzanalysen das Resultat, dass bestimmte *OPQ*-Skalen in der Lagen sind, zwischen verschiedenen *MBTI*-Typen zu differenzieren. Teilt man die MBTI-Typen in die Gegensatzpaare *Extravertiert – Introvertiert, Sensory – Intuitive, Feeling – Thinking* sowie *Perceiving – Judging*, so lässt sich Folgendes feststellen: Hohe Ausprägungen auf den *OPQ*-Skalen *Gesellig, Selbstsicher, Anschlussfreudig, Direkt* und niedrige auf *Emotional kontrolliert* sind kennzeichnend für den *MBTI*-Typus *Extravertiert* gegenüber dem *Introvertierten* Typus. Die *OPQ*-Skalen *Emotional kontrolliert, Datenorientiert, Wettbewerbsorientiert, Erfolgsorientiert, Kritisch bewertend, Detailorientiert, Fürsorglich* und *Kooperativ* differenzierten zwischen den MBTI-Typen *Feeling* und *Thinking*.

Die Skalen *Abwechslung suchend, Traditionell* und *Regeln folgend* sowie *Detailorientiert* differenzieren zwischen den Typen *Intuitive* und *Sensory*, während *Detailorientiert, Gewissenhaft, Regeln folgend* und *Vorausdenkend* kennzeichnend sind für den Typus *Judging* gegenüber *Perceiving* (*SHL* 2006).

- *OPQ und die Big Five:* Das *Big Five*-Modell kann als das gegenwärtig in der wissenschaftlichen Gemeinde weitestgehend anerkannte persönlichkeitstheoretische Paradigma angesehen werden. Ein Persönlichkeitsfragebogen, der beansprucht, stabile, zwischen Individuen differenzierende Merkmale zu erfassen, sollte zu diesem Modell nicht in inhaltlichem Widerspruch stehen (*De Raad & Perugini* 2002). Explorative faktorenanalytische Studien mit unterschiedlichen Sprachversionen des *OPQ* haben zu ähnlichen Strukturen auf der Ebene der Fünf-Faktoren geführt. In weiteren Untersuchungen wurden *OPQ*-Skalen den einzelnen Faktoren des *Big Five*-Modells zugeordnet.

Die Datenanalyse zeigte, dass ein einzelner *Big Five*-Faktor in der Lage ist, Varianz und Kovarianz der ihm zugeordneten *OPQ*-Skalen weitgehend zu erklären. Umgekehrt sind Skalen bzw. Skalenkombinationen des *OPQ* in der Lage, die *Big Five*-Faktoren exakt abzubilden. Dabei arbeitet der *OPQ* die einzelnen Facetten der fünf Faktoren in weitaus differenzierterer Form heraus, als dies ein Fragebogen leisten kann, der sich in der Ergebnisdarstellung auf ebendiese fünf Dimensionen beschränkt (*SHL* 2006).

Befunde zur kriterienbezogenen Validität

Seit der Veröffentlichung des *OPQ* im Jahre 1984 sind weit über 100 Studien mit mehr als 8 000 Teilnehmern zur kriterienbezogenen Validität dieses Fragebogens durchgeführt worden. Dabei wurden verschiedene Kriterien verwendet: Beurteilungen durch andere Personen, meist Vorgesetzte, aber auch Kollegen oder Mitarbeiter; Ergebnisdaten wie z. B. Verkaufsdaten von Vertriebsmitarbeitern; personenbezogene Daten wie Fehlzeiten, hierarchische Position oder Gehaltsentwicklung. Generell lassen die vorliegenden Daten den Schluss zu, dass der *OPQ* für den Einsatz in der berufsbezogenen Diagnostik geeignet ist und statistisch belastbare Aussagen zum konkreten beruflichen Verhalten von Individuen ermöglicht (*Saville et al.* 1996).

In einer aktuellen Metaanalyse, die 29 Studien (N = 4861) zum *OPQ* umfasst, konnten stabile Zusammenhänge zwischen *OPQ*-Skalen und verschiedenen Ergebnis- und Verhaltenskriterien nachgewiesen werden

(*Bartram* 2005). Die durchschnittlichen kriterienbezogenen Korrelationen der einzelner Skalen lagen im Bereich .20 bis .30. Kombinationen verschiedener Skalen erzielten kriterienbezogene Korrelationen zwischen .40 und .50. Dies liegt im Bereich des Maximums dessen, was mit Hilfe eines Persönlichkeitsfragebogens erreicht werden kann.

Das Thema Validität ist prinzipiell zu vielschichtig und die Menge der vorliegenden Untersuchungen zum *OPQ* zu umfangreich, als dass es im Rahmen einer allgemeinen Darstellung des Instrumentes adäquat und für das Instrument repräsentativ aufbereitet werden könnte. Interessierte Leser seien auf das *Technical Manual* zum *OPQ* verwiesen, das eine ausführliche Darstellung der aktuellen Daten zur Validität des *OPQ* enthält (*SHL* 2006). Es ist über die *SHL*-Website oder direkt über *SHL* Deutschland zu beziehen.

Normen Die aktuelle Norm für den deutschsprachigen *OPQ32* umfasst N = 7029 Personen.

Deutsche Gesamtnorm 2006 (N = 7029)		
Geschlechterverteilung		
Männlich	N = 4904	69,8 %
Weiblich	N = 2125	30,2 %
Altersverteilung		
Durchschnitt	37	
Median	36	
Standardabweichung	7,7	
Minimum	18	
Maximum	65	

Die Gesamtnormgruppe setzt sich aus berufstätigen Personen verschiedener Branchen zusammen. Neben dieser Gesamtnorm stehen drei spezielle Normgruppen zur Verfügung:

- Absolventen und junge Berufstätige (N = 805): Hochschulabsolventen, Berufsanfänger, junge Berufstätige mit maximal zwei Jahren Berufserfahrung.

- Berufserfahrene Führungskräfte (N = 2222): Mitarbeiter mit mindestens fünf Jahren Managementerfahrung.
- Berufserfahrene Fachkräfte (N = 1155): Mitarbeiter ohne Führungsfunktion mit mindestens sechs Jahren Berufserfahrung.

13.9 Ausbildung und Akkreditierung

Der *OPQ* ist ein komplexes Instrument, das spezielle Kenntnisse aufseiten des Anwenders voraussetzt. Für eine nutzbringende, faire und ethisch vertretbare Anwendung muss er mit den Hintergründen des Verfahrens vertraut sein. Um dies sicherzustellen, wird der *OPQ* nur Personen zur Verfügung gestellt, die eine qualifizierende Schulung besucht haben. Die Anwenderschulung wird von *SHL* angeboten und von *SHL*-Mitarbeitern durchgeführt. Es finden regelmäßig offene Veranstaltungen in den *SHL*-Niederlassungen statt. Die Schulungen können auch als Inhouse-Veranstaltung gebucht werden.

Themen der Anwenderschulung

Im Rahmen einer Anwenderschulungen werden u. a. folgende Themen behandelt:

- Grundlagen und theoretische Hintergründe von Persönlichkeitsdiagnostik
- Entwicklung und Inhalte des *OPQ*
- Auswertung des *OPQ*
- Interpretation des *OPQ*-Profils
- Definitionen von Anforderungsprofilen
- Feedbackgespräche auf Basis des *OPQ*
- Die verschiedenen Auswertungsreports
- Anwendungsbereiche

Ziel der Schulung ist es, den Anwender in die Lage zu versetzen, den *OPQ* selbstständig anzuwenden und seine Anwendungsbereiche, Möglichkeiten, aber auch Grenzen kennen zu lernen.

13.10 Vertrieb

Der Vertrieb des *OPQ* erfolgt ausschließlich über das Unternehmen *SHL*:

SHL Deutschland GmbH
Hans-Henny-Jahnn Weg 17
22085 Hamburg
Fon: +49 (0) 40 / 22 72 76 0
E-Mail: *info@shlgmbh.de*
Internet: *www.shl.com*

Literatur

Baron, H.: »Strengths and limitations of ipsative measurement.« *Journal of Occupational and Organizational Psychology*, 69, 1996, S. 49–56.

Bartram, D.: »The great eight competencies: A criterion-centric approach to validation.« *Journal of Applied Psychology,* 90 (6), 2005, S. 1185–1203.

Briggs, I., & McCaulley, M. H.: *A guide to the development and use of the Myers-Briggs Type Indicator.* Palo Alto: Consulting Psychologists Press, 2nd ed. 1985.

Cattell, R. B.: »Personality structure and the new fifth edition of the 16 PF.« *Educational & Psychological Measurement,* 55(6), 1995, S. 926–937.

Clemans, W. V.: »An analytical and empirical examination of some properties of ipsative measures.« *Psychometric Monographs,* 14, 1966.

De Raad, B., & Perugini, M.: »Big Five factor assessment: Introduction.« In: B. De Raad, & M. Perugini (Eds.): *Big Five Assessment.* Göttingen: Hogrefe & Ruber, 2002.

Matthews, G., & Stanton, N.: »Item and Scale Factor-Analyses of the Occupational Personality Questionnaire.« *Personality and Individual Differences,* 16 (5), 1994, S. 733–743.

Saville, P., Sik, G., Nyfield, G., Hackston, J., & MacIver, R.: »A demonstration of the validity of the Occupational Personality Questionnaire (*OPQ*) in the measurement of job competencies across time and in separate organisations.« *Applied Psychology – An International Review,* 45 (3), 1991, S. 243–262.

Saville, P., & Willson, E.: »The Reliability and Validity of Normative and Ipsative Approaches in the Measurement of Personality.« *Journal of Occupational Psychology*, 64(3), 1991, S. 219–238.

SHL: *OPQ Concept Model Manual and User's Guide*. Thames Ditton: *SHL* Group, 1984.

SHL: *Customer Contact Styles Questionnaire: Customer Contact Manual and User's Guide*. Thames Ditton: *SHL* Group, 1997.

SHL: *Work Styles Questionnaire, Manual and User's guide*. Thames Ditton: *SHL* Group, 1988, 1999.

SHL: *OPQ32 Manual & User's Guide*. Thames Ditton: *SHL* Ltd., 1999.

SHL: *OPQ32 Technical Manual*. Thames Ditton: *SHL* Group, 2006.

Über den Autor

Carsten Stiel studierte Psychologie, Philosophie und Qualitätsmanagement an der *Ruhr-Universität Bochum*. Als Senior Consultant ist er bei *SHL Deutschland* verantwortlich für die Entwicklung, Einführung und Evaluation eignungsdiagnostischer Verfahren und Systeme.

14. Die Biostruktur-Analyse mit Structogram und Triogram[1]

Juergen Schoemen

14.1 Überblick und historischer Abriss

Viele Trainingsmethoden gehen von irrationalen Wunschvorstellungen aus: von der »optimalen« Verkaufstechnik, der »richtigen« Führungsmethode oder vom idealen Verhaltensstil; also »Patentrezepte«, die allen Seminarteilnehmern »antrainiert« werden sollen. Es gibt jedoch keinen einheitlichen »Erfolgstyp«, sondern Menschen verfügen über sehr unterschiedliche Persönlichkeitsmerkmale, die auf individuelle Weise und mit unterschiedlichen Methoden und Techniken zum Erfolg führen können.

Bei Untersuchungen über Erfolgsursachen trat immer wieder ein Faktor in den Vordergrund, der *auf Dauer* erfolgreiche Menschen auszeichnet: ihre Authentizität, das heißt die Stimmigkeit zwischen ihrer veranlagten Persönlichkeitsstruktur und ihrem erlernten Verhalten. Sie haben einen ganz persönlichen Stil und wenden Methoden und Techniken an, die genau zu ihnen passen. Damit wird die Kenntnis der eigenen Persönlichkeit zur entscheidenden Voraussetzung für eine bewusste Erfolgsstrategie.

Gehirnformationen aus der Evolution

Der amerikanische Hirnforscher *Paul D. MacLean* entdeckte, dass unser Gehirn in seiner Entwicklung die wesentlichen Züge von drei Grundformationen aus unterschiedlichen Zeitaltern der Evolution beibehalten hat. Seine Forschungsarbeiten wiesen nach: Unser Gehirn bildet eine Hierarchie von drei Gehirnen in einem: Stamm-, Zwischen- und Großhirn. Diese drei verschiedenartigen Gehirne müssen zusammenarbeiten und

1 STRUCTOGRAM® und TRIOGRAM® sind eingetragene Warenzeichen.

sich miteinander verständigen. Dabei behält jedes Gehirn seine ganz spezifischen Aufgaben und »Spielregeln« bei. Bei jedem Menschen üben die drei »Hirne« einen unterschiedlichen Einfluss aus, der bei Erwachsenen stabil ist: seine *Biostruktur.* Daraus resultieren individuelle Grundmuster der Persönlichkeit und des Verhaltens eines Menschen.

Structogram

In Zusammenarbeit mit *MacLean* entwickelte der Anthropologe *Rolf W. Schirm* die Instrumente zur praktischen Umsetzung dieser Erkenntnisse. So entstand die *Biostruktur-Analyse*. Dabei handelt es sich um einen spezifischen Fragenkatalog zur Selbstanalyse. Die Antworten werden in codierter Form auf eine Scheibe mit drei verstellbaren Farbsektoren (Grün = Stammhirn, Rot = Zwischenhirn, Blau = Großhirn) bei 412 Einstellmöglichkeiten übertragen. Das Ergebnis der *Biostruktur-Analyse* ist das *Structogram*, eine bildhafte Darstellung des individuellen Einflussverhältnisses der drei Gehirne und der individuellen Biostruktur (»Natur«) eines Menschen.

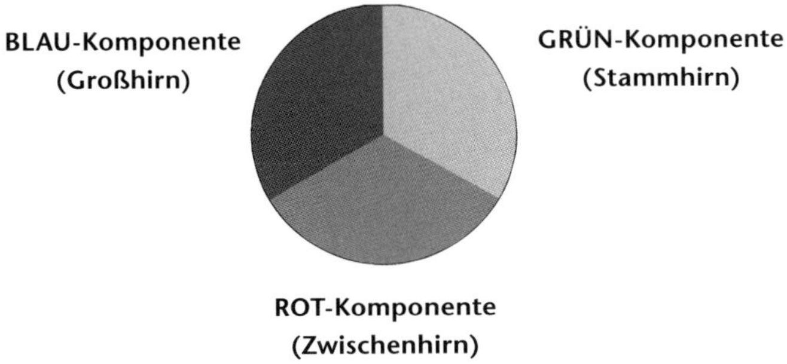

Das *Structogram*

Triogram

Das *Triogram* ist vom *Structogram* abgeleitet und dient zur Kennzeichnung und »Ortung« anderer Menschen. Hierzu wird nicht das zahlenmäßig exakte Bild, wie es das *Structogram* bietet, benötigt, sondern eine Art »Landkarte«. Damit wird es möglich, den »Standort« eines Menschen im Gesamtfeld der möglichen Biostrukturen mit einiger Sicherheit einzugrenzen und die elementare Grundstruktur seiner Persönlichkeit zu ermitteln.

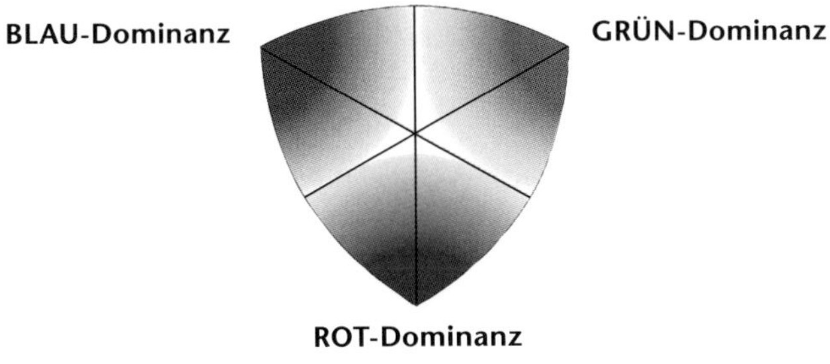

Das *Triogram*

14.2 Theoretische Quellen und Verwandtschaften

Das »drei-einige« Gehirn

Es ist naturwissenschaftlich abgesichert, dass wesentliche Persönlichkeitsmerkmale des Menschen von der individuellen Arbeitsweise seines Gehirns abhängen. Der amerikanische Hirnforscher *Paul D. MacLean,* Direktor des Instituts für *Brain Evolution and Behavior* am *National Institute of Mental Health,* Maryland, USA, hat nachgewiesen, dass das menschliche Gehirn aus drei Bereichen besteht, die evolutionsgeschichtlich verschieden alt sind und unterschiedliche Funktionen erfüllen:

- Das Stammhirn (auch »Reptiliengehirn« genannt) arbeitet gefühlsmäßig-instinktiv,
- das Zwischenhirn (auch »limbisches System« genannt) ist emotional-impulsiv orientiert und
- das rational-kühle Großhirn (»Neocortex«) leistet die Denkarbeit.

Erst aus dem Zusammenwirken dieser drei Gehirne bzw. Hirnbereiche entsteht menschliches Verhalten.

Das Modell des drei-einigen Gehirns *(Triune Brain)* umfasst auch die gesicherten Erkenntnisse der Großhirn-Hemisphären-Forschung (linke / rechte Hirnhälfte). Die Annahme einer strikten funktionalen Zweiteilung des Großhirns kann nach den aktuellen Erkenntnissen der Neurowissenschaften nicht mehr aufrechterhalten werden.

Die Biostruktur der Persönlichkeit

Jeder Mensch hat ein unterschiedliches Einflussverhältnis dieser drei Gehirne, das beim Erwachsenen stabil ist: seine individuelle Biostruktur. Das Einflussverhältnis der drei Gehirne ist genetisch festgelegt und bestimmt die individuellen Grundmuster der Persönlichkeit und des Verhaltens eines Menschen. So wie man akzeptieren muss, klein oder groß gewachsen zu sein, kann man auch die Biostruktur seines Gehirns nicht verändern.

Eine Vielzahl neuer neurowissenschaftlicher Untersuchungen bestätigt die Arbeiten von *MacLean* nachdrücklich. So wurde beispielsweise in einer Studie der Universität Iowa mit Hilfe der PET-Technik (Positronen-Emissions-Tomographie), bei der die unterschiedliche Blutversorgung der Hirnareale von extravertierten und introvertierten Personen gemessen wurde, nachgewiesen, dass das individuelle Zusammenwirken der Hirnbereiche über bestimmte Persönlichkeitsmerkmale entscheidet.

Die Biostruktur-Analyse

In den 70er-Jahren setzte sich der Anthropologe *Rolf W. Schirm* mit der *Chicago Scale,* die an der Universität Chicago zur Selbstanalyse entwickelt worden war, sowie mit den empirischen Untersuchungen des Anthropologen *William H. Sheldon* auseinander. *Sheldon* hatte in seinen Arbeiten drei Temperamente signifikant unterschieden: Viscerotonie, Somatotonie und Cerebrotonie. Hinzu kamen Korrelationsuntersuchungen der Psychologen *Eysenck, Guilford, Cattell* und anderer sowie eine »Psycho-Typologie der Zeit« nach *Mann, Siegler und Osmond.* Ihre Differenzierung bzw. Präzisierung als Strukturmodell und ihre naturwissenschaftliche Untermauerung erhielten diese empirischen Ergebnisse durch das aus der Evolution begründete *Triune Brain*-Konzept von *MacLean.*

Indikatoren im Zusammenhang mit Hirnbereichen

Durch Messung oder neurophysiologische Begründbarkeit konnte *Schirm* in Zusammenarbeit mit *MacLean* 102 Indikatoren – also Aussagen über spezifische Einstellungen sowie Verhaltens- und Reaktionsweisen – identifizieren und definieren, die einen eindeutigen Zusammenhang mit den drei Hirnbereichen Stamm-, Zwischen- und Großhirn aufwiesen. Nach Erprobung verschiedener Versionen wurden für den Zweck der Selbstanalyse aus den 102 validen Items zunächst 24 ausgewählt, die die nötige Trennschärfe aufwiesen. Zur weiteren Differenzierung der Aussagen wurde diese Zahl auf 39 Items gesteigert, die in 10 Aufgaben zusammengefasst wurden. Die Auswahl der 39 Items erfolgte aufgrund des *D-Value (Discrimination Value* nach *C. E. Lawshe),* der die Trennschärfe eines jeden Items feststellt. In der vorliegenden Fassung der Selbstanalyse wurden nur Items mit einem *D-Value* von + 1.0 und höher zu den beiden anderen Komponenten aufgenommen. Die Überprüfung der Items an 9020 Personen ergab die Durchschnittstrennschärfe von + 1.8.

Genetisch veranlagte und umweltbedingte Persönlichkeitsmerkmale

Aktuelle Erkenntnisse der Neurowissenschaften, Molekularbiologie und Verhaltensgenetik erbrachten weitere Bestätigungen des Konzepts der *Biostruktur-Analyse.* Die Expression der Gene, also die Ausprägung und Realisierung der genetischen Information, ist auch Basis der Hirnentwicklung bzw. der Funktionsweise des Gehirns. Die *Biostruktur-Analyse* unterscheidet beim Erwachsenen – vereinfacht gesagt – zwischen der genetisch-biologischen (veranlagten), unveränderbaren Grundstruktur und umwelt-bedingten (erlernten) veränderbaren Merkmalen der Persönlichkeit. Bei dem Versuch, sich Verhaltensweisen auf Dauer anzutrainieren, die nicht mit der eigenen Grundstruktur übereinstimmen, oder bei einem Zwang, auf Dauer ein nicht zur eigenen Natur passendes Verhalten zeigen zu müssen (mangelnde Authentizität), entsteht ein konstanter Stresszustand. Folgen sind Unglaubwürdigkeit, Überforderung, Sinnlosigkeit und – wie die Psycho-Neuro-Immunologie überzeugend nachgewiesen hat – psychische und psychosomatische Störungen.

Genotyp und Phänotyp

Die *Biostruktur-Analyse* ist nicht mit Persönlichkeitstests vergleichbar, die »umwelt-bedingt« und »situativ« ausgerichtet sind (»Momentaufnahmen«). Die *Biostruktur-Analyse* liegt auf einer anderen Ebene, nämlich auf der des unveränderbaren »Betriebssystems« des »Biocomputers« Gehirn und nicht auf der Ebene der veränderbaren »Softwareprogramme«. Oder in der Terminologie der Verhaltens-Genetik ausgedrückt: Das *Structogram* als Ergebnis der *Biostruktur-Analyse* repräsentiert Grundmuster des unveränderbaren Genotyps und nicht die daraus abgeleiteten Varianten des Phänotyps eines Menschen.

Die Rolle der Neurotransmitter

Eine besondere Rolle bei der Regelung des Aktivitätsniveaus der Hirnbereiche und damit bestimmter Grundmuster des Verhaltens spielen spezifische Neurotransmitter (Gehirn-Botenstoffe). Hier haben aktuelle Forschungsarbeiten im Rahmen der Molekularbiologie und Verhaltensgenetik gezeigt, dass Produktion und Wirkung dieser Neurotransmitter genetisch gesteuert werden. In der Folge konnten bestimmte Neurotransmitter mit bestimmten Persönlichkeitsmerkmalen und Verhaltensweisen korreliert werden. Beispielsweise ist ein Gen mit der Bezeichnung D4DR für die Produktion eines Rezeptors verantwortlich, der an der Wirkung des Neurotransmitters Dopamin maßgeblich beteiligt ist. Dopamin wiederum steht in Verbindung mit der Ausprägung des Persönlichkeitsmerkmals »Suche nach Neuartigem«, einem Merkmal des Großhirns (Blau-Bereich im *Structogram*).

Vereinfacht dargestellt, erfolgt insgesamt die Regelung des Aktivitätsniveaus der drei Hirnbereiche durch die Neurotransmitter Serotonin (Stammhirn), Noradrenalin und Adrenalin (Zwischenhirn/limbisches System) sowie nigrostriatales und mesolimbisches Dopamin (Großhirn). Neben ihrer direkten Wirkung über die entsprechenden Hirnbereiche beeinflussen die genannten Neurotransmitter auch das Zusammenwirken dieser drei Bereiche gemäß ihrer individuellen Dominanzhierarchie (mit der Folge, dass auch psychosomatische Prozesse bei verschiedenen Menschen unterschiedlich ablaufen). Weitere Neurotransmitter, wie zum Beispiel GABA (Gammaaminobuttersäure), Glutamat oder Aspartat, wirken dabei als Modulatoren.

Die individuelle Homöostase

Jeder Mensch hat einen spezifischen »Spiegel« dieser Neurotransmitter: die persönlich-individuelle Homöostase der Neurotransmitter seines Gehirns. Das durch sie entstehende »Fließgleichgewicht« ist genetisch festgelegt und »Maßstab« wie »Wegweiser« für die individuellen Antworten und Reaktionen auf Herausforderungen der Umwelt. Erfolgt auf Dauer eine Abweichung von der individuellen Homöostase – beispielsweise durch mangelnde Authentizität im Verhalten –, entsteht zwangsläufig der bereits erwähnte Stresszustand mit seinen negativen psychischen und psychosomatischen Folgen.

Das *Structogram* ist ein Abbild des individuellen Einflussverhältnisses der drei Gehirne und repräsentiert somit auch die individuelle Homöostase ihrer Neurotransmitter.

Aufbau des Modells

Authentizität

Zentrales Problem vieler Trainingsmethoden ist, dass von einer »völligen« Veränderbarkeit aller Persönlichkeitsmerkmale bzw. Verhaltensweisen ausgegangen wird. Durch die *Biostruktur-Analyse* wird erkennbar, welche man auf Dauer problemlos verändern kann und welche nicht – und wie man sich in Übereinstimmung mit seiner Natur weiterentwickeln kann. Erst, wenn das erlernte Verhalten stimmig ist zur individuellen Grundstruktur der eigenen Persönlichkeit, ist ein Mensch authentisch: eine zentrale Voraussetzung für wirkungsvolle Trainingsarbeit und den persönlichen Erfolg!

Das *Structogram* als Ergebnis der *Biostruktur-Analyse* repräsentiert die individuellen Grundmuster der Persönlichkeit und des Verhaltens. Die wesentlichen, generellen Merkmale sind in folgender Abbildung dargestellt.

	Grün-Komponente **Stammhirn** **Gefühl**	**Rot-Komponente** **Zwischenhirn** **Emotion**	**Blau-Komponente** **Großhirn** **Ratio**
Beziehung zu Menschen	**Kontakt** Streben nach menschlicher Nähe Gespür für Menschen Allgemeine Beliebtheit	**Dominanz** Streben nach Überlegenheit Natürliche Autorität Neigung zum Wettbewerb	**Distanz** Streben nach Sicherheitsabstand Zurückhaltung Tendenz zur Verschlossenheit
Orientierung in der Zeit	**Vergangenheit** Bauen auf Vertrautes Handeln aus Erfahrung Vermeiden radikaler Veränderungen	**Gegenwart** Erfassen des Augenblicks Impulsives Handeln Aktivität und Dynamik	**Zukunft** Bedenken der Konsequenzen Planvolles Handeln Streben nach Fortschritt
Denk- und Arbeitsweise	**Erspüren** Intuitives Denken, Fingerspitzengefühl Verlässliche erste Eindrücke Fantasie	**Begreifen** Konkretes, praktisches Denken Schnelles Erkennen des Machbaren Neigung zum Improvisieren	**Ordnen** Systematisches, analytisches Denken Hohes Abstraktionsvermögen Hang zur Perfektion
Erfolg durch	**Sympathie**	**Mitreißen**	**Überzeugen**

Structogram-Matrix, Komponenten-Merkmale

Kein psychologischer Test

Die *Biostruktur*-Analyse ist kein Test im Sinne psychologischer Test-Theorie bzw. Eignungsdiagnostik, sondern eine wertfreie (Selbst-)Analyse der Grundstruktur eines Menschen auf naturwissenschaftlich-biologischer Basis. Ihre Einsatzgebiete sind genau abgegrenzt.

Zum Beispiel darf die *Biostruktur-Analyse* nicht als Persönlichkeitstest im Rahmen der Personalauswahl eingesetzt werden. Das *Structogram* ist vielmehr ein »Ordnungsprinzip« zur Strukturierung von Veranlagungen und Lernprozessen im Umgang mit sich selbst (und anderen). Es soll und kann nicht alles im Verhalten des Menschen erklären, zeigt aber die genetisch-veranlagten Grundmuster und damit die »biologischen Rahmenbedingungen« für das Verhalten auf.

Das heißt, dass die *Biostruktur-Analyse* insgesamt ein dynamisches System zur Selbstkenntnis und Persönlichkeitsentwicklung ist, das die statische Fixierung von Testergebnissen sowie die starren Grenzen herkömmlicher Typologien überwindet.

14.4 Beschreibung des Verfahrens

Die *Biostruktur-Analyse* wird in Form einer Selbstanalyse im Rahmen eines Tages-Intensivseminars durchgeführt. Die Teilnahme am Seminar ist erforderlich, da die Hinweise des Trainers sowie die Übungen, Arbeiten und Diskussionen Voraussetzung zur optimalen praktischen Anwendung des *Structograms* sind. Der Zeitbedarf für die »reine« Selbstanalyse beträgt rund eine Stunde. Die Erläuterung der *Structograme* erfolgt durch den Trainer. Darüber hinaus können die Ergebnisse bzw. die Komponenten-Merkmale des *Structograms* von den Teilnehmern anhand der Seminarlehrmittel detailliert nachvollzogen werden.

Für *Structogram*-Trainer besteht die ausdrückliche Verpflichtung, den Seminarteilnehmern das *Biostruktur-Analyse*-Material sowie die *Structogram*-Scheibe mit der Aufforderung auszuhändigen, die Analyse im privaten Umfeld gemeinsam mit (einem) Menschen ihres Vertrauens – zum Beispiel Ehe- oder Lebenspartner, Eltern / Geschwister, Freund / Freundin – noch einmal durchzuführen und zu besprechen. Ziel ist, das Eigenurteil im Seminar mit dem Fremdurteil eines vertrauten Menschen in Übereinstimmung zu bringen.

Wiederholung der Analyse

Über 90 Prozent aller Seminarteilnehmer wiederholen die *Biostruktur-Analyse* auf diese Weise. Dabei ist festzustellen, dass sozusagen »zwangsläufig« bzw. »automatisch« ein ergebnis-bestätigender oder in Einzelfällen ein korrigierender Lernprozess stattfindet. Bei nicht übereinstimmendem Eigen- und Fremdurteil werden bestimmte Antworten in der Selbstanalyse beispielsweise als »Wunschvorstellung« bzw. »soziale Erwünschtheit« oder bestimmte Verhaltensweisen als von außen »aufoktroyiert« erkannt. Generell wird die Sensibilität zur Unterscheidung von dispositiv-authentischem Verhalten und situativem Rollenverhalten entscheidend gesteigert.

14.4 Verfahren in der Praxis und Durchführung

Schlüssel zur Selbstkenntnis

Das *Structogram* gibt dem Seminarteilnehmer den Schlüssel zur Selbstkenntnis, das heißt die genaue Kenntnis seiner persönlich-individuellen Biostruktur und damit seiner Chancen und Risiken, seiner Stärken, Schwächen und Begrenzungen, seiner wirkungsvollsten Ausdrucksformen und seiner individuellen Stilmittel. Anstelle von allgemeinen Handlungsrezepten wird die Individualität des einzelnen Menschen in den Vordergrund gestellt, damit er sein persönliches Potenzial optimal ausschöpfen kann. Er lernt, wie er sich in Übereinstimmung mit seiner Natur weiterentwickeln kann (Authentizität). Die Einsicht in seine individuelle Biostruktur ermöglicht ihm die bewusste Wahl der idealen Leitbilder, die Erarbeitung realistischer Ziele, den Aufbau Erfolg versprechender Strategien und die Anwendung zum Beispiel der zu ihm passenden Verkaufsmethoden oder Führungstechniken.

Schlüssel zur Menschenkenntnis

Das *Triogram* gibt dem Seminarteilnehmer den Schlüssel zur Menschenkenntnis. Er lernt, die Biostruktur anderer Menschen zu erkennen, und wird sensibler für ihr Verhalten. Er kann Menschen in ihrer Individualität besser verstehen, adäquat mit ihnen umgehen und unnötige Konflikte vermeiden. Er wird ihr Verhalten besser vorhersehen und erkennen, was er von ihnen erwarten kann und was er nicht erwarten sollte. Mit dem *Triogram* ist es ferner möglich, mehrere Biostrukturen zu »orten« und so beispielsweise auch Teams zu analysieren und optimal zusammenzusetzen. Automatische Folge des *Triogram*-Trainings ist die Optimierung der Sozialkompetenz.

Besondere Stärken der *Biostruktur-Analyse* sind dabei die einfache Handhabung, der geringe Zeitaufwand, die einprägsame Visualisierung der Ergebnisse durch die *Structogram-Scheibe* sowie die *TrioMap* und vor allem der leichte und unmittelbare Praxistransfer. Vorliegende Evaluierungsdaten zeigen dies in beeindruckender Weise.

Persönlichkeit und Verhalten sind Resultate aus dem Zusammenwirken zweier Grundaspekte: der genetisch-veranlagten Persönlichkeitsstruktur (Biostruktur) und den Einflüssen der Umwelt. *Structogram*-Trainer nutzen daher die *Biostruktur-Analyse* auch als »dispositive« Basis zur Individualisierung von Folgetrainings. Sie bauen *Structogram* und *Triogram* mit großem Erfolg zum Beispiel in Führungs-, Verkaufs- oder Kommunikationstrainings ein. Das Seminar »Schlüssel zum Kunden« ist die spezielle Anwendung der *Biostruktur-Analyse* in Verkauf und Beratung. Das gesamte

Training wird durch die *Biostruktur-Analyse* realistischer, wirkungsvoller und sinnvoller, da nicht nur umwelt-bedingte, sondern vor allem auch genetisch-biologische Elemente der menschlichen Persönlichkeit beachtet werden. *Structogram* und *Triogram* lassen sich dabei sehr gut kombinieren mit Trainingsmethoden, die von den veränderbaren Aspekten des Verhaltens ausgehen.

14.5 Qualitätskriterien

Die Überprüfung der Lernprozesse sowie der *Structogram*-Ergebnisse – und damit auch der Nachweis ihrer Reliabilität (Zuverlässigkeit) – ist leicht möglich, da über drei Viertel aller Teilnehmer der *Structogram*-Selbstkenntnis-Seminare zu einem späteren Zeitpunkt an einem *Triogram*-Menschenkenntnis-Seminar teilnehmen.

Insgesamt zeichnet sich das *Structogram* – spätestens nach vollzogenem Lernprozess – bei Erwachsenen durch hohe Reliabilität bzw. Stabilität aus. Die Stabilität genetisch-veranlagter Persönlichkeitsmerkmale hat u. a. die moderne Zwillingsforschung eindrucksvoll bestätigt.

14.6 Ausbildung und Akkreditierung

Marktpräsenz

Das Deutsche *STRUCTOGRAM*-Zentrum *(DSZ-Gesellschaft für Persönlichkeits- und Unternehmens-Entwicklung mbH)* mit den *DSZ*-Büros Speyer (Service und Vertrieb), Frankfurt, Bad Oeynhausen, Berlin, Düsseldorf, Hamburg und Nürnberg wurde 1982 gegründet. *DSZ* ist exklusiver Franchisenehmer für die Bundesrepublik Deutschland im Rahmen eines internationalen Franchisesystems. Franchisegeber ist *STRUCTOGRAM International* in Luzern in der Schweiz. Die Lehrmittel sind in 21 Sprachen übersetzt; weltweit bestehen zurzeit 18 *STRUCTOGRAM*-Zentren. Im deutschsprachigen Raum werden jährlich etwa 25 000 Analysen durchgeführt.

Insgesamt haben bis einschließlich 2005 über eine Million Teilnehmer bei etwa 1200 *Structogram*-Trainern an *Biostruktur-Analyse*-Seminaren teilgenommen; davon im deutschsprachigen Raum über 800 000 Teilnehmer bei nahezu 1000 *Structogram*-Trainern (ca. zwei Drittel firmeninterne und ein Drittel freie Trainer).

Lizenzierung zum Structogram-Trainer

Die *Biostruktur-Analyse* mit *Structogram* und *Triogram* ist international urheber- und markenrechtlich geschützt. Voraussetzung für eine Lizenzierung ist die praktische Erfahrung als Trainer sowie der Nachweis von Referenzen. Nach Besuch eines Tages-Intensivseminars bei einem *Structogram*-Master-Trainer (»Froschperspektive«) erfolgt in der Regel der Besuch eines zweiten *Structogram*-Seminars (»Vogelperspektive«). Bei Abschluss des Lizenzvertrages wird das *Structogram*-Trainerpaket übergeben, das sämtliche Seminar-Lehrmittel, z. B. Trainer-Handbuch, Filme auf DVD, Charts (CD-ROM / Powerpoint), Grundlagen-Bände sowie Werbematerial enthält. Nach weiterer Einarbeitung in das Trainer-Handbuch erfolgt eine Fachunterrichtung durch einen *Structogram*-Master-Trainer (Dauer: etwa ein Tag); darüber hinaus kann eine Supervision beim ersten Training des zu lizenzierenden Trainers durchgeführt werden. Danach wird – bei erfolgreichem Abschluss – die Lizenzierungsurkunde überreicht. Im Anschluss an die ersten eigenen Trainings besteht die Möglichkeit, an einem Trainer-Erfahrungsaustausch teilzunehmen. Über das *Structogram*-Trainer-Netzwerk sind ein regelmäßiger Dialog sowie eine kontinuierliche Weiterbildung gewährleistet.

Mit der Lizenzierung verpflichtet sich der Trainer, die Original-Analyseunterlagen zur *Biostruktur-Analyse* in seinen Seminaren einzusetzen. Diese Unterlagen bezieht er beim *Deutschen Structogram-Zentrum* und händigt sie an seine Seminarteilnehmer aus. Je nach bezogener Menge kommt eine Rabattstaffel auf den Grundpreis zum Tragen. Ansonsten fallen keinerlei Lizenzgebühren an, auch nicht auf die Honorare des Trainers. Bei der *Triogram*-Lizenzierung erfolgt – ebenso wie beim Seminar »Schlüssel zum Kunden« – entsprechend das gleiche Ausbildungs- und Lizenzierungsverfahren und die Übergabe des Trainer-Pakets.

14.7 Vertrieb

Deutsches STRUCTOGRAM-Zentrum
Service + Vertrieb
Große Himmelsgasse 1
D-67346 Speyer
Fon: +49 (0) 62 32 / 62 29 00
Fax: +49 (0) 62 32 / 62 34 60
E-Mail: *info@structogram.de*
Internet: *www.structogram.de*

Literatur

Birbaumer, Niels & Schmidt, Robert F.: *Biologische Psychologie.* Berlin, Heidelberg, New York: Springer, 5. Aufl. 2003.

Borkenau, Peter: *Anlage und Umwelt.* Göttigen: Hogrefe, 1993.

Ciompi, Luc: *Die emotionalen Grundlagen des Denkens.* Göttingen: Vandenhoeck & Ruprecht, 1997.

Damasio, Antonio R.: *Descartes' Irrtum. Denken und das menschliche Gehirn.* München: dtv, 1995.

Effron, Robert: *The Decline and Fall of Hemispheric Specialisation.* Hillsdale: Lawrence Earlbaum Press, 1990.

Forth, Wolfgang u. a. (Hrsg.): *Allgemeine und Spezielle Pharmakologie und Toxikologie.* Heidelberg, Berlin, Oxford: Urban & Fischer / Elsevier, 7. Aufl. 1998.

König, Karl: *Kleine psychoanalytische Charakterkunde.* Göttingen: Vandenhoeck & Rupprecht, 5. Aufl. 1999.

MacLean, Paul D.: *A Triune Concept of the Brain and Behavior.* Toronto, 1973.

MacLean, Paul D.: *The Triune Brain in Evolution. Role in Paleocerebral Functions.* New York, London 1990.

MacLean, Paul D. & Guyot, Roland: *Les Trois Cerveaux de l'Homme.* Paris: Robert Laffont, 1990.

Meier, Heinrich (Hrsg.): *Die Herausforderung der Evolutionsbiologie.* München: Piper, 1989.

Norretranders, Tor: *Spüre die Welt. Die Wissenschaft des Bewusstseins.* Reinbek: Rowohlt, 1994.

Pert, Candace B.: *Moleküle der Gefühle. Körper, Geist und Emotionen.* Reinbek: Rowohlt, 1999.

Schirm, Rolf W. / Schoemen, Juergen: *Evolution der Persönlichkeit. Die Grundlagen der Biostruktur-Analyse.* Luzern, 11. Aufl. 2005.

Schirm, Rolf W.: *Schlüssel zur Selbstkenntnis. STRUCTOGRAM Trainings-System 1.* Luzern, 29. Aufl. 2006. (Nur im Rahmen von Seminaren autorisierter *Structogram*-Trainer erhältlich)

Schirm, Rolf W.: *Schlüssel zur Menschenkenntnis. STRUCTOGRAM Trainings-System 2.* Luzern, 17. Aufl. 2005. (Nur im Rahmen von Seminaren autorisierter *Structogram*-Trainer erhältlich)

Schoemen, Juergen, Reist, Christian & Stutz, Peter: *Schlüssel zum Kunden. STRUCTOGRAM Trainings-System 3.* Luzern, 3. Aufl. 2005. (Nur im Rahmen von Seminaren autorisierter *Structogram*-Trainer erhältlich)

Steffens, Reinhard: *Spuren ins Licht. Auf dem Wege zu einem neuen Menschenbild.* München, 2001.

Strachan, Tom & Read, Andrew P.: *Molekulare Humangenetik.* Heidelberg, Berlin, Oxford: Spektrum Akademischer Verlag, 1996.

Uexküll, Thure u.a. (Hrsg.): *Psychosomatische Medizin. Studienausgabe.* München, Wien, Baltimore: Urban & Fischer, 5. Aufl. 1996.

Vroon, Piet: *Drei Hirne im Kopf.* Zürich: Kreuz, 1993.

Walter, Henrik: *Neurophilosophie der Willensfreiheit.* Paderborn: Mentis, 1998.

Weiner, Jonathan: *Time, Love, Memory.* New York, 1999.

Zentner, Marcel R.: *Die Wiederentdeckung des Temperaments.* Paderborn: Junfermann, 1993.

Über den Autor

Juergen Schoemen setzt sich seit Jahren intensiv mit den anthropologischen Disziplinen auseinander und hat eng mit *Rolf W. Schirm,* dem inzwischen verstorbenen Begründer der *Biostruktur-Analyse,* zusammengearbeitet. *Schoemen* ist geschäftsführender Gesellschafter und Senior-Master-Trainer des *Deutschen STRUCTOGRAM-Zentrums* Speyer sowie Inhaber der *Juergen Schoemen Consulting* (Internationale Management-Beratung) in Frankfurt / Main.

15. Das Team Management Profil (TMP)

Hartmut Wagner

15.1 Historischer Abriss des Modells

Typen-Indikator zur Teamoptimierung

Das *Team Management Profil* (*TMP*) ist ein Typen-Indikator, der speziell für die Teamoptimierung im Arbeitsbereich entwickelt wurde. Es gibt Führungskräften und Teammitgliedern Feedback zu ihren Arbeitspräferenzen in den Verhaltensbereichen Kommunikation, Information, Entscheidungsfindung, Organisation und Kommunikation; es verweist auf Ergänzungspotenziale im Team und auf Entwicklungsfelder. Die Ergebnisse können mit den zentral wichtigen Arbeitsanforderungen für eine Stelle oder ein Team abgeglichen und in Bezug zu 100 Referenzgruppen gestellt werden.

Entwickelt und erprobt wurde das *TMP* von Prof. Dr. *Charles Margerison* (England) und Dr. *Dick McCann* (Australien) in den 80er-Jahren im Rahmen ihrer langjährigen gemeinsamen empirischen Teamerfolgsforschung und der Führungskräfteentwicklung bei australischen Regierungsbehörden, den *Hewlett-Packard Headquarters* in Palo Alto (USA), bei *Australian Airlines* (heute *Quantas Airlines*) und der *Hong Kong Bank* mit jeweils bis zu 500 Führungskräften und Teammitgliedern.

Das *Institute of Team Management Studies (ITMS)* in Brisbane legt regelmäßig alle Forschungsergebnisse zur Testentwicklung, Validität, Reliabilität, Objektivität und Brauchbarkeit sowie eine Vielzahl weiterer Forschungsergebnisse in einem *Research Manual* offen (Bezugsquelle *www.tms.com.au).* Dort ist auch einsehbar, in welchen Ländern und Sprachversionen das *TMP* und weitere ergänzende Profile und Modelle des *Team Management Systems* (*TMS*) verfügbar sind.

Forschungen zu Arbeitsfunktionen

Ausgangspunkt waren zunächst Forschungen zu zentral wichtigen Arbeitsfunktionen, Prozessketten und Arbeitsabläufen, die von erfolgreichen Teams wahrgenommen werden müssen, damit Teams effektiv arbeiten und »nichts vergessen« wird. Die empirisch gewonnenen Forschungsergebnisse wurden im Modell der Arbeitsfunktionen dargestellt, das sowohl eine ideale Wertschöpfungskette im Uhrzeigersinn von »Beraten« zum »Stabilisieren« als auch ein systemisches Modell für verschieden vernetzte Arbeitsprozesse abbildet. Die Führungsfunktion in der Mitte wird durch die Radnabe, das »Verbinden« in der Mitte, dargestellt, dem Dreh- und Angelpunkt des Erfolgs.

Das *Rad der Arbeitsfunktionen* von *Margerison-McCann*

15.2 Theoretische Quellen und Verwandtschaften

Während ihrer empirischen Forschung zu zentral wichtigen Faktoren erfolgreicher Teamarbeit fanden *Margerison* und *McCann* heraus, dass die befragten Teammanager und ihre Mitarbeiter zwar klare, aber divergierende Aussagen machten. So benannten zum Beispiel Mitarbeiter von Marketingteams »Innovieren« und »Promoten« als wichtigste Faktoren; Teams im Produktionsbereich hingegen hielten »Organisieren« und »Umsetzen« für wichtig. Im Bereich der Arbeitssicherheit wurde dem »Überwachen« und dem »Stabilisieren« viel Gewicht beigemessen. Im Sales-Bereich betonte man die Bedeutung von »Promoten« und »Umsetzen«. Diese Diskussionen ermöglichten es, acht Arbeitsfunktionen *(Types of Work)* zu identifizieren, von denen alle Befragten sagten, dass sie in irgendeiner Weise einen Beitrag zu effektiver Teamarbeit leisteten.

Bei ihrer Arbeit mit Teams im Bereich der Ölindustrie, in Banken, bei Fluglinien, in Regierungsbehörden, in Produktionsfirmen, in der Werbebranche und in anderen Branchen überprüften *Margerison* und *McCann* die empirische Validität der Arbeitsfunktionen. Ergebnis: Das Modell spiegelt die »Realität« des alltäglichen Arbeitslebens gut wider.

Ein Ergebnis dieser Arbeit war, dass einige Organisationen sich für Verfahren interessierten, die messen konnten, wie einzelne Teammitglieder und Führungskräfte Arbeitsprozesse bevorzugt angingen. Die Autoren hielten daher Ausschau nach einem theoretischen Konzept, das von Nutzen sein konnte. Sie stießen dabei auf *C. G. Jung* und den *Myers-Briggs Typenindikator (MBTI)* und nutzten diese Modelle in ihrer frühen Projektarbeit, um herauszufinden, ob sie geeignet waren, die Funktionen auf dem *Rad der Arbeitsfunktionen* mit den persönlichen Arbeitspräferenzen der Teammitglieder in Beziehung zu setzen. Viele Führungskräfte und Teammitglieder hielten die *MBTI*-Feedbacks für nützlich, aber die spezielle Verbindung zur Arbeitswelt war nicht klar. Zwischen den ermittelten Ergebniszahlen des *MBTI Assessment* und dem *Rad der Arbeitsfunktionen* war keine Beziehung zu erstellen.

Team Management Profil Fragebogen

Margerison und *McCann* entschieden sich daher, ein neues Instrument zu entwickeln, das speziell auf die Welt der Arbeit und die Tätigkeiten im Team Bezug nahm, die auf dem *Rad der Arbeitsfunktionen* abgebildet waren. Das war die Basis für die Entwicklung des *Team Management Profil Fragebogens (TMPF)*. Der *TMPF* ermöglicht es Führungskräften, Projektleitern und Teammitgliedern oder Mitarbeitern, ihre Arbeitspräferenzen im Bereich der acht Arbeitsfunktionen zu identifizieren. Man fand heraus, dass das »Verbinden« eine besondere Arbeitsfunktion war, die als Bündel von Fähigkeiten anzusehen war. Dafür wurde ein eigenes Instrument, der *Linking Skills Profile Questionnaire,* entwickelt, um diese Skills messen zu können. Informationen dazu finden Sie auf der Website *www.tmsdi.com.*

15.3 Gliederung

Der *TMPF* besteht aus einem einzigen Haupttest mit 60 Fragen, die in 10–15 Minuten beantwortet werden können. Jeweils 15 Aussagenpaare fragen jede der vier bipolaren Präferenzskalen ab. Für jedes Aussagenpaar werden vier Alternativen gegeben, die zustimmend oder ablehnend beantwortet werden können. Eine neutrale Antwort ist nicht möglich *(Forced-Choice*-Verfahren). Wie stark die Präferenz in die gewählte Richtung ist, kann durch die Gewichtungsmöglichkeiten 2–0, 2–1, 1–2, 0–2 bestimmt werden. Hier zwei Beispiele für die Aussagenpaare 5 und 25:

Item		A	B	
5	Ich arbeite lieber an komplexen Aufgaben	1 __ _	2 __ _	Ich arbeite lieber an klaren und überschaubaren Aufgaben
25	Mir kommen die besten Ideen, wenn ich in der Gruppe arbeite	2 __ _	0 __ _	Ich habe meine besten Ideen, wenn ich alleine arbeite

Messinstrument für Arbeitspräferenzen

Der Proband wird darauf hingewiesen, dass es sich um keinen Test handelt und es somit auch keine falschen oder richtigen Antworten gibt. Er erhält dazu die Information, dass der *TMPF* ein Messinstrument für Arbeitspräferenzen ist und jede Person im Hinblick auf ihre Arbeit verschiedene Präferenzen hat. Der Proband soll daher die Fragen entsprechend der Art und Weise beantworten, wie er gern arbeitet. Er wird insbesondere darauf aufmerksam gemacht, dass alle Fragen nur im Hinblick auf die berufliche Tätigkeit gesehen und beantwortet werden sollen; die Präferenzen zu Hause oder in der Freizeit können durchaus ganz anders sein. Der Proband erhält weiterhin ein Beispiel und eine Information zu den vier möglichen

Gewichtungen pro Aussagepaar. Pflichtfelder im Bereich der Daten zur Person sind die Adressdaten des *TMS*-Trainers und Beraters sowie diejenigen des Probanden. In einem fakultativen Teil werden Angaben zu Geschlecht, Alter, Beruf, Nationalität, Aufgabenbereich und Managementebene abgefragt, die anonymisiert in die Forschung eingehen.

15.4 Beschreibung des Verfahrens

Die Präferenzskalen des TMPF

Der *TMPF* misst die Arbeitspräferenzen auf vier Skalen:

- die bevorzugte Art, mit anderen umzugehen
- die bevorzugte Art, Informationen zu beschaffen und zu nutzen
- die bevorzugte Art, Entscheidungen zu treffen
- die bevorzugte Art, sich und andere zu organisieren

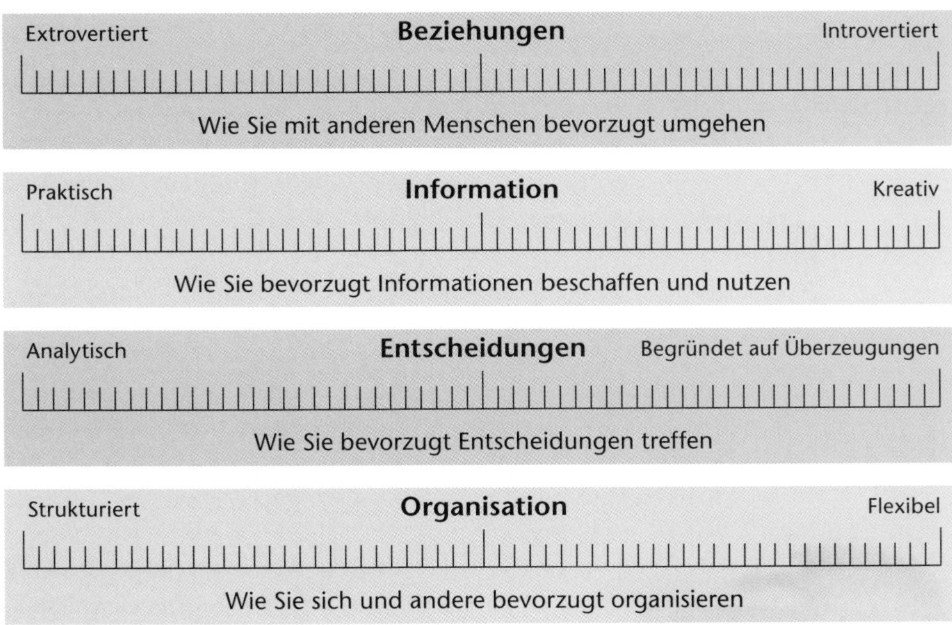

Präferenzskalen des *TMP*

Grundlegende Verhaltensstile / Grundpräferenzen

Nach den empirischen Forschungen von *Margerison-McCann* bestimmen diese Arbeitspräferenzen wesentlich die Art, wie Menschen ihre Arbeit verrichten. Die Dimensionen werden wie folgt erfasst:

Mit anderen Menschen umgehen

Tagtäglich müssen Führungskräfte und Teammitglieder mit anderen Mitarbeitern, Kunden, Lieferanten oder der Öffentlichkeit Umgang pflegen, um ihre Arbeit erledigen zu können. Manche Menschen tun das auf extrovertierte Weise, indem sie sich oft mit anderen treffen, mit ihnen Ideen durchsprechen und gerne einer Vielzahl verschiedener Aufgaben und Aktivitäten nachgehen. Andere Menschen tun dies eher auf introvertierte Art und Weise. Sie ziehen es vor, anstehende Fragen und Arbeiten erst selbst zu durchdenken, bevor sie das Gespräch suchen, und nehmen dann genau und fundiert Stellung, wenn sie sich eine eigene solide Meinung gebildet haben.

Informationen beschaffen und nutzen

Im Umgang mit anderen sammeln und nutzen Führungskräfte und Teammitglieder verschiedene Arten von Informationen. Das tun sie entweder auf praktische oder kreative Art und Weise. Praktisch orientierte Menschen ziehen es vor, Informationen konzentriert für die zu bewältigende gegenwärtige Aufgabe zu sammeln, mit bewährten Ideen zu arbeiten sowie Fakten und Details große Aufmerksamkeit zu schenken. Menschen mit der Präferenz für kreative Informationssammlung hingegen denken und handeln zukunftsorientiert und halten permanent nach neuen Möglichkeiten und Ideen Ausschau.

Entscheidungen treffen

Wenn die Informationen gesammelt sind, ist es notwendig, Entscheidungen zu treffen. Einige tun dies auf analytische Art und Weise, erstellen Kriterien für die Entscheidungsfindung und suchen nach Lösungen, welche die angezielten Ergebnisse optimieren. Andere tendieren dazu, Entscheidungen aufgrund ihrer inneren Überzeugungen zu treffen. Bei ihnen haben persönliche Grundhaltungen und Werte einen größeren Einfluss auf ihre Entscheidungsfindung.

Sich und andere organisieren

Entscheidungen müssen innerhalb eines Organisationsrahmens realisiert, ihre Umsetzung muss gut organisiert werden. Manche Menschen lieben einen strukturierten Rahmen, um sich selbst und andere zu organisieren. Sie ziehen es vor, dass alles klar und sauber gegliedert ist und schnell gehandelt wird, um Probleme zu lösen. Andere bevorzugen einen flexiblen Ansatz, um sich und andere zu organisieren. Sie nehmen sich Zeit, um eine Situation sorgfältig zu erkunden, und warten mit ihren Entscheidungen, bis sie alle Informationen besitzen, die sie benötigen. Sie machen Umfragen bei Experten oder Kollegen, lesen Artikel in Fachzeitschriften oder surfen im Internet. Sie machen sich viele Gedanken, eine Lösung von verschiedenen Seiten zu beleuchten. Sie sind offen, neugierig und gehen mit Terminsetzungen lockerer um. Sie können ihre Meinung schnell ändern, wenn neue Informationen auftauchen, die es geraten erscheinen lassen, Veränderungen in den Blick zu nehmen, widmen ihre Zeit gern der Diagnose der Situation und gehen ans »Umsetzen« und »Abschließen«, wenn sie genügend Informationen gesammelt haben.

Typologisierung von Persönlichkeit / Teamrollen

Die Teamrollen

Im Verlauf vieler Diskussionen und Gespräche mit Menschen an ihrem Arbeitsplatz und in Teams wurde daraus das *Team Management Rad* mit folgenden Teamrollen:

- Menschen mit einer Vorliebe für innovative Arbeiten bezeichnen sich gern als *kreative Innovatoren.* Sie kommen gern mit neuen Ideen und probieren aus, ob sie funktionieren.
- Menschen, die gern Produkte und Dienstleistungen promoten, sagen häufig, dass sie sich als Entdecker verstehen, die immer Ausschau halten nach neuen Möglichkeiten. Sie geben sich den Namen *entdeckende Promoter.*
- Menschen mit einer Tendenz zum Entwickeln von Plänen und Prozessen fühlen sich motiviert, wenn sie Ideen und Möglichkeiten zu bewerten haben, um auf der Basis verschiedener Kriterien herauszufinden, ob sie brauchbar sind. Die Bezeichnung *auswählende Entwickler* passt gut zu ihnen.
- Mitarbeiter, die gern Prozesse, Ressourcen und Menschen organisieren, sagen, dass sie gern zielstrebig auf ihr Ziel losgehen und aktiv werden, um festzulegen, wer was bis wann dafür tun soll. Sie wollen Resultate sehen – so entstand der Name *zielstrebiger Organisator.*

Auf ähnliche Weise erhielten die anderen Rollen ihre Namen, indem ihre typischen Verhaltensweisen und Merkmale (erster Teil des Doppelnamens) mit den von ihnen bevorzugten Arbeitsfunktionen (zweiter Teil des Namens) in Beziehung gesetzt wurden.

- *Systematische Umsetzer* sind Menschen, die gern systematisch vorgehen, um Produkte und Dienstleistungen zu erstellen. Sie beschreiben sich als Menschen, die gern nach Plan ihre Arbeit angehen und erfolgreich bewältigen.
- *Kontrollierende Überwacher* beschreiben sich als Menschen, die gern detailgenau Prozesse und Vorgehensweisen überprüfen, um die Qualität zu sichern.
- *Unterstützende Stabilisatoren* sind Menschen, für deren Engagement innere Überzeugungen und Werte wie z. B. »sinnvolle Arbeit« und Prinzipien wichtig sind, um gut arbeiten zu können. Ihnen liegt am Herzen, die Infrastruktur in Schuss zu halten, andere zu unterstützen, für eine gute Unternehmenskultur und für guten Zusammenhalt im Team zu sorgen, damit es seine Ziele erreicht.
- *Informierte Berater* haben Freude daran, wichtige Informationen einzuholen und weiterzugeben, Markttendenzen zu beobachten, für einen guten Informationsfluss zu allen Beteiligten zu sorgen – im Team, zu den Entscheidern im Unternehmen, vom und zum Kunden.

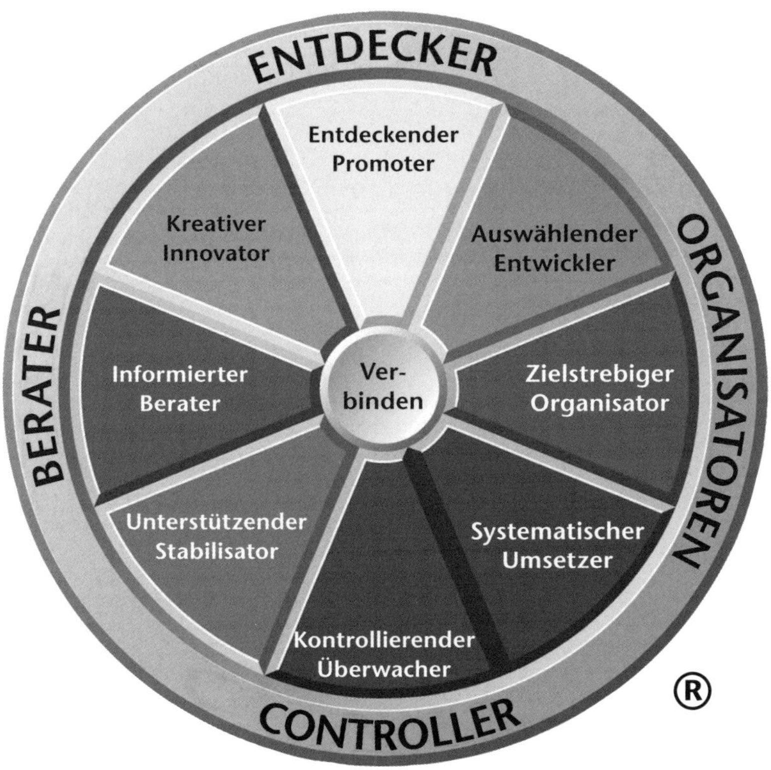

Das Team Management Rad von Margerison-McCann

Verbindende Fähigkeiten als Dreh- und Angelpunkt

Der Kreis in der Mitte bildet auch in diesem Rad die Nabe, um die sich alles dreht. Die Verschiedenheit von Arbeitsstilen und Sichtweisen bietet viele Chancen, aber auch Boden für Konflikte in jedem Team. Daher ist das zielorientierte »Verbinden« und Bündeln der Vielfalt (englisch: *linking* = Koordinieren, Kooperieren, Vernetzen, Brücken schlagen) der »Dreh- und Angelpunkt« des Teamerfolgs. »Verbinden« ist eine soziale, strategische und motivierende Führungskompetenz, die in der Regel von der Führungskraft zu leisten ist. Es handelt sich nicht um eine Teamrolle, sondern um ein Bündel von sozialen und Führungsfähigkeiten, das von allen im Team wahrgenommen werden kann und in Hochleistungsteams auch von allen wahrgenommen wird. Im Rahmen der Teamerfolgsforschung konnten 13 *Linking Skills* in erfolgreichen Teams ermittelt werden, die im *Modell der Linking Skills* dargestellt werden: der »inhaltlichen Füllung« des Kreises in der Mitte.

Modell der Linking Skills von Margerison-McCann

15.5 Das Modell in der Praxis

Führung

Die Kenntnis des *TMS*-Modells und der eigenen Arbeitspräferenzen sowie derjenigen von Kollegen und Teammitgliedern öffnet Führungskräften den Blick und gibt ihnen Werkzeuge an die Hand, um die zentral wichtigen Führungsaufgaben der Zukunft zu meistern. Die Profile sind in der normalen »Businesssprache« von Führungskräften abgefasst und vermeiden psychologische Wortprägungen. Sie sind entwicklungsfördernd formuliert. Arbeitspräferenzen sind Stärken und »Energiefelder«, in denen man gern arbeitet, getrieben von *innerer* Motivation. Das Feedback wird differenziert zu ausgewählten und zentralen Themen gegeben, die für die Leistung von Führungskräften wichtig sind: Arbeitspräferenzen, Führungsqualitäten, Art der Entscheidungsfindung, zwischenmenschliche Fähigkeiten, bevorzugte Strategien der Teambildung, Kommunikation und Verbinden, Selbsteinschätzung. Sie enthalten kein Feedback zum Privatbereich.

Talent Management

Talent wird allgemein definiert als Bündel von Kompetenzen, Skills, Berufserfahrung und Neigungen. Der unspezifisch gebrauchte Begriff der »Neigungen« im Arbeitsbereich wurde von *Margerison* und *McCann* wissenschaftlich erforscht, mit dem *TMPF* messbar gemacht und mit dem *TMP* als ausgefeiltem Feedbackinstrument versehen. Wer als Führungskraft oder Teammitglied die eigenen »Neigungen« kennt und im *TMS* als »Arbeitspräferenzen« definiert, kann im eigenen Präferenzbereich eine Stärkenpositionierung erkennen, setzen sowie seine Arbeit und Karriere präferenzorientiert planen. Er wird um sich ein Team zusammenstellen, das die eigenen Stärken komplementär ergänzt. Er weiß, wie er nicht bevorzugte Aufgabenbereiche sinnvoll delegiert. Der verstärkte Einsatz der Mitarbeiter in ihrem Präferenzbereich wirkt motivierend, steigert die Effizienz und beseitigt manche Probleme, die durch den Arbeitseinsatz in nicht präferierten Bereichen entsteht. Für Zielvereinbarungen im Mitarbeitergespräch kann das Präferenzprofil mit einbezogen werden.

Management Development

Ein Unternehmen kann mit dem *TMP* vorhandene Präferenzen diagnostizieren und die Kompetenzentwicklung auf deren Basis planen. Die Kompetenzentwicklung kann in Präferenzbereichen schneller, effektiver und daher kostengünstiger erfolgen als in Bereichen, in denen keine oder eine nur geringe Präferenz existiert.

Diversity Management

Ein wichtiges Ergebnis der Teamerfolgsforschung ist, dass alle im *Team Management Rad* abgebildeten Arbeitspräferenzen für eine erfolgreiche Bewältigung anstehender Aufgaben gebraucht werden. Wenn es der Führungskraft gelingt, alle verschiedenen Kräfte im Team auf das Ziel hin zu bündeln und gut kooperieren zu lassen, ist der Weg frei für ein »starkes Team«. Wenn die Teammitglieder ihre Profile gegenseitig lesen und die Unterschiede ihrer Arbeitsstile verstehen und nutzen lernen, ist dies ein wichtiger Schritt für die Wertschätzung von Verschiedenheit, sinnvolle Arbeitsverteilung und Einander-Zuarbeiten im Team. Alle Präferenzen werden im Team gebraucht, Vielfalt ist angesagt – eine Vielfalt, die nicht beliebig, sondern für die effektive Erreichung der Teamziele in Abstimmung mit den Organisationszielen sinnvoll, systemisch geordnet und abgestimmt ist.

Team Management

Mit dem *TMP* kann die Teamfunktionalität von der Führungskraft klar bestimmt und optimiert werden. Der Projektleiter kann z. B. Projektteams passend zur Teamaufgabe effektiv nach Kompetenz und Präferenz zusammenstellen. Für die Optimierung und Integration bestehender Teams kann man mit dem Rollendarstellungsprogramm der Software oder Figurenaufstellungen im Raum einen »Teamstatus« grafisch oder physisch visuell darstellen. So erkennt man Ballungen, Polarisierungen und Lücken im Team, die zu Effizienzminderung oder Konflikten führen können. *TMS*-Berater zeigen auf, wie man unter Einbeziehung des Teams durch Umbesetzung, Ergänzung oder Teamintegrationsprozesse das Team ausgewogener und effektiver machen kann. Lücken können kompetenz- und präferenzorientiert geschlossen werden. Teamführung wird klar durch 13 *Linking Skills* definiert, die in traditionellen Abteilungen und Teams von der Führungskraft, in autonomeren Teams von jedem übernommen werden müssen, damit das Team zielorientiert, effektiv und kooperativ arbeitet.

Relationship Management

Das wichtigste Erfolgskriterium exzellenter Führung wird nach Meinung der Fachwelt in Zukunft sein, wie eine Führungskraft Beziehungen aufbaut, wahrnimmt und pflegt, und zwar in den Bereichen

- Beziehung zu sich selbst (Selbstmanagement)
- Beziehung zu Kollegen und Teammitgliedern
- Beziehung zu anderen Führungskräften
- Beziehungen zum Kunden
- Beziehungen zur Öffentlichkeit
- Typenorientiertes Führen

Kommunikation

Margerison und *McCann* fanden heraus, dass Personen mit verschiedenen Arbeitspräferenzen auch verschiedene Kommunikationsstile bevorzugen. Damit Kommunikation gelingt, werden in jedem Profil im Kapitel »Verbinden« Hinweise gegeben, wie man mit dem Profilinhaber und seiner speziellen Arbeitspräferenz am besten kommunizieren kann. Der Profilinhaber kann dann in der *Face-to-Face*-Kommunikation oder im Teamseminar anderen mitteilen, wie man mit ihm effektiv und störungsfrei kommuniziert und kooperiert – und was man in der Kommunikation mit ihm vermeiden sollte. Die Hinweise wurden zusammengestellt auf der Basis der Erfahrung und Befragung von Führungskräften und Teams, die erfolgreich kooperieren und kommunizieren. Die Texte geben sowohl dem Profilinhaber als auch dem Trainer und Berater konkrete Formulierungshilfen an die Hand, mit denen der Perspektivenwechsel und ein präferenzorientierter Kommunikationsstil erlernt werden kann.

Verkauf

Führungskräfte und Mitarbeiter im Verkauf lernen durch Kenntnis ihrer eigenen Arbeitspräferenzen, wie sie authentisch ihren eigenen bevorzugten und erfolgreichen Verkaufsstil erkennen und als Stärke nutzen können. Sie können die im *TMP* bei »Verbinden« genannten Kommunikationshinweise für gelingende Kommunikation für den Verkaufsprozess nutzen. Trainer und Berater können die Kommunikation von Innen- und Außendienst, die Arbeit von Verkaufsteams und die Kompetenz von Verkaufsleitern mithilfe des *TMP* effektiver gestalten.

Personalauswahl

Spezifikation der Arbeitsanforderungen

Mit dem *Rad der Arbeitsfunktionen* kann eine klare Spezifikation der Arbeitsanforderung der infrage kommenden Stelle oder Tätigkeit erstellt werden. Weiterhin kann der Berater durch Erstellung eines Gesamtprofils (Teamstatus) des Teams oder der Abteilung, in die die gesuchte Person integriert werden soll, genau ermitteln, wie ausgewogen oder unausgewogen dieses im Hinblick auf seine Arbeitspräferenzen ist. Er erkennt Lücken, Ballungen und Polarisierungen, die zu mangelnder Effektivität des Teams führen können. Dadurch ist er für die Personalsuche mit mehr Informationen ausgestattet und wird für die infrage kommenden Bewerber neben anderen Assessment-Instrumenten auch den *TMPF* einsetzen. Auf diese Weise erfolgt die Personalauswahl bedeutend effektiver, und der neue Kollege lässt sich leichter ins Team integrieren.

Arbeitsmethodik, Lernen

Führungskräfte und Teammitglieder nutzen das *Rad der Arbeitsfunktionen* auch als strukturierte Mindmap für Sitzungen, Entscheidungsprozesse und optimierten Workflow. *TMS*-Berater können Nachwuchsführungskräfte und Projektleiter erlernen lassen, wie diese das Prinzip »Wer fragt, führt« durch »Fragen rund ums Rad« nutzen können, um ihre Mitarbeiter und Teams bei Lösungen mitdenken lassen.

15.6 Durchführung

Durchführung einer Persönlichkeitsanalyse

Der akkreditierte *TMS*-Trainer und Berater stellt seinen Kunden die 60 Fragen des validierten *Team Management Profil Fragebogen*s (*TMPF*) zur Verfügung. Dieser kann elektronisch im Internet oder im Papierformat beantwortet und ihm oder dem *TMS*-Bürozentrum zur Auswertung und Profilerstellung zugesandt werden. Die Angaben zur Person können anonymisiert werden, der Kunde kann bestimmen, wie mit dem Fragebogen und seinen Daten nach Profilerstellung umgegangen wird (Zurücksenden des Fragebogens, Löschen der Daten oder Aufbewahren zur Erstellung weiterer Ausdrucke oder Sprachversionen zu einem späteren Zeitpunkt).

Der Kunde wird darauf hingewiesen, dass jede Person im Hinblick auf ihre Arbeitspräferenzen unterschiedliche Vorlieben haben kann und dass alle Präferenzen gebraucht werden, es somit keine richtigen oder falschen Antworten gibt. Er wird aufgefordert, entsprechend der Art und Weise zu antworten, wie er gerne arbeitet, und zwar unabhängig vom derzeitigen Beruf oder der Art der Tätigkeit, die zurzeit im Beruf von ihm gefordert ist, und unabhängig davon, wie er seiner Meinung nach arbeiten sollte. Alle Fragen sind im Blick auf die berufliche Tätigkeit zu beantworten – die Vorlieben zu Hause oder in der Freizeit können durchaus anders sein. Der Kunde erhält Informationen zur Gewichtung der Fragen und füllt dann mit einem Zeitaufwand von 10 bis 15 Minuten den Fragebogen aus.

Profil auf Softwarebasis

Das *Team Management Profil* wird auf der Basis dieser Antworten über ein Softwareprogramm elektronisch erstellt. Durch Zusammenstellung der je nach Kombination und Ausprägung der Präferenzen verschiedenen Textbausteine können 208 verschiedenartige *TMP*-Varianten erstellt und ausgedruckt werden. Das 25 bis 28 Seiten umfassende persönliche Profilfeedback und ein erklärendes Handbuch in leicht lesbarer Frage-Antwort-Form (Umfang 12 Seiten) werden in einem Einband zusammengeheftet und professionell präsentiert. Die Profile eines Teams können als »Teamstatus« über ein in die Software integriertes Rollendarstellungsprogramm grafisch in elf verschiedenen Formen dargestellt werden.

Es wird durch den *TMS*-Trainer und Berater oder auf dessen Wunsch durch das *TMS*-Zentrum an den Kunden mit dem Vermerk »Persönlich und vertraulich« versandt und von ihm in die vereinbarten Trainings- und Beratungsaufträge eingebunden.

15.7 Auswertung

Die Arbeitspräferenzen werden dem Profilinhaber in klar strukturierten Textteilen und farbigen Grafiken detailliert auf den vier Skalen und auf den beiden Rädern zurückgemeldet. Auf Ergänzungspotenziale durch andere Teamrollen wird hingewiesen, Entwicklungspotenziale werden klar beschrieben. Aus der Datenbank des *ITMS* kann man mit der Software eine Auswahl aus 100 verschiedenen Referenzgruppen weltweit zum Vergleich einfügen; die Daten werden individuell auf den Profilinhaber bezogen, der mittig als »Sie« erscheint. Die Referenzgruppen können ausgewählt werden im Hinblick auf die Nationalität, die Branche, das Berufsfeld und die Managementebene des Profilinhabers. Die zentralen Präferenzbereiche werden auf einer Grafik (Seite 369) abgebildet, und zwar am Beispiel der exemplarischen Testperson dieses Buches.

15.8 Qualitätskriterien

Das *Institute of Team Management Studies (ITMS)* in Brisbane führt die empirische Forschungsarbeit seit 1982 kontinuierlich durch und hat alle Fragebögen mehrstufig im Hinblick auf Validität (Gültigkeit), Reliabilität (Verlässlichkeit), Gültigkeit und Brauchbarkeit für diese Bereiche wissen-

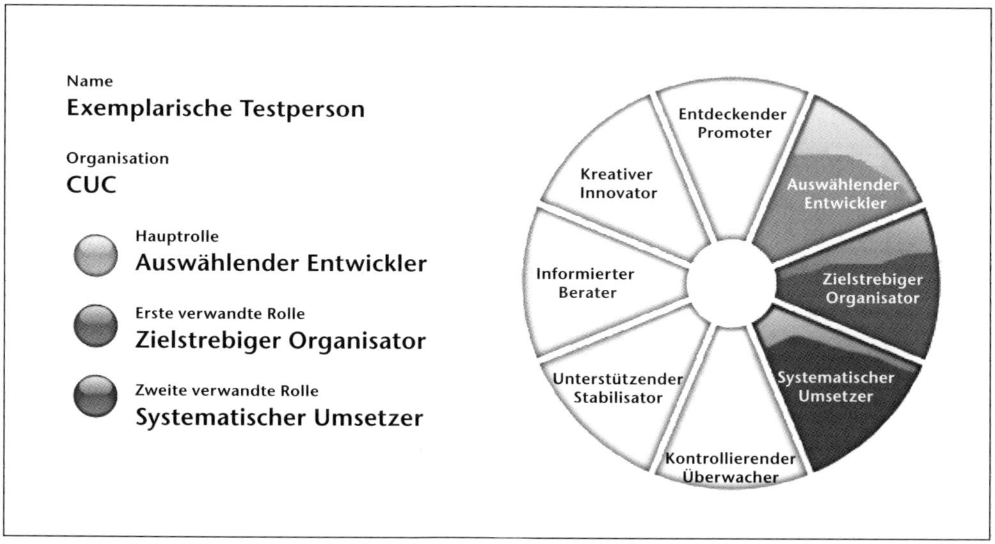

Präferenzbereiche der exemplarischen Testperson des Buches

schaftlich entwickelt. Alle Entwicklungen werden dokumentiert. Die Validität des *TMP* liegt bei .7, die Reliabilität bei .8 und die Brauchbarkeit (Trefferquote, mit der sich die Personen richtig widergespiegelt sehen) liegt bei 80–95 Prozent. Die wissenschaftlichen Daten sind zugänglich über ein *Research Manual,* das in 3. Auflage (2003) auf CD vorliegt. Es steht jedem *TMS*-Trainer und Berater als jeweils aktuelles Update zur Verfügung. Alle Ergebnisse sind somit einsehbar.

Validität

Nach der mehrfach geprüften Übersetzung aus dem Englischen durch qualifizierte muttersprachliche Übersetzerteams wird jeder Fragebogen in jeder Sprache mit wenigstens 100 Muttersprachlern validiert. Die Ergebnisse werden einer internen Konsistenzprüfung mit *Cronbachs Alpha* unterzogen, die Skaleninterkorrelationen und Item-Total-Korrelationen werden berechnet.

Die mit *Newman-Keuls* gemessene Konstruktvalidität (Vergleich der Ergebnisse des *TMPF* mit einer Rangliste präferierter Aufgaben pro Arbeitstag anhand des Modells der Arbeitsfunktionen durch 281 Führungskräfte) erreichte überall das statistische Signifikanzniveau, zum Teil wurde sie hochsignifikant.

Die interne Konsistenz des deutschen Fragebogens (n = 265) liegt für die vier Skalen in der oben aufgeführten Reihenfolge bei .87, .85, .90 und .77.

Objektivität Die Objektivität wird gesichert durch die standardisierte Durchführung über den Papierfragebogen oder den Online-Fragebogen im Internet mit in beiden Formen und allen Sprachversionen gleichen und klaren Hinweisen, wie der Fragebogen auszufüllen ist.

Reliabilität Die Reliabilität wurde ermittelt über den Alpha-Koeffizienten, den Split-Half-Koeffizienten und den KR-20-Koeffizienten. Die Ergebnisse liegen in der Reihenfolge der Skalen wie folgt:

- bei Alpha: .83, .85, .86 und .80
- bei Split-Half: .81, .88, .86, .84
- bei KR-20: .81, .83, .85, .77

Zwei Langzeitstudien (6–7 Monate und 1–6 Jahre) zeigen eine hohe Stabilität der Ergebnisse.

Gültigkeit Die Interkorrelations-Koeffizienten zwischen den vier Präferenzskalen wurden 1985 zur Eichung des *TMPF* von *Rod Davies* ermittelt (n = 275) und zeigten bei Werten insgesamt unter .4 auf, dass der *TMPF* aus vier voneinander unabhängigen Skalen besteht.

Brauchbarkeit Für arbeitsorientierte Mess- und Feedbackinstrumente ist das Kriterium »Brauchbarkeit« sehr wichtig (Augenschein-Validität). Die Akzeptanz zeigt sich darin, inwieweit sich die Person durch das Profilfeedback zur eigenen Arbeitspräferenz in Texten und Grafiken widergespiegelt sieht und das Feedback als richtig und für die konkrete Arbeit als nützlich wahrnimmt. Die Augenschein-Validität beträgt zwischen 80–95 Prozent.

Normierung Die vom *ITMS* seit 1982 kontinuierlich geführte Forschungs-Datenbank enthält eine Gesamtstichprobe von 151 616 Personen (Stand 2003), die den *TMPF* ausgefüllt und ihre anonymisierten Daten für Forschungszwecke freigegeben haben. Anhand dieser Daten konnten Normen entwickelt werden, die es erlauben, Gruppen bezüglich ihrer ermittelten Profile miteinander oder ein individuelles Profil mit dem durchschnittlichen Profil einer Referenzgruppe zu vergleichen. Gleichzeitig ist damit eine weitere Form der Konstruktvalidierung gelungen, da sich sie die Gruppen im Hinblick auf ihr Profil voneinander unterscheiden.

So können z. B. die Teamrollen von neun wichtigen verschiedenen Funktionsbereichen miteinander verglichen werden: Managing Director (n = 2025), Unternehmensplanung / Entwicklung (n = 5617), Personalbereich / HR / Training (n = 9858), Finanzen / Rechnungswesen (n = 8146), Sales / Marketing (n = 14231), Produktion / Konstruktion (n = 13549), Design / F&E (n = 7936), Consulting (n = 6423), Verwaltung (n = 14117). Diese werden im Forschungshandbuch numerisch und als Grafiken dargestellt.

Weitere Normstichproben zu Männern (n = 83847), Frauen (n = 52068), 4 Managementebenen, 44 Industriezweigen, 22 Berufsgruppen, 23 Nationalitäten, 23 Ländern und 10 Weltregionen machen die intensive Forschungsarbeit praxisrelevant für Personal-, Team- und Organisationsentwicklung. So kann man mit diesen Daten beispielsweise Erkenntnisse gewinnen zur Bedeutung unterschiedlicher Arbeitspräferenzen im mittleren und Topmanagement (Karriereberatung), der interkulturellen Kooperation von Managern aus Südostasien und Deutschland, der Bearbeitung von Konfliktfeldern zwischen Marketing und Vertrieb.

Alle genannten Daten sind im *ITMS-Research Manual* ausführlich dokumentiert und erläutert und können als Vergleichsdaten zum individuellen Profil in jedes persönliche *Team Management Profil* eingefügt werden.

15.9 Ausbildung und Akkreditierung

Lizenzierung / Autorisierung für Personalentwickler, Weiterbildner und Trainer

Voraussetzung für eine Lizenzierung ist eine mehrjährige berufliche Erfahrung als Personalfachmann (HR-Bereich), Trainer, Berater, Coach, Supervisor, Consultant oder in einem verwandten Bereich. Die Lizenzierung zum *TMS*-Berater und Trainer erfolgt in zweitägigen Akkreditierungsworkshops, die als offene oder betriebsinterne Seminare angeboten werden. Die *TMS*-Akkreditierung mit weltweit gültigem Zertifikatsabschluss berechtigt dazu, die *TMS*-Konzepte, *TMS*-Strategien und das *TMP* für die eigene Arbeit in Coachings, Beratungen und Trainings mit Einzelnen und Teams zu nutzen.

Fragebögen und Profile können beim *TMS*-Trainer und Berater oder über das *TMS*-Bürozentrum bezogen werden.

Als Hilfe zur Umsetzung und Anwendung erhält jeder *TMS*-Trainer bei der Akkreditierung ein *TMS*-Akkreditierungshandbuch mit einer umfangreichen Support-CD (Powerpoint-Vorlagen, Workshop Designs für Seminare verschiedener Dauer und Thematik, Trainerablaufskizzen, Präsentationsvorlagen, Material zur Akquise-Unterstützung, Literatur) und das aktuelle Update der Research-CD des *ITMS*. Weiterhin stehen ein magnetisches Profi-Demonstrationsrad, Workbooks und Selbstanalyseleitfäden für Trainings und Coachings sowie andere Arbeitsmaterialien zur Verfügung.

15.10 Schnuppertest

<table>
<tr><td colspan="2">Welche Verhaltensweisen bevorzugen Sie im Bereich der Arbeit? Bitte entscheiden Sie sich in den folgenden vier Bereichen für die Merkmale, die Ihnen am ehesten entsprechen – unabhängig davon, welche Verhaltensweise von Ihnen in Ihrer Stellung verlangt wird und was Sie selbst von sich erwarten. Denken Sie an eine ideale Arbeitssituation (auch wenn es diese nicht oft gibt), dann kommen Sie Ihren Arbeitspräferenzen am ehesten auf die Spur.</td></tr>
<tr><td colspan="2">Im Umgang mit anderen Menschen bin ich eher:</td></tr>
<tr><td>Extrovertiert = E

Personen mit extrovertierter Präferenz
• entwickeln ihre Gedanken oft, während sie mit anderen sprechen
• treffen gerne mit anderen Menschen zusammen und lieben gesellschaftliche Veranstaltungen
• arbeiten gerne an verschiedenen Aufgaben gleichzeitig und
• melden sich bei Sitzungen oft zu Wort.</td><td>Introvertiert = I

Personen mit introvertierter Präferenz
• denken lieber gründlich nach, bevor sie sprechen
• haben kein großes Bedürfnis, sich regelmäßig mit anderen zu treffen
• konzentrieren sich auf eine Aufgabe und
• halten sich bei Sitzungen eher im Hintergrund.</td></tr>
</table>

<table>
<tr><td colspan="2">In der Beschaffung und Verwertung von Informationen bin ich eher:</td></tr>
<tr><td>Praktisch = P

Personen mit praktischer Präferenz
• bevorzugen klar definierte Probleme
• arbeiten gerne mit ausgereiften Ideen
• halten sich an Pläne und Vorgaben
• ertragen geduldig Routinearbeit und
• achten auf Fakten und Details.</td><td>Kreativ = K

Personen mit kreativer Präferenz
• lieben vielschichtige Probleme
• bringen regelmäßig neue Ideen hervor
• suchen nach neuen Ansätzen
• langweilen sich bei Routinearbeit und
• sehen das große Ganze.</td></tr>
<tr><td colspan="2">In meiner Entscheidungsfindung bin ich eher:</td></tr>
<tr><td>Analytisch = A

Personen mit analytischer Präferenz
• versuchen, objektive Entscheidungskriterien zu schaffen
• entscheiden unabhängig und kühl
• lieben Analysen und Klarheit
• setzen Ziele und lassen sie zu ihrer Überzeugung werden und
• sind eher aufgabenbezogen.</td><td>Begründet auf Überzeugungen = B

Personen mit einer Präferenz, die auf Überzeugungen begründet ist
• besitzen subjektive, persönliche Entscheidungskriterien
• erscheinen engagiert
• lieben Harmonie
• entwickeln Ziele auf der Grundlage ihrer Überzeugungen und
• sind eher menschenbezogen.</td></tr>
<tr><td colspan="2">In der Organisation von mir selbst und meinen Mitarbeitern bin ich eher:</td></tr>
<tr><td>Strukturiert = S

Personen mit strukturierter Präferenz
• lieben klare Verhältnisse und Ordnung
• entwickeln einen Plan und halten sich daran
• teilen die Zeit bewusst ein und halten Termine
• mögen keine unklaren Verhältnisse und
• haben eine feste Meinung.</td><td>Flexibel = F

Personen mit flexibler Präferenz
• fühlen sich auch in der Unordnung wohl
• können, wenn nötig, Pläne schnell ändern
• können festgesetzte Termine überschreiten
• tolerieren unklare Verhältnisse und
• ändern ihre Meinung, wenn neue Informationen es sinnvoll erscheinen lassen.</td></tr>
</table>

Auswertung

Sie haben sich nun für vier Verhaltensweisen entschieden. Bitte notieren Sie die vier Anfangsbuchstaben der gewählten Präferenzpole (z. B. E-P-A-S) und finden Sie diese im abgebildeten 16-Sektoren-Modell des *Team Management-Rads* (Seite 362). Dieses Modell hat einen inneren und einen äußeren Kreis. Liegt Ihre Buchstabenkombination im äußeren Kreis, so bedeutet dies, dass Sie diese Rollenpräferenz in der »klassischen Form« leben. Liegt sie im inneren Kreis, so ist Ihre Rollenpräferenz komplexer und enthält oft schon in der Hauptpräferenz Anteile gegenüberliegender Teamrollen. Dies ist oft Anlass für so genannte »geteilte Räder« mit verwandten Rollen in gegenüberliegenden Bereichen. Dieser Schnuppertest ermöglicht Ihnen eine ungefähre Annäherung und Illustration – er ist keine Gewähr für eine genaue Bestimmung Ihrer Haupt- und verwandten Rollen.

Wenn Sie ein professionelles Feedback wünschen, so lassen Sie Ihr *Team Management Profil* auf der Basis des *TMPF* erstellen. Ihr Profil wird dann von der *TMS*-Software erstellt, die die individuellen Gewichtungen Ihrer persönlichen Antworten gültig und verlässlich berechnen kann, um Ihnen Ihre Rollenpräferenzen genau und detailliert zurückzumelden. Ein akkreditierter *TMS*-Trainer und -Berater erstellt und erklärt Ihnen gern Ihr Profil und die vielfältigen Nutzungsmöglichkeiten. Adressen werden Ihnen vom *TMS*-Zentrum gern mitgeteilt.

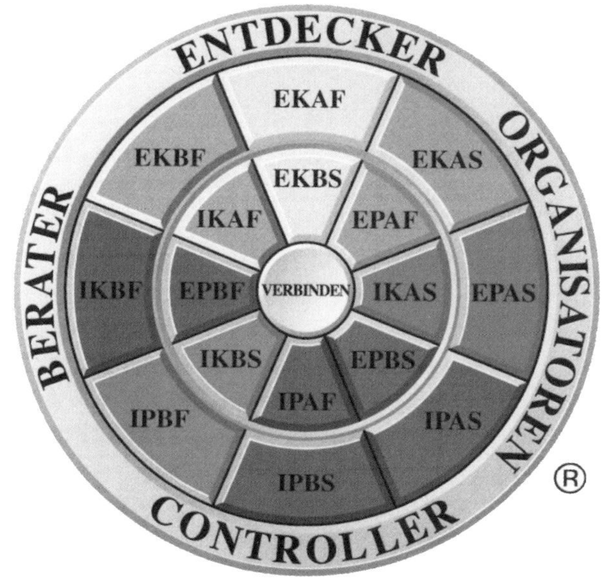

Das *16-Sektoren-Modell*

15.11 Vertrieb

Der zentrale Vertrieb für Europa, Afrika, den Nahen und Mittleren Osten wird von *TMS Development International Ltd.* in York (GB) als Hauptlizenznehmer für Europa, Afrika, den Nahen und Mittleren Osten wahrgenommen.

Der Sublizenznehmer und *TMS*-Zentrum für den deutschsprachigen Bereich (Deutschland, Österreich und die deutschsprachige Schweiz) ist das *Forum für Teamentwicklung* in Freiburg (Akkreditierungszentrum). Es wird von *Hartmut Wagner* geleitet und bietet an:

- Offene Akkreditierungsseminare für Trainer, Berater, HR- und Personalentwickler, Coaches, Mediatoren
- Maßgeschneiderte Inhouse-Akkreditierungen für Firmen und Organisationen (Bereiche: Management Development, HR; Personalentwicklung, Teamentwicklung, Organisationsentwicklung, Aus- und Weiterbildung)
- Persönlichen Support für die inhaltliche Arbeit mit *TMS*
- Entwicklung von Konzepten für Beratung, Teambildung, Training und Personalentwicklung auf Anfrage
- Organisation von *TMS*-Regional-Treffen zum *TMS*-Erfahrungsaustausch und kollegialer Beratung
- Erstellung von Einzelprofilen im Büroservice mit 48-Stunden-Garantie
- Annahme und Bearbeitung von Bestellungen für *TMS*-Software

Forum für Teamentwicklung
Hartmut Wagner
Lise-Meitner-Str. 12 – Haus DIVA
79100 Freiburg/Breisgau
Fon: +49 (0) 76 1 / 45 98 59 75
Fax: +49 (0) 76 1 / 45 98 59 79
E-Mail: *info@tms-zentrum.de*
Internet: *www.tms-zentrum.de*

Literatur

Margerison, Charles & McCann, Dick: *Team Management. Practical New Approaches.* Didcot 1995. Management Books 2000.

Margerison, Charles: *Team Leadership. A Guide to Success with Team Management Systems.* London 2002.

McCann, Dick & Mead, Nikki (Hrsg.): *Team Management Studies Research Manual.* Brisbane: Institute of Team Management Studies, 3. Aufl. 2003. CD.

McCann, Dick & Stewart, Jan: *Aesops Management Fabeln. Vom fehlerhaften zum fabelhaften Management.* Wien: Signum Business Edition, 1998.

McCann, Dick: *The Workplace Wizard.* Brisbane: Gwent Publishing, 2002.

Das *Rad der Arbeitsfunktionen*, das *Team Management Rad*, das *Modell der Linking Skills* und das *16-Sektoren-Modell* sind eingetragene Warenzeichen.

Über den Autor

Hartmut Wagner studierte Anglistik und Romanistik und gründete 1985 das *Skill-Institut* Heidelberg. Seit 1995 ist er Leiter und Master-Trainer des *TMS*-Akkreditierungs- und Bürozentrums der deutschsprachigen Länder in Freiburg/Breisgau. Er ist lizenziert durch die *TMS*-Autoren *Margerison & McCann* sowie *TMSDI Ltd.* in York (GB). Wagner akkreditiert Personalentwickler, Trainer, Berater, Coaches und Mediatoren zu *TMS*-Trainern und Beratern in Lizenzworkshops und berät sowie koordiniert das Netzwerk von derzeit 970 akkreditierten *TMS*-Trainern und Beratern.

Teil C

Vergleich der Aussagegüte durch Gegenüberstellung der Testauswertungen der verschiedenen Persönlichkeitsmodelle

1. Was die Persönlichkeitsanalysen bzw. -tests tatsächlich messen

1.1 Augenscheinvalidierung der Ergebnisse der exemplarischen Testperson des Buches

In diesem Teil des Buches werden Auswertungsdetails aus den in Teil B vorgestellten Persönlichkeitstests vergleichend dargestellt, und zwar im Hinblick auf die exemplarische Testperson dieses Buches, die einheitlich bei allen Verfahren eingesetzt wurde.

Getestete Person:

60 Jahre, männlich, Deutscher, verheiratet, promoviert, Hochschullehrer, Wirtschaftstrainer und -berater.

Schlussfolgerung auf Inhaltsvalidität

In der Sprache der Psychometrie handelt es sich hierbei um eine der Augenscheinvalidität ähnliche Untersuchungsmethode. Dabei trifft die getestete Person eine Aussage darüber, wie valide die Items zu dem Konstrukt passen, das sie messen sollen *(Face Validity)*. In diesem Buchteil wird die Prüfung nachträglich nach der Testdurchführung vorgenommen, jedoch mit der Möglichkeit, auf die Inhaltsvalidität zu schlussfolgern. Insofern geht die nachfolgende testübergreifende Auswertung weit über eine rein subjektive Inaugenscheinnahme hinaus, denn die einzelnen Testergebnisse werden einer vergleichenden Inhaltsanalyse unterzogen. Dabei werden jedoch nur solche Persönlichkeitsmerkmale bzw. -eigenschaften verglichen, die tendenziell vergleichbar sind, z. B. Führungseigenschaften, Arbeitsverhalten, Denkstil und Teamrollen.

Die Testperson hat die Fragen aller Tests unter annähernd gleichen (objektiven) Umfeldbedingungen und gleicher körperlicher und geistiger Konstitution am PC nach den Vorgaben der Testanbieter beantwortet. Sofern der Test einen Fokus in Form eines angenommenen Umfeldes forderte, wurde der Arbeitsplatz ausgewählt.

1.2 Was wird »gemessen«?

Wie schon in Teil A beschrieben, ist kein Persönlichkeitstest in der Lage, die Ganzheit eines Menschen erschöpfend abzubilden. Aus diesem Grunde konzentrieren sich die Tests bzw. Persönlichkeitsanalysen auf ausgesuchte Merkmale, auf das, was »die Persönlichkeit« ausmacht. Darum wird bei einem seriösen Test von vorneherein eindeutig festgelegt, was genau betrachtet bzw. welcher Ausschnitt eines Menschen »vermessen« werden soll. So geht es z. B. um die Verhaltensweisen im Beruf oder um das Kommunikationsverhalten in Konflikten.

Eine Landkarte eignet sich für den Vergleich. Sie stellt ein Gebiet nur aus einer speziellen Perspektive dar. Jedoch ist ein umfassendes Bild über dieses Gebiet nur über die Gesamtheit aller Landkarten, Straßen- und Bahnkarten, geologische Karten und Gewässerkarten zu bekommen. Jede einzelne Karte vermittelt lediglich eine von vielen Möglichkeiten, ein Gebiet darzustellen. In ähnlicher Art und Weise ergänzen sich unterschiedliche Testergebnisse und bieten die Möglichkeit, ein vielfältigeres Bild der Persönlichkeit darzustellen. Dennoch müssen die Ergebnisse von »reinen« Persönlichkeitstests der Tendenz nach gleich sein, da die meisten Tests gleiche Untersuchungsthemen haben, z. B. Leistungsverhalten, Emotionalität, Teamorientierung, Kommunikation, Kontaktfähigkeit, Arbeitsstil usw., also das, was die Persönlichkeit ausmacht.

Messen = Vergleichen

Auch muss nochmals darauf hingewiesen werden, dass der Begriff »Messen« eigentlich das »Vergleichen« meint, denn es werden die von einer Person im Test erreichten Werte mit denen anderer Menschen verglichen. Deren Werte dienen als »Vergleichsmaßstab«. Sie bilden in ihrer Summe die Normwerte ab, also Durchschnittswerte in den jeweiligen Messbereichen. Mittels dieser Normwerte kann sich nun der zu Beurteilende mit den Personen vergleichen, deren Werte die Stichprobe der Normwerte bilden. Er sieht, ob er in einem bestimmten Messbereich unter oder über dem Durchschnitt liegt. Bei einer Normalverteilung liegt der Großteil der

Werte im mittleren Bereich, während Extremwerte vergleichsweise selten auftreten (vgl. dazu die Ausführungen zum BIP).

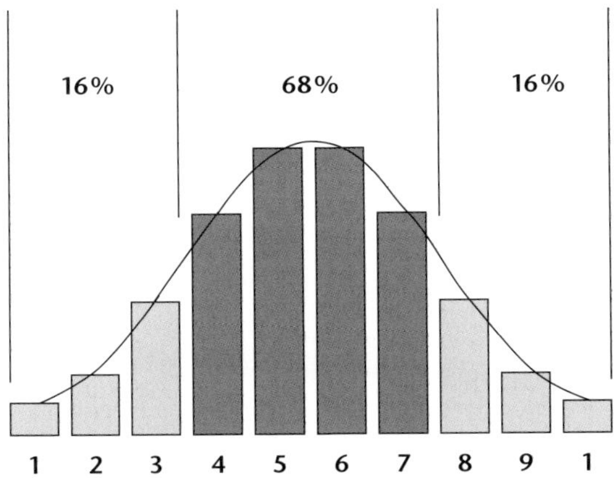

Die Normalverteilung; die meisten Werte liegen im Mittelbereich

1.3 Gefahren der textlichen Interpretation

Es ergeben sich partiell unterschiedliche Ergebnisse aus unterschiedlichen Fragen der Tests. Auch geben die Auswertungen nur jene Formulierungen wieder, die im Auswertungsprogramm der Testanbieter hinterlegt sind. Die Computerprogramme der Tests generieren bzw. kombinieren verschiedene Textbausteine, und zwar je nach Online-Klick. Bei jedem mathematisch-statistischen Verfahren werden aus den Fragebogen zunächst nur Zahlen gewonnen, so genannte Ergebnis-Messzahlen. Aus dem Archiv der Textbausteine werden dann so viele Textfragmente entnommen, wie zum Zahlenergebnis passen. Hat man z. B. 40 Prozent Rot-Antworten, dann werden 40 Prozent Textbausteine dem »roten Kästchen« entnommen. Diese Mengenzuordnung bekommt jeder, der 40 Prozent Rot-Antworten gibt, egal, was und wie er in Wirklichkeit ist. Insofern sind die Texte eine Beschreibung oder Ausformulierung der Zahlen im Programm.

Texte sind Schwachstellen

In der textlichen Elaboration liegt zugleich die Gefahr der Angreifbarkeit. Wenn z. B. ein Test zu sehr in die Detailbeschreibung geht, droht die Gefahr der Nichtüberstimmung von Details mit der beschriebenen Person. Textbeschreibungen mögen zwar vom Leser als angenehmer empfunden werden als die Interpretation von Tabellen, aber sie sind eine Schwachstelle.

Bei langen Texten besteht außerdem die Gefahr, dass die Übersichtlichkeit leidet und der Zusammenhang nicht mehr erkennbar ist. Ein einzelner Satz mag zwar große Leuchtkraft haben, aber die grafische Gesamtübersicht, prozentual skaliert, hat in Bezug auf die Eignung eines Bewerbers die genauere Aussagekraft.

Eine Schwäche der vorwiegend sehr ausgewogen formulierten Aussagen liegt darin, dass sie mit Konjunktiven (»wahrscheinlich, es könnte sein, vielleicht«) abgeschwächt werden, so dass die Gefahr der Schwammigkeit und Beliebigkeit droht. Der Vergleich mit der Zeugnissprache liegt nahe.

Die Diktion der generierten Textbausteine, die bis auf *BIP* und *DNLA* angloamerikanischen Ursprungs sind, ist von Test zu Test unterschiedlich. Verstärkend kommt das Übersetzungsproblem hinzu. Während es in der englischen Sprache oft nur einen Begriff für einen Sachverhalt gibt, bietet die deutsche gleich ein halbes Dutzend, die oft etwas anderes ausdrücken als ursprünglich gemeint. Zwar sind einige Verfahren auf den deutschen Sprachraum hin geeicht, aber nicht alle. Der interessierte Leser möge in den einzelnen Kapiteln, in denen die Verfahren vorgestellt werden, genau nachlesen, wer hierzu Angaben macht.

Bei den im nachfolgenden Kapitel vorgestellten Textbeispielen handelt es sich um eine Auswahl aus mehr als 250 Textseiten. Es wurden solche Aussagen ausgewählt, die repräsentativ für eine vom Test festgestellte Eigenschaft oder Verhaltensweise sind. Oft wurden diese Persönlichkeitsmerkmale unter anderen Gesichtspunkten immer wieder neu betont. Insofern hätten einige Auswertungstexte problemlos halbiert werden können.

1.4 Unterschiedliche Begriffe, Definitionen und Zwecke

Begriffsverständnis der Testkonstrukteure

Unterschiedliche Ergebnisse ergeben sich auch aus einem unterschiedlichen Begriffsverständnis der Testkonstrukteure. Am größten sind die Unterschiede bei den Führungsverhaltenstests. Hier reicht die Bandbreite der Meinungen über die exemplarische Testperson von »bestgeeignet« bis hin zu »ungeeignet«, auch wenn das nicht so deutlich ausgedrückt wird. Der Unterschied in den Meinungen wird weniger an einzelnen Textfragmenten deutlich als im Vergleich der Gesamtergebnisse unter Einbeziehung von Daten, Tabellen und Diagrammen.

Nicht alle haben ein einheitliches Verständnis von Führung. Hier ist der Testanwender gefordert zu abstrahieren. Wenn z. B. gefragt wird »Wie setzen Sie Ihren Mitarbeitern Ziele?«, dann hat der Antwortende gegebenenfalls Probleme, denn moderne Führung basiert auf der Zielvereinbarung.

Situative Mitarbeiterführung

Ein nur schwer lösbares Problem aller Führungsverhaltenstests ist die situative Komponente der Mitarbeiterführung. Welcher Leadership-Test erfasst das »richtige« Führungsverhalten vieler unterschiedlicher Führungssituationen mit unterschiedlichen Menschen und Temperamenten? Für Probleme der Mitarbeiterführung gibt es keine stromlinienförmigen Musterlösungen. Zu unterschiedlich sind die Situationen und Zusammenhänge. Hier gilt statt eines Entweder-oder ein Sowohl-als-auch. Statt nur eines Rezepts werden jeweils verschiedene benötigt, je nach Personen und Sachlage.

Führung ist keine freie schöpferische Tätigkeit, sondern durch Zwänge, Pflichten, Normen usw. eingeengt. Viele Seiten richten Erwartungen an den Vorgesetzten, die jedoch unklar und widersprüchlich sind und deshalb ständige Such-, Interpretations- und Gestaltungsleistungen erfordern.

> Kann ein Test die dialektische Natur der Führungsanforderungen berücksichtigen, berechnen und vertexten?

Führungs- und Berufseignungstests, die auf eine Prognose zukünftigen Verhaltens zielen, ohne den konkreten Arbeitsinhalt bzw. das Anforderungsprofil zu erfassen, müssen sich die Frage nach der Validität gefallen lassen. Ein und derselbe Fragebogen einerseits für einen Hochschuldekan, dessen Mitarbeiter auf der Basis der Freiheit von Lehre und Forschung arbeiten, und andererseits für einen Polier auf der Baustelle muss zu völlig falschen Aussagen über die Eignung für die konkrete Berufsposition führen.

Von besonderem Interesse ist der Vergleich zwischen Tests, die auf gleichen oder ähnlichen persönlichkeitstheoretischen Grundannahmen beruhen, insbesondere auf *C. G. Jung*. Es handelt sich um die potenzialanalytischen Verfahren *INSIGHTS MDI*, das *Team Management Profil, MBTI* und *DISG*, obwohl sich letzteres nicht mehr auf *Jung* beruft. In früheren Veröffentlichungen wurde diese Theoriequelle aber noch benannt.

Bei der Lektüre der Testergebnisse ist auch zu beachten, dass es sich einerseits um Persönlichkeitstests mit dem besonderen Fokus auf der Personal-

Persönlichkeitstests und Potenzialanalysen

auswahl handelt (z. B. *ASSESS, OPQ32*) und andererseits um so genannte Potenzialanalysen, die eher im Kontext von Seminaren und Coaching, aber auch zum Zwecke der Personalauswahl (z. B. *BIP, DISG, INISGHTS MDI, MBTI*) eingesetzt werden. Darunter fällt auch das *HBDI,* das von gehirnphysiologischen Prämissen ausgehend aber eher nach dem Denkstil der Probanden fragt. *DNLA* wird für die betriebliche Aus- und Weiterbildung und die Bewerberauswahl eingesetzt. Das *Structogram,* das nach genetisch veranlagten Grundmustern im Menschen sucht, wurde nicht in die Auswertung einbezogen, weil die *Deutsche Structogram Zentrale* eine Probeanwendung für nicht zweckmäßig erachtete.

Zu berücksichtigen ist ferner, dass einige der in diesem Buch vorgestellten Persönlichkeitstests einen langen textlichen Auswertungsteil haben, andere jedoch nur textlich etwas angereicherte Grafiken und Diagramme. Darum fehlt bei einigen der in der Auswertung genannten Diagnoseinstrumente der Text, z. B. beim *HBDI.* Auch beim *Enneagramm* gibt es keine durchformulierten Passagen, sondern nur Hinweise auf Charaktereigenschaften in den verschiedenen Büchern zu diesem Test. Darum bleibt das *Enneagramm* in der nachstehenden Übersicht unerwähnt.

Der Leser möge auch bedenken, dass die verwendeten Gruppen bzw. Überschriften der Auswertung (Arbeitsstil, Entscheidungsverhalten, Veränderungsbereitschaft u. a.) viele Schnittstellen haben. Das gilt insbesondere für Empathie, Führung und Teamwork. Die Aussagen aus den Auswertungen mussten diesen Gruppen bzw. Überschriften zugeordnet werden, obwohl sie in den Tests unter anderen Überschriften liefen oder aus anderen Auswertungsbereichen stammten und mit anderen Begriffen belegt waren.

1.5 Der Zweck dieser Auswertung

Der Zweck dieser Auswertung besteht darin festzustellen, inwieweit die in diesem Buch vertretenen Persönlichkeitsanalysen in ihrer Aussage über die Testperson übereinstimmen.

> Die zugrunde liegende Hypothese lautet: Es muss eine große Schnittmenge über alle Tests hinweg – insbesondere aber bei denen, die der Theoriequelle *C. J. Jungs* (*INSIGHTS MDI, DISG, Team Management Profil* und *MBTI*) entspringen –, erkennbar sein. Diese

Hypothese wurde von den dokumentierten Testergebnissen tendenziell bestätigt und durch die eigene Einschätzung der Testperson bekräftigt.

Diesen direkten Vergleich in Form einer personenbezogenen Metaanalyse hat es in der eignungsdiagnostischen Literatur bisher nicht gegeben. Natürlich stellen sich Fragen der methodischen Zulässigkeit, vor allem deswegen, weil die Testfragen auf der Grundlage der Kenntnis der Ergebnisse anderer Tests beantwortet wurden. Hieraus resultieren Präformationen im Selbstbild der antwortenden Testperson, die in den Folgetest eingeflossen sein könnten. Auch ist bei jenen Tests, in denen Managementqualifikationen ermittelt werden, zu bedenken, dass die antwortende Person als Führungstrainer und Managementberater tätig ist. Daraus resultieren Interpretationsprobleme bei jenen Fragen, die sich auf Führung und Management beziehen.

Beobachter als Beteiligter

Grundsätzlich gilt das Hauptproblem der empirischen Forschung, wonach der Forscher, in diesem Falle die exemplarische Testperson des Buches, kein außerhalb des Untersuchungsgegenstandes stehender Beobachter, sondern unmittelbar Beteiligter ist. Das war aber nicht anders möglich, weil sich niemand fand, der die Rolle im Rahmen dieser Buchveröffentlichung übernehmen wollte.

1.6 Fazit der Auswertung

Es gibt viele Gemeinsamkeiten in den Aussagen über die exemplarische Testperson dieses Buches, aber auch Unterschiede in der Einschätzung, ja sogar entgegengesetzte Meinungen.

Gemeinsamkeiten und Unterschiede werden zum Teil schon in der Grundtypbeschreibung deutlich. Einige Instrumente sehen in der Testperson vorrangig den zupackenden Macher, andere erkennen in ihm weichere Wesenszüge. Dennoch finden sich auch die von anderen Instrumenten erkannten Persönlichkeitsmerkmale in diesem oder jenem Verfahren wieder, jedoch anders proportioniert. Experten sehen die Ursache darin, dass die Testperson sehr viele unterschiedliche Persönlichkeitsmerkmale in sich vereinigt, also nicht nach der einen oder anderen Seite hin signifikant ausschlägt. Je nach Antwortnuance und Anzahl der Fragen (Items) verschieben sich die Diagrammdarstellungen.

2. Gegenüberstellung der Testergebnisse im Einzelnen

2.1 Arbeitsverhalten und Arbeitsstil

In puncto Arbeitsverhalten und Arbeitsstil sind sich alle Persönlichkeitsanalysen einig, dass es sich bei der Testperson um einen fundiert planenden, gründlich denkenden Systematiker mit hohen Qualitätsmaßstäben handelt, dessen Interesse eher übergeordneten Zielen, weniger den Details gilt. Sie reizen herausfordernde Projekte. Routinearbeit überlässt sie gern anderen. Trotz ihrer Liebe zur theoretischen Reflexion achtet sie sehr auf die Praktikabilität von Konzepten. Ihre Gewissenhaftigkeit wird unterschiedlich bewertet, ebenso ihre Einstellung zur Routinearbeit. Manche sehen in der Testperson einen sequenziell arbeitenden Menschen, andere meinen eher ein simultanes Vorgehen zu erkennen.

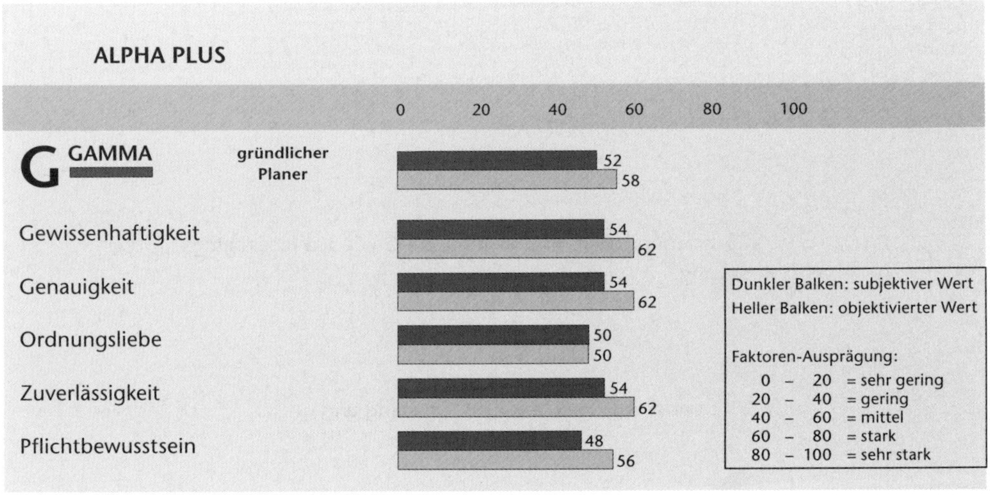

- Das Arbeitsverhalten hat eine stabile mentale Basis mit optimistischer Grundeinstellung, die vergleichsweise durchgängig gegeben ist und einen natürlichen Schutz vor Stressoren bietet und Belastbarkeit ermöglicht.
- Das natürliche Interesse an gründlichem, gewissenhaftem und genauem Arbeiten, an Zuverlässigkeit und Pflichterfüllung ist in dem Maße ausgeprägt, wie es üblicherweise bei den Menschen der Fall ist, mit denen Sie sich verglichen haben.

ASSESS

- Ihre Ergebnisse deuten darauf hin, dass Sie gleichförmige Routinearbeit vorziehen.
- Sie scheinen ein durchschnittliches Interesse an Aufgaben zu haben, die Detailorientierung erfordern. Außerdem haben Sie offensichtlich Freude an Planung und Organisation. Dank dieser Eigenschaften dürften Sie Ihre Arbeit gründlich erledigen.

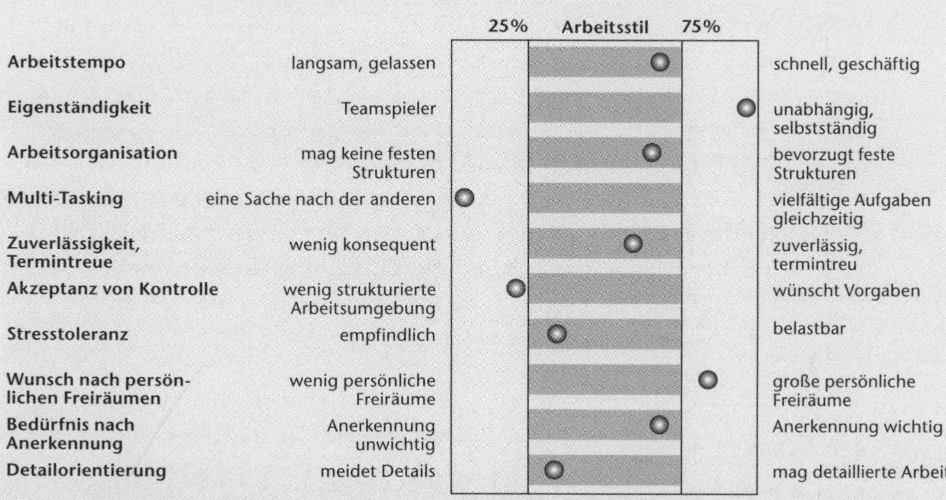

Schattiert bedeutet, in diesem Bereich liegen 50 Prozent der Probanden, die das Verfahren durchgeführt haben.

Big Five

Dimension C (Conscientious) – *Gewissenhaftigkeit:* Große Gewissenhaftigkeit, hohe Aufgabenfokussierung.

Facetten:

- *Kompetenz:* Hohe Kompetenz, Selbstüberzeugtheit, Sicherheit und Effektivität.
- *Ordnung:* Gelungene Balance zwischen Ordnung und Chaos.

- *Leistungsstreben:* Großer Ehrgeiz, hohe Erfolgsorientierung.
- *Umsicht:* Große Umsicht und Sorgfalt.

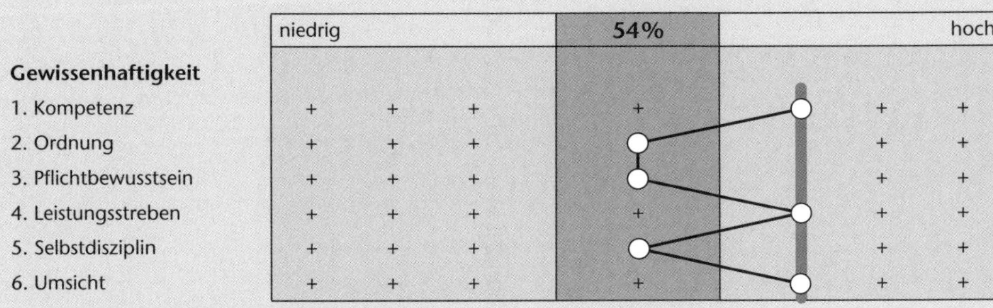

BIP

Gewissenhaftigkeit: Bei der Planung und Ausführung Ihrer Tätigkeiten erweisen Sie sich als verlässlich. Sie planen und bearbeiten Ihre Aufgaben im Allgemeinen sorgfältig und genau.

Dabei können Sie aber durchaus pragmatisch vorgehen, wenn Sie der Ansicht sind, dass sich ein vermehrter Aufwand nicht lohnt. Wenn Sie sich einer Aufgabe verschrieben haben, gehen Sie diese zwar mit Sorgfalt an, wägen dabei aber Aufwand und Ergebnis gegeneinander ab und gestatten sich gegebenenfalls auch Ungenauigkeiten. Für Sie müssen nicht alle Resultate hundertprozentig sein.

DISG

- Er geht diszipliniert vor, um sicherzustellen, dass die Verantwortlichen – entweder er selbst oder andere – jede Arbeitsphase sorgfältig ausführen.
- Er hält sein Interesse wach, indem er für Flexibilität sorgt und mehrere Projekte gleichzeitig bearbeitet.
- Er geht Schritt für Schritt vor, um die Details der Aufgabe einzuschätzen, bevor er die Gesamtwirkung betrachtet.
- Er beginnt viele fachspezifische Projekte, die besondere Kenntnisse erfordern.

DNLA

- Sie haben realistische, aber hohe Anforderungen an die eigenen Qualitätsmaßstäbe (weder Bevorzugung von zu hohen noch von zu niedrigen Qualitätsmaßstäben).
- Die Notwendigkeit der Imagepflege wird von Ihnen eher abgelehnt. Bei Ihrer Verhaltenstendenz geht es hauptsächlich um eine sachlich einwandfreie Arbeit.

INSIGHTS MDI

- Er nimmt sich wenig Zeit für die Arbeit an Details, es sei denn, er hält diese Details zum Erreichen seiner Ziele für wichtig.
- Für die Testperson ist es wichtig, dass Dinge korrekt erledigt werden. Sie kann dabei recht pingelig sein, weil sie befürchtet, dass sich Fehler in die Vorgehensweise einschleichen könnten. Sie wird sich genau an Regeln oder Verfahren halten und sich in Situationen am wohlsten fühlen, in denen es grundsätzlich exakte Standards und schriftliche Vorgaben gibt.
- Er setzt Maßstäbe.

LIFO

- Der Testperson ist es wichtig, selbst Dinge zu durchdenken und auf Details zu achten. Seine Absicht, schnell und effizient zum Ziel zu kommen, kann er dann leicht umsetzen, wenn er auf bewährte Vorgehensweisen zurückgreifen kann. Hierzu nutzt er Analyse und planmäßiges Vorgehen. Mit diesem Verhalten wird er seinem persönlichen Anspruch an die Qualität seiner Arbeit gerecht.
- Bei aller Sachorientierung ist er den Menschen in seinem Umfeld zugewandt, bindet diese ein und sorgt für ein störungsfreies Klima.

MBTI

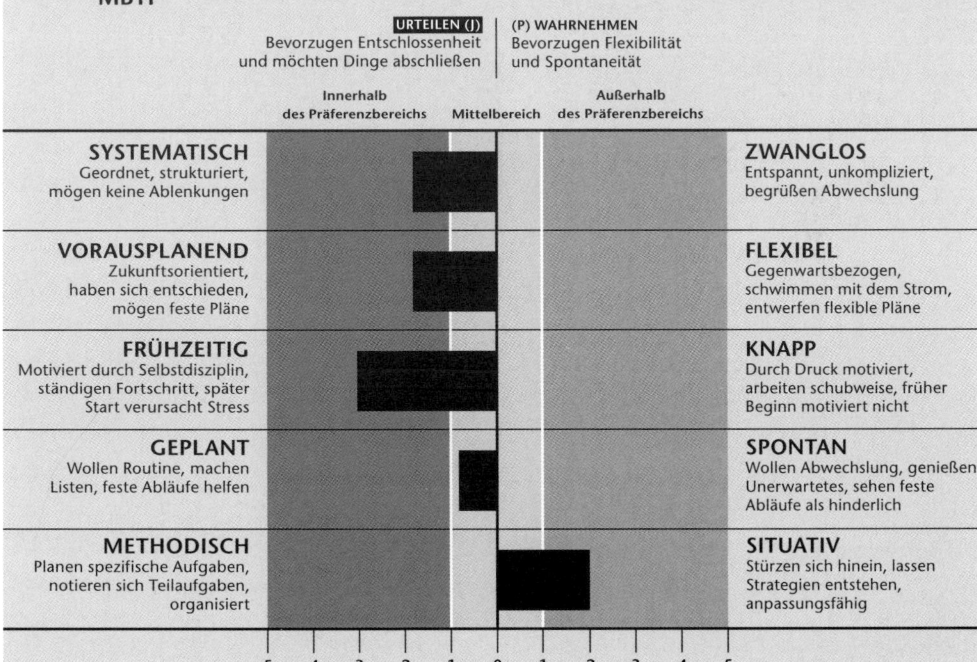

- Sie vermeiden es tunlichst, etwas anzunehmen, das zu weit hergeholt erscheint oder eine übermäßig lange Recherche mit sich bringt.
- Sie gehen rasch von einer Sache zur nächsten über, um zu sehen, wie Ihre Ideen funktionieren und wo Ihre Grenzen liegen.
- Sie behalten immer die praktikablen und vernünftigen Aspekte jeder Situation im Auge.
- Sie spüren eine gewisse Spannung zwischen einer analytischen und einer persönlichen Herangehensweise.
- Sie begrüßen ein gewisses Maß an Routine in Ihrem Leben. Sie denken, dass etwas Routine sowohl für Vorhersagbarkeit als auch Freiheit sorgt, Gelegenheiten zu ergreifen. Sie sehen Routine als hilfreich bei Ihrer Arbeit an, aber empfinden sie zu Hause als Einschränkung — oder umgekehrt.
- In Ihren Augen macht langfristiges Planen Sie effizienter und garantiert, dass Dinge nach Plan verlaufen.
- Sie mögen das Gefühl nicht, mit zu viel Arbeit überhäuft zu werden.

OPQ32

- Sie legen Wert darauf, Arbeiten, wenn möglich, vollständig und fristgerecht zu Ende zu bringen, und unterstützen somit eine verlässliche Sicherung der Qualität.
- Sie messen der termingerechten Fertigstellung von Aufgaben recht hohen Stellenwert bei und dürften sehr bemüht sein, vereinbarte Zeitpläne einzuhalten.
- Sie beschreiben sich als jemand, der gerne vorausdenkt und langfristige Ziele verfolgt. Sie dürften daher bei neuen Projekten zumeist klare Prioritäten setzen und Abläufe im Voraus definieren.
- Sie interessieren sich für zugrunde liegende Konzepte und setzen sich in der Regel analytisch mit Problemen auseinander. Sie versuchen gelegentlich, auch die tieferen Zusammenhänge Ihrer Arbeit zu verstehen, und können sich auf diese Weise ein breites, fundiertes Fachwissen aneignen.

TMS

- Sie langweilen sich, sobald ein Projekt zur Routineangelegenheit wird und seinen intellektuellen Reiz verliert.
- Sie bringen verworrene Situationen gerne in Ordnung.
- Sie setzen sich sehr dafür ein und bringen durch Ihre Analyse und Ihr Bestreben nach einer systematischen Fertigstellung Ordnung und Struktur in eine Aufgabe.

2.2 Auftreten, Selbstsicherheit und Überzeugungskraft

Alle Testverfahren geben, soweit dieser Komplex Teil des Testprogramms ist, der Testperson Bestnoten im Bereich Auftreten, Selbstsicherheit und Überzeugungskraft. Zwei Verfahren meinen aber Mängel in ihrer Überzeugungskraft erkannt zu haben, eines davon spricht sie ihm ab.

Interessant ist auch die unterschiedliche Bewertung der D(ominant)- und G(ewissenhaft)-Anteile in zwei Verfahren, die in gleicher psychometrischer Tradition stehen.

ALPHA PLUS

- Sie treten durchaus selbstbewusst auf, betonen dabei nicht Ihre Person, sondern die Sache, um die es Ihnen geht und für die Sie sich in einer eher selbstverständlichen nachhaltigen Weise einsetzen.
- Hinsichtlich Ihrer Überzeugungskraft wirken Sie umso stärker, je mehr es um innovative Fragen geht.
- Da Ihre Ambitionen eher sachlich begründet sind, hört man auf Sie. Ihr Dominanzanspruch ist normalerweise angemessen, nicht übertrieben, so dass er keine Störfunktion in Ihrem Umfeld darstellt.

ASSESS

Seine selbstsichere Art sollte es ihm ermöglichen, die Kontrolle zu übernehmen und Konfliktsituationen selbstbewusst zu bewältigen.

Big Five

- *Kompetenz:* Hohe Kompetenz, Selbstüberzeugtheit, Sicherheit und Effektivität.
- *Durchsetzungsfähigkeit:* Große Durchsetzungsfähigkeit und Bestimmtheit.

BIP

- *Selbstbewusstsein:* Ihr Auftreten wirkt überzeugend, selbstsicher und unangreifbar. Es bereitet Ihnen keine Schwierigkeiten, vor Gruppen und Versammlungen zu agieren. Wenn Sie den Eindruck gewinnen, abgelehnt zu werden, so belastet Sie dies nicht – es bekümmert Sie nicht, was andere über Sie denken. Sie sind mit sich als Person zufrieden und kennen Ihre Stärken genau.
- Sie scheinen in den meisten sozialen Situationen selbstsicher und selbstbewusst aufzutreten. Sie können wahrscheinlich gut mit Menschen umgehen und sollten im Allgemeinen einen guten ersten Eindruck hinterlassen, in Ihren langfristigen Beziehungen zeigen Sie wahrscheinlich persönliche Stärke und die Fähigkeit, Kontrolle und Einfluss auf andere auszuüben.

DNLA

Ihr Vertrauen in die eigenen Führungsqualitäten befindet sich in einem ausgewogenen Bereich. Sie sind gegenüber Ihren Mitarbeitern frei von Unsicherheit, Selbstzweifeln, Überheblichkeit.

DISG

- Selbstsicherheit und praktische Fähigkeiten kennzeichnen sein Grundverhalten.
- Er beweist anderen, dass er von seinem Standpunkt überzeugt ist und dies auch klar darlegen kann. Er appelliert an andere, indem er sich für ihre Belange genauso interessiert wie für seine eigenen.
- Die Testperson nutzt ihre Stimme als Werkzeug zur Überzeugung anderer.
- Sie bevorzugt unkomplizierte Kommunikation und präsentiert ihre Ideen für die Umsetzung von Aufgaben überzeugend.
- In Präsentationen: Die Testperson kann andere nicht so gut überzeugen. ... Sie kann andere von materiellen Dingen sehr gut überzeugen. Sie kann andere von immateriellen Dingen relativ gut überzeugen.
- Die Testperson geht davon aus, dass man Menschen nur überzeugen kann, wenn man logische Fakten durch möglichst sachliche Menschen oder Instrumente präsentiert. Sie zeigt deshalb auch fast keine Gefühlsregungen, wenn sie auf andere Einfluss nehmen möchte.

INSIGHTS MDI

Die Testperson tendiert dazu, Leute zu beeinflussen, indem sie direkt, freundlich und ergebnisorientiert ist.

LEA

- Nur selten überzeugen Sie andere von Ihren Ideen und Ansichten, indem Sie selbstsicher auftreten oder freundlich und extravertiert auf sie zugehen.
- Sie kommunizieren auf ruhige, besonnene Art, die bei anderen kaum Begeisterung oder Zustimmung auslöst.

LIFO

- Das Auftreten der Testperson ist geprägt von sachlicher Ruhe, ohne dass sie sich in den Vordergrund spielt. Sie orientiert sich an Aufgaben und Zielen, kann ihr Vorgehen klar begründen und hat bei Fragen Argumente parat.
- Trotz Zurückhaltung strahlt ihre ruhige Art Selbstsicherheit und Überzeugung aus, getragen durch die Kraft der Fakten und Argumente, weniger aus dem leidenschaftlichen »Brennen« für ein Thema.

MBTI

- Sie setzen Ihre Präferenz für logisches und analytisches Denken vorwiegend in der Außenwelt ein.

- Sie suchen den Austausch und die Gesellschaft mit anderen Menschen und schätzen dabei Kompetenz und Intelligenz.
- Sie gelten als freimütig und energisch.

OPQ32

- Sie beschreiben sich als jemand, der zu vielen Themen eine eigene Meinung entwickelt und sich von dieser nicht so leicht abbringen lässt. Diese Eigenständigkeit dürfte in vielen Situationen auffallen und andere beeinflussen.
- Er beteiligt sich ähnlich offen an Konversationen wie andere und fühlt sich im Umgang mit Fremden oder bei einer Präsentation vor einer Gruppe in üblichem Maße unsicher.

TMS

- Es fällt Ihnen meist nicht schwer, vor einem Publikum zu sprechen.
- Sie verstehen es meist sehr gut, die Menschen für Ihre Ideen zu interessieren und zu begeistern.
- Wenn es darauf ankommt, können Sie Ihre Gruppe oder Einheit jedoch sehr wirksam vertreten. Als Vertreter fällt es Ihnen vielleicht sogar leichter, Ihre Ansichten vorzubringen, als innerhalb Ihrer eigenen Gruppe.
- Ihre Stärken liegen in Ihrer Überzeugungskraft, und dies zeigt sich klar und deutlich in Ihrer Arbeit. Durch Ihre offene und kreative Art wirken Sie auf andere Menschen sehr lebhaft.
- Eine wesentliche Stärke in Ihrer Führungsrolle ist Ihre Begeisterungsfähigkeit für Ideen und Ihre Bereitschaft, andere wissen zu lassen, was Sie denken.

2.3 Denkstil, Urteilsbildung, Entscheidungsfindung und Problemlösung

Überwiegend lautet das Urteil über Denkstil, Urteilsbildung, Entscheidungsfindung und Problemlösung, dass es sich bei der Testperson um eine überlegt, verantwortungsvoll, pragmatisch, zahlen- und faktenorientiert denkende und handelnde Person handelt, die logisch, systematisch und strategisch denkend ihre Aufgaben angeht. Zwei Verfahren betonen, dass sie trotz ihrer Bevorzugung logisch-analytischer Sachverhalte die menschliche Seite ihrer Aufgabe berücksichtigt; eines kommt zu dem Ergebnis, dass sie eher ihren Empfindungen traut.

ALPHA PLUS

- Ihre Art, Entscheidungen zu fällen und Probleme zu lösen, ist eher zweckorientiert und nutzenbestimmt.
- Bei Ihrer Urteilsbildung verlassen Sie sich vorzugsweise auf Ihre eigene Einschätzung. Wenn Sie dabei die Kompetenz anderer nutzen, tun Sie das nicht blindgläubig, sondern bewusst und nach Möglichkeit kalkuliert und kontrolliert.
- Der Stil Ihres Denkens, Fühlens und Handelns ist auf konkrete, praktische Aspekte gerichtet. Dabei ist Ihnen alles willkommen, was zukunftsbezogen ist und auf der Gegenwart aufsetzt.
- In Ihrem Denken und Verhalten zeigen Sie Kontinuität. Zwar können Sie situationsflexibel agieren, schätzen jedoch eine klare Ausrichtung, die hinterfragt werden kann.

ASSESS

- Mit Ihrer offensichtlich vorsichtigen und sorgfältigen Art werden Sie bei der Beurteilung von Informationen und bei Entscheidungen gewissenhaft und verantwortungsbewusst vorgehen. Sie ziehen wahrscheinlich keine voreiligen Schlüsse oder treffen keine unüberlegten Entscheidungen.
- Seine ausgewogene Denkweise, die gleichermaßen möglichkeitsorientiert wie auch pragmatisch ist, sollte für diese Kompetenz von Vorteil sein. Er dürfte für neue Lösungen offen sein, aber gleichzeitig auf ihre Realisierbarkeit achten.
- Sie scheinen Sachverhalte und Probleme nüchtern zu betrachten und lassen im Allgemeinen Ihr Urteil sicher nicht von Gefühlen beeinflussen.
- Sie gehen wahrscheinlich objektiv an Informationen heran und sind in der Lage, praktische und sinnvolle Lösungen für Probleme zu erarbeiten.
- Seine Innovationsfähigkeit wird möglicherweise durch seinen Hang zu Fakten und Daten eingeschränkt. Er schenkt Ideen, die auf Intuition oder Eingebung basieren, möglicherweise nicht genug Aufmerksamkeit.
- Aufgrund seiner vorsichtigen Denkweise könnten ihm Chancen, neue Ideen zu verfolgen, entgehen. Möglicherweise zögert er zu lange oder vermeidet es, Risiken einzugehen.

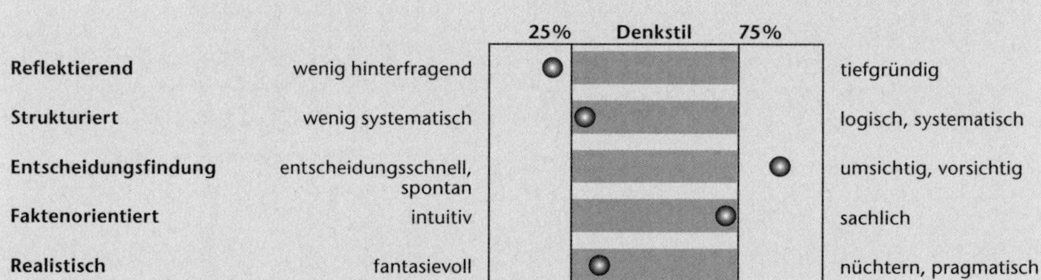

Schattiert bedeutet, in diesem Bereich liegen 50 Prozent der Probanden, die das Verfahren durchgeführt haben.

Big Five

Dimension O – *Offenheit für Erfahrung:* Balance zwischen kreativer Neugier für Veränderung und konservativ-bewahrenden Tendenzen, dabei ist erstere leicht betont.

Facetten:

- *Fantasie:* Generelle Ausgeglichenheit zwischen – tendenziell betonter – visionär-imaginativer Anlage einerseits und pragmatischem Hier-Jetzt-Bezug.
- *Emotionalität:* Fast ausschließlich rational-sachlich geleitet.
- *Intellektualismus:* Neigt deutlich stärker zu intellektuell theoretisierend-abstrahierendem als zu konkret-pragmatischem Denkstil.

BIP

Keine explizite Aussage.

DISG

Die Testperson weiß, wie wichtig es ist, sowohl die fachspezifische als auch die verhaltensbezogene menschliche Seite einer Aufgabe zu berücksichtigen. Daher beruhen ihre Entscheidungen gleichermaßen auf Überlegung und Gefühlen.

DNLA

Sie haben ein ausgewogenes Verhalten zwischen zu starker Systematik und mangelnder Festlegung (planvolles, aber flexibles Vorgehen). Sie haben einen Blick für das Wesentliche.

INSIGHTS MDI

Er denkt im großen Rahmen, ... lässt sich von Logik beeinflussen und von Menschen, die Fakten und Daten zusammengetragen haben, um zu überzeugen, ... trifft Entscheidungen gewöhnlich erst nach gründlicher Überlegung.

LEA

Sie haben einen rationalen, logischen, analytischen Ansatz.

LIFO

- Bei Aufgabenstellungen und Zielen nutzt die Testperson ihre Ratio, um die Fakten zu strukturieren. Sie kann ihre eigenen Vorgehensweisen hinterfragen und ist Argumenten und Ideen gegenüber offen, wenn sie diese Punkte übersehen hat. ... Trotz ihrer Absicht, schnell Entscheidungen herbeizuführen, versucht sie im Vorfeld, Risiken zu vermeiden oder zumindest berechenbar zu machen.
- Bei Problemlösungen, Urteilsfindung und Entscheidungen ... ist ihm die Auseinandersetzung mit anderen zur Entscheidungsfindung nicht so wichtig, es ist ein Mittel zum Zweck. Er könnte sich auch gut auf sich selbst verlassen.

- Die Testperson bleibt auch in Stress- und Konfliktsituationen ihrer logischen Vorgehensweise treu und versucht, mit Zahlen, Daten, Fakten zu überzeugen.

MBTI

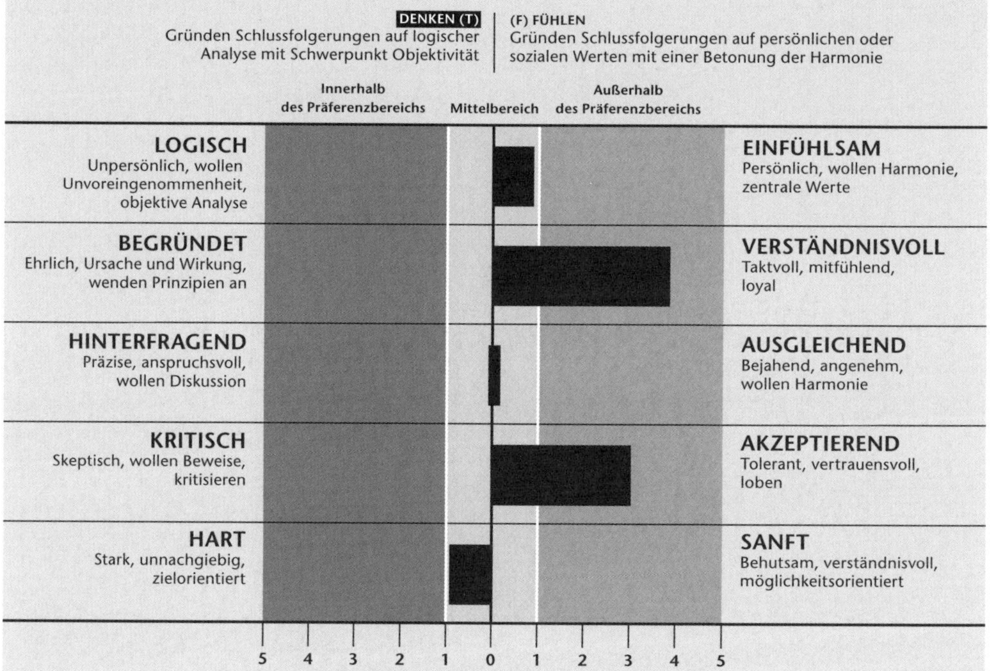

- Sie beginnen mit einer abstrakten Idee, suchen aber nach Fakten, um diese zu untermauern.
- Sie möchten die Fakten kennen, auf denen eine Theorie basiert, bevor Sie sich mit den Zusammenhängen oder Hintergründen beschäftigen.
- Sie nehmen Emotionen wahr und werden von ihnen beeinflusst, selbst wenn die Logik eine andere Richtung weist.
- Sie halten Ihre eigenen Empfindungen und die anderer für wichtiger als die Logik einer Situation.
- Sie planen für den schlimmsten anzunehmenden Fall und haben viele Alternativen parat.
- Sie glauben, der ideale Weg zur Entscheidungsfindung besteht darin, sowohl die logischen Konsequenzen wie auch die Empfindungen der Menschen in Betracht zu ziehen.

- Sie bleiben eventuell unter Druck bei einem Fakt hängen und haben dann Schwierigkeiten, den größeren Kontext zu erkennen.
- Sie möchten alle Details kennen, wollen sie aber unter Umständen gar nicht wirklich nutzen.

OPQ32

- Sie analysieren Probleme gern auf eine recht abstrakte, hypothetische Weise und kommen darüber oft zu systematischen, fundierten Urteilen. Diese Herangehensweise dürfte Ihnen gerade bei komplexen Problemen zugute kommen.
- Sie beschreiben sich als sehr flexibel und bereit, sich schnell auf unterschiedliche Anforderungen einzustellen. Dies dürfte es Ihnen erleichtern, auf plötzlich auftretende Probleme oder Schwierigkeiten effektiv zu reagieren.
- Sie scheinen bemüht, Entscheidungen ohne langes Zögern zu treffen und Alternativen möglichst schnell abzuwägen.
- Sie denken gern in abstrakten Konzepten und beschäftigen sich mit den komplexen Vernetzungen innerhalb eines Marktes. Diese Herangehensweise wird es Ihnen erleichtern, umfassende Strategien zu verstehen oder zu entwickeln.
- Sie beschäftigen sich gerne mit langfristigen Entwicklungen und planen weit in die Zukunft, so dass Sie eine durchaus strategische Sichtweise auf Ihr Geschäftsfeld entwickeln dürften.

TMS

- Sie treffen Ihre Entscheidungen am liebsten auf der Basis logischer Kriterien.
- Ihre besten Ideen kommen Ihnen oft im Gespräch mit anderen. Diese Ideen möchten Sie dann aber in aller Ruhe analysieren, damit auch alles richtig und gut durchdacht ist.
- Sie treffen Ihre Entscheidungen nach der Beurteilung des erzielbaren Ertrags gemessen am Einsatz und den Kosten.
- Bei wichtigen Entscheidungen haben Sie sich die Einzelheiten jedoch vorher überlegt. Es gibt Ihnen oft die nötige Zuversicht, um etwas in Angriff zu nehmen, wenn Sie die Dinge mit anderen besprechen können. Wichtiger als die Diskussion an sich ist Ihnen jedoch, zu einer Entscheidung zu kommen.
- Wenn es nötig ist, können Sie harte Entscheidungen von einer objektiven, unpersönlichen Warte aus treffen.

2.4 Empathie, Kommunikation, Kontakt, Extraversion und Introversion

Was die Empathie angeht, so fällt das Urteil im Großen und Ganzen positiv aus, dennoch gibt es Hinweise, die dieses Bild relativieren. Drei Verfahren konstatieren eine gewisse Kühle und Distanziertheit gegenüber anderen Menschen trotz der Fähigkeit, sich in diese schnell und gut hineinzudenken.

Bei der Analyse des Verhältnisses von Extraversion zu Introversion sind sich die Testinstrumente einig, dass der Anteil Extraversion überwiegt. Gegenteilig äußern sich zwei Instrumente; eines charakterisiert die Testperson als introvertiert.

ALPHA PLUS

- Ihr Profil ist geprägt durch eine Doppelkompetenz bezüglich Extraversion und Introversion. Dadurch ist durchaus wahrscheinlich, dass Sie je nach Situation die eine oder andere Verhaltensweise oder ein Mischverhalten zeigen, das andere verunsichern kann, »wie« Sie denn nun »eigentlich« sind. Sie sind beides und können beides.
- Empathie zu zeigen ist nicht sehr ausgeprägt, insbesondere nicht in der weichen, mitleidenden Form. Bei Ihnen steht dann eher Ermutigung zu praktischer Problemlösung im Sinne von »Hilfe zur Selbsthilfe« im Vordergrund.
- In der Kommunikation mit anderen liegen Ihnen weniger die sehr persönlichen bis privaten Themen, Ihnen sagt mehr die Bündnispartnerschaft auf gleicher Augenhöhe zu, bei der die Grenzen respektiert werden. Ihr Auftreten können Sie durch stärkeres Zeigen von Warmherzigkeit für manche Gesprächspartner angenehmer machen.
- Im Kontakt mit anderen bevorzugen Sie Menschen und Themen, die etwas »bieten«. Nur so aus Zeitvertreib zu kommunizieren, ist nicht Ihre Sache. Ihr Stil ist eher schnörkellos klar, vor allem lassen Sie sich weniger durch Gefühle leiten, Ihre Welt ist die rationale, belegbar logische.
- Sie können sich in andere einfühlen, wirken auf andere jedoch eher sachlich und nüchtern, manche vermissen Signale der Nähe, Herzlichkeit und Verbindlichkeit. Die nicht übermäßig ausgeprägte Rücksichtnahme bietet Vorteile z. B. des Schutzes und der Abgrenzbarkeit von Außeneinflüssen bei Ihrer Urteilsfindung; persönliche Interessen anderer und Versuche unangemessener Einflussnahme auf Ihre Sichtweisen und Entscheidungen können Sie vergleichsweise leicht zurückweisen oder ignorieren.

ASSESS

- Sie beurteilen die Stärken und Schwächen anderer Menschen in einem ausgewogenen Verhältnis. Ihre Antworten im Fragebogen zeigen aber auch, dass Sie wahrscheinlich kaum Zeit und Energie darauf verschwenden, die Handlungen anderer übermäßig zu analysieren.
- Ihre Beziehung zu anderen: Eine Bewertung Ihres Profils lässt darauf schließen, dass Sie den Umgang mit anderen Menschen genießen und sich dabei wohlfühlen. Sie werden sich dementsprechend in Jobs wohlfühlen, die mäßig bis relativ viel sozialen Kontakt mit sich bringen. Sie sind in der Lage, offen auf andere Menschen zuzugehen.

Big Five

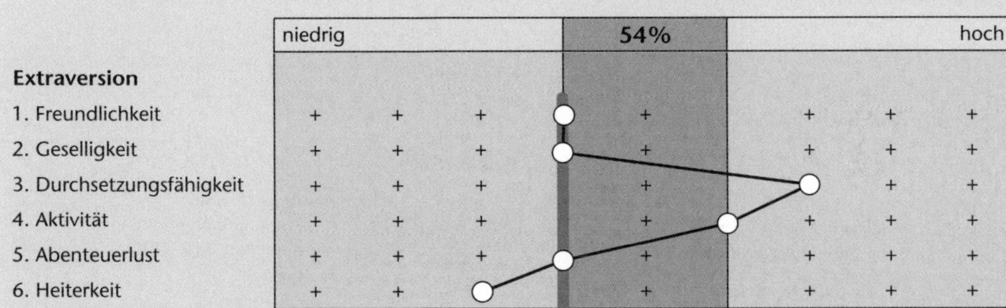

Dimension E – *Extraversion:* Generelle Balance zwischen Geselligkeit und dem Meiden von Gesellschaft, dabei ist die letztgenannte Verhaltenstendenz minimal betont.

Dimension A (Altruismus) – *Verträglichkeit:* Ausgewogenheit zwischen – tendenziell leicht betonter – verträglich-nachgiebig-anpassender Haltung einerseits und antagonistisch-kompetitiver Haltung andererseits.

Facetten:

- *Befangenheit:* Im Sozialkontakt völlig unbefangen und ungezwungen, nie verlegen.
- *Durchsetzungsfähigkeit:* Große Durchsetzungsfähigkeit und Bestimmtheit.
- *Heiterkeit:* Im Sozialkontakt eher nüchtern-trocken.
- *Vertrauen:* Bringt anderen Menschen großes Vertrauen entgegen.

BIP

- *Sensitivität:* Im Kontakt mit anderen Menschen zeigen Sie ein feines Gespür für die Stimmung Ihres Gegenübers und können im Gespräch mitschwingende Emotionen und Konflikte gut wahrnehmen. Es gelingt Ihnen fast immer, auch in problematischen Situationen den richtigen Ton zu treffen. Dies ist unter anderem darin begründet, dass es Ihnen offensichtlich nicht schwerfällt, sich in die Lage anderer Menschen hineinzudenken und auf diese Weise deren jeweilige Stimmungslage und Befindlichkeit zu erkennen. Ein beträchtliches Maß an Einfühlungsvermögen erlaubt es Ihnen, auch schwierige Gesprächssituationen zu meistern und sich auf schwer zugängliche Personen einzustellen.
- *Kontaktfähigkeit:* Es bereitet Ihnen wenig Schwierigkeiten, Kontakte zu anderen Personen zu knüpfen. Sie sind sowohl im beruflichen als auch im privaten Umfeld offen für persönlichen Austausch und schätzen es, mit vielen Menschen in Verbindung zu stehen.

DISG

- Vielen fällt auf, wie er ernste Augenblicke mit seinem trockenen Humor aufhellt. Andererseits halten manche seine ungeduldige, schroffe Ablehnung langer Erläuterungen für arrogant und unsensibel.
- Er erforscht seine eigenen Gefühle, bevor er mit anderen Kontakt aufnimmt. Er will zuerst mehr über sich selbst erfahren, als andere über ihn wissen.
- Er hat viele Facetten. Einige Menschen fühlen sich durch seine warmherzige Begeisterung und Fantasie zu ihm hingezogen. Andere sehen seine analytische und manchmal kritische Seite.
- Seine Hauptziele (in einer Präsentation) sind Glaubwürdigkeit und Zugänglichkeit gegenüber den Menschen, die er überzeugen will.
- Er will durch direkte und offene Ausdrucksweise die Kommunikation verbessern.
- Er wirkt eher extravertiert als introvertiert.
- Er ist aufgeschlossen und korrekt.
- Er erscheint tolerant, aufgeschlossen und anpassungsfähig.
- Die Testperson ist freundlich, taktvoll und angenehm. Ihr Verhalten ist berechenbar und wird von anderen akzeptiert.

DNLA

- Mit Informationen gehen Sie sehr bewusst, aufgeschlossen und sensibel um.
- Sie haben Verständnis für die Notwendigkeit des Aufbaus von guten Beziehungen nach allen Seiten.
- Ihre Bereitschaft, sich mit »Menschen« und »Dingen« zu beschäftigen, ist ausgewogen.

- Sie haben ein gutes Gefühl für machtpolitische Gegebenheiten und Abläufe im Unternehmen und keine ausgeprägte Bevorzugung oder Ablehnung von Macht.

INSIGHTS MDI

Er kommuniziert normalerweise auf kühle, direkte Art. Manche halten ihn deshalb für distanziert und arrogant. Manchmal vertieft er sich so in seine Arbeit, dass er auf andere kühl und distanziert wirkt.

LEA

- Sie sind nicht sehr kommunikativ ..., nicht besonders gesellig oder kontaktfreudig ..., zurückhaltend und tun sich im lockeren Umgang mit Kollegen eher schwer.
- Sie sind ein introvertierter Problemlöser ..., reserviert und distanziert und wenig freundlich wirkend oder umgänglich.

LIFO

- Über die Stilmischung Vernunft und Kooperation ist das gezeigte Interesse der Testperson zu erklären, ihr Gegenüber zu verstehen, seine Denkstrukturen zu begreifen und nachvollziehen zu können.
- In ihrem Informationsverhalten achtet sie sehr genau darauf, dass alle fachlich fundiert und genau informiert sind. ...
- Ihr Kommunikationsverhalten ist geprägt von Sachlichkeit, wobei sie durchaus auch mit Empathie und Witz agieren kann. Die Testperson ist in der Lage, sich schnell im Gespräch auf unterschiedliche Personen oder Situationen einzustellen. Ihre Kontaktfreudigkeit an sich dient aber nicht dem Ziel, viele Menschen zu kennen und sich mit ihnen wohlzufühlen, sondern ihrem fachlichen Interesse. Sie hört zu, um viel über ihre Gesprächspartner zu erfahren, ohne von sich viel preiszugeben.

MBTI

- Sie kommunizieren Ihre Gedanken auf organisierte Weise, so dass Menschen davon ausgehen, Sie seien gründlich vorbereitet.
- Sie halten Fragen so lange zurück, bis andere eine Chance gehabt haben, sich zu äußern.
- Sie wirken weder logisch-kühl noch zu sehr besorgt um die Gefühle anderer.
- Sie fragen oder widersprechen auf eine Art, die weder auf Konfrontation noch auf Versöhnen aus ist.
- Sie sind den Ihnen nahestehenden Menschen gegenüber treu und loyal.

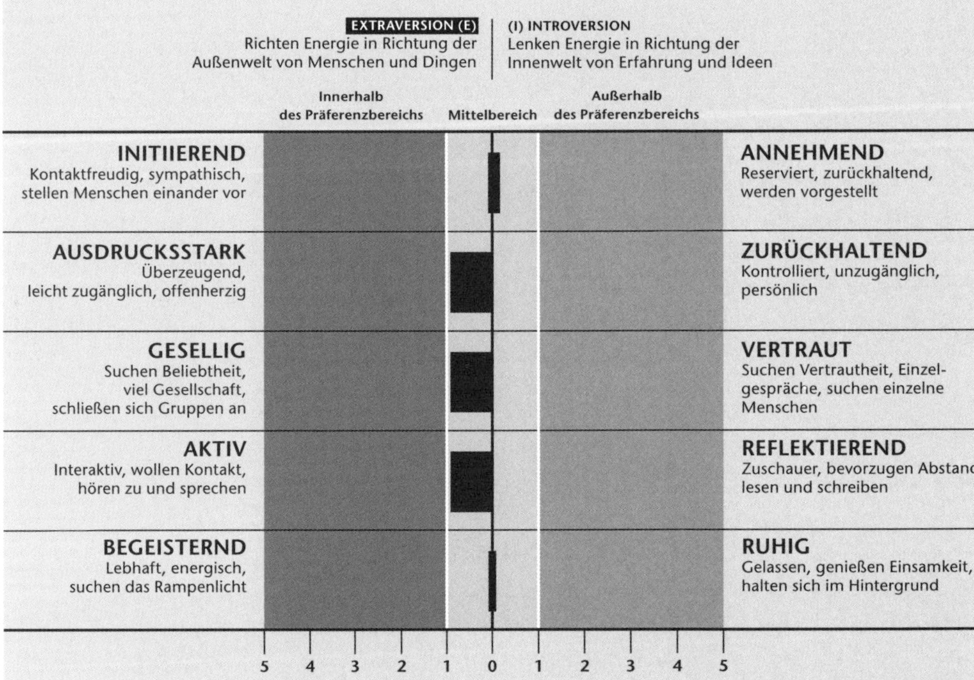

OPQ32

- Ihre abstrakte und konzeptionelle Denkweise dürfte es Ihnen erleichtern, Schriftstücke gut zu strukturieren und die wesentlichen Thesen herauszustellen.
- Sie stimmen Ihren Kommunikationsstil sehr flexibel auf das jeweilige Gegenüber und die Situation ab, um sicherzustellen, dass Ihre Botschaft stets richtig verstanden wird.
- Sie passen Ihr Verhalten stets der jeweiligen Person oder Situation an und können deshalb flexibel auf unterschiedlichste Anforderungen reagieren.
- Kontakt: Die Testperson hat keine besonders hohe Motivation, die Gesellschaft von anderen zu suchen, sondern bleibt vielmehr gern auf sich allein gestellt.
- Sie beschreibt sich als eine Person, die ihre Gefühle eher für sich behält. Sie gibt anderen selten Hinweise darauf, wie sie sich wirklich fühlt, wodurch sie manchmal etwas kühl oder abweisend wirken könnte. ... Die Testperson dürfte insgesamt mit einer Reihe von sozialen Anforderungen zurechtkommen, sich aber am wohlsten fühlen, wenn sie weitestgehend eigenständig und auf sich allein gestellt arbeiten kann.
- Im Umgang mit anderen ist sie generell recht vorsichtig und verlässt sich nur ungern auf das, was sie sagen.

TMS

- Sie können mit vielerlei Menschen umgehen, auch wenn Sie bei solchen Menschen, die Sie nicht sehr gut kennen, vielleicht zuerst etwas zurückhaltender sind.
- Manchmal stört es Sie, dass andere vielleicht weniger mitteilungsfreudig sind als Sie.
- Normalerweise sind Sie ein geselliger und offener Mensch. Sie können impulsiv und manchmal ungeduldig sein.

2.5 Führung

In Bezug auf die Führungskompetenz der Testperson sind sich die meisten Analyseinstrumente einig, dass sie über wichtige persönlichkeitsbedingte Voraussetzungen verfügt, um als Führungskraft arbeiten zu können. Ein Verfahren bescheinigt ausgezeichnete Führungsqualitäten, zwei andere jedoch sehen Entwicklungsbedarf.

ALPHA PLUS

- Ihr Führungsstil ist durch praktisches Handeln geprägt, Sie sind willens und fähig, sich zu messen und messen zu lassen im direkten Vergleich.
- In schwierigen Führungssituationen neigen Sie nicht dazu zu kneifen. Sie vertreten selbstbewusst Ihren Standpunkt, sind jedoch gleichzeitig bereit und in der Lage, auf andere zu hören, wenn sie sachlich überzeugen.
- In Führungssituationen steht bei Ihnen nicht die Betonung des menschlichen Miteinanders im Vordergrund, Ihre Sache ist mehr die »Sache«, die Erreichung der Ziele einer Gemeinschaft.
- Hinsichtlich der für Führungskräfte besonders wichtigen mentalen Festigkeit und Krisenstabilität verfügen Sie über solide Werte. Auch Ihre Selbstakzeptanz ist stabil, und gleichzeitig sind Sie willens, sich infrage zu stellen und stellen zu lassen.
- Sie können durchaus hilfsbereites Verhalten zeigen, jedoch haben Ihre Rücksichtnahme und noch mehr Ihre Fürsorglichkeit Grenzen. Sie sind nicht der Bergsteiger, der andere zum Gipfel trägt, sondern Sie zeigen, wie es geht, und erwarten die eigene Anstrengung.

ASSESS

- Da er von Natur aus energisch ist, dürfte ihm eine Führungsrolle gefallen. Er sollte in der Lage sein, bei Bedarf bestimmt aufzutreten und Anweisungen zu geben. ... Sein persönlicher Einsatz (Arbeitstempo) dürfte für die effektive Führung anderer mehr als ausreichend sein. Seine persönlichen Bemühungen sollten den ihm unterstellten Mitarbeitern als gutes Beispiel dienen.
- Da er im Allgemeinen offen ist, dürfte er im persönlichen Umgang mit den ihm unterstellten Mitarbeitern keine Probleme haben.
- Er kann anderen gegenüber skeptisch sein. Dies kann gelegentlich dazu führen, dass er unterstellten Mitarbeitern gegenüber eher kritisch ist und nach Fehlern sucht, als positiv und konstruktiv mit ihnen umzugehen.

Big Five

Dimension N – *Negative Emotionalität:* Große emotionale Belastbarkeit.

Dimension C – *Gewissenhaftigkeit:* Große Gewissenhaftigkeit und hohe Aufgabenfokussierung.

Facetten:

- *Durchsetzungsfähigkeit:* Große Durchsetzungsfähigkeit und Bestimmtheit.
- *Unternehmungslust:* Große Unternehmungslust; schätzt Vielfalt, Neues und Veränderung.
- *Kompetenz:* Große Selbstüberzeugtheit, Sicherheit und Effektivität.
- *Leistungsstreben:* Großer Ehrgeiz, hohe Erfolgsorientierung.
- *Vertrauen:* Bringt anderen großes Vertrauen entgegen.

BIP

Führungsmotivation: Sie sind motiviert, im Rahmen Ihrer Tätigkeit auch Führungsaufgaben zu übernehmen. Es gibt eine Reihe von Themen, die Sie gleichermaßen reizen; die Wahrnehmung von Führungsverantwortung stellt für Sie derzeit kein unbedingtes Muss dar.

DISG

Führungsverhalten der Testperson	**Einsatz**
Fördert Meinungsverschiedenheiten	3 – 4
Nennt Gründe für Handlungen und Ziele	4 – 5
Bittet alle Beteiligten um Ideen	4 – 5
Macht aus Problemen Herausforderungen	3 – 4
Unterstützt die Arbeit des Einzelnen	3 – 4

Bewältigt Konflikte	3 – 4
Vermeidet Schuldzuweisungen; sucht nach Lösungen	3 – 4
Bestimmt Werte als Grundlage für notwendige Maßnahmen	4 – 5
Bewertet Ideen	4 – 5
Beeinflusst andere in Bezug auf Visionen / Zielsetzungen	3 – 4
Teilt Führung mit anderen	3 – 4
1 – 2 = sehr selten bis selten 2 – 3 = selten bis manchmal 3 – 4 = manchmal bis häufig 4 – 5 = häufig bis sehr häufig	

- Seine Motivation wächst, wenn er das geistige Wachstum und die Entwicklung anderer unterstützen, Stimmung und Moral in einem ineffektiven Umfeld verbessern, Erwartungen klären, Bewertungskriterien festlegen und Dinge vereinfachen kann.
- Er ist eine beschützende Führungskraft, die die Grundsätze und Vorstellungen des Teams über die Erreichung von Zielen unterstützt.
- Er testet eine Idee bei einem kleinen Team von Vertrauten, bevor er einer größeren Gruppe einen Vorschlag unterbreitet.
- Er bemüht sich, den Kommentaren und Ideen anderer genauso viel Gewicht zu verleihen und Aufmerksamkeit zu schenken wie seinen eigenen.
- Er setzt Sitzungen / Besprechungen an, wenn andere sich wohlfühlen und entspannt sind.
- Nur unter vier Augen spricht er energisch. In der Öffentlichkeit arbeitet er an seinem freundlichen Image.
- Er besteht auf die genaue Einhaltung von Richtlinien.
- Er akzeptiert die traditionelle Hierarchie. Er fördert die Entwicklung der besonderen Fähigkeiten jedes Einzelnen. Er versucht, die Arbeit angenehm und zufriedenstellend zu gestalten.
- *Fazit:* Die Effektivität der Testperson als Führungskraft: ausgezeichnet.

DNLA

- Aufgaben werden von Ihnen in der richtigen Art und im richtigen Umfang delegiert.
- Es gibt bei Ihnen keine Bevorzugung von zu hoher oder zu geringer Delegation.
- Sie bevorzugen einen eher kollegialen Führungsstil, im Extremfall bis zur Kumpelhaftigkeit gehend.

- Sie kümmern sich aktiv und vorausschauend darum, dass Ihre Mitarbeiter unter optimalen Voraussetzungen arbeiten, und überlassen ihnen an den richtigen Stellen Freiräume. In schwierigen Situationen stellen Sie sich hinter Ihre Mitarbeiter.
- Bei Ihnen überwiegt die Tendenz, die Mitarbeiter sehr stark in Veränderungen, Vorhaben, Projektplanungen einzubeziehen.
- Sie führen mit einer hohen, aber realistischen Leistungserwartung und gehen entsprechend mit den Mitarbeitern um. Falls notwendig, können Sie ohne Weiteres den nötigen Druck erzeugen.

INSIGHTS MDI

- Die Testperson ist sowohl bereit, Macht auszuüben, als auch Verantwortung zu übernehmen. Sie zeigt eine Tendenz, zu bestimmen und dabei zu wenig auf den anderen einzugehen. Sie hat die Fähigkeit, genau die richtigen Fragen zu stellen, um eine oberflächliche Aussage schnell platzen zu lassen.
- Sie traut anderen möglicherweise nicht zu, bestimmte Aufgaben übernehmen zu können, besonders wenn sie sich als unfähig erwiesen haben, ihren Leistungsmaßstäben zu genügen. Manchmal wird sie sich vielleicht weigern, gewisse Aufgaben zu delegieren.

LEA

- Sie gehen auf die Bedürfnisse, Gefühle und Empfindungen Ihrer Mitarbeiter ein und treiben sie nur ungern zu höheren Leistungen an.
- Sie geben anderen wenig Feedback über ihre Leistungen.

LIFO

- Er bindet seine Mitarbeiter ein, stellt den Nutzen und Zweck der Ziele dar, überzeugt sie von der Richtigkeit des Tuns und spornt sie an.
- Er baut eine vertrauensvolle Beziehung zu seinen Mitarbeitern auf, was ihm hilft, schneller die Ziele zu erreichen nach dem Motto: »Wenn Mitarbeiter überzeugt sind, erreichen wir unsere Ziele ohne Umwege ...«. So kann er Mitarbeiter für die wichtigen Themen einnehmen.
- Kommt er unter Druck ..., betont er den Sinn und Zweck der Aufgaben ..., appelliert an die Loyalität seiner Mitarbeiter und ist stark bemüht, eine Win-Win-Situation zu schaffen.

MBTI

- Sie ziehen einen mitbestimmenden Managementstil vor.
- Sie gelten als offen, fair und zugänglich, aber manche Menschen sind eventuell etwas verwirrt in Bezug darauf, was Sie wirklich denken.

- Sie ziehen für den Anfang eine versöhnliche Vorgehensweise vor, können aber gegebenenfalls hart sein.
- Sie führen direkt und tatengerichtet und liefern der Organisation langfristige Pläne.
- Sie genießen komplexe Probleme und gehen ergebnisorientiert und unabhängig damit um.
- Sie haben einen analytischen, entscheidungsorientierten Führungsstil und gelten oft bei Ihren Mitarbeitern als kompetent.

OPQ32

Dieses Verfahren sieht bei der Testperson Entwicklungsbedarf bezüglich der Mitarbeiterführung.

TMS

- Die Kombination Ihrer Kommunikations- und Ideenfreudigkeit sowie Ihres Organisations-Bestrebens lässt Sie eine Führungsrolle bevorzugen. Sie ergreifen lieber die Herausforderung, ein Team zu entwickeln und Gelegenheiten beim Schopf zu packen, als sich mit der täglichen Routine eines Betriebes zu befassen.
- Für Sie besteht eine Führungsrolle in der Herausforderung, Menschen zusammenzubringen, damit etwas Neues geschaffen wird.
- Wenn Sie an einer Aufgabe Interesse finden, sind Sie meist sehr begeisterungsfähig, und dies schlägt sich sehr deutlich in Ihrem Führungsstil nieder.

2.6 Handlungs-, Leistungs-, Ergebnis- und Zielorientierung

Auch im Hinblick auf Handlungs-, Leistungs-, Ergebnis- und Zielorientierung sind sich die verschiedenen Instrumente einig, dass die Testperson leistungs- und zielorientiert arbeitet und Aufgaben konsequent zu Ende führt. Drei Verfahren gehen von einer geringen bzw. fehlenden Leistungsorientierung aus.

ALPHA PLUS

- Hinsichtlich Ihrer Handlungsausrichtung haben Sie einen Blick fürs Machbare, fürs praktisch Naheliegende. Theorielastiges Philosophieren ohne Konsequenz für die Praxis ist Ihnen fremd.
- Sie favorisieren Aufgaben mit klaren Zielen und geklärten Konditionen. Ergebnisse müssen für Sie anfassbar sein. Praktisch Bewährtes ziehen Sie theoretisch Denkbarem vor, wenn Sie die Wahl haben. Sie sind kein Feind von Theoretischem und beschäftigen sich auch gern damit, jedoch nicht zu Lasten der Praxis, sondern um beides zu nutzen.
- Sich für Ziele initiativ und aktiv zu engagieren und kämpferisch durchzusetzen ist überdurchschnittlich ausgeprägt; Sie nehmen sich selbst als Person dabei nicht übermäßig wichtig und lassen sich für Ihnen wichtig erscheinende Dinge gern genügend Zeit.

ASSESS

- Ihre Ergebnisse deuten darauf hin, dass Sie in der Regel versuchen zu beenden, was Sie anfangen, und zuverlässig sind. ... Dank seines Wunsches, Verpflichtungen zuverlässig nachzukommen, dürfte er Projekte konsequent zu Ende führen.
- Sie dürften in der Lage sein, ein hohes Arbeitstempo mindestens ebenso gut oder besser als die meisten Vertreter Ihrer Berufsgruppe zu halten.

Big Five

Dimension C (Conscientious) – *Gewissenhaftigkeit:* Große Gewissenhaftigkeit und hohe Aufgabenfokussierung.

Facetten:

- *Leistungsstreben:* Großer Ehrgeiz, hohe Erfolgsorientierung.
- *Aktivität:* Generell Ausgewogenheit zwischen Ruhe und Aktivität, mit leichter Tendenz zu erhöhtem Aktivitätslevel.

BIP

Wenn Sie sich für ein bestimmtes Vorgehen entschieden haben, zögern Sie nur selten, bis Sie mit der Umsetzung Ihres Vorhabens beginnen. Es gelingt Ihnen meist, sich zunächst auf die naheliegenden Aspekte einer Aufgabe zu konzentrieren, ohne sich von anderen Faktoren bremsen oder ablenken zu lassen.

DISG

- Er sucht sich Aufgaben aus, bei denen sich konkrete Ergebnisse erzielen lassen. Wenn ihm niemand bei Detailarbeiten hilft, schiebt er Termine hinaus oder übt Druck auf sich aus, die Aufgabe selbst durchzuführen.

- Er wünscht sich die rasche Zustimmung anderer, um mit einer Aufgabe beginnen zu können, und führt diese sorgfältig aus.
- Er zieht harte Entscheidungen, die anderen möglicherweise Unannehmlichkeiten bereiten, konsequent durch. Er berücksichtigt die Auswirkungen auf andere.
- Die Testperson konkurriert mit sich selbst und versucht, frühere Leistungen zu übertreffen.
- Die Testperson verlangt viel von sich selbst. Sie bestimmt die Wichtigkeit verschiedener Aufgaben, setzt Prioritäten, extrem hohe Ziele und nutzt ihre Zeit so sinnvoll wie möglich.

DNLA

- Sie haben ein sehr ausgewogenes Verständnis für Legitimation. Einschneidende Maßnahmen werden erst dann in Angriff genommen, wenn Sie ausreichend Legitimation aufgebaut haben.
- Sie setzen sich selbstständig Ziele. Mit Ihrer positiven Erfolgserwartung und Ihrer Entscheidungsfreude werden Sie auch mit schwierigen Situationen fertig.
- Sie stellen eher geringe Anforderungen an die eigenen Leistungen und versuchen, den Aufwand in Grenzen zu halten.

INSIGHTS MDI

- Er hat klare Vorstellungen vom Resultat, das er erreichen will. Das gilt ebenso für den »richtigen Weg« dorthin, den er deshalb vorher genau plant und anderen vorgibt.
- Er verliert möglicherweise das Interesse an einem Projekt, wenn die Herausforderung erst einmal nachgelassen hat. Er widmet sich dann lieber einem neuen herausfordernden Projekt. Er hat die einzigartige Fähigkeit, schwierige Probleme in Angriff zu nehmen und sie bis zu einer zufriedenstellenden Lösung zu verfolgen.
- Er ist bereit, viele Stunden in die Lösung eines schwierigen Problems zu investieren. Die darauf folgende Routinearbeit langweilt ihn jedoch.
- Die Testperson macht gerne selbst die Zeitvorgabe für das Erreichen eines bestimmten Ergebnisses. Sie engagiert sich manchmal so sehr für ein Projekt, dass sie die Sache selbst in die Hand nimmt.
- Er bringt Aktivitäten in Gang.
- Die Testperson ... wünscht sich ... Aufgaben, die sie bis an ihre Leistungsgrenze fordern.
- Er arbeitet gerne hart und lange, um erfolgreich zu sein. Er will als Gewinner betrachtet werden und hat eine tief greifende Abneigung gegen Verlieren oder Versagen. Er arbeitet gerne hart und lange, um erfolgreich zu sein. Er zeigt ein hohes Engagement und ist optimistisch in Bezug auf die Resultate, die er erreichen kann. Der Satz »Das kann ich nicht« existiert in seinem Vokabular nicht.

LEA

In Gesellschaft gehören Sie nicht zu denjenigen, die die Initiative ergreifen.

Sie legen wenig Wert darauf, herausfordernde Ziele zu setzen. ... sind eher nachlässig, wenn es um Leistungsstandards geht.

LIFO

- Leistungsorientierung, Handlungsorientierung sowie strukturiertes und konsequentes Abarbeiten bei der Übernahme von Aufgaben ist der Testperson wichtig. Sie sucht Herausforderungen, die sie aber auch aus ihrer Sicht bewältigen können muss ...
- Er sagt auch nicht schnell Ja zu Herausforderungen, solange er die Rahmenbedingungen nicht einschätzen kann, und in Gedanken ist er risikobereiter als im wirklichen Tun.
- Seinem Anspruch wird er durch die genaue, strukturierte und fachlich versierte, konsequente und professionelle Bearbeitung der Aufgaben sowie durch fachlichen Austausch mit anderen gerecht.
- Bei der Ergebnis- und Zielerreichung lässt er sich nur ungern vom Weg abbringen. Stellen sich ihm Hindernisse in den Weg und die Drucksituation nimmt zu, so nutzt er seine Argumente, um andere zu überzeugen, ihnen aber auch klarzumachen, dass kein Weg an seinen Argumenten vorbeiführt. In seinem Verhalten jedoch stellt die Testperson sich nicht mehr so gut auf die Bedürfnisse anderer Menschen ein; auch wirkt sie dann weniger flexibel als in Normalsituationen.

MBTI

- Sie konzentrieren sich lieber auf das Gesamtziel als auf die genauen Einzelheiten.
- Sie wollen, dass Ihre besten Ideen auch umgesetzt, nicht nur durchdacht werden. Sie sehen Theorien als Erklärungen für Muster, die Sie wahrnehmen. Es interessiert Sie aber weit mehr, dass diese Muster funktionieren.
- Sie drängen andere zum Handeln.
- Sie leben getreu dem Motto »Allzeit bereit!«.
- Sie vertrauen darauf, dass Sie wissen, was zu tun ist, wenn die Zeit gekommen ist.
- Sie mögen Effektivität.
- Sie bekommen unfertige Aufgaben nicht aus Ihrem Kopf. Sie fühlen sich ruhig und zufrieden, wenn Sie etwas fertigstellen.

OPQ32

Sie scheinen bemüht, Entscheidungen ohne langes Zögern zu treffen und Alternativen möglichst schnell abzuwägen.

Ansonsten sieht OPQ eher Entwicklungsbedarf bei der Testperson.

TMS

- Sie setzen sich eher langfristige Ziele auf der Basis Ihrer vielschichtigen Erkenntnisse und Ihrer kreativen Fantasie.
- Sie legen großen Wert auf Ziele und Ergebnisse und weniger auf Kleinarbeit.
- Sie sind eher aufgabenorientiert – ein Organisator von Ideen.

2.7 Konflikt- und Kritikfähigkeit

Die meisten Analyseinstrumente, die eine Aussage gemacht haben, bescheinigen der Testperson eine recht hohe Kritik- und Konfliktfähigkeit. Doch drei Verfahren sehen diese eher skeptisch. Eines ist der Meinung, sie sei leicht verletzlich (denkt lange über Kränkungen nach), ein weiteres meint, dass erst unter Stress ihre wahren Gefühle zum Vorschein kämen, und ein drittes stellt Kühle und Härte im Konfliktfall fest.

ALPHA PLUS

- Ihr ausgeprägtes Selbstbewusstsein lässt Sie in Konflikten stark auftreten ... Ihr natürliches Konfliktverhalten ist aufgrund u. a. Ihrer mentalen Stärke von Festigkeit in der Sache und Beweglichkeit in der Umsetzung geprägt.
- Es ist für andere nicht unbedingt leicht, sich mit Ihnen erfolgreich anzulegen. Gleichzeitig erlaubt Ihnen die im mittleren Bereich liegende Selbstakzeptanz ..., sich selbst infrage zu stellen und wohlbegründete Standpunkte anderer zu respektieren und nüchtern zu prüfen.
- In der Reihenfolge Ihrer natürlichen Konfliktmuster und -lösungsstrategien ist das gemeinsame einfühlsame Gespräch über Gefühle und innere Prozesse weniger wahrscheinlich. ... Da Sie nur eine mäßige Gesundheitsgefährdung haben und Stress bemerkenswert gut bewältigen können, stehen Sie auch langanhaltende Konflikte ziemlich unbeschadet durch.
- In kontroversen Situationen können Sie auf Ihre mentale Stärke bauen, insbesondere Ihre psychosomatische Robustheit und ausgeprägte Unempfindlichkeit gegenüber persönlichen Angriffen sind wichtige Pfeiler Ihrer Standhaftigkeit.

ASSESS

- Seine selbstsichere Art sollte es ihm ermöglichen, die Kontrolle zu übernehmen und Konfliktsituationen selbstbewusst zu bewältigen.
- Aufgrund seines Bedürfnisses, gemocht zu werden, und seiner Bereitschaft, anderen entgegenzukommen, dürfte er nach gemeinsamen Nennern und positiven Konfliktlösungen suchen. Er strebt wahrscheinlich nach Lösungen, die für alle Parteien von Vorteil sind.
- Seine objektive und dickhäutige Art sollte bei der Bewältigung von Konfliktsituationen von Vorteil sein. Er dürfte weniger als die meisten anderen zulassen, dass seine persönliche Sicht sein Urteil beeinflusst.
- Seine zurückhaltende und sorgfältige Vorgehensweise sollte in vielen Situationen, in denen Konflikte zu bewältigen sind, von Vorteil sein. Er dürfte überstürzte Äußerungen oder Handlungen vermeiden.
- Sie können wahrscheinlich besser als die meisten anderen Menschen mit Kritik umgehen. Sie scheinen eine dicke Haut zu haben und sollten in der Lage sein, negatives Feedback objektiv zu sehen und für Ihre Weiterentwicklung konstruktiv zu nutzen, anstatt es persönlich zu nehmen.
- In Ihren Gefühlsäußerungen sind Sie in den meisten Situationen beherrscht und handeln kontrolliert.
- Er sieht andere weniger positiv, als für diese Kompetenz ideal wäre. Möglicherweise begegnet er anderen nicht immer vertrauensvoll oder glaubt nicht, dass sie rechtschaffene Absichten haben könnten. Wenn er diese negative Einstellung nicht angemessen kontrolliert, könnte sie verhindern, dass er die konstruktiven Möglichkeiten auf beiden Seiten eines Konflikts sieht und zum Vorschein bringt.

Big Five

Dimension N – *Negative Emotionalität:* Sehr hohe emotionale Belastbarkeit und Stressresistenz.

Dimension A – *Verträglichkeit:* Ausgewogenheit zwischen – tendenziell leicht betonter – verträglich-nachgiebig-anpassender Haltung einerseits und antagonistisch-kompetitiver Haltung andererseits.

Facetten:

- *Besorgtheit:* Vorwiegend unbesorgt und entspannt, nur sehr selten und dann nur kurz verunsichert und besorgt.
- *Erregbarkeit:* Überwiegend ruhig und gelassen, nur selten gereizt oder erregt.
- *Vulnerabilität:* Hohe Stressresistenz, geringe Verletzlichkeit.

BIP

- Deshalb sind Sie gut in der Lage, deutlich formulierte Kritik anzuhören, ohne dass Ihr Selbstwertgefühl davon beeinträchtigt wird.
- Meist werden Sie jedoch als kontaktfreudig und aufgeschlossen wahrgenommen.

DISG

- Er kann lange über echte und eingebildete Kränkungen nachdenken.
- Er versucht, Konflikte durch Verhandlung zu lösen.
- Im Umgang mit Konflikten mit anderen ist die Testperson oft hart zu sich und ihrem Gegner. Da sie stets auf korrektes Verhalten bedacht ist, analysiert sie zunächst ihre eigenen Fehler. Insbesondere fragt sie sich, ob sie alles getan hat, um beim anderen auf eine konstruktivere Haltung hinzuwirken. Nach dieser Selbstprüfung führt sie eine kritische, aber dennoch konstruktive Bewertung des anderen durch. Ist dieser jedoch unnachgiebig, entzieht die Testperson möglicherweise ihre Unterstützung und beteiligt sich nicht mehr.

DNLA

- Konflikte werden von Ihnen eher vermieden. Ihr Hauptziel ist die Harmonie in einer Gruppe.
- Sie haben eine ausgewogen-realistische Sichtweite des menschlichen Verhaltens. Durch Ihre Offenheit bei Konflikten bringen andere Menschen Ihnen Vertrauen entgegen. Mögliche Intrigen nehmen Sie durchaus wahr, überbewerten diese aber nicht.

INSIGHTS MDI

Unter Druck kommen … seine wahren Gefühle zum Vorschein. Sensibilität, Kooperationsbereitschaft und Taktgefühl sind Qualitäten, die er entwickeln sollte …

LEA

Keine explizite Aussage.

LIFO

- Solange Konflikte auftreten, die für sie noch keinen Stress verursachen, wird die Testperson sachlich und lösungsorientiert versuchen, diese abzubauen. Sie versucht, über Analyse der Situation herauszufinden, warum es zu der Konfliktsituation gekommen ist, nimmt die Wünsche und Bedürfnisse der anderen auf und versucht mit Argumenten, wieder einen Einklang herzustellen.

- Verschärft sich die Situation, so ist es in ihrer Vorstellung jetzt noch wichtiger, unter Beibehaltung einer positiven Grundstimmung den Konflikt argumentativ zu entspannen und sich flexibel auf die anderen einzustellen. Sie nutzt nun ihre Argumente, auch um die eine oder andere generelle Wertediskussion zu führen, was aber aus ihrer Sicht die Wirkung auf andere verfehlt.

MBTI

- Im Konflikt wirken Sie auf andere häufig kühl und rational, teilweise hart und funktional.
- Sie wünschen sich bei Konflikten eine schnelle Lösung oder einen Abschluss. Ihr Hauptziel ist die Harmonie in einer Gruppe.
- Ihre sprachliche Gewandtheit, Entscheidungsfähigkeit, Ihr Selbstvertrauen und Ihr Drang, andere zu organisieren, kann auf andere Menschen übermächtig wirken.
- Konflikte können auch dadurch entstehen, dass Sie aufdringlich und anweisend sind oder Anordnungen geben, ohne zuzuhören.

OPQ32

- Er zieht es zudem vor, die eigene Meinung nur auf Nachfrage zu äußern, und versucht, Konflikte oder Konfrontationen eher zu vermeiden.
- Sie haben ein recht dickes »Fell«, wenn Sie mit unfairer Kritik oder negativen Bemerkungen konfrontiert werden, und erholen sich von Rückschlägen recht schnell.

TMS

Keine explizite Aussage.

2.8 Selbstständigkeit und Unabhängigkeit

Weitgehende Einigkeit besteht bei allen Verfahren darin, dass die Testperson ein sehr selbstständig arbeitender und unabhängig denkender Kollege ist.

ALPHA PLUS

- Sie sind kein Team-Entscheider, Sie lassen sich ungern hineinreden in Ihre Belange. Sie sind selbstbewusst genug, Ihren eigenen Weg zu suchen, und mental in der Lage, ihn auch zu gehen.
- In Ihren Werten sind Sie bei aller Bereitschaft, sich selbst auch infrage und auf den Prüfstand zu stellen, konsistent und kontinuierlich. Gemeinschaft ist Ihnen im Regelfall nicht so wichtig, als dass Sie anderen zuliebe Ihre Selbstständigkeit und Unabhängigkeit aufgeben würden.
- Zwar sind Sie in der Lage, sich in die Gefühle anderer einzufühlen und Rücksicht zu üben, aber Ihr Urteil basiert auf Verstand und Logik. Das gibt Ihnen – in Verbindung mit Ihrer Fähigkeit, sich abzugrenzen, Entschlussstärke zu zeigen und sich durchzusetzen – weitreichende Autonomie und Autarkie.

ASSESS

- Sie scheinen selbst- und eigenständig zu sein. Sie ziehen es wahrscheinlich vor, sich auf Ihr eigenes Urteil zu verlassen, und möchten frei von Beschränkungen, Vorschriften und Vorgaben sein, die andere auferlegen.
- Ihre Antworten im Fragebogen deuten darauf hin, dass Sie Ihre Handlungen im Allgemeinen nicht davon abhängig machen, ob andere diese gut finden.

Big Five

Dimension N – *Negative Emotionalität:* Sehr hohe emotionale Belastbarkeit und Stressresistenz.

Facetten:

- *Besorgtheit:* Große Unbesorgtheit, Entspanntheit.
- *Pessimismus:* Vorwiegend optimistische Lebensgrundstimmung, selten pessimistisch.
- *Erregbarkeit:* Große Ruhe und Gelassenheit.
- *Befangenheit:* Sehr große Ungezwungenheit und Unbefangenheit.
- *Vulnerabilität:* Geringe Vulnerabilität.
- *Durchsetzungsfähigkeit:* Große Durchsetzungsfähigkeit und Bestimmtheit.

BIP

Ihnen sind Autonomie und Eigenständigkeit bei der Erfüllung Ihrer beruflichen Aufgaben wichtig. Sie schätzen es nicht, ständig auf die Unterstützung durch andere angewiesen zu sein. Es bedeutet Ihnen viel, die Verantwortung für Arbeitsergebnisse allein tragen zu können.

DISG

Keine explizite Aussage.

DNLA

Durch Ihre große Eigenständigkeit haben Sie gelegentlich Schwierigkeiten, sich mit vorgegebenen Aufgaben zu identifizieren. Ihr Bestreben ist spürbar, sich nicht kritiklos unterzuordnen, sondern eigene Denkwege beizubehalten, auch mal »querzudenken«.

INSIGHTS MDI

Keine explizite Aussage.

LEA

Keine explizite Aussage.

LIFO

Selbstständigkeit und Unabhängigkeit sind der Testperson wichtig. Sie verlässt sich mehr auf sich selbst als auf andere. Sie behält über Struktur und Systeme die Kontrolle in der Hand. Dies wird von anderen aus ihrer Sicht stärker wahrgenommen, wenn sie sich in Stress- und Konfliktsituationen befindet, als unter günstigen Bedingungen.

MBTI

- Sie arbeiten gerne ergebnisorientiert und unabhängig und brauchen lediglich Strukturen und Systeme, nicht aber ein geordnetes oder begrenztes Umfeld.
- Sie sind in der Regel nicht an Routinen und wiederkehrenden Tätigkeiten interessiert, sondern ziehen neue Herausforderungen vor.

OPQ32

- Aufgrund des starken Vertrauens in die eigenen Fähigkeiten und Ansichten lässt sich die Testperson nur sehr ungern Anweisungen geben und erledigt Dinge lieber auf ihre eigene Art und Weise.
- Seine Neigung, sich gelegentlich über Regeln oder Vorschriften hinwegzusetzen, steht im Zusammenhang mit seiner stark ausgeprägten eigenen Meinung. Er dürfte Situationen nur selten als gegeben hinnehmen und sich kaum an ein System anpassen, zu dem er nicht völlig steht.

TMS

Sie halten nach einem anderen Aufgabenbereich Ausschau, wenn Ihre Ideen nicht beachtet werden oder keinen Anklang finden.

2.9 Stressbewältigung

Stress wirft die Testperson nicht aus der Bahn. Darin sind sich die Instrumente, die darüber eine Aussage machen, bis auf eines, einig. Sie bestätigen eine hohe Belastbarkeit. Begründet wird dies mit ihrer Selbstsicherheit und aus ihrer Arbeitsmethodik. Ein Instrument sieht die Gefahr emotionaler Ausbrüche, obwohl viele Instrumente von einer hohen emotionalen Stabilität bei der Testperson ausgehen.

ALPHA PLUS

Wenn Stress aufkommt, können Sie ihn bemerkenswert gut bewältigen. Und Sie sind außerdem aufgrund Ihrer psychosomatischen Robustheit weitgehend davor geschützt, dass seelische Anspannung bei Ihnen zur körperlichen Krankheit wird.

ASSESS

- Da er ebenso belastbar wie die meisten anderen Menschen ist, sollte er in der Lage sein, die meisten Situationen trotz Stress zu meistern.
- Da er im Allgemeinen belastbar und positiv ist, sollte er in der Lage sein, dem Stress und Frust der Konfliktbewältigung standzuhalten.
- Umgekehrt könnten Situationen, in denen Sie schnell umschwenken oder mehreren Anforderungen gleichzeitig gerecht werden müssen, bei Ihnen Stress auslösen.

Big Five

Dimension N – *Negative Emotionalität:* Sehr hohe emotionale Belastbarkeit und Stressresistenz.

Facetten:

- *Besorgtheit:* Vorwiegend unbesorgt und entspannt, nur sehr selten und dann nur kurz verunsichert und besorgt.
- *Erregbarkeit:* Überwiegend ruhig und gelassen, nur sehr selten gereizt oder erregt.
- *Vulnerabilität:* Hohe Stressresistenz, geringe Vulnerabilität (Verletzlichkeit).

BIP

Hohe Belastungen können Sie gut verkraften ... es macht Ihnen wenig aus, sich auch über längere Zeiträume hinweg kontinuierlich hohen Anforderungen stellen zu müssen. Möglicherweise wirkt sogar gerade diese intensive Belastung als Motivator auf Sie.

DISG

Das sind seine Verhaltensmuster in Drucksituationen: Erfüllt Pflichten zuverlässig; ist sparsam und erfinderisch; offenbart wertvolle Ideen zu früh; verbirgt seine wahren Gefühle; beendet zeitraubende Kontakte; kümmert sich nicht gerne um irrelevante Details; äußert felsenfeste Überzeugungen; kritisiert mit scharfen Worten.

DNLA

- Sie übernehmen Verantwortung und die damit verbundenen Risiken, ohne innere Probleme damit zu bekommen. Auch unter großem Verantwortungsdruck arbeiten Sie ohne Belastungen und bleiben entscheidungsfähig.
- Er erwirbt sich Respekt und Bewunderung für seine Gelassenheit in Stresssituationen.

INSIGHTS MDI

Keine explizite Aussage.

LEA

Keine explizite Aussage.

LIFO

- Die Testperson kann einen hohen Arbeitsdruck gut aushalten. Dennoch kann sie dabei in Stress kommen, wenn viele neue Aufgaben schnell gemacht werden müssen und sie nicht mehr genügend Zeit hat, die Aufgaben entsprechend ihrem Anspruch an Qualität und Professionalität zu bearbeiten.
- In Stress- und Konfliktsituationen beabsichtigt er, trotz eines logischen, nachvollziehbaren Vorgehens die Stimmungslage in seinem Umfeld noch stärker als in Normalsituationen zu beeinflussen.
- Stresssituationen versucht er, über Planung, Strukturen und Analyse zu bearbeiten. Dabei achtet er darauf, dass die Akzeptanz seines Vorgehens gegeben ist. Emotionale Angriffe empfindet er als Stress, den er versucht, etwas abzufedern, was ihm aber nur oberflächlich gelingt. Obwohl er den Kontakt zu den anderen weiterhin verbal wünscht, distanziert er sich in diesen Situationen lieber von den anderen und lässt das Ganze sich etwas setzen.

MBTI

Der MBTI unterscheidet zwei Stressebenen:

1. *leichten Stress,* bei dem die bevorzugten Verhaltensweisen deutlicher in den Vordergrund treten, und
2. *Stressfallen,* in denen wir in einer unreifen Form andere, von uns ansonsten nicht präferierte Teile unserer Persönlichkeit zeigen.

1. Leichter Stress

- In Stresssituationen wirken Sie kalt und unbeteiligt und denken, dass alles rational zu klären sein muss.
- Ihre analytische Fähigkeit kann dazu führen, dass Sie andere mit Ihrer Kritik dominieren.
- Ihre klare Art zu denken kann dazu führen, dass Sie aus Gründen der Klarheit Dinge simplifizieren.
- Sie gestalten sich Ihre Welt so, dass Sie nicht in letzter Minute unter Hochdruck arbeiten müssen.

2. Stressfalle

- In der Stressfalle kann es zu emotionalen Ausbrüchen kommen.
- In der Stressfalle sind Sie übersensibel für eigene innere Zustände und haben oft Angst vor eigenen Gefühlen oder den Emotionen anderer.

OPQ32

Arbeitet auch bei Rückschlägen und unter Druck effektiv. Bleibt ruhig, ausgeglichen und kontrolliert.

TMS

Vielleicht sollten Sie zum Ausgleich aber auch Zeit für sich selbst reservieren, um wieder neue Energien zu schöpfen.

2.10 Teamwork

Trotz ihrer ausgeprägten Individualität herrscht Einigkeit unter den beteiligten Verfahren, dass die Testperson sowohl vorwärtstreibend als auch einigend auf Teams einwirkt. Summa summarum ist sie ein guter Teamplayer. Nur ein Verfahren kommt zu der Einschätzung, dass ihr Teamverhalten eher kontraproduktiv sei.

ALPHA PLUS

- Ihre »typische« Rolle in einem Team ist die des forcierenden Schrittmachers, der sich im Sinne der Sachziele einbringt. Gleichzeitig liegt Ihnen im ziemlich gleichen Maße die Controller-Funktion. Welche von beiden Funktionen Sie übernehmen oder beide, hängt von diversen Umständen ab, zum Beispiel von der Teamzusammensetzung, der Aufgaben des Teams, den eigenen Werten usw.
- Hinsichtlich *Common Sense* liegt Ihnen weniger, die gemeinschaftsbezogenen »weichen« Bedürfnisse eines Teams zu erfüllen hinsichtlich Nähe, Aufeinander-Bezogenheit usw. Gemäß Ihrer Natur sehen Sie ein Team mehr als Zweckgemeinschaft denn als Kuschelclub.
- Sie sind »von Natur aus« prädestiniert, Teams Mut zu machen und sie zu neuen Ufern zu führen.
- Ihre Stärken und Ihre natürliche Rolle in einem Team liegen in der Reihenfolge der Ausprägung Ihres Profils zunächst in der mentalen Stabilität, die Sie einbringen, und in der Zukunftsorientierung. Sie stellen im Team eher kritische Fragen und äußern Bedenken. So werden Sie kaum in die Rolle geraten, »Seele« eines Teams zu sein, das wäre eine inferiore Verwertung Ihrer Kompetenzen. Ihr Beitrag zum Teamerfolg ist eher handfest beschreibbar und kalkulierbar.
- Im Zusammenhang mit Veränderung und Entwicklung werden Sie trotz Aktivitätsdrang normalerweise nicht jemand sein, der die Fäden an sich zieht um Ihres Egos willen. Ihre Dominanz liegt im »normalen« mittleren Bereich. Das macht es Ihnen leichter, Bündnispartner zu finden, die sich nicht an den Rand gedrängt fühlen durch Ihre hohe Gestaltungs- und Veränderungsorientierung.

ASSESS

- Seine im Allgemeinen optimistische Einstellung sollte sich positiv auf die Moral seiner Gruppe auswirken.
- Er hegt einen angemessenen Wunsch, von anderen gemocht zu werden. Daher dürfte er bereit sein, mit anderen zu kooperieren und ihnen entgegenzukommen.
- Er mag wahrscheinlich den Umgang mit anderen Teammitgliedern und trägt dazu bei, dass sich jeder wohlfühlt.
- Seine Einstellung sollte einer guten Moral im Team eher förderlich als abträglich sein.
- Sein energisches Arbeitstempo sollte zu einer hohen Arbeitsleistung beitragen. Sein Einsatz dürfte andere anspornen.
- Mit seiner bestimmten und energischen Art sollte er in der Lage sein, andere anzuspornen oder voranzutreiben, um Ergebnisse zu erzielen.

- Da er sehr selbstständig ist, sollte es ihm keine Probleme bereiten, Ziele zu setzen und persönliche Verantwortung für das Erreichen dieser Ziele mit wenig Unterstützung oder Anleitung anderer zu übernehmen.

Big Five

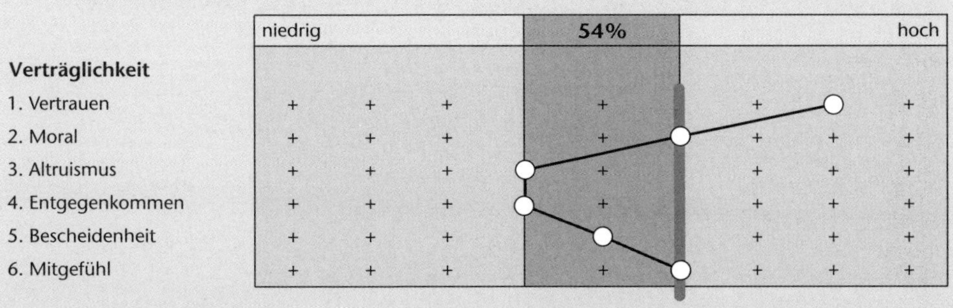

Dimension E – *Extraversion:* Balance zwischen extravertierter Zuwendung zur Außenwelt und – tendenziell minimal betontem – Rückzug auf das eigene Selbst.

Dimension A (Altruismus) – *Verträglichkeit:* Generell Ausgewogenheit zwischen – tendenziell leicht betonter – verträglich-nachgiebig-anpassender Haltung einerseits und antagonistisch-kompetitiver Haltung andererseits.

BIP

- Ihnen sind Autonomie und Eigenständigkeit bei der Erfüllung Ihrer beruflichen Aufgaben wichtig, Sie sehen sich jedoch nicht als »Einzelkämpfer«. Sie schätzen es, nicht ständig auf die Unterstützung durch andere angewiesen zu sein. Es bedeutet Ihnen viel, die Verantwortung für Arbeitsergebnisse allein tragen zu können, und Sie sind der Auffassung, dass Teamarbeit der Einzelarbeit nicht in allen Fällen überlegen ist.
- In einer Tätigkeit, die Ihnen vorrangig selbstständiges und von anderen unabhängiges Handeln erlaubt, fühlen Sie sich am wohlsten.

DISG

- Um Selbstbestätigung zu erreichen, arbeitet die Testperson sowohl gerne in der Gruppe als auch alleine, wobei die Gruppenorientierung etwas im Vordergrund steht.
- Die Testperson legt Wert auf Zusammenarbeit, weil sie diese in manchen Bereichen für notwendig hält: Gemeinsam erfolgreich sein oder alleine scheitern ist ihre Devise.
- Sind andere Teammitglieder weniger talentiert, konzentriert sie sich auf deren Unterstützung und Förderung ihrer Entwicklung. Sind andere geschickter als sie, beschäftigt sie sich mit der Verbesserung ihrer eigenen Fähigkeiten.

- Bei der Verfolgung von Zielen ist das Verhalten der Testperson extrem stark auf die Zusammenarbeit mit anderen ausgerichtet.
- Sie nutzt ihre Kraft, um anderen zuzuhören, Berührungspunkte hervorzuheben, unterschiedliche Standpunkte zu bereinigen und immer wieder einen gemeinsamen Nenner zu finden.
- Sie plant ihre Beiträge zu Teambesprechungen und anderen Sitzungen und hält ihre Verpflichtungen ein.
- Sie bittet andere, sich an Entscheidungen und deren Umsetzung zu beteiligen.
- Sie arbeitet am liebsten mit Menschen zusammen, die über ähnliche Fähigkeiten verfügen wie sie.
- Sie stellt Fragen, um neue Ideen zu testen.
- Sie meldet sich freiwillig für Aufgaben, die mit der Perfektionierung eines Produktes oder einer Leistung zu tun haben, insbesondere in den Bereichen, in denen es darum geht, das menschliche Wesen besser zu verstehen.
- *Fazit:* Die Effektivität der Testperson als Mitarbeiter / Teammitglied ist ausgezeichnet.

Teamverhalten der Testperson	**Einsatz**
Entschlossenheit vermitteln	3 – 4
Diskussion von Ideen anregen	3 – 4
Selbstkontrolle ausüben	4 – 5
Klarheit über die Gefühle anderer	2 – 3
Fairness zeigen	4 – 5
Das große Ganze sehen	4 – 5
Fakten zu einem logischen Ganzen zusammenfügen	4 – 5
Humorvoll sein	2 – 3
Mit komplexen Problemen umgehen	4 – 5
Sich für praktische Details interessieren	2 – 3
Eine andere Person gut einschätzen können	3 – 4
1 – 2 = sehr selten bis selten 2 – 3 = selten bis manchmal 3 – 4 = manchmal bis häufig 4 – 5 = häufig bis sehr häufig	

DNLA

- Ihre Schwerpunkte liegen ausgewogen auf den Bereichen Teamarbeit und Einzel- / Sachaufgaben.
- Sie haben ein ausgewogenes Verständnis von Kooperation. Es besteht keine Bevorzugung von übergroßer Kooperation noch von Einzelkämpfertum.

INSIGHTS MDI

Die Testperson ist ein sehr zielorientierter Mensch, der gerne durch Zusammenarbeit mit anderen seine Ziele erreicht.

LEA

Sie sind nicht besonders gesellig oder kontaktfreudig ..., nicht kommunikativ ..., geben kein Feedback ..., sind reserviert und distanziert.

LIFO

- Prinzipiell arbeitet die Testperson gut alleine. Sie bindet andere speziell dann in ihre Projekte ein, wenn Prozesse etabliert und / oder Schnittstellen definiert bzw. zu definieren sind. Nach getaner Arbeit kann sie auch gut wieder ohne das Team arbeiten.
- Die Sach- und Aufgabenorientierung ist ihm wichtiger als die Orientierung auf andere Personen. Er ist aber in der Lage, im Umgang mit anderen freundlich, zugewandt und aufmerksam zu agieren ... Diese Verhaltensweisen dienen primär dem Ziel, fachlich gut zu arbeiten und mit anderen schneller zum Erfolg zu kommen. ...
- In Stress- und Konfliktsituationen steigt sein Bedürfnis nach Nähe zu anderen. Dabei steht weniger die Teamzugehörigkeit im Vordergrund, sondern über den Kontakt mit anderen für Entspannung zu sorgen und Einklang herzustellen.
- Die Testperson läuft Gefahr, dass ihre zwischenmenschlichen Verhaltensweisen oft von anderen als nicht authentisch erlebt werden. Dies ergibt sich durch die Unterschiede zwischen ihrer Absicht, dem gezeigten Verhalten und der wahrgenommenen Wirkung.

MBTI

- Sie bevorzugen ein Team mit effizienten Systemen und effizient arbeitenden Menschen.
- Sie bevorzugen Teams, in denen Strukturen geboten werden und in denen man sich auf den Einsatz eines umfassenden Plans konzentriert.
- Sie genießen die stimulierenden Interaktionen mit anderen Menschen und beziehen Ihre eigene Energie daraus.

- Sie nutzen den Austausch mit anderen und genießen, wenn sich daraus ein gegenseitiger Lernprozess ergibt.
- Sie bewundern und suchen Menschen, die viel wissen, die Widerstand leisten, die sagen, was sie denken, und überzeugend argumentieren.

OPQ32

- Sie empfinden Wettbewerb als eher störend für die Harmonie im Team und haben nur selten das Bedürfnis, in einen Wettstreit mit anderen zu treten. Sie versuchen in der Regel, die funktionsübergreifende Zusammenarbeit zu fördern, und haben meist Freude am gemeinsamen Erfolg.
- Er zeigt jedoch in manchen Situationen ein gewisses Interesse, Entscheidungen mit einer Reihe von Personen abzusprechen oder in der Gruppe zu beraten, bevor sie umgesetzt werden. Anscheinend kann er gut einschätzen, wann es angemessen ist, die eigenen Erfolge hervorzuheben, und wann es angebracht ist, dem Team die Anerkennung zu überlassen.

TMS

- Mit Ihren eigenen Fähigkeiten kommen Sie sehr weit, aber Sie müssen Ihr Team mit sich nehmen. Manchmal möchten Sie mit Ihren Ideen, die zwar Ihnen klar sein mögen, aber nicht immer auch den anderen, viel zu schnell vorwärtskommen.
- Sie erwarten von Ihrem Team, dass es genauso hart und begeistert arbeitet wie Sie selbst. Wenn Sie eine Idee haben, wollen Sie sie bis zum Schluss durchziehen. Sie können sich und andere ganz schön auf Trab bringen, allerdings auf eine offene, umgängliche Art ... Sie können ein begeisterter Organisator sein, besonders wenn es um Projekte geht.

2.11 Veränderungsbereitschaft und -fähigkeit (u. a. Kreativität und Innovation)

Da die Testperson Routinearbeit vermeidet, steht sie dem Neuen grundsätzlich aufgeschlossen gegenüber. Darin sind sich die Verfahren, bis auf eines, einig. Sie scheint für Change-Management geradezu prädestiniert, achtet hierbei jedoch auf konkrete Ergebnisse.

ALPHA PLUS

- Das Interesse an innovativen Aufgaben und generell der Beschäftigung mit Neuem ist stark ausgeprägt.
- Aufgrund Ihres Interesses an neuen Wegen und Verfahren liegen Ihnen insbesondere solche Aufgaben, die in die Zukunft weisen. Mit Hilfe Ihrer Entschlusskraft, Initiative und Durchsetzungsstärke in Kombination mit Ihrer mentalen Stabilität können Sie Ihnen Wichtiges auch gegen erhebliche Widerstände beharrlich verfolgen.

ASSESS

- Seine Berücksichtigung praktischer Belange einerseits und seine Offenheit gegenüber neuen und kreativen Ideen andererseits sollten ihm helfen, innovative Ideen zu entwickeln.
- In Ihrer Grundeinstellung sind Sie sehr optimistisch und sehen die Chancen statt die Probleme.

Big Five

Dimension O – *Offenheit für Erfahrung:* Balance zwischen kreativer Neugier für Veränderung und konservativ-bewahrenden Tendenzen, dabei ist Ersteres leicht betont.

Facetten:

Unternehmungslust: Deutliche Neigung, Neues zu unternehmen, liebt Abwechslung, Vielfalt und Veränderung.

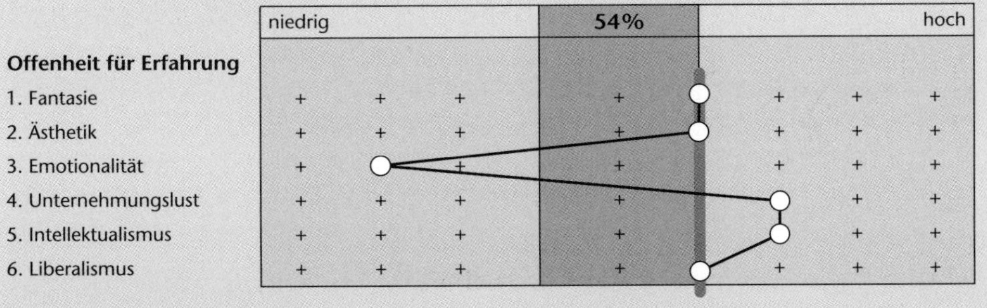

BIP

Es fällt Ihnen bisweilen schwer, sich auf wechselnde Bedingungen und unvorhersehbare Veränderungen einzustellen. Die ständige Konfrontation mit neuen Situationen sagt Ihnen nicht zu.

DISG

- Die Testperson ist fasziniert von Technik und neuen Verfahren. Sie testet sie rasch, wählt die besten aus und integriert sie in das vorhandene System, um die Ergebnisse zu verbessern.
- Sie ordnet Personal und / oder Verfahren neu. Sie ändert Ideen und Richtungen und gibt zu, dass sie Routinearbeit verabscheut.
- Die Testperson gibt Projekten Priorität, bei denen neue Verfahren oder Bewertungsmethoden entwickelt werden.
- Die Testperson reagiert auf Veränderungen mit koordinierendem Verhalten.

DNLA

Im Bereich Innovation zeigen Sie ein ausgewogenes Verhalten. Eine Bevorzugung des einen oder anderen Aufgabentyps ist nicht erkennbar.

INSIGHTS MDI

- Die Testperson fühlt sich in einer Umgebung wohl, die durch permanente Veränderungen gekennzeichnet ist. ... Für sie ist Wandel ein hoher Wert, so dass Veränderung zu jedem Zeitpunkt initiiert werden kann.
- Sie ist innovativ.
- Die meisten Leute halten sie für extrem risikofreudig. Aus ihrer Sicht gilt: »Nichts riskiert, ist nichts gewonnen«.

LEA

Keine explizite Aussage.

LIFO

- Aus ihrer Absicht heraus ist die Testperson Neuerungen gegenüber aufgeschlossen, sucht Herausforderungen und stellt sich diesen Aufgaben. Sie bevorzugt Veränderungen, die gut überlegt sind, auf Bestehendem aufbauen, wirtschaftlich sinnvoll sind und von für sie wichtigen Personen mitgetragen werden. Sie setzt strukturierte Kreativitäts- und Veränderungsprozesse um und packt Neuerungen an, die sie aber in ihrem Anspruch an Professionalität und Genauigkeit stark fordern.
- Dabei wirkt sie in Normalsituationen weniger bereit, sich auf Kreativitätsprozesse, Neuerungen und Veränderungen einzulassen, als in Stress- und Konfliktsituationen.

MBTI

- Sie suchen und finden gerne neue Ideen oder Methoden ... Sie sind darauf erpicht, Verfahren, die nicht funktionieren, zu ändern.
- Sie verbinden Pragmatismus und Neugier ... Sie begrüßen eine breite Palette an Ideen und Vorgehensweisen.
- Sie haben kein Problem mit etablierten und erprobten Methoden, wenn diese nicht mit Ihrem Wunsch nach Originalität im Widerspruch stehen ... Sie schätzen einige Traditionen bei Familien- und Arbeitsaktivitäten.
- Sie bevorzugen einen innovativen Ansatz, sind aber bereit, einen konventionellen Ansatz in Betracht zu ziehen ... Sie haben Tradition gerne, solange sie nicht mit Ihrem Bedürfnis nach Neuem im Widerspruch steht.

OPQ32

- Durch Ihre konzeptionelle Denkweise werden Sie Ideen entwickeln, die auch übergeordnete Fragen und komplexere Wechselwirkungen berücksichtigen.
- Sie richten sich eher ungern nach Regeln und Vorschriften und fühlen sich in einem Umfeld wohler, in dem Sie relativ frei und kreativ agieren können.
- Sie erleben sich als eine kreative und originelle Person, der es Spaß macht, viele Ideen zu generieren und neue Sichtweisen einzunehmen.

TMS

Auswählende Entwickler probieren gerne neue Pläne, Ideen und Projekte aus. Sie interessieren sich besonders dafür, wie weit eine Idee in die Praxis umgesetzt werden kann.

3. Zwölf-Punkte-Checkliste für Entscheider[1]

Es gibt kein Verfahren, das allen Ansprüchen gerecht werden kann. Zu unterschiedlich sind die Anforderungen und Einsatzbereiche. Prüfen Sie anhand der folgenden Checkliste, ob das von Ihnen gewählte Verfahren den Ansprüchen genügt, die Ihr Unternehmen stellt. Je häufiger Sie den zwölf Items zustimmen – also »Bedingung erfüllt« sagen – können, desto besser wird Ihre Wahl sein.

Anspruch des Unternehmens	Wie Sie prüfen
1. Validitäts- und Reliabilitätskennziffern	
Sind diese Kennziffern vorhanden und stammen sie von einer relativ unabhängigen Institution, z. B. von einer Universität oder einem wissenschaftlichen Institut? Sind Studien zum und mit dem Instrument auch von anderen Personen als dem Herausgeber durchgeführt worden? Sind diese Untersuchungen auch in unabhängigen Publikationsorganen erschienen? Stellen sich die Autoren / Herausgeber der wissenschaftlichen Diskussion (Fachkongresse etc.)?	Selbst bei sorgfältigster Entwicklung und Erstellung von Programmen können schwerwiegende Fehler übersehen werden. So wie der Autor eines Buches sein Werk nicht selbst auf Fehler prüft, muss auch ein psychodiagnostisches Verfahren durch neutrale Dritte geprüft werden. Nur wenn diese statistischen Gütekriterien vorhanden sind, können Sie sich ein eigenes Urteil bilden. Welche Einrichtung ist wirklich »unabhängig« und prüft die Ergebnisse vor einer Publikation? Zumindest sollten die entsprechenden Daten (Reliabilität, Validität, Normdaten) überhaupt dokumentiert und prinzipiell einer unabhängigen Überprüfung zugänglich sein.

1 Der Herausgeber dankt Frau Euteneier, Herrn Veith und Herrn Stiel für die Anregungen und Hinweise zu dieser Checkliste.

2. Validierungsgrundlage

Sind Validitätskennziffern angegeben, die sich auf berufliche Außenkriterien beziehen? (Wird validiert = verglichen zwischen der Einschätzung des Verhaltens durch den Vorgesetzten (für wie fleißig hält er den Mitarbeiter) und den entsprechenden gemessenen Ergebnissen des Verfahrens?)

Stehen die Ergebnisse des Fragebogens in einem nachgewiesenen Zusammenhang mit relevanten Verhaltens- und Leistungsmaßen?

Die Außenkriterien, an denen die Validität gemessen wurde, sollten in Ihrem Unternehmen ein Erfolgsmerkmal sein. Beispiel: Bei Ihnen ist *Arbeitsqualität* ein wichtiges Erfolgsmerkmal. Welchen Sinn würde es machen, wenn die Güte eines Faktors z. B. an dem Außenkriterium *Fürsorglichkeit* gemessen (validiert) würde? Generell gilt: Es macht keinen Sinn, Validitäten zu berechnen, bei denen der Vergleich nicht zwischen Messwerten des Verfahrens und verschiedenen beruflichen Erfolgsmerkmalen stattfindet. Korrelationen müssen einen signifikanten, positiven Zusammenhang zwischen den Ergebnissen (Faktoren / Dimensionen) und den Leistungseinschätzungen von Vorgesetzten enthalten.

Aber auch ein negativer Zusammenhang kann aufschlussreich sein, wenn z. B. nachgewiesen wurde, dass hohe Werte in *Neurotizismus* mit einer niedrigen vom Vorgesetzten eingeschätzten *Belastbarkeit* einhergehen.

3. Datenmenge, Stichprobengröße und berufliche Position

Wird die Größe der Normstichprobe bei Validitätskennziffern angegeben und wenn ja, reicht diese für die einzelnen Berufe aus?

Auch bei der Validierung spielt die Stichprobengröße eine Rolle: Wenn der einzige Beleg für die Validität eines Verfahrens aus einer Befragung von 16 Außendienstmitarbeitern besteht, so ist das sehr wenig.

Teilnehmer an einem psychodiagnostischen Verfahren haben einen Anspruch darauf, dass ihr Ergebnis korrekt ermittelt wurde. Korrekt ist es dann, wenn der Teilnehmer in einer bestimmten Position mit einer genügend großen Datenmenge mit Personen in der gleichen oder einer sehr ähnlichen Position verglichen wird.

4. Normwerte

Mit Normwerten werden Ergebnisse berechnet. Sind vom Herausgeber des Instruments Normdaten angegeben, die einen sinnvollen Vergleich mit einer relevanten Vergleichsgruppe zulassen?

Prüfen Sie, ob die Validitäten an Berufen gemessen wurden, die es z. B. in Ihrem Unternehmen gibt, und nicht an Studenten oder zufällig Befragten. Ermittelte Werte eines Gutachtens können nur dann valide sein, wenn als Vergleichsgrundlage die entsprechenden Normwerte von real existierenden Berufen herangezogen wurden. Beispiel: Wenn die Vergleichsgruppe zur Ermittlung der Normwerte »alle Manager« oder »alle Mitarbeiter« sind, werden Äpfel mit Birnen verglichen.

5. Wozu dient das Verfahren? Steht das Verfahren sinnvoll in Relation zu einem bestimmten beruflichen Anwendungszweck?	Kein Verfahren (außer der Anwendung im klinischen Bereich) sollte dazu dienen, etwas über eine Person »allgemein« auszusagen. Die Interpretationsmöglichkeiten des Anwenders würden so groß, dass es immer zu einer Fehlbeurteilung bei der Interpretation der Ergebnisse käme. Am besten, Sie prüfen die Faktoren eines Verfahrens an einem Beruf, der in Ihrem Unternehmen vorkommt. Beispiel: »Unsere Berater im Außendienst müssen / sollen *Initiative* entwickeln, *Einfühlungsvermögen* haben und *fleißig* sein« usw. Das Verfahren sollte Ihnen darüber hinaus die Möglichkeit geben, Simulationen mit unterschiedlichen beruflichen Anforderungen durchzuspielen. Vielleicht wollen Sie ja feststellen, ob der Proband nicht nur als Berater geeignet ist, sondern auch eine Teamleitungsfunktion übernehmen kann.
6. Sprachversionen Wie sorgfältig sind die Inhalte des Fragebogens ins Deutsche übertragen worden? Sind die Formulierungen missverständlich oder hören sie sich »übersetzt« an? Liegt eine deutschsprachige Normgruppe vor?	Es könnte gut sein, dass die Ursprungsversion des psychodiagnostischen Verfahrens etwas ganz anderes aussagen wollte. Texte müssen von Fachübersetzern, die die Muttersprache beherrschen und gleichzeitig z. B. Psychologe, Soziologe oder Personalexperte sind, angepasst worden sein.
7. Interpretation der verwendeten Begriffe Gibt es für jeden Faktor (Dimension) zumindest eine ausreichende Erläuterung, was dahintersteckt, also was genau damit gemeint ist?	Erst eine genaue Beschreibung eines Faktors lässt eine Interpretation des Testergebnisses zu, von der der Proband und der Anwender die gleiche Vorstellung haben. Beispiel: Wenn der Begriff *Empathie* oder *Einfühlungsvermögen* verwendet wird, kann es unterschiedliche Interpretationen geben: Handelt es sich dabei eher um *Mitgefühl* in bestimmten beruflichen Situationen im Sinne von: Gefühle, Stimmungen und Gedanken anderer verstehen? Oder ist damit gleichzeitig gemeint, dass der Proband auch auf andere Werthaltungen und Normen eingehen kann und / oder in der Lage ist, nonverbale Botschaften zu »senden« und zu »empfangen«?

8. Weiterbildung	
Gibt es für alle gemessenen Werte praktikable Weiterentwicklungspläne oder Anleitungen zum Potenzialaufbau?	Die Aussage: »Sie sind halt so, wie Sie sind« lässt den Teilnehmer an einem psychodiagnostischen Verfahren im Ungewissen. Richtig und fair gegenüber dem Mitbewerber oder Bewerber ist es, wenn konkrete Handlungsanleitungen für die Aus- und Weiterbildung gegeben werden.
9. Einfluss von Stress	
Werden besondere Lebensumstände wie Stressauslöser (im persönlichen Umfeld oder am Arbeitsplatz des Teilnehmers) vom Testdurchführer hinterfragt?	Beispiel: Ein Teilnehmer hat vor kurzem einen schweren Verkehrsunfall verschuldet. Zeitgleich hat er Probleme am Arbeitsplatz mit einem Vorgesetzten. Wenn noch eine Auseinandersetzung mit dem Lebenspartner dazukommt, liegen die Stresswerte in einem hohen Bereich. Der Teilnehmer wird »andere«, also schwächere Werte im Ergebnis haben als unter »normalen« Umständen. Das Resultat wird dann nicht seine tatsächlichen Qualitäten widerspiegeln. Die ermittelten Werte sind für eine Beurteilung ungeeignet. Der Teilnehmer sollte den Test wiederholen können, wenn sich seine Situation stabilisiert hat.
10. Persönlichkeitsmodell oder (berufsrelevante) Potenzialmessung	
Steht das Verfahren im Einklang mit den Anforderungen Ihres Unternehmens? Ein genereller Test, der die Persönlichkeit im Allgemeinen beschreibt, kann schnell unfair gegenüber Bewerbern oder Mitarbeitern sein.	Prüfen Sie, ob die Mehrheit der Faktoren bzw. Dimensionen das abdeckt, was Sie wirklich in Ihrem Unternehmen brauchen. Die Faktoren sollen ja keine Potenziale für Ehetauglichkeit (z. B. *Gefühlswärme*) messen, sondern sich an betrieblichen Anforderungen orientieren. Wenn man die Beschreibungen des Herstellers aufmerksam liest, lassen sich schnell Hinweise finden, für welchen Zweck das Verfahren geschaffen wurde. Sie können das selbst prüfen, indem Sie bei jedem Faktor die Frage stellen: »Werden sich durch Schulung, Training oder Coaching in diesem Bereich die Leistungen im beruflichen Bereich verbessern?« Wenn die Antwort Nein lautet, dann hat der Faktor keinen Einfluss und kann nicht helfen.

11. Handhabung	
Können Sie nach relativ kurzer Einweisung sicher mit dem Verfahren umgehen? Ist es einfach, verständlich und logisch aufgebaut? Liefert es Ihnen alle Erklärungen, die Sie benötigen? Gibt es Ihnen die höchstmögliche Unabhängigkeit, indem Sie selbst Gutachten erstellen können?	Die Ergebnisse, die Sie ausdrücken, müssen nicht nur für Sie als Anwender, sondern auch für den Probanden transparent sein. Sie können sich ja nicht dauernd einen Psychologen ins Haus holen, damit er das eine oder andere Ergebnis erläutert. Das Verfahren sollte Ihnen darüber hinaus die Möglichkeit geben, Simulationen mit unterschiedlichen beruflichen Anforderungen durchzuspielen. Vielleicht wollen Sie ja feststellen, ob der Proband nicht nur als Berater geeignet ist, sondern auch eine Teamleitungsfunktion übernehmen kann.
12. Service und Hotline	
Erhalten Sie regelmäßig Updates, damit Sie sicher sein können, dass die Ergebnisse immer valide sind und an veränderte Umfeldbedingungen angepasst wurden?	Nicht nur »Umfeldbedingungen« im Bereich der Führungstechniken bei Managementpositionen können sich ändern. Auch Einstellungen von Menschen verändern sich manchmal, ohne dass die Veränderungen sofort »sichtbar« werden. Darum sollte Ihr Verfahren immer up to date, also auf dem neuesten wissenschaftlichen Stand sein. Denken Sie auch an eine Hotline, die bestenfalls sogar in den Abendstunden zur Verfügung steht.